DICTIONNAIRE DE LA FOLIE

Dr Xavier Pommereau
avec la collaboration de
Sandrine Marc

Dictionnaire de la folie

les mille et un mots
de la déraison

Albin Michel

Un tirage spécial et limité de cet ouvrage a été imprimé pour les Laboratoires Organon

© Éditions Albin Michel S.A., 1995
22 rue Huyghens, 75014 Paris

ISBN 2-226-07687-5

« *Le monde est plein de fous et qui n'en veut pas voir,
doit se tenir tout seul et cacher son miroir* »

Jean-Baptiste du Tillot, 1751

Remerciements

Nous tenons à remercier tout particulièrement André BALLAND qui, le premier, a cru à notre projet et qui, outre son expérience, apporta son soin et son enthousiasme à la relecture minutieuse du manuscrit.

Nos plus vifs remerciements vont aussi à ceux qui nous ont apporté leur aide, leur sagacité ou leur soutien :
Michel ARNAUD, Jean-Louis AYMARD, Bruno BARNAGAUD, Jean BEAUVAIS, Emmanuelle CAULE-DUCLER, Dr Gérald CUEGNIET, Dr Jean-Michel DELILE, Nathalie DELOUVET, Père DESQUILBET, Dr Marc DELORME, Dr Jean-Marc DRUOT, Pr François DUBET, Dr Francis DUPOUY, Josette DUSSOSSOIS, Dr Jean-Philippe FERRIÈRE, Marie FAURE, Denis HERNANDEZ, Pr Georges LANTERI-LAURA, Yves LAVALADE, Jean-Pierre, Cathy, Claude, Colette et Pierre MARC, Mona MERAL, Alain NICOLAS, Françoise PENOUIL, Dr Jean PICARD, Geneviève, Yves, Antoine, Julie et Françoise POMMEREAU, Dr Jacques POSTEL, Jean et Bernard ROUZÈS, Dr Philippe-Pierre TÉDO, Marc VERDIER, ainsi que toute l'équipe de l'Unité médico-psychologique de l'Adolescent et du Jeune Adulte du Centre Abadie (C.H.U. de Bordeaux).

Enfin, nous remercions la Bibliothèque municipale de la Ville de Bordeaux pour son aide précieuse dans le travail de recherche documentaire.

Sommaire

Avant-propos 11
Conventions et abréviations 16
Corpus 17
Champs sémantiques 441
Bibliographie 485

AVANT-PROPOS

« Dieu aide aux fous, aux enfants et aux ivrognes »
(proverbe anonyme)

Durant plusieurs années, nous avons collecté des mots ou expressions liés à la folie, au gré de lectures ou de rencontres ponctuant notre pratique ou notre vie quotidienne. Chemin faisant, il nous est apparu qu'il ne pouvait pas s'agir d'un simple recueil d'objets hétéroclites. Progressivement, nous avons été conduits, comme par surprise et presque malgré nous, à devoir affronter le corps même de la langue et l'histoire des mots.

Fallait-il ou non nous cantonner soit aux termes populaires et familiers, soit aux termes didactiques ? À entendre vivre le langage, nous avons perçu que ces catégories étaient bien loin de faire chambre à part. Ainsi, par exemple, pour d'obscures raisons, tel terme didactique était passé dans le langage courant, changeant même parfois de sens, alors que tel autre n'a pas connu le même sort. À l'inverse, certains mots savants empruntaient sans le savoir au populaire, même s'ils avaient dû passer par le grec ou le latin pour ce faire. C'est pourquoi nous avons choisi de rassembler le plus grand nombre possible de mots ou locutions, que ces termes soient didactiques, courants ou argotiques, sortis d'usage ou tout juste nés, venus de la rue, des encyclopédies ou des asiles d'autrefois. S'il fallait donner une image pour rendre compte de notre travail, ce serait en fait celle d'une navigation dans l'océan des mots. Nous avons tenté de maintenir un cap, celui de la folie dès lors qu'elle se nomme comme telle pour celui qui en parle. Nous avons donc exclu le vocabulaire de la sottise et de la sénescence, sauf glissement ou chevauchement de ces registres (ex. : *débile, gaga...*). Nous nous sommes efforcés de décrire chaque îlot lexical comme on établit une carte marine, en prenant en compte son histoire, son évolution et sa situation dans l'archipel de la langue. Les termes didactiques posaient, à dire vrai, un problème particulier : *névrose, psychose* ou *perversion* auraient nécessité, par exemple, de plus longs développements historiques, cliniques et théoriques. Inversement, leur donner la simple définition de *mal-être, folie* ou *déviance* aurait évidemment été insuffisant. Nous avons donc choisi d'en esquisser les principaux contours et reliefs.

Les routes que nous avons empruntées dans la langue n'ont pu que rencontrer celles de grands devanciers. Nous devons beaucoup aux travaux de Alain Rey et de ses collaborateurs du *Robert historique de la langue française*, de Jacques Postel et de ses collègues du *Larousse de psychiatrie et de psychopathologie clinique*, de Maurice Porot, Jean Sutter et Yves Pélicier ayant repris le flambeau du *Manuel alphabétique de psychiatrie* d'Antoine Porot (P.U.F.), de Paul Bernard et Charles Brisset ayant repris celui de Henri Ey et de son *Manuel de psychiatrie* (Masson), de Michel Godfryd et de son *Vocabulaire psychologique et psychiatrique* (P.U.F.). C'est encore le cas des ouvrages de Pierre Morel, Claude Quétel, Jacques Heers et, bien entendu, de *L'Histoire de la folie à l'âge classique* de Michel Foucault. Dans le domaine des mots ou expressions de la langue populaire ou argotique, nous avons puisé dans les recueils ou productions de Gaston Esnault, Alain Rey et Jacques Cellard, Claude Duneton, San Antonio, Jean-Paul Colin et Jean-Pierre Mével, Pierre Perret, François Caradec, ainsi que dans les nombreux dictionnaires régionaux dont le lecteur trouvera la liste référencée en fin d'ouvrage. Bien entendu, le résultat de notre quête ne peut prétendre à être exhaustif et nous sommes certains que nos lecteurs sauront nous le signaler.

Qui entre dans un article du Littré, à la recherche de la définition d'un mot courant, sera renvoyé sans fin et non sans d'agréables surprises à d'autres mots, d'autres questions, d'autres évocations.

À cet égard, notre ouvrage est un anti-dictionnaire. Toutes les entrées — aussi luxuriantes et baroques qu'elles soient parfois — paraissent converger finalement vers un seul point de fuite : la désignation du fou comme tel. Là s'arrête le rebondissement d'un terme à un autre, la chaîne de l'association. C'est ainsi que par-devers nous, ce regroupement des mots de la folie a trouvé une unité que nous n'aurions pas soupçonnée au départ : ces locutions si nombreuses, parfois si inventives, butent sur un point, toujours le même, où elles s'arrêtent de résonner. Le travail pluriséculaire de la langue châtiée ou verte n'a produit qu'une floraison de dénominations qui ne sont en fin de compte qu'autant d'index qui désignent sans dire. Constatons, *a contrario*, que dans le domaine de l'amour, le génie de la langue nous en apprend sur son propre objet. Sur la folie, point. Le vocabulaire didactique, et non la réflexion psychopathologique, n'est pas plus fécond. Il est strictement importé du langage technique de la médecine somatique depuis que la folie est incorporée dans le champ médical. S'il présente les mêmes tics (emprunts grecs, néologismes...), il nomme la folie, la classe, épingle les symptômes, distingue des syndromes. Quelquefois, il comporte des tentatives d'explications causales, dont aucune n'a abouti. Mais il ne génère pas de sens ni n'aide à la compréhension : le fou n'y parle pas. Les mots, eux, disent : *Ça, c'est fou*. Ils tournent tous autour de leur objet, l'isolent, l'enkystent.

Il y a donc, dans la langue, convergence vers un *signifié* qui n'est pas caractérisé et qui tient aussi sa consistance de cette exclusion répétitive même. Cette structure se retrouve exactement dans la place qu'occupe la folie dans le lien social. Le *socius* est réticent à reconnaître et comprendre celui qui se dérobe à la logique et au rationnel. Il s'agit tout au plus, d'arriver à tolérer cet autre qu'est le fou. La tentation est grande de le mettre à l'index, dans tous les sens du terme. Tout ce qui s'écarte du sens commun serait folie. La déviance se mesure dans ses rapports au bon sens, au droit chemin, au respect des limites ou de l'équilibre. Pour le groupe social, ce qui caractérise l'acte et la parole du fou, c'est d'être toujours hors de propos. On ne laisse l'insensé agir que lorsqu'il est inoffensif, tandis que sa parole ne vaut que pour ce qu'elle indique du degré de sa folie : *Ça parle dans ma tête, Je suis Jules César*, etc. On montre du doigt le fou ou on le nomme comme objet de crainte, d'exclusion, de curiosité, de plaisanterie, voire aussi de fascination. La sagesse du fou n'est dérisoirement enviée que lorsque le monde paraît par trop déraisonnable.

Plus souvent, on désigne la folie comme *différence* radicale pour mieux la mettre à distance de soi ; le lexique est d'ailleurs souvent ironique ou grotesque. Force est aussi de constater à quel point la représentation de la folie traverse les siècles en étant toujours maintenue loin de ce que chacun perçoit de sa propre fragilité. On projette ses représentations angoissantes sur cet autre, statutairement bouc émissaire. À défaut de trouver un sens à la déraison, on décrit ses effets en lui attribuant des causes rarement endogènes, donc rassurantes pour ceux qui la craignent. Ainsi, sous l'apparente variété des images implicites de son déterminisme, deux thèmes principaux subsument les expressions des causes et des effets : la commotion cérébrale et le parasitage de la pensée. De multiples déclinaisons en procèdent, ponctuant les époques au gré des modes qui suivent de près l'évolution des sciences et des techniques. Leur fonctionnement est structurellement métonymique, à base d'allusions et d'analogies. Leur développement conduit à des ellipses de compréhension immédiate et sans équivoque, dès lors qu'elles se rapportent à un sémantisme clé : *il est frappé, cogné, fracassé...* renvoient instantanément au coup sur la tête. Le psychisme se désigne à son tour par d'autres métonymies (*toiture, casque...*).

Plus encore, on prend la cause pour l'effet, *avoir un pet au casque*, l'instrument pour la cause, *être marteau*, le contenant pour le contenu, *avoir la tête fêlée*, le lieu pour ce qui s'y tient, *ça va pas bien là-haut !* Dans le lien social, la folie est bien le reliquat de métonymies accumulées. Notre lexique ne comporte pas de véritables métaphores, sinon très usées. Rien donc qui crée du sens par le biais d'une énigme, d'un *transport* qui ne soit pas pur déplacement. Ainsi, la matrice symbolique que constitue la tétrade des Éléments antiques (air, eau, feu, terre) reste curieusement stérile sur la folie, alors qu'elle engendre des métaphores sur les limites de la vie psychique de celui qui n'est pas réduit au statut d'aliéné : *il n'a pas les pieds sur terre, il a la tête en l'air, il a la cervelle en ébullition*, etc.

Le *Dictionnaire de la folie* ne donne pas la parole au fou. Mais que penser de l'extrême richesse des mots qu'il génère ? Pourquoi la langue ne cesse-t-elle de s'en nourrir, sinon pour nous révéler notre attirance complexe à son égard ? Si on l'écoute enfin, il nous indiquera quelles vérités presque indicibles nous taraudent.

Xavier POMMEREAU
et Sandrine MARC

Conventions et abréviations

➜ : suivi d'un mot en caractères italiques : renvoi analogique.
• : précède un dérivé du mot référent.
® : identifie le nom d'une marque déposée.
abrév. : abréviation.
absolt. : absolument (en construction absolue).
adj. : adjectif.
adv. : adverbe.
all. : allemand.
altér. : altération.
arg. : argotique.
av. : avant.
cf. : confer.
cour. : courant.
déb. : début.
didact. : didactique.
ellipt : elliptique, elliptiquement.
env. : environ.
étym. : étymologie.
ex. : exemple.
ext. (par) : extension.
f. : fin.
fam. : familier (ière), familièrement.
fig. : figuré.
interj. : interjection.
intr. : intransitif.
invar. : invariable.
jur. : juridique.
m. : milieu.
méd. : médecine.
n. f. : nom féminin.
n. m. : nom masculin.
n. pr. : nom propre.
p. : page.
péj. : péjoratif, péjorativement.
pl. : pluriel.
pop. : populaire.
p. p. : participe passé.
p. prés. : participe présent.
pron. : pronom, pronominal.
psych. : psychiatrie, psychologie, psychanalyse.
qqch : quelque chose.
qqn : quelqu'un.
suff. : suffixe.
tr. : transitif.
v. : verbe.
vol. : volume.

ABAT-JOUR n. m. « *Avoir des charançons dans l'abat-jour* » (XXe), arg. : être fou (→ *charançon*). Variante de « *avoir une araignée dans le plafond* » (→ *araignée*). *Abat-jour* désigne ici la tête par métonymie (→ *tête*).

Étym. : XVIIe, du v. *abattre*, lui-même du bas latin *abattere*.

ABCÈS n. m. « *Abcès de fixation* » (déb. XXe, A. Fochier), psych. : induction de fièvre à visée thérapeutique. Initialement employé en gynécologie pour traiter les infections puerpérales, l'*abcès de fixation* entre, au début du siècle, dans l'arsenal thérapeutique asilaire (→ *moxa, séton*). Son principe repose sur une donnée médicale connue depuis l'Antiquité : à l'occasion de fortes fièvres, les malades mentaux (en particulier délirants) connaissent une rémission momentanée de leurs troubles (→ *choc*). La méthode consiste donc à provoquer des accès fébriles par injections répétées d'huile soufrée sous la peau. L'abcès qui en résulte est dit « *abcès de fixation* » parce qu'il est destiné à être durable. Ce procédé thérapeutique est tombé en désuétude lors de l'avènement des neuroleptiques (→ *paludothérapie*).

Étym. : déb. XXe, du latin *abscessus*.

ABEILLE n. f. « *Avoir une abeille dans le bonnet* » (XIXᵉ), fam. : être un peu fou. La métaphore renvoie au comportement de l'insecte dans un lieu clos et vide, *bonnet* désignant la tête par métonymie (→ *bonnet*). L'image du vol en tous sens signale le désordre des idées, tandis que la présence même de l'intruse exprime le parasitage de la pensée. L'idée de bourdonnement renvoie aussi au bourdon de cathédrale (→ *cloche*), ce que rend l'expression régionale concurrente « *être fou comme un bourdon* » (→ *bourdon*). À la notion de bruit continu (→ *bzzz*) qui « porte sur les nerfs », s'ajoute l'idée d'un « travail trop intense », suggérée par le symbole de l'*abeille* active et laborieuse (→ *travailler*). Cette valeur s'exprime dans la locution « *avoir les abeilles (sous le crâne)* » pour « être énervé » ou « avoir trop bu ». L'insecte hyménoptère est également réputé dangereux par ses piqûres, d'où l'allusion à *piqué*. Cette notion fondamentale est encore plus évidente dans la locution connexe « *avoir un frelon sous/dans le képi* » (→ *frelon*) ou dans sa variante régionale « *avoir un burgaud sous la casquette* » (→ *burgaud*). Il en est de même pour « *avoir un taon en tête* » ou « *avoir un moustique dans la boîte à sel* » (→ *moustique, taon*). « *Avoir une abeille dans le bonnet* » est en concurrence avec une phraséologie abondante exprimant la folie par la présence d'insectes « non piqueurs », mais indésirables, dans la tête : « *avoir des moucherons en tête* », « *avoir des grillons dans la tête* », « *avoir des papillons noirs dans la tête* », « *avoir des papillons dans le compteur* »... L'expression doit être plus généralement rapprochée de celles évoquant la présence parasite d'animaux dans la tête (→ *araignée*). À noter que les Anglais disent couramment « *to have a bee in one's bonnet* », avec le sens atténué de « *avoir une marotte* ». Il s'agit peut-être d'un emprunt au français par référence à la représentation de l'insecte en héraldique (« *les abeilles impériales* »), ainsi qu'à la coiffure militaire en usage dans les troupes napoléoniennes avec le sens péjoratif initial probable de « fou comme un Français ».

Étym. : XIIIᵉ, du latin *apicula*, diminutif de *apis*. Au Moyen Âge, on dénommait l'insecte « *mouche à miel* » (→ *mouche*).

ABERRATION n. f. (XVIIIe) : écart de la raison. Comme l'indique son étymologie, le mot exprime au fig. le sémantisme de l'écart mental par rapport à la norme. « *Avoir un moment d'aberration* », « *sombrer dans l'aberration la plus totale* », « *quelle aberration !* ». À rapprocher de *divagation, égarement, folie*. • L'adj. *aberrant* est aujourd'hui très courant pour « absurde, déraisonnable ». « *Un raisonnement aberrant* », « *voilà un mec totalement aberrant* », « *c'est complètement aberrant* ». • Le verbe *aberrer*, au sens de « s'écarter du bon sens, de la norme », est d'emploi rare.

Étym. : XVIIIe, du latin *aberrare* (*ab* « à » et *errare* « errer »).

ABOULIE n. f. (f. XIXe, Th. Ribot), psych. : incapacité pathologique à agir ou à décider par absence ou diminution de la volonté. On observe ce trouble dans certaines formes graves de *dépression* ou de *névrose obsessionnelle*. • *Aboulique* qualifie et désigne couramment la personne atteinte du trouble correspondant. « *Il est complètement aboulique* », « *c'est un aboulique* ».

Étym. : f. XIXe, du grec *aboulia* « irréflexion, privation de volonté ».

ABRACADABRANT, ANTE adj. (XIXe) : compliqué, incohérent, très bizarre, éloigné de la raison. Le mot est formé sur *abracadabra*, formule cabalistique très expressive. « *Une histoire complètement abracadabrante* », « *avoir une allure abracadabrante* ». • Sont attestés l'adj. *abracadabrantesque* : abracadabrant, extravagant ; le n. f. *abracadabrance* : caractère correspondant ; les v. *abracadabranter* : faire des choses abracadabrantes, et *abracadabrer* : dire des choses insensées.

Étym. : XIXe, de *abracadabra*, lui-même du grec *abraxas*.

ABSENCE n. f. « *Avoir des absences* » (XXe) : être dans un état second. Par figure, le mot désigne un bref moment d'atténuation ou de perte de la vigilance, elliptiquement d'après « *absence d'esprit* ». Il s'emploie spécialement en neurologie à propos des pertes de connaissance brèves caractérisant certaines crises d'épilepsie. Il s'applique parfois à des états crépusculaires d'origine hystérique. Dans l'usage courant, « *avoir des absences* » a souvent la valeur atténuée de « être distrait, inattentif ».

Étym. : XIVe, du latin *absentia*, dérivé de *absens*.

ABSINTHE n. f. « *Avoir forcé sur l'absinthe* » (XIXe), fam. : être alcoolique ou devenir fou (au fig.). Cet alcool, fam. dénommé « *la fée verte* », a été considéré comme un véritable fléau social au milieu du siècle dernier : « *L'alcool qui rend fou.* » L'*absinthe* est interdite à la consommation depuis 1915. « *Prendre une/sa correspondance pour Saint-Maurice* » s'est dit fam. pour « boire ou commander une absinthe » et, par extension, « devenir fou » (→ *correspondance*).

Étym. : f. XIIe, du latin *absinthium*, lui-même du grec *apsinthion*.

ABSURDE adj. (XIIe) : déraisonnable, insensé. Le mot exprime, par figure, la dissonance, la discordance mentale. L'acte ou la parole du *fou* est couramment qualifié d'*absurde* dans la mesure où il « détonne », échappant à la norme, à la logique communément admise. L'aphorisme célèbre de Georg Christoph Lichtenberg fournit : « *Le comble de l'absurde, c'est un couteau sans lame auquel manque le manche.* » • *Absurdité* se dit à propos d'acte, parole... absurdes. « *Dire/faire des absurdités* », « *quelle absurdité !* »

Étym. : XIIe, du latin *absurdus* « dissonant ».

ACCÈS n. m. (XIVe) : brusque poussée morbide susceptible de se répéter. « *Avoir un accès de délire/d'emportement/de folie.* » Le mot se dit couramment de la fièvre et de tout emportement ou égarement passager (→ *attaque, raptus*). Synonymes : « *coup de folie* » (→ *coup*), « *crise de folie/de démence* » (→ *crise*), « *moment d'égarement* » (→ *moment*).

Étym. : XIVe, du latin *accessus* « arrivée », de *accedere*.

ACHEVÉ, ÉE adj. « *Un fou achevé* » (XVIᵉ) : un grand fou. L'adj. signifie par figure « entier, complet », avec une connotation péj. (→ *complet, total, vrai*). Dans la langue classique, il a eu le sens fig. de *fou*, valeur aujourd'hui disparue. « *Le petit voyage qu'elle a fait l'a ramenée plus achevée qu'elle n'était* » (Molière).

Étym. : p. p. du v. *achever* (XIᵉ) « se terminer », dérivé de l'ancien français *ch(i)ef* « bout ».

AFFABULATION (→ *fabulation*).

AFFLIGÉ, ÉE adj. et n. « *C'est un affligé de la belle espèce* » (XXᵉ), fam. : il est malade, lunatique, un peu fou. L'expression est régionale (Ouest, Champagne, Ardennes). Le mot signifie « abattu », d'où « touché », « diminué », comme dans « *être affligé d'une maladie, d'une tare...* ». En milieu rural, *affligé* s'emploie couramment au sens de « malade, infirme » ou plus spécialement de « handicapé mental ». « *Quel affligé !* »

Étym. : p. p. du v. *affliger* (XIIᵉ), du latin *affligere* « abattre ».

AFFOLER v. (XIIᵉ) : rendre fou, devenir fou, faire des folies (→ *fou*). *Affoler* persiste avec ces valeurs en emploi régional (Normandie) : « *Tu vas nous faire affoler avec ce bruit !* » Ailleurs, le verbe connaît un affaiblissement de sens pour « bouleverser, perturber qqn » (« *il m'affole à tourner en rond comme ça !* »). La forme *s'affoler* signifie couramment « se dérégler », au propre et au fig. • *Affolé* figure dans l'expression fam. « *c'est un affolé de la boussole* » pour « il est un peu dérangé mentalement ». À rapprocher de « *perdre la boussole/le nord* », « *être déboussolé* » (→ *boussole, déboussolé*), « *être agité du bocal* » (→ *agité*).

Étym. : XIIᵉ, de *fol* (→ *fou*).

AFOLASSI adj. et n. (XXᵉ) : abruti, un peu fou. Le mot est régional (Provence). Il s'emploie surtout au sens de « demeuré », comme son synonyme *acounassi* (de *coun*, « con, idiot »). « *Quel afolassi !* »

Étym. : XXᵉ, du provençal *afoulassi*, formé sur *fol, fou* (→ *fou*).

AGITÉ, ÉE adj. et n. (m. XIXe) : fou au comportement désordonné ou violent. Les mots *fou*, *aliéné* et *agité* se confondent souvent au siècle dernier. « *Un agité* », « *le pavillon des agités de l'asile d'aliénés* ». L'expression « *à l'agité du bocal* », au sens péj. d'« excité », est due à Céline qui l'emploie dans son célèbre pamphlet contre Sartre (1948). En procède la locution arg. « *(être) agité du bocal* » pour « être un peu fou » (→ *bocal)*. De nombreuses expressions arg. ou fam. reprennent cette forme par changement de métaphore ou de métonymie pour « tête » (→ *tête)* : « *agité du caberlot/du grelot...* ». Variante : « *être agité comme un rat/fou empoisonné* » (→ *rat)*. • Du v. *agiter* dérive le n. f. *agitation* qui désigne depuis le XVIe siècle tout égarement mental responsable de troubles du comportement. L'urgence en psychiatrie est souvent synonyme d'*agitation*. Plus ou moins menaçante pour autrui, elle est toujours mal tolérée par le groupe social qui en fait un motif d'exclusion (→ *enfermer)*. « *Un état d'agitation* », « *avoir une crise d'agitation* ».

Étym. : p. p. du v. *agiter*, du latin *agitare* « pousser ».

AGORAPHOBIE n. f. (XIXe), psych. : crainte pathologique des espaces découverts. Ce trouble se traduit par la survenue de crises d'angoisse dans de tels espaces, amenant secondairement le sujet à un évitement plus ou moins marqué de ces lieux en général publics, pouvant aller jusqu'à la réclusion au domicile. Le sujet peut aussi contourner l'angoisse en se faisant accompagner, souvent par un proche. • *Agoraphobe* ou *agoraphobique* désigne et qualifie le sujet atteint de l'affection correspondante. « *C'est un grand agoraphobe* » (→ *phobie)*.

Étym. : XIXe, du grec *agora* « place publique », et de *phobie*.

AHURI, IE adj. et n. « *Avoir une tête d'ahuri complet* » (XXe) : avoir l'air stupide ou un peu fou. Le mot signifie d'abord « qui a une tête hirsute », puis par extension fig. « étonné » et enfin « stupide ». Le glissement sémantique vers la valeur de *fou* est d'origine régionale, sans doute par croisement des expressions « *ahuri de Chaillot* » et « *folle de*

Chaillot » (→ *Chaillot). Ahuri* appartient à la série des mots qualifiant ou désignant indistinctement le simple et le fou, notamment dans le langage parlé des campagnes, comme *badaud, calut, fada, pec, ravi...* et leurs dérivés dialectaux. (→ *hurel, hurluberlu).*

Étym. : XIII\ufeffe, p. p. du v. *ahurir*, dérivé de *hure* « tête hirsute ».

AILLEURS adv. « *Être (complètement) ailleurs* » (XXe), fam. : ne pas être mentalement présent. Le mot signifie « en un autre lieu » au propre et au fig. L'expression peut être exploitée dans différents registres : celui de la distraction, de la rêverie ou de la folie. Dans ce dernier domaine, elle évoque davantage la notion de « différence », d'« étrangeté », que celle d'« absurdité ». « *Être/venir d'ailleurs* » s'emploie ironiquement à propos de qqn qui semble très particulier (sous-entendu « venu de loin »), le succès de la science-fiction contribuant aujourd'hui à cet emploi (→ *cosmos, galaxie, planète).*

Étym. : XIe, du latin *aliore*, dérivé de *alius* « autre ».

ALAMBIC n. m. (XVIIe) : instrument censé purger la cervelle des insensés, par dérision. L'appareil de distillation, associé à l'alchimie mais aussi à l'extraction d'alcool, sert de support aux caricaturistes de l'époque classique pour tourner en dérision la médecine de la folie (→ *entonnoir*). Celle-ci repose sur diverses théories dont celle des *humeurs* et des *vapeurs* (→ *vapeur*). Dans son *Recueil des plus illustres proverbes* (m. XVIIe), Lagniet met en image l'expression *« Les fous en tout temps se font connaître »* au-dessus de la légende suivante : *« Je suis ce Médecin qui voit dans les urines, Les effets merveilleux contre nature faits, Et purgeant les esprits de leurs humeurs malines, Je fais de mes secrets sortir de bons effets. Aux uns par L'alambic je purge la cervelle, Aux autres l'intestin par un gros robinet, Ainsi de ces vapeurs par ma mode nouvelle, Je rends de tous ces fous l'esprit, et le corps nets »* (J. Rousselot). La gravure montre un fou à la tête couverte d'un alambic d'où s'échappent les « humeurs malines » représentées notamment par des abeilles, un cheval échappé, une chauve-souris, un lapin, etc. L'insensé est nu dans un baquet d'eau chaude et tient dans ses mains un tamis pour passer au crible des rats s'échappant du tuyau de l'alambic. Ce bestiaire fournit autant de représentations du dérangement mental qui seront reprises dans de nombreuses expressions relatives à la folie (➙ *araignée*).

Étym. : XIIIe, de l'arabe *al'inbìq*, du grec *ambix*.

ALCOOLIQUE adj. et n. « *C'est un vieux fou, doublé d'un alcoolique* » (XXe), fam. : un ivrogne au comportement hors norme. Le mot désigne et qualifie toute personne qui consomme habituellement beaucoup d'alcool. *Alcoolique chronique* s'applique à l'individu alcoolo-dépendant. On dit aussi *éthylique (chronique)*. Le syntagme *alcoolique dangereux* fait référence à la loi du 15 avril 1954 concernant le traitement des alcooliques supposés dangereux pour les autres. • *Alcoolisme* (ou *éthylisme*) est le terme générique qui regroupe à la fois le comportement correspondant et les troubles qui lui sont liés (➙ *delirium tremens*). Une abondante phraséologie conjugue *alcoolisme* et *folie* : « *l'alcool qui rend fou/folle/parano* », « *la paranoïa des buveurs* », « *les picolo-paranos, la vie d'artiste !* », « *un psychopathe arrosé* », « *sombrer/tomber dans l'alcool ou la folie* », « *ça lui est monté au cerveau/au ciboulot...* », « *ça lui porte à la tête (au cerveau/à la cervelle/à la casquette...)* », « *il nous fait un delirium très mince* », « *un cerveau/une cervelle/une tête brûlée* », « *en avoir sous le crâne/dans le casque* », « *voir des éléphants roses* », « *avoir un raisonnement de femme soûle* », « *être décalqué/éclaté/gazé/givré/pété, etc.* »

Étym. : XIXe, de *alcool* (auparavant *alcohol*), dérivé de l'arabe *'al kulh*.

ALIÉNER v. (XIVe, XVIe) : rendre fou. En regard de l'étymon, le verbe signifie « faire devenir qqn comme étranger à lui-même ». « *Cette passion lui a aliéné l'esprit.* » • *Aliéné* exprime au passif cette valeur : « *avoir l'esprit/le sens aliéné* ». Par extension, le mot désigne ou qualifie un *fou*. « *Il est aliéné* », « *un aliéné* ». En psychiatrie, le mot se répand au siècle dernier pour remplacer *fou* et *insensé* : « *la loi de 1838 sur les aliénés* », « *asile/maison/pavillon d'aliénés* », « *le quartier des aliénés* ». • *Aliénation* s'emploie d'abord dans les syntagmes *aliénation d'entendement* puis *aliénation mentale*. Ce dernier, introduit à l'aube de la psychiatrie, signifie « *(...) à la fois une perte du contact normal à la réalité et avec autrui, et une atteinte profonde de la liberté morale* » (J. Postel). *Aliénation mentale* disparaît du langage médical et administratif au milieu du XX⁰ siècle, au profit de *maladie mentale*. • L'*aliénisme* s'applique à l'ensemble des pratiques médicales correspondantes. • *Aliéniste* désigne d'abord le médecin des maladies mentales, auparavant appelé médecin des aliénés ou des fous. Le mot est courant jusqu'au début de ce siècle *(médecin aliéniste)*. Aujourd'hui obsolète, *aliéniste* s'est dit péj. (vers 1970) d'un médecin pratiquant une psychiatrie « à l'ancienne » en hôpital psychiatrique (→ *antipsychiatrie*). Hors référence didact. aux cliniciens du XIX⁰ siècle *(tradition des aliénistes)*, tous ces termes sont, de nos jours, d'emploi péj. L'*insensé*, devenu *fou* puis *aliéné*, est aujourd'hui *malade mental*.

Étym. : m. XIII⁰, du latin *alienare* « rendre autre, étranger », dérivé de *alienus*, lui-même de *alius* « autre ».

ALLER v. « *ça va pas (la tête) !* » (XX⁰), fam. : déraisonner. Le verbe est employé au sens fig. de « fonctionner » (« marcher »), comme dans les expressions concurrentes « *ne pas aller bien* » et « *ça va pas bien là-haut/la tête !* » (→ *là-haut, tête*). *Aller* a la valeur de « se rendre hors de la voie, des normes, pour une direction inconnue ou déraisonnable ». Les locutions fam. « *où tu vas ?* », « *où il va, celui-là ?* » désignent une personne au comportement incongru ou déraisonnable. La forme « *s'en aller* », c'est-à-dire « partir », est exploitée, par figure, dans « *s'en aller du ciboulot/du citron/de la coiffe/de la tête/de la toiture...* » pour « devenir fou ». On dit aussi « *sa raison/sa tête s'en est allée* » (→ *loge, partir*).

Étym. : XI⁰, des verbes latins *ire*, *vadere* et *ambulare*.

ALLOCATION   n. f. « *Allocation aux adultes handicapés* » (XXᵉ), psych. : prestation sociale destinée aux personnes médicalement inaptes à travailler, dont certains malades mentaux. Elle doit être distinguée de la *pension d'invalidité* (→ *pension*). L'abréviation *A.A.H.* est courante en milieu spécialisé. L'expression fam. « *avoir l'A.A.H.* » mène par plaisanterie à la forme ironique « *avoir la hache* » (→ *hache*).

Étym. : XVᵉ, du latin médiéval *allocatio*, de *allocare*.

ALLUMÉ, ÉE   adj. et n. « *C'est un allumé de première* » (XXᵉ) : il ne possède plus toute sa raison (→ *première*). On passe par figure de la notion d'« éclairage » à celle d'« illumination trop vive » voire d'« excitation », d'où l'emploi du mot dans les registres de l'ivresse, de la sexualité ou de l'inspiration mystique. Par extension, *allumé* signifie « un peu fou ». « *C'est l'allumé total !* » Dans cet emploi, *allumé* est à rapprocher de *illuminé* qui exploite le même sémantisme (→ *illuminé*).

Étym. : XIIᵉ, p. p. du verbe *allumer* (du latin *alluminare*, formé de *ad* « à » et *luminare* « éclairer »).

ALTERNATIF, IVE   adj. « *Avoir un coin du ciboulot branché sur l'alternatif* » (XXᵉ), arg. : être fou. Le mot est l'ellipse de *courant alternatif*, courant électrique dont l'intensité est variable. La métaphore est celle de la fluctuation et de la discontinuité du cours de la pensée, *ciboulot* désignant fam. la tête (→ *ciboulot*). *Alternatif* renvoie également à la notion de « mouvement de balancement », de « va-et-vient », idée directement exprimée par les expressions « *dodeliner du cervelet* », « *onduler de la coiffe/de la toiture/de la touffe* » (→ *onduler*), « *être yoyo* » et « *yoyoter des cellules/du grelot/de la touffe/de la toiture/de la visière* » pour « être mentalement dérangé » (→ *dodeliner, yoyoter*). • L'adj. *alterne*, « périodique », est employé dans le syntagme aujourd'hui obsolète « *folie alterne* » à propos de la « *psychose maniaco-dépressive* » (→ *éclipse, manie, périodique*).

Étym. : XVIᵉ, du verbe *alterner*, du latin *alternare*, lui-même dérivé de *alternus*.

AMBIVALENCE n. f. (XXᵉ), psych. : attitude mentale pathologique dans laquelle s'expriment simultanément des dispositions ou des motions contraires. Dans la *schizophrénie*, l'*ambivalence* marque la vie affective, émotionnelle et intellectuelle du malade, traduisant selon Bleuler « *la dislocation des facultés sensibles* ». Elle se traduit dans les propos et les actes du *schizophrène* par le paradoxe et l'ambiguïté (→ *psychose*). Appliqué aux névroses, le terme garde la même signification mais sans la notion de simultanéité. Dans le langage courant, *ambivalence* et son adj. *ambivalent* conservent l'idée d'ambiguïté et s'appliquent à l'indécision : « *quelle ambivalence !* », « *qu'est-ce qu'il est ambivalent !* ».

Étym. : déb. XXᵉ, de l'all. *Ambivalenz*, formé à partir du latin *ambo* « deux » et *valere* « valoir ».

AMBULANCE n. f. « *Appelez l'ambulance !* » (XXᵉ), fam. : au fou ! Par plaisanterie, l'expression fait allusion à l'urgence, à la gravité de la situation face à qqn dont le comportement suggère l'inconscience, le délire, la folie dangereuse (→ *gyrophare*). À rapprocher des expressions fam. « *pin-pon, pin-pon !* » (→ *pin-pon*), « *au fou !* » (→ *fou*), « *lâchez les chiens !* » (→ *lâcher*), « *au secours !* » (→ *secours*).

Étym. : m. XVIIIᵉ, de *ambulant*, du latin *ambulare*.

AMOK n. m. « *Être en proie à l'amok* » (déb. XIXᵉ) : être animé d'une frénésie meurtrière, être devenu fou. À l'origine, le mot désigne en Malaisie une forme de folie homicide qui ne touche que les hommes. L'expression « *courir un muck* » est la déformation de l'anglais *to run amok* pour « devenir fou ».

Étym. : XIXᵉ, emprunté à l'anglais, lui-même du malais.

ANALYSE n. f. « *Avoir besoin d'une bonne analyse* » (XXᵉ), fam. : relever de la psychanalyse (→ *besoin, psychanalyse*).

Étym. : XXᵉ, abrègement didact. ou fam. de *psychanalyse*.

ANETH   n. m. « *Allez chercher de l'aneth !* » (XIXᵉ), fam. : vous êtes fou ! Le mot désigne la plante aromatique appelée aussi *faux anis*. L'expression fait référence par ironie à la cueillette de l'*aneth*, plante supposée — selon une tradition ancienne — pouvoir guérir de la folie, comme les graines d'*ellébore* (→ *ellébore*).

Étym. : XIIIᵉ, via le latin, du grec *anêthon*.

ANGOISSE   n. f. « *Avoir des angoisses* » (XXᵉ) : être angoissé ou avoir des troubles mentaux. Très ancien, le mot s'applique à un malaise psychique et physique profond. Son étymon renvoie à la notion de « resserrement » qui permet de rendre compte des sensations d'oppression, d'étouffement accompagnant la peur réelle ou imaginaire d'un danger imminent (→ *attaque*). S. Freud emploie le terme (all.) *Angst* pour définir une forme de *névrose* appelée **névrose d'angoisse** où celle-ci prédomine et qu'il différencie de la *neurasthénie* (→ *névrose*). Par ailleurs, on admet généralement aujourd'hui que l'*angoisse* se distingue de l'*anxiété* par son intensité ou sa gravité. « **Une angoisse de niveau psychotique** », « **l'angoisse de morcellement** », « **l'angoisse de mort** », « **l'angoisse existentielle** », etc. Dans le langage usuel, « *avoir des angoisses* » a développé, par euphémisme, le sens de « souffrir de troubles mentaux » (→ *dépressif, malade des nerfs, nerveux*). • Une telle extension n'est pas observée pour *angoissé* qui qualifie et désigne la personne éprouvant de l'angoisse.

Étym. : XIIᵉ, du latin *angustia* « resserrement », lui-même du v. *angere*.

ANNEAU   n. m. « *Va t'acheter un anneau !* » (XIXᵉ), fam. : tu déraisonnes ! Le mot désigne le maillon d'une chaîne, faisant référence aux moyens de contention anciennement appliqués aux agités (→ *fou à lier, mat de cathène*).

Étym. : XIVᵉ, du latin *annellus*.

ANORMAL, ALE   adj. et n. (déb. XXᵉ) : hors norme. Par extension, dans l'usage familier, le mot développe la valeur hyperbolique de « bizarre », avec une nuance péj., comme *dérangé, malade*. Il renvoie à l'idée de « biais » (« défaut d'orthogonalité ») et de « sortie des règles communément établies ». « *Être (avoir l'air) anormal* », « *avoir une tête d'anormal* », « *c'est un anormal* ».

Étym. : XIIIe, du latin médiéval *anormalis* « contraire à la règle » (formé de *a* privatif et de *normalis*, de *norma* « norme, règle »).

ANTIDÉPRESSEUR n. m. (m. XXe), psych. : substance destinée à redresser l'humeur d'une personne déprimée. Les premiers antidépresseurs ont été synthétisés dans les années cinquante *(imipramine, iproniazide)*. Leur famille chimique comprend aujourd'hui trois grandes variétés : les antidépresseurs *tricycliques*, les *inhibiteurs de la monoamine-oxydase* (I.M.A.O.) et les antidépresseurs *non tricycliques non I.M.A.O.* Depuis deux décennies, de nombreuses molécules ont été élaborées afin de réduire les effets secondaires classiquement attribués aux premiers produits. On parle de *chimiothérapie antidépressive*. En psychiatrie, on utilise également le synonyme didact. *thymoanaleptique*. Dans la langue usuelle, les expressions « ***prendre des antidépresseurs*** », « ***être sous antidépresseur(s)*** » sont parfois employées de manière générique pour « être l'objet d'un traitement psychotrope » (→ *psychotrope*).

Étym. : m. XXe, de *anti-* et *dépresseur*, dérivé de *dépression* (→ *déprimé*). L'influence de l'anglais *to depress, depression* a joué dans la formation du mot.

ANTIFFE (ou antif, antiffle) n. f. « *Battre l'antiffe* » (XVIIIe), arg. : divaguer. L'expression signifie d'abord « aller souvent à l'église ». L'idée de « fréquentation » mène en vieil argot à « marcher de long en large », d'où « faire le trottoir » en parlant d'une prostituée. Par figure, on passe à la notion d'« errance mentale », d'« allées et venues psychiques », comme la variante arg. « *battre le quart* » pour « déraisonner » (→ *quart*). Ces locutions sont synonymes de « *battre la campagne* » ou « *courir les rues* » (→ *battre, courir*). Sortie d'usage, « *battre l'antiffe* » ne persiste que sous des formes dialectales (ex. : « *batre/rodar l'antifa/l'antifla/l'antissa* »).

Étym. : XVIe, argot ancien signifiant « église », de *anteffle*, lui-même dérivé de *antiphona* (du grec *antiphonos)*.

ANTIPARKINSONIEN (→ *correcteur*).

ANTIPSYCHIATRIE n. f. (XXe, D. Cooper, A. Esterson, R. Laing), psych. : courant de pensée contestataire critiquant la psychiatrie traditionnelle et la notion même de maladies mentales. Apparu dans les années soixante, ce mouvement attribue à la folie une causalité familiale ou sociale. Il développe jusqu'à l'extrême le thème de la société aliénante qui exclut ceux qu'elle étiquette comme fous en les enfermant dans des asiles. Cette critique radicale contribue à « ouvrir » les institutions psychiatriques et induit même de profonds changements institutionnels, notamment à l'étranger (Royaume-Uni, Italie, U.S.A.). Toutefois, en se plaçant « avec les malades » contre toute entreprise thérapeutique ou en recommandant l'usage de drogues hallucinogènes, la radicalisation utopique du mouvement l'a conduit à sa perte.
Étym. : XXe, de l'anglais *anti-psychiatry*, préfixé à l'aide du grec *anti-* « contre ».

ANXIOLYTIQUE adj. et n. m. (XXe), psych. : substance ou méthode thérapeutique destinée à atténuer ou juguler l'angoisse ou l'anxiété. « *Un traitement anxiolytique* », « *prendre un/des anxiolytique(s)* », « *être sous anxiolytiques* » (→ *psychotrope*).
Étym. : XXe, de *anxieux* et *-lytique*, de *lyse* (du grec *lusis* « dissolution »).

APLOMB n. m. « *Ne pas être (bien) d'aplomb* », « *ne plus avoir la tête bien d'aplomb* » (XIXe), fam. : ne pas avoir tout son équilibre mental. Variante : « *ne pas avoir tous ses aplombs* ». Le mot s'applique concrètement à ce qui est vertical, comme l'indique un fil à plomb. « *Perdre l'aplomb* », par figure, mène donc d'abord au sémantisme du biais, du travers, pour exprimer la folie (→ *biais, écharpe, équerre, travers*). Par extension, *aplomb* s'emploie à propos de l'équilibre des membres d'une personne ou d'un animal par rapport au sol. De l'équilibre du corps, on passe au fig. à l'équilibre mental puis au sens moderne d'« assurance excessive », donc de « toupet » (« *quel aplomb !* »). Le mot entre dans la locution *d'aplomb* qui exprime l'idée d'« équilibre correct, satisfaisant ».

Étym. : XVIe, soudure de la locution *à plomb* (→ *plomb*).

APPARTEMENT n. m. « *Avoir un/des appartements à louer* » (XXe), fam. : être un peu fou. Variante de « *avoir des chambres vides dans le cerveau/la tête* », « *avoir une/des chambre(s) à louer* ». L'anglais connaît une forme similaire (→ *chambre, vide*).

Étym. : XVIe, de l'italien, lui-même de l'espagnol *apartamiento*.

APRAGMATISME n. m. (m. XXe), psych. : incapacité psychique d'agir, avec inadaptation au réel et désintérêt pour la vie pratique. Ce trouble se manifeste dans la *schizophrénie* où il exprime la perte du contact avec la réalité (→ *psychose, schizophrénie*). À un degré moindre, on peut l'observer dans la « *névrose obsessionnelle* », l'indécision étant alors la conséquence du doute assaillant l'*obsédé* (→ *doute, obsession*).

Étym. : m. XXe, de *a* privatif et de *pragmatisme*, de l'all., lui-même du grec *pragmatikos*.

ARAIGNÉE n. f. « *Avoir une araignée au (dans le) plafond* » (m. XIXe), fam. : être un peu fou. Variantes : « *avoir l'araignée au cerveau/dans la tête/dans la coloquinte/dans la tourte...* ». L'ellipse « *avoir une (l') araignée* » est aujourd'hui sortie d'usage. Toutes ces locutions participent de fait au bestiaire de l'onirisme (→ *cafard, charançon, chauve-souris, rat, ver...*). Les valeurs symboliques négatives attachées à l'*araignée* proviennent de sa couleur (sombre ou noire), de sa forme (pattes longues, recourbées et velues), de son mode de déplacement (course rapide en apparence désordonnée sur la toile faisant place à de longs moments d'immobilité), de son siège (recoins, parties obscures, lieux désaffectés) ainsi que de sa dangerosité réelle ou imaginaire liée à l'idée de morsure (→ *piqûre*). Cette dernière notion mène à « *être mordu/piqué de la tarentule* », la piqûre de cette araignée passant pour causer des troubles nerveux (→ *tarentule*). « *Avoir une araignée au (dans le) plafond* » exploite toutes ces notions en les appliquant à la tête, l'esprit (→ *plafond*). Selon Claude Duneton, l'expression figure « *parmi une floraison de métaphores semblables en usage chez les prostituées parisiennes de la rue Bréda (future Henri-Monnier), un haut lieu du commerce de chair humaine sous le Second Empire, et point chaud des échanges linguistiques rapides (...)* ». Une abondante phraséologie évoque la folie en ayant recours à la métaphore de la présence parasite d'insectes ou d'animaux dans la tête. Dans le cas de l'*araignée*, une des représentations évidentes est celle de l'arrêt du fonctionnement mental : le cerveau « dérangé » est envisagé comme un atelier vide, désaffecté, où les outils et les rouages laissés à l'abandon sont couverts de toiles. Au parasitage de la pensée s'ajoute ainsi le thème de la réduction ou de l'absence d'activité psychique.

Étym. : m. XVIe, du latin *aranea*.

ARCHIFOU, FOLLE adj. (XIXe), fam. : complètement fou. *Archi-* exprime le degré extrême, la notion d'excès. Il sert à composer un grand nombre de mots fam. à valeur superlative : *archibête, archicon, archifou, archinul*, etc. « *Il est réellement fou, archifou !* » (→ *carat, complet, degré, étage, première*).

Étym. : de *archi-*, du grec *arkhi*, et de *fou*.

ARMET n. m. « *Il lui manque/il lui faut un clou (à son armet)* » (f. XVIIe), fam. : il est un peu fou. Le mot désigne un casque de fer autrefois en usage. Il prend le sens fig. de tête par une métonymie commune à celle de *casque* (→ *tête*). L'expression a recours au sémantisme de la perte d'un des éléments d'un ensemble cohérent et ordonné — en l'occurrence le cerveau — pour figurer le désassemblage des idées (→ *manquer*).

Étym. : XVIe, de l'italien *elmetto*, lui-même de l'ancien français *helmet*.

ARPENTER   v. « *Arpenter dans le goudron* » (XXe), arg. : déraisonner. L'expression figure la viscosité de la pensée et l'agitation en pure perte par l'image du déplacement laborieux des idées dans une substance épaisse et collante. De nombreuses variations sont obtenues sur ce thème, à l'instar de « *pédaler dans la choucroute/le potage/la semoule/le yaourt...* » (→ *pédaler*).

Étym. : m. XIIIe, du latin *arepennis*, lui-même du gaulois.

ASILE   n. m. (XIXe) : hôpital des fous. Le mot désigne d'abord une institution destinée à recueillir les personnes malades ou sans abri. Au siècle dernier, le terme *asile* se spécialise au sens d'établissement public destiné aux *aliénés* : *asile d'aliénés, asile de fous* (→ *enfermer*). Il se distingue ainsi de l'*hospice* qui ne reçoit que les incurables, les vieillards et les enfants assistés (→ *hospice*). En 1938, le syntagme *hôpital psychiatrique* (abrégé *H.P.*) remplace le mot *asile*, puis disparaît vers 1970 au profit de *centre hospitalier spécialisé (C.H.S.)*, très récemment devenu (1993) *centre hospitalier* (→ *hôpital*). L'usage actuel du terme *asile* est toujours péj. : « *à l'asile !* » (« au fou ! »), « *être bon pour l'asile* », « *échappé de l'asile* » (« relever de la psychiatrie »). • *Asilaire* qualifie péj. ce qui a rapport à l'asile d'aliénés, symbole de la psychiatrie d'enfermement : « *un malade asilaire* », « *un traitement asilaire* ». • *Asilisme* désigne les troubles psychiques provoqués par une hospitalisation inadaptée et de longue durée en milieu psychiatrique (→ *chronique*).

Étym. : m. XIVe, du latin *asylum*, lui-même du grec *asulon* « refuge inviolable ».

ATRABILE   n. f. (XVIe), méd. : humeur mélancolique. Le mot est introduit en médecine ancienne à partir de la notion de « bile noire ». Selon la théorie antique des quatre humeurs (bile jaune, bile noire, sang, pituite) et des tempéraments correspondants, la *bile jaune* est censée favoriser la colère et la *bile noire* les accès d'hypocondrie ou de mélancolie (→ *mélancolie*). Après l'abandon par les médecins de la « théorie des humeurs », *atrabile* évolue vers le sens fig. de « mauvaise humeur », « irascibilité ». Il est aujourd'hui sorti d'usage. • *Atrabilaire*, « mélancolique », « hypocondriaque » — qui a évolué parallèlement à *atrabile* — est également obsolète.

Étym. : XVIᵉ, du latin *atra bilis* « bile noire ».

ATTACHÉ(E)-PIQUÉ(E)   adj. et n. « *Cet énergumène, c'est le véritable attaché-piqué !* » (XXᵉ), arg. : il est fou à lier. Le mot est un composé expressif appartenant à l'argot asilaire. Il fait référence aux modalités thérapeutiques administrées de force à un sujet agité : association d'une injection sédative à une contention mécanique (attaches). Par figure, le mot composé signale l'agitation mentale (→ *calmant, camisole, piqûre*).

Étym. : XXᵉ, p. p. des verbes correspondants.

ATTAQUE   n. f. « *Avoir une attaque de nerfs* » (XIXᵉ), fam., avoir une crise de nerfs. Le mot désigne, par figure, la brusque action d'un mal, d'une maladie, en concurrence avec *accès* (« *une attaque de folie* »). En psychiatrie il s'emploie spécialement dans le syntagme *attaque de panique* qui s'applique à une crise aiguë d'angoisse (→ *accès, coup, crise, panique, raptus*).

Étym. : f. XVIᵉ, déverbal de *attaquer*, de l'italien *attacare*.

ATTEINT, E   adj. (XVIIᵉ) : fou. Le mot signifie, par figure, « frappé par un mal ». Dans le registre de la folie, il représente l'ellipse de « *atteint au cerveau* ». « *Il est bien/très atteint* », « *qu'est-ce qu'il est atteint !* ». À rapprocher de *affligé, grave, malade, sérieux, touché*.

Étym. : p. p. du verbe *atteindre* (XIIᵉ), du latin *attangere* « toucher ».

ATYPIQUE   adj. et n. « *Il est un peu atypique* » (XXᵉ), fam. en milieu spécialisé : il est bizarre, proche de la psychose.

L'adj. s'applique à ce qui diffère du type commun, à ce qui est inclassable. Il s'emploie en sciences ou en médecine, spécialement en psychiatrie : on parle des « *formes atypiques de certaines psychoses* » notamment à propos de troubles de l'humeur qui dominent le tableau clinique mais qui sont en réalité sous-tendus par une psychose schizophrénique. « *Un atypique.* » Dans l'usage courant le mot a une connotation péj. « *C'est un mec atypique.* »

Étym. : déb. XIXe, antonyme de *typique*, du bas latin *typicus*, lui-même du grec *tupikos* (→ *type*).

AUTISME n. m. (déb. XXe, E. Bleuler), psych. : détachement et refus de la réalité extérieure, avec repliement pathologique du sujet sur son monde intérieur. De tels troubles s'observent dans la *schizophrénie* (→ *schizophrénie*). « *(...) Cet état est à la base d'une reconstruction délirante du monde et de difficultés majeures de communication avec autrui. Ce terme est plutôt utilisé pour désigner certains états psychotiques de l'enfant (...)* » (M. Godfryd). Le syntagme *autisme infantile précoce* (Kanner, 1943) désigne un ensemble de troubles graves et durables se développant chez le très jeune enfant, ayant pour centre le détachement et le repli. • *Autiste* qualifie et désigne le patient atteint de l'affection correspondante. « *Un enfant autiste* », « *un autiste* », « *la pensée déréelle des autistes* ». • *Autistique* figure spécialement dans le syntagme *pensée autistique*.

Étym. : déb. XXe, de l'allemand *Autismus*, du grec *autos* « soi-même ».

AUTOLYSE n. f. (XXe), méd., psych. : suicide. D'introduction récente en médecine et en psychiatrie, *autolyse* est d'abord un terme de biologie qui désigne la destruction des tissus par leurs propres enzymes, seule valeur retenue dans les dictionnaires. L'extension de sens prétend s'appliquer à l'idée d'« autodestruction » que suggère le mot *suicide*. Il semble surtout destiné à masquer l'évocation de ce dernier auprès du public et doit être considéré comme impropre en ce sens (→ *suicide*).

Étym. : déb. XXᵉ, de l'élément *auto-*, et de *-lyse*, du grec *lusis* « dissolution ».

AUTOMATISME n. m. « *Automatisme mental* » (déb. XXᵉ, G. G. de Clérambault), psych. : conviction délirante de ne plus être maître de ses pensées et d'être sous le contrôle d'une force étrangère, extérieure à soi. Le sujet se sent dirigé dans ses actes, sa pensée et ses perceptions. Il a souvent l'impression d'être « téléguidé à distance ». Caractéristique de l'*expérience psychotique*, le syndrome évolue en trois étapes : le *petit automatisme mental* où le malade a le sentiment parfois fugace de ne plus posséder sa pensée qui se dévide pour le compte d'une force qui lui est étrangère, l'étape des phénomènes d'*écho* et de *devinement* de sa pensée à effets persécutifs majeurs et le *grand automatisme mental* où les *hallucinations* psychosensorielles confinent au *délire* constitué. De tels phénomènes peuvent conduire le malade ou son entourage à évoquer les thèmes de *possession diabolique*, d'*envoûtement* ou d'*habitation par la folie* (→ *écho, hallucination, possession, psychose, xénopathie*).

Étym. : XVIIIᵉ, de *automate*, du grec *automatos* « qui se meut par lui-même ».

AVERTIN n. m. (m. XIIIᵉ) : trouble de l'esprit avec agitation et comportements de violence. Aujourd'hui sorti d'usage, le mot a désigné le *tournis* du mouton, maladie caractérisée par des mouvements de tournoiement agité de l'animal. Appliqué à l'homme, le terme évoque le vertige mental et les actes d'égarement qui lui sont associés, comme *vertigo* (→ *vertigo*). L'expression « *avoir le mal (de) saint avertin* » s'est dite pour « être fou, extravagant » (→ *mal, saint*).

Étym. : XIIIᵉ, du latin *vertigo, inis*, avec influence de *avertere* « détourner ».

AVISION (→ *vision*).

AZIMUTÉ, ÉE   adj. et n. « *Être azimuté* » (XXᵉ), fam. : être fou. L'expression, issue de l'argot militaire, équivaut à « *être dans tous les azimuts* », c'est-à-dire dans toutes les directions. Par figure, on passe de l'idée d'absence d'orientation dans l'espace à celle de désorientation mentale. « *Il est complètement azimuté.* » Substantivé, le mot figure dans les expressions du type : « *C'est un azimuté de première !* » Le thème de la désorientation est également exploité dans les locutions concurrentes : « *être (complètement) déboussolé* », « *perdre la boussole/la carte/le nord/la tramontane* ».

Étym. : p. p. du v. *azimuter* (f. XIXᵉ), lui-même de *azimut*, de l'arabe *al-samt* « droit chemin ».

BA-, BAB- ou **BOB-** : radicaux onomatopéiques évoquant un mouvement labial, l'initiale *b* permettant de traduire le bâillement, le bafouillage, le bredouillement, le bégaiement et le bavardage enfantin ou inutile. La niaiserie et, par extension, la folie douce du simple s'expriment dans un grand nombre de mots dialectaux en *bab-*, *bad-* ou *bob-* : *baba* (picard), *babille* (Valenciennes), *baban* (Jura), *babin* (Suisse, Jura), *baboye/badaraud* (Limousin), *badaret* (Savoie), *badau*, *badin* (Limousin, Provence...), *badabé* (Auvergne), *baoué*, *beubeu* (Lorraine), etc.

BABAROT n. m. « *Perdre le babarot* » (XXe), fam. : perdre la tête. Le mot est régional (Languedoc). Il désigne au sens propre un insecte dans le parler enfantin et s'emploie au fig. pour « esprit ». On dit aussi *babarote* en Provence pour « charançon » et, par extension, « insecte nuisible ». *Babarot* s'applique aussi à tout individu ébahi, niais ou un peu fou, la distinction sémantique étant souvent fonction du contexte (→ *ahuri*).

Étym. : d'origine incertaine. Selon L. Alibert, le mot dérive de *baba* « larve d'insecte, chrysalide de ver à soie », qui se rattacherait à un radical *bab-* « animal hideux, fantôme ». Selon A. Rey, le mot est formé par redoublement du radical *bab-* (→ *bab-*).

BADAUD, AUDE ou **BADAU** n. et adj. (m. XVIᵉ) : niais ou fou (→ *babarot*). Le mot signifie principalement sot jusqu'au XVIIIᵉ siècle puis change de sens par atténuation progressive de sa valeur péjorative. « *Une foule de badauds* » désigne des personnes qui regardent avec curiosité. Il garde cependant sa valeur de gentil fou dans certaines régions du Sud de la France : *un badau(d)*. Parmi les dérivés régionaux, citons *badarot* (ou *badaraud*) qui s'emploie couramment pour « fou » en Limousin et *badabé* (Auvergne), *badaou*, *badin* (Provence) surtout avec la valeur de « niais » (→ *ahuri*).

Étym. : XIIᵉ, du provençal *badau*, dérivé de *badar* (→ *bader*).

BADER v. « *Bader du bec avec les idées ailleurs* » (XXᵉ), fam. : être ahuri, un peu fou. L'expression est régionale (Ouest). La locution « *bader du bec* » signifie « rester bouche bée », « avoir l'air ahuri », tandis que « *avoir les idées ailleurs* » signale la distraction, la rêverie ou la folie (→ *ailleurs*).

Étym. : dérivé de *badar* « bâiller », du latin *batare*.

BADJOC ou **BADJOK** adj. et n. (XXᵉ), fam. : bizarre, tordu, un peu fou. Courant dans le parler des Français d'Algérie, le mot est attesté régionalement sous les formes *bayoc* et *bajoch*, dérivés dialectaux de *bayer*, *bâiller* (→ *bader*). On peut aussi penser à une dérivation de *bajoque* « bosse créée par un coup » (Haute-Provence), par le sémantisme du coup sur la tête (→ *coup*), ou encore à une influence de *barjo*. « *Ô ! Va de là, ti es badjoc !* », « *il est devenu complètement badjoc* », « *regarde ce badjoc* ».

Étym. : d'origine incertaine, peut-être de l'ancien provençal *badar* (→ *badaud, bader*).

BADOUFLE n. m. « *Moloter du badoufle* » (XXᵉ), arg. : déraisonner, « être confus ». L'argotisme *badoufle* s'emploie pour « chapeau », d'où par métonymie « tête » (→ *tête*). Il s'agit probablement d'une variante de « *y aller doucement du chapeau* » (→ *moloter*), avec influence des locutions « *dodeliner du cervelet* » (→ *dodeliner*), « *travailler/yoyoter du chapeau* » (→ *travailler, yoyoter*).

Étym. : déb. XXᵉ, probablement dérivé de *bada* « chapeau », lui-même d'origine incertaine.

BAISÉ, ÉE adj. « *Avoir les nerfs baisés* » (XXᵉ), arg. : être nerveux, fragile, débile ou un peu fou. Hors du contexte érotique, sur le modèle de *foutre*, le mot signifie au passif « foutu », d'où « endommagé, détérioré » (→ *nase, nerf, niqué*). L'expression « *avoir le cerveau complètement baisé* » indique plutôt une détérioration démentielle.

Étym. : p. p. du v. *baiser* (Xᵉ), du latin *basiare*.

BAKÉLITE n. f. « *Fondre la plaque de bakélite* » (XXᵉ), fam. : devenir fou. L'expression représente une variante de « *fondre/péter/sauter les fusibles/les plombs* » (→ *fondre, péter, sauter*). La métaphore est celle de la surchauffe mentale ou du court-circuit cérébral, où *bakélite* (résine synthétique) désigne par analogie et à tort un support de circuits électriques ou informatiques constitués de matière plastique.

Étym. : déb. XXᵉ, du nom de l'inventeur Baekeland.

BALOURIEN n. m. (XXᵉ) : tête folle. Le mot est régional (Savoie). Il s'emploie d'abord au sens de « bohémien, baladin, saltimbanque » puis prend la valeur fig. de « sot », « tête folle ». « *C'est un balourien, il ne sait pas ce qu'il dit.* »

Étym. : d'origine incertaine, peut-être dérivé de l'ancien provençal *balada* (du latin *ballare* « danser »), avec influence de l'italien *balordo* « sot, stupide » (à l'origine de *balourd*).

BAMBOU n. m. « *Avoir le coup de bambou* » (XXᵉ), fam. : avoir un accès de folie, un comportement bizarre. L'expression exotique « *coup de bambou* » s'emploie, par figure, pour « insolation » ou « addition excessive ». Par extension, elle exploite le sémantisme du coup sur la tête pour traduire la folie (→ *coup*).

Étym. : f. XVIᵉ, du malais *bambu*.

BANCAL adj. « *Avoir un raisonnement complètement bancal* » (XXᵉ) : raisonner de manière aberrante, incorrecte. Le mot exprime le déséquilibre et donc, par figure, le boitement des idées (→ *béquiller, boquiller*).

Étym. : XVIIIe, dérivé de *banc*, du germanique *bank*.

BARAGNE n. f. « *Courir les baragnes* » (XXe) : divaguer. *Baragne* désigne une haie. L'expression est une forme régionale (Auvergne) de « *battre la campagne* » (→ *battre*). • En dérivent *baralher*, divaguer, et *baralhe*, détraqué, toqué (Auvergne). « *Vise un peu celui-là, il commence à courir les baragnes !* » Variante régionale : *barrail* (Sud-Ouest).

Étym. : du provençal *baragnas*.

BARDEAU n. m. « *Il lui manque un bardeau* » (XXe), fam. : il est un peu fou (→ *manquer*). L'expression est québécoise. Elle traduit la fuite des idées et l'infiltration de la pensée par la métaphore du « défaut de toiture », *bardeau* désignant une planche de bois employée pour remplacer une tuile ou une ardoise dans la couverture des maisons. À rapprocher de « *onduler/yoyoter de la toiture* » (→ *onduler, yoyoter*).

Étym. : m. XIVe, d'origine obscure, peut-être de *barde*.

BARÌAT ou **BARIADE** adj. et n. (XXe) : insensé, fou. Le mot est régional (Gascogne). De nombreux dérivés dialectaux sont attestés : *esbariat* « fou », *bariacoû* « déraison », *bariamen* « état de folie », *cap-barìa* « insensé » (→ *cap*).

Étym. : du v. dialectal *baria* « varier, déraisonner ».

BARJO ou **BARJOT** adj. et n. (déb. XXe), fam. : fou (→ *jobard*). Le mot est aujourd'hui très répandu. « *Il est un peu/à moitié/complètement/totalement barjo(t)* », « *c'est un barjo(t) fini* ». Il est également employé comme intensif, usage qu'il partage avec *dingue, fou*... : « *C'est barjo(t) !* » Par exagération, il s'applique aux gens agissant hors des normes reçues : « *Alors eux, c'est la vraie famille barjo(t) !* » • Un degré supplémentaire de folie est atteint avec le composé d'introduction récente *superbarjo* (→ *super*). • *Barje* (ou *barge*) représente l'abrègement courant du mot. « *Quel barge !* », « *t'es barge ou quoi ?* », « *lui, c'est le barge intégral* ». • Le verbe *barjoter* signifie « délirer, être fou ». « *Il barjote complètement* », « *arrêtez de barjoter !* » • En procède, *barjoterie* pour « folie ». « *C'est encore une de ses barjoteries !* » Synonymes : *démentiellerie, dinguerie, jobarderie, jobardise, follerie, loufoquerie.*

Étym. : déb. XXe, interversion argotique (verlan) des syllabes de *jobard* (→ *jobard*).

BARLOC ou barloque adj. et n. (XXe) : niais ou insensé. Le mot est régional (Sud-Ouest). Il a de nombreux dérivés dialectaux tels que : *barloucà* « cahoter, divaguer », *barlouquerie* « sottise, déraisonnement », *barluèc* « lunatique, original ». L'expression « *battre la barloque* » signifie « divaguer ». Elle constitue une forme régionale (Gascogne) de « *battre la berloque/breloque* » (→ *breloque*).

Étym. : d'origine incertaine. Selon P. Guiraud, les racines *barl-*, *berl-*, extensions de *bar-*, *ber-*, expriment le « va-et-vient », comme dans le provençal *barloco, berloco* (« berloque » → *breloque*). Une déformation dialectale de *barlong* (*beslong* « très long, oblong »), ou de *berlue* est également possible.

BAROQUE adj. et n. « *C'est un vrai farfelu, il n'a que des idées baroques* » (XXe) : il est bizarre, un peu fou. Sur le plan abstrait, le mot qualifie un comportement irrégulier, des idées hors norme. • En procèdent le v. *baroquiser*, « devenir baroque », et *baroquerie*, *baroquinerie*, « caractère de ce qui est baroque ».

Étym. : XVIe, du portugais *barroco* « perle irrégulière ».

BARRAGE n. m. (XXe), psych. : brusque interruption de l'expression du discours ou de la réalisation d'un geste, traduisant l'altération majeure du cours de la pensée dans la *schizophrénie*. Le mot développe en psychiatrie le sens fig. d'interruption, obstacle (Kraepelin, de l'all. *Hemmung*). Le psychiatre suisse Bleuler en a fait un des signes fondamentaux de la *dissociation* schizophrénique (→ *dissociation, fading*). La locution « *faire des barrages* » se dit couramment en milieu spécialisé. En procède, de manière très fam., « *c'est plus des barrages qu'il nous fait, c'est de véritables digues !* », argot asilaire signifiant « son cours de la pensée est très perturbé ». Cette expression joue sur la proximité phonétique des mots *digue* et *dingue*.

Étym. : XIIe, du v. *barrer*, d'un latin pop. *barra* « barrière ».

BARRÉ, ÉE adj. « *Il est complètement barré* » (XXe), arg. : il est fou, ivre ou sous l'effet d'une drogue. Le mot signifie littéralement « être parti » et s'applique au fig. à la tête, à l'esprit. Il suggère l'idée de fonctions mentales « biffées, rayées » ou de « fuite des idées ». Avec la valeur de « biffé », le mot est à rapprocher de « *avoir le cerveau en croix* » (→ *croix*).

Étym. : m. XIXe, p. p. du v. arg. *barrer*, lui-même d'origine incertaine.

BARREAU n. m. « *Il lui manque un barreau à sa chaise à porteur* » (XIXe), fam. : un peu fou. La locution est une variante de « *il lui manque une case* » (→ *case*). La métaphore est celle de la perte de l'un des éléments d'un ensemble cohérent et ordonné, en l'occurrence le cerveau, pour exprimer la désolidarisation des idées et le déséquilibre mental (→ *manquer*).

Étym. : XIIIe, de *barre*, d'un latin pop. *barra* « extrémité ».

BARZINGUE adj. et n. (XXe), fam. : fou. « *T'es barzingue, ou quoi ?* »

Étym. : d'origine incertaine, probablement de *barjo(t)* avec une finale issue d'une suffixation pop. ou d'un emprunt à *brindezingue*. Influence possible de *berzingue* exprimant la précipitation, comme dans « *à toute berzingue* » pour « à toute vitesse ».

BAS n. m. « *Chier dans ses bas* » (XIXe) : faire preuve de dérangement mental. Par figure, l'idée exprimée est celle de la perte du contrôle de soi. La locution signifie littéralement « faire/déféquer sous/sur soi ». La locution « *perdre ses bas* » s'est employée pour « ne plus savoir ce que l'on fait ».

Étym. : XVIe, ellipse de *bas-de-chausse*.

BASCULER   v. « *Basculer dans la folie* » (XXᵉ) : devenir subitement fou. L'expression a recours, par figure, au sens moderne du verbe, « (se) renverser par une culbute », « tomber la tête la première ». « *Basculer dans la folie* » évoque l'image angoissante et vertigineuse de la chute dans le vide. Plus précisément, elle suggère de façon expressive l'idée d'un saut dans l'inconnu, le chaos, le vide mental. À rapprocher de « *sombrer dans la démence/la folie* » et de « *tomber en dépression nerveuse* » (→ *sombrer, tomber*).

Étym. : déb. XVIIᵉ, de *bascule*, lui-même de l'ancien français *baculer* (XIVᵉ) « frapper le derrière contre terre ».

BASKET   (→ *latte, pompe*).

BATTRE   v. « *Battre la campagne* » (f. XVIIIᵉ) : délirer, divaguer, être fou. Le verbe *battre* renvoie d'abord à l'action de frapper qqch à plusieurs reprises pour en agiter ou en séparer le contenu *(« battre le blé »)*. Dans le contexte de la chasse, *battre* a la valeur de « fouiller les buissons pour lever le gibier » *(« battre les buissons »)*. On passe de la notion de « fouille » à celle de « recherche en tous sens », puis par un autre développement, à celle d'« allées et venues ». Cette dernière acception est exploitée dans le registre de l'errance mentale, « *battre la campagne* » traduisant, au fig., la divagation de l'esprit (→ *divaguer*). Il en est de même des locutions « *battre l'antiffe* » et « *battre le quart* » (→ *antiffe, quart*). À l'instar du verbe concurrent *courir*, *battre* est présent dans de nombreuses expressions relatives à la folie. Les variantes « *battre la calabre/les champs/la plaine* » (→ *calabre, champs, plaine*) sont équivalentes à « *courir les baragnes/les champs/les rues* ». Le thème de l'errance mentale — associé à l'idée de désorientation — les rapproche de « *perdre la boussole/la carte/le nord/la tramontane* » (→ *boussole*). Par figure, avec l'idée dominante d'agitation et de mélange, « *battre la breloque* » se dit pour « être dérangé, un peu fou » (→ *breloque*). Quant à la locution « *battre la dingue* », elle signifie « simuler la folie », le verbe *battre* ayant ici le sens arg. de « simuler, feindre » (comme dans « *battre à Niort* » pour « nier »).

Étym. : XIe, du latin *battere*.

BEDLAM n. pr. « *C'est un échappé de Bedlam* » (XIXe), fam. : un fou (→ *échappé*). Le mot fait référence à l'un des premiers asiles d'aliénés d'Europe situé à Londres. L'équivalent de « *échappé de Charenton* » se dit outre-Manche *bedlamite* ou *Tom o' Bedlam* (→ *Bicêtre, Charenton, Petites-Maisons, Salpêtrière*).

Étym. : de l'anglais *Bedlam*, corruption de *Bethléem*, nom d'une maison religieuse de Londres, transformée en hospice d'aliénés au milieu du XVIe siècle, et qui hébergea des malades mentaux dès 1403. Un nouvel établissement psychiatrique, le célèbre *St Mary Bethleem Hospital*, fut construit au XVIIe siècle de l'autre côté de la Tamise.

BEFFROI n. m. « *Avoir une hirondelle dans le beffroi* » (XXe), fam. : être un peu fou. L'expression constitue une variante régionale (Nord) de « *avoir une hirondelle dans le soliveau* » (→ *hirondelle*). *Beffroi* figure la tête par métaphore de la tour de guet équipée d'une cloche (→ *tête*). Variante : « *avoir une/des chauve(s)-souris dans le beffroi* » (→ *chauve-souris*).

Étym. : XVe, métathèse de *berfroi*, emprunté au haut all. *bergfrid*.

BELETTE n. f. « *Être fou comme une belette* » (XXe), fam. : être très fou. L'expression est une variante régionale (Midi-Pyrénées) de « *fou comme un lapin* » (→ *lapin*). Elle fait sans doute allusion à l'agilité et à la rapidité de la *belette*, petit mammifère carnivore autrefois répandu dans les campagnes. La locution fournit une représentation expressive du parcours tortueux de la pensée, de la précipitation et de la fuite des idées.

Étym. : XIIIe, de *bel*, avec le suffixe *-ette*.

BÉMOL n. m. « *Passer de b dur en b mol* » (XVIIe) : perdre la tête, la raison. La métaphore musicale signifie littéralement « passer de si en si bémol ». Par identification de la finale du mot au sens de « mou », l'expression joue sur le passage de « dur » à « mou », avec l'idée d'« atténuation des facultés mentales » et de « ramollissement cérébral ». À ne pas confondre avec la locution « *sot (fol) de bécarre et de bémol* » (Rabelais) qui signifie « de toute manière, stupide ou fou ». La musique de l'époque, modale, impose en effet un choix obligatoire — en dehors des altérations accidentelles — entre l'usage, dans une même pièce, du si bécarre ou du si bémol.

Étym. : m. XVe, du latin médiéval *b mol*, du latin *mollis* « mou ».

BENZODIAZÉPINE   (→ *tranquillisant*).

BÉQUILLER   v. « *Béquiller de la pensarde* » (XXe), arg. : perdre la raison. La métaphore est celle du déséquilibre psychique. La notion de « boiterie du cerveau », d'« idées boiteuses », est rendue par l'emploi du v. *béquiller* qui évoque le déplacement au moyen de béquilles, appliqué à l'argot *pensarde*, « tête » (→ *pensarde*). À rapprocher de « *boquiller de la pensarde* », « *avoir le cerveau en écharpe/foulé/luxé* », « *avoir un raisonnement complètement bancal* », « *se fouler un/les neurone(s)* ».

Étym. : m. XVIIe, de *béquille*, dérivé de *bec*, avec influence de *anille*.

BERCEAU   n. m. « *Avoir été mis dans le berceau de saint Blaise* » (XVIIe) : être fou (→ *Blaise*).

Étym. : XVe, de l'ancien français *bers*.

BERLUE   n. f. « *Avoir la berlue* » (XVIIe), fam. : avoir des visions, se faire des illusions. Le mot désignait autrefois en médecine une hallucination ou une illusion visuelle (→ *hallucination, illusion*). « *Ma parole, tu as la berlue ou quoi ?* » À rapprocher de l'argotisme « *dérailler de la rétine* » (→ *dérailler*).

Étym. : XIIIe, de l'ancien *belluer* « éblouir », mot d'origine obscure.

BESOIN n. m. « *Avoir (bien) besoin de se faire soigner (les nerfs)/d'une bonne analyse/d'une cure de sommeil/d'une douche froide/de quelques grains d'ellébore/de packs/d'une (bonne) piqûre/de calmants/d' (aller voir) un bon (neuro)psychiatre/psy/psychologue/d'un (bon) traitement/de tranquillisants/faire un petit séjour en clinique/de faire une psychothérapie...* » (XXe), fam. : relever de la psychiatrie, être fou. La locution « *avoir besoin de* » est ancienne. Elle exprime ici l'exigence, la nécessité d'intervention dans le contexte du trouble mental. Toutes ces locutions ont une connotation péj. ou ironique. À rapprocher de « *être bon à enfermer/interner/pour la camisole...* » (→ *bon*).

Étym. : m. XIe, du francique *bisunnia*.

BESTIALITÉ (→ *zoophilie*).

BIAIS adj. et n. m. « *Avoir la tronche en biais* » (XXe), arg. : être un peu fou. L'expression signifie littéralement « avoir la tête de travers », *tronche* désignant la tête en argot (→ *tête*). La loc. adv. « *en biais* » exprime l'absence d'orthogonalité. Elle suggère, par figure, la perte de l'aplomb mental, c'est-à-dire de l'équilibre psychique (→ *aplomb*). Dans le registre de la folie, ce thème représente un sémantisme important. Notons que le *fou*, pièce du jeu d'échecs, tire précisément son nom de son type de déplacement oblique, c'est-à-dire « en diagonale ». Synonyme : « *avoir le chambranle de guingois* » (→ *chambranle*).

Étym. : XIIIe, d'origine incertaine, peut-être de l'ancien provençal *biais*, lui-même du grec *epikarsios* « oblique ».

BIBARD, ARDE n. (XIXe), pop. : buveur, débauché et, par extension, demi-fou. Le mot s'applique spécialement à une personne âgée diminuée par la boisson ou la bêtise. « *Un vieux bibard* » désigne un vieil ivrogne ou un vieux fou (→ *alcoolique*).

Étym. : XIXe, du radical *bib-* (du latin *bibere*) et du suffixe péj. *-ard*.

BIBI n. m. (XIXe), arg. : fou. Le mot désigne d'abord un pensionnaire de l'asile de Bicêtre ou l'établissement lui-même. Par extension, il s'applique à toute personne mentalement dérangée, peut-être sous l'influence de *bicéphale* « (monstre) à deux têtes ». « *Quel bibi !* » (→ *Bicêtre, Biscaye*).

Étym. : XIXe, de *Bicêtre*, par redoublement de la première syllabe.

BICÊTRE n. pr. « *C'est un échappé de Bicêtre* » (XIXe), fam. : un fou (→ *échappé*). L'expression fait allusion à l'*hôpital de Bicêtre*, l'un des premiers asiles d'aliénés de Paris. La *maison de Bicêtre* est rattachée à l'*hôpital général* au milieu du XVIIe siècle (→ *hôpital*). Sous l'Ancien Régime, l'établissement représente le haut lieu de l'enfermement pour les hommes. Vénériens, insensés incurables et épileptiques y sont parqués dans des conditions carcérales insalubres, faisant des « *loges de Bicêtre* » un endroit de sinistre réputation. La détention des insensés, intimement liée à l'idée d'incurabilité, fait l'objet d'une critique radicale au XVIIIe siècle. Sous l'impulsion de Philippe Pinel (1745-1826) — qui deviendra le héros de la légende des « fous libérés de leurs chaînes » — s'ouvre la voie de l'*aliénisme*. Celle-ci implique la volonté d'*observer*, d'*étiqueter* et de *soigner* les fous. L'*insensé* — privé de sens — fait place à l'*aliéné*, cet étranger à lui-même et à autrui, qu'il convient de ramener à la raison (→ *Bedlam, Charenton, Petites-Maisons, Salpêtrière*). Variante arg. : *Biscaye*.

Étym. : XIVe, du nom d'un château que fit construire Jean de Pontoise, évêque de *Winchester*. Il fut d'abord nommé *Wincestre-* puis *Wicestre*, d'où par corruption *Bicêtre*.

BIEN adv. et adj. « *Il n'est vraiment pas bien, ce mec-là !* » (XXe), fam. : il agit comme un fou ; « *t'es pas bien !* » (XXe), fam., tu es fou ! ; « *ça va pas bien là-haut/la tête !* » (XXe), fam., il est mentalement dérangé (→ *là-haut*). Ces locutions négatives s'opposent à ce qui est satisfaisant, correct, c'est-à-dire dans la norme communément admise. Elles sont souvent formulées geste à l'appui (→ *tempe*). Variantes : « *ne pas/plus aller très bien* », « *n'être pas bien d'aplomb* ».

Bien s'emploie aussi pour indiquer une grande quantité, un haut degré, une grande intensité, comme dans « *il est bien barjo/pété...* », « *c'est un bien curieux personnage* ». Les locutions « *bien plus* » et « *bel et bien* » fournissent des expressions du type : « *il est bien plus cinglé que je ne le pensais* », « *il est bel et bien devenu complètement fou* ».

Étym. : X^e, du latin *bene*.

BIGOUDI n. m. « *Travailler du bigoudi* » (XXe), fam. : être fou. La locution est une variante expressive de « *travailler du chapeau* » (→ *travailler*). *Bigoudi* désigne la tête par métonymie de l'objet de coiffure utilisé pour rouler les cheveux (→ *tête*). « *Se faire mettre les bigoudis* » se dit fam. pour « être l'objet d'un électro-encéphalogramme », par allusion à la pose d'électrodes sur la tête.

Étym. : XIXe, d'origine obscure, peut-être de l'espagnol *bigotera*.

BIPOLAIRE adj. et n. (XXe), psych. : qui alterne des épisodes d'excitation de type maniaque et des phases de dépression mélancolique. « *Une évolution des troubles bipolaires.* » Le terme didactique s'emploie spécialement en psychiatrie à propos des troubles de l'humeur rattachés à la *psychose maniaco-dépressive* (→ *maniaco-dépressif*). Substantivé, il désigne fam. le malade atteint de l'affection : « *un bipolaire* » (→ *monopolaire*).

Étym. : m. XIXe, de *bi-* (du latin *bis*) et *-polaire* (du latin *polaris*, dérivé de *polus* « pôle »).

BISCAYE ou **BISCAILLE** n. pr. (XIXe), arg. : Bicêtre. Le mot fait allusion à *l'hôpital de Bicêtre,* l'un des premiers asiles d'aliénés de Paris. Par plaisanterie, il rappelle le nom du *golfe de Biscaye*, peut-être pour passer de l'idée d'enfermement à celle d'évasion ou pour évoquer la capture des eaux de l'Atlantique (→ *Bicêtre*).

Étym. : déformation pop. de *Bicêtre*.

BISCORNU, UE adj. « *Avoir des idées vraiment biscornues/ un esprit biscornu* » (XXe) : être bizarre, extravagant. Le mot exprime l'irrégularité, la déformation. Sa consonance même joue sans doute un rôle, comme c'est le cas pour *farfelu* ou *hurluberlu*. « *C'est une nana sacrément biscornue.* »

Étym. : f. XVIIe, de *bicorne*, du latin *bicornis* « qui a deux cornes ».

BIZARRE adj. (f. XVIe) : qui dévie de la norme en suscitant de l'inquiétude. Le mot traduit l'écart, l'imprévisibilité, avec une note un peu angoissante (→ *étrange, tordu*). « *Ce type est vraiment bizarre* », « *quel mec bizarre !* », « *elle a l'air tellement bizarre !* ». • *Bizarrerie* s'applique spécialement en psychiatrie à un élément du syndrome de *discordance* observé dans la *schizophrénie* (→ *discordance*).

Étym. : XVIe, de l'italien *bizzaro*.

BLAISE n. pr. « *Avoir été mis dans le berceau de saint Blaise* » (XVIe) : être fou. Comme dans le cas de *saint Mathurin* (→ *Mathurin*), les pèlerinages thaumaturges organisés pour les *fous* et les *possédés* au Moyen Âge et à la Renaissance, sont à l'origine de dictons ironiques, voire péjoratifs. L'expression fait allusion au pèlerinage de Saint-Maurice-les-Chartres. Dans la crypte de l'église, le « *berceau de saint Blaise* » — sorte de couchette en bois munie d'attaches — servait à maintenir les *insensés* pendant la *neuvaine* accomplie à leur intention par les membres de leur famille (→ *neuvaine, saint*). L'expression est à rapprocher de « *avoir baisé le verrou de Saint-Thibéry* » (→ *verrou*).

Étym. : nom du saint thaumaturge.

BLOC n. m. « *Être fou à bloc* » (XXe), fam. : être complètement fou. La locution adv. « *à bloc* » est empruntée à la marine où elle signifie « jusqu'au blocage » en parlant du serrage d'un élément de gréage. Par extension, elle s'emploie couramment avec la valeur de « au dernier degré, jusqu'au bout » (→ *maximum*). L'expression « *délirer/déménager à bloc* » se dit pour « déraisonner complètement » (→ *déménager*). À rapprocher de « *être poulie contre poulie* »,

« être au taquet » (→ *poulie, taquet*). « *Être remonté à bloc* » signifie fam. « être énervé, agité, exalté » (→ *remonté*).

Étym. : XIXe, « à bloc » dérive de *bloc* (XIIIe), du néerlandais *bloc* « tronc d'arbre abattu ».

BOBÈCHE n. f. « *Perdre la bobèche* » (XIXe), fam. : s'affoler, perdre la tête (vieilli). *Bobèche* et son dérivé *bobéchon*, fam. tête, sont sans doute formés à partir du radical *bob-* qui évoque le bredouillement, sous l'influence de *bobine, bourrichon, cabochon* (→ *tête*). L'expression « *se monter le bobéchon/le bourrichon* » est courante pour « se monter la tête, se faire des illusions » (→ *monter*).

Étym. : XIXe, de *bobine* (« tête »), avec influence possible de *cabèche*.

BOCAL n. m. « *Être agité du bocal* » (XXe), arg., fam. : être excité et, par extension, être un peu fou. Le mot a désigné le casque en argot militaire. Il s'applique ici à la tête, au crâne par métonymie (→ *tête*). L'expression « *agité du bocal* » est due à Céline (→ *agité*).

Étym. : m. XVIe, de l'italien *boccale*, lui-même du latin *baucalis* emprunté au grec *baukalis*.

BOIS n. m. « *Ne pas/ne plus avoir tout son bois à l'abri* » (XXe), fam. : ne pas avoir toute sa tête. L'expression est régionale (Médoc). Elle emploie *abri* au sens métaphorique de « tête ». Le bois coupé figure les idées non remisées, donc endommagées. La locution rappelle « *ne pas/ne plus avoir toutes ses idées en place* ». Elle constitue une variante imagée de « *ne pas (ne plus) avoir toutes ses facultés* » (→ *faculté*). À rapprocher de « *il lui manque un fagot* » (→ *fagot*).

Étym. : XIe, du francique *bosk* « buisson ».

BOÎTE n. f. « *Avoir un moustique dans la boîte à/au sel* » (XIXe), fam. : être un peu fou (→ *moustique*). Le mot entre dans la composition de nombreux syntagmes arg. ou fam. désignant la tête, le crâne et par métonymie la cervelle, sur le modèle de *boîte crânienne* ou *boîte à malices* : « *boîte à idées* », « *boîte noire* », « *boîte à génie* », « *boîte à/au sel* », etc. *Boîte à/au sel* est emprunté par métaphore à l'objet de cuisine, le sel figurant l'esprit, par allusion à « *esprit de sel* » (→ *tête*).

Étym. : XIIe, du latin *buxida* dérivé de *buxis, -idis.*

BONJOUR interj. et n. m. « *Côté barjoterie, bonjour !* » (XXe), fam., c'est la folie ! La formule de salutation prend parfois une nuance péj. due à son emploi banalisé. De là, procèdent des expressions comme « ***bonjour les dégâts !*** » et « ***bonjour !*** » qui marquent l'intensité, la gravité de l'état.

Étym. : m. XIIIe, soudure de *bon jour.*

BON, BONNE adj., adv. et interj. « *Être bon à enfermer/à interner/pour le cabanon/pour la camisole/pour chez les dingues/pour la maison de fous...* » (XXe), fam. : être considéré comme fou, relever de la psychiatrie. Les syntagmes *bon à* et *bon pour* expriment l'idée de conformité d'où leur emploi pour « relever de », avec une connotation péj. ou ironique. À rapprocher de « *avoir (bien) besoin de se faire soigner/d'un séjour en maison de repos, etc.* » (→ *besoin*). Dans le registre de la folie, l'expression « *bon, d'accord !* » indique, par figure, que le cas est grave (→ *grave*). L'adj. s'emploie au sens de « compétent » dans « *avoir besoin d'un bon psychologue/psychiatre...* » et avec la valeur de « sévère » dans la locution « *faire une bonne dépression* » (→ *dépression*).

Étym. : IXe, du latin *bonus.*

BONNET n. m. « *Avoir une abeille dans le bonnet* » (XIXe), fam. : être un peu fou (→ *abeille*). Le mot désigne fam. la tête par métonymie (→ *tête*), avec allusion au *bonnet de fou* s'appliquant à la coiffure autrefois portée par certains insensés. Le syntagme est employé par analogie à propos d'une variété de champignon. Le vieux proverbe « *à chaque fou plaît son bonnet* » évoque directement la coiffe de l'insensé. L'expression « *avoir la tête près du bonnet* » s'est dite pour « être irascible, s'emporter facilement », mais comme le note Quitard, « *(...) quand on dit d'un homme qu'il a la tête près du bonnet, on n'indique pas seulement qu'il est sujet à s'emporter, on indique aussi que ses emportements sont voisins de la folie, désignée par le bonnet qu'elle a comme attribut (...)* ».

Étym. : XIIe, *bonet*, d'origine douteuse, peut-être du latin *abonnis*, d'origine germanique.

BOQUILLER v. « *Boquiller de la pensarde* » (XXe), arg. : déraisonner. L'expression est proche de sa concurrente « *béquiller de la pensarde* » (→ *béquiller*) où *pensarde* désigne de façon expressive la tête (→ *pensarde*). La locution ajoute à l'idée de « boiterie du cerveau », celle de « mouvements désordonnés, incontrôlés » : en argot, le verbe *boquiller* a en effet les valeurs de « affoler », « cligner », par extension du sens de « boiter » (« patte folle », « clignement alternatif »).

Étym. : XXe, de l'argot *boquillon* « boiteux ». L'influence de *béquillon*, *béquiller* est probable, mais le mot *boquillon* lui-même, qui a signifié « bûcheron », a pu conduire à l'image d'un « porteur de bois » pour désigner l'infirme se déplaçant au moyen de béquilles.

BORDERLINE (→ *limite*).

BORNE n. f. « *Dépasser les bornes* », « *n'avoir point de bornes* », « *être sans bornes ni mesure* » (f. XVIIe) : être sans limites, dans l'excès. Les locutions fig. renvoient au dépassement des limites mentales ou comportementales par rapport à la norme commune. On parle d'ailleurs des « *bornes de l'esprit/de la raison/des convenances* ». Dans le domaine de la vie psychique, les **bornes** peuvent être *absentes/atteintes/dépassées/franchies/outrepassées/passées/ reculées/transgressées*.

Étym. : XIIe, du latin *bodina*, probablement d'origine gauloise.

BOUCLER v. « *À boucler !* » (XIXe), fam. : complètement fou. L'expression est péj., renvoyant au placement dans un lieu d'enfermement, d'internement. Elle est synonyme de « *à enfermer !* » (→ *enfermer*).

Étym. : XVᵉ, de *boucle*, du latin *buccula*, diminutif de *bucca* « bouche ».

BOUFFÉE n. f. « *Bouffée délirante (aiguë/polymorphe)* » (f. XIXᵉ, V. Magnan), psych. : épisode psychotique d'apparition brutale, caractérisé par un délire dont les thèmes et les mécanismes sont polymorphes. Il s'accompagne d'une déstructuration de la personnalité avec agitation, angoisse, confusion mentale... Cette manifestation subite survient chez un sujet, souvent jeune, jusque-là apparemment indemne de troubles mentaux graves. Elle est généralement de durée brève. Pour caractériser son déclenchement, on parle en psychiatrie de « *coup de tonnerre dans un ciel serein* ». En milieu spécialisé, l'ellipse fam. « *faire une (petite) bouffée* » se dit pour présenter de tels troubles.

Étym. : XIIᵉ, du verbe *bouffer*, d'origine onomatopéique *(buff-)*.

BOUFFON, ONNE adj. et n. (XVIᵉ) : personnage grotesque dont le rôle était d'amuser, de divertir les autres, au théâtre ou à la cour du roi. Le mot entre spécialement dans la composition du syntagme « *bouffon du roi* » (ou « *bouffon de cour* ») qui est en concurrence avec « *fou du roi* », « *fou de cour* » (→ *roi*). Par extension, il s'applique à quiconque amuse les autres y compris à ses dépens. Son emploi est réactivé depuis la fin des années quatre-vingt, *bouffon* ayant été repris comme terme d'injure pour *con*, « stupide », dans le langage des écoles : « *Quel bouffon !* »

Étym. : XVIᵉ, de l'italien *buffone*, formé sur le radical *buff-* (→ *bouffée*).

BOUILLOIRE n. f. « *Siffloter de la bouilloire* » (XXᵉ), arg. : être un peu fou (→ *siffloter*). Le mot désigne la tête par métaphore et analogie de forme avec le récipient (→ *tête*). À rapprocher de « *chantonner de la soupière* » (→ *chanter*).

Étym. : XVIIIᵉ, du v. *bouillir*, du latin *bullire* (de *bulla* « bulle »).

BOUILLON n. m. (XVIIe) : accès d'agitation ou emportement violent de l'esprit. Inusité aujourd'hui en ce sens le mot exprime, par figure, l'ébullition mentale et les débordements qui en découlent. L'expression dialectale « *il lui manque un bouillon* » pour « il est un peu dérangé mentalement », ne fait pas référence aux bulles mais à la pièce d'assemblage anciennement nommée *boullon* (→ *boulon*). Il en est de même de sa variante régionale (Languedoc) « *il lui manque un boul* ». • *Bouillonner* est exploité dans l'argotisme moderne « *bouillonner du couvercle* » qui signifie « être un peu fou ». La métaphore est celle de la casserole dont le couvercle tressaute sous l'effet d'un excès de vapeur, *couvercle* désignant la tête (→ *couvercle)*. L'expression traduit l'agitation, l'effervescence, le bouillonnement de l'esprit et la fuite des idées. Variante : « *frissonner du couvercle* » (→ *frissonner)*. • *Bouillonnement* s'est employé avec un sémantisme identique. « *Le bouillonnement des idées* » (→ *ébullition, effervescence)*.

Étym. : XIIe, du v. *bouillir*.

BOULE n. f. « *Perdre la boule* » (déb. XIXe), fam. : devenir fou (→ *perdre)*. Le mot désigne couramment la tête par métaphore et analogie de forme (→ *tête)*. Il s'agit ici du siège de la pensée, de la raison, de l'entendement. L'expression fig. signifie littéralement « perdre la tête », c'est-à-dire ne plus pouvoir exercer le moindre contrôle sur ses idées ou ses actes. « *Il perd complètement la boule.* » Par contamination, elle est parfois comprise au sens de « perdre l'orientation », équivalant à « *perdre la boussole* » (→ *boussole)*. L'attraction du mot *boule* joue certainement un rôle dans l'emploi de *maboul* pour « fou » (→ *maboul)*.

Étym. : XIIe, du latin *bulla*.

BOULON n. m. « *Paumer ses boulons* » (XXe), fam. : perdre la tête. Variante synonyme : « *être déboulonné* » (→ *déboulonné)*. L'expression fig. traduit le dysfonctionnement de la mécanique cérébrale. Par ellipse, elle évoque le désassemblage de la pensée, donc la perte de l'unité psychique (→ *démonté, manquer)*. On dit aussi « *perdre un boulon* » (sans doute sous l'influence de « *perdre la boule* »), « *péter un/les boulon(s)* » (→ *péter*), « *il lui manque un boulon* ». D'autres locutions expriment la folie en exploitant le thème de la mécanique mentale défectueuse : « *débloquer à plein tube* », « *être (complètement) déréglé/désaxé* », « *péter un câble/une courroie/une durite* », etc. Un sémantisme analogue est employé en anglais dans la locution courante fam. « *to have a screw loose* », littér. « avoir perdu une vis (au cerveau) ».

Étym. : XIIIe *(boullon)*, de *boule*.

BOURDON   n. m. « *Être fou comme un bourdon* » (XXe), fam. : être très fou. Le mot désigne l'insecte ainsi qu'une grosse cloche à son grave. L'expression fait probablement allusion aux valeurs spécifiques attribuées à l'hyménoptère, selon un sémantisme exploité par « *avoir une abeille dans le bonnet* » et ses nombreuses variantes (→ *abeille*). *Bourdon*, avec l'acception de « cloche », mène à un autre registre : celui du tintement mental, thème pop. attribué à la folie (→ *cloche, marteau, timbre*). Hors du champ de la déraison, on trouve « *avoir le bourdon* » pour « être triste ». Cette locution fait sans doute allusion à la couleur de l'animal, le noir étant le symbole de la *mélancolie* (→ *cafard, papillon*).

Étym. : XIIIe *(bordon)*, d'origine onomatopéique.

BOURRICHON   (→ *bobèche*).

BOUSSOLE   n. f. « *Perdre la boussole* »   (XIXe), fam. : perdre la tête, devenir fou (→ *perdre*). L'expression fig. traduit la désorientation, d'où l'idée d'errance mentale propre à la folie. Il en est de même de la variante « *être affolé de la boussole* » pour « déraisonner », la représentation étant celle d'une pensée qui s'affole, qui s'emballe comme une *aiguille folle* (→ *affoler*). À rapprocher de « *être azimuté/déboussolé/perdu* », « *perdre la carte/le nord/la tramontane* ».

Étym. : XVIe, de l'italien *bussola* « petite boîte (en bois) ».

BOUTIQUE n. f. « *Déménager de la boutique* » (XXᵉ), fam. : déraisonner. L'expression figure le dérangement mental par la métaphore du lieu de commerce vidé de ses occupants ou objets (→ *déménager, loge*), **boutique** désignant fam. la tête comme d'autres noms de lieu de dépôt ou d'habitation (→ *tête*).

Étym. : XIIIᵉ, du grec *apothêkê* « magasin ».

BOYAU n. m. « *Avoir des nœuds dans les boyaux de la tête* » (XXᵉ), fam. : être un peu fou, tordu. L'expression « *boyaux de la tête* » se dit fam. pour « circonvolutions cérébrales ». La métaphore est ici celle de la torsion de l'esprit et de l'emmêlement des idées, ce que rend également « *s'emmêler les pédales* » (→ *pédale*). À noter que par assimilation des effets de l'alcool à ceux de la digestion, « *déglinguer les boyaux de la tête* » se dit à propos des effets d'un alcool trop fort, de mauvaise qualité.

Étym. : XIᵉ, du latin *botellus* « petite saucisse », diminutif de *botulus*.

BRADASSÉ, ÉE adj. (XXᵉ), fam. : secoué, mentalement dérangé. Le mot est dialectal (Limousin). Il représente le p. p. du verbe *bradasser* qui signifie « secouer » au sens propre ou fig., avec l'idée de « brusquerie ». En dérive le substantif *bradasse*. « *T'es vraiment bradassé !* », « *quel bradasse !* ».

Étym. : d'origine incertaine, peut-être de *brasser* ou de *brac* « emporté ».

BRANQUE n. et adj. (déb. XXᵉ), arg. puis fam. : fou, folle. Le mot est aujourd'hui l'un des plus courants dans le registre de la folie. En concurrence avec *barjo(t)*, il indique un très haut degré d'atteinte mentale, avec l'idée supplémentaire de comportement totalement imprévisible. « *Être branque* », « *un branque* ». Locutions : « *on va t'envoyer chez les branques* » (à l'hôpital psychiatrique), « *c'est un vrai branque* », « *ce mec est complètement branque !* », « *quel branque !* », « *elle est branque comme c'est pas possible !* ». • *Branco*, « fou », est le diminutif arg. de *branque* :

« *C'est un vrai branco.* » • **Brancos**, « fou », est formé par suffixation arg. comme dans *craignos, débilos* : « *Tu devrais faire une (petite) virée chez les brancos.* » • **Brancaille**, « fou », est composé à l'aide du suffixe *-aille* souvent appliqué péj. aux hommes (comme dans *canaille, racaille*) : « *Il est brancaille comme c'est pas permis !* » • **Brancasse**, « folle » (Sud-Ouest), lui correspond, avec le suffixe *-asse* appliqué péj. aux femmes (comme dans *grognasse, pétasse, pouffiasse, putasse*) : « *Regardez-moi cette brancasse !* » • **Branquignol** désigne et qualifie un individu un peu fou, fantasque. Le mot est moins fort que *branque*. Considéré comme vieilli il semble retrouver, depuis quelques années, une seconde jeunesse. • En dérivent les mots **branquignollerie** pour « spectacle drôle, un peu loufoque », **branquignolesque** pour « digne d'un branquignol » et **branquignolade** qui désigne « une situation folle, un délire ».

Étym. : f. XIXᵉ, d'origine obscure, peut-être de formes régionales, avec influence probable de *braque*.

BRAQUE n. m. et adj. (XVIIIᵉ) : un peu fou. Le mot désigne d'abord un chien de chasse. Le comportement vif et impétueux de l'animal cherchant le gibier en tous sens mène à l'expression « *fou/étourdi comme un braque* » (XVIIIᵉ, Marivaux) et couramment au Québec « *fou comme braque* ». De là procède l'emploi fig. et fam. de *braque* pour « un peu dérangé mentalement ». Rare au féminin, le mot reste aujourd'hui très vivant, en concurrence avec *branque*. « *Il est complètement braque* », « *c'est un vrai braque* ». Variante graphique : *brac*.

Étym. : av. XVIᵉ, du germanique *brakko* « chien de chasse », par l'intermédiaire du provençal *brac* ou de l'italien *bracco*.

BRÈCHE n. f. « *Avoir une brèche dans la chambre noire* » (XXᵉ), arg. : être fou. L'expression fig. a recours au sémantisme de l'effraction cérébrale, par une métaphore photographique où *chambre noire* désigne la tête. La notion de dérangement mental s'exprime par l'irruption intempestive de la lumière voilant le film de la pensée. Avec l'idée de

« rupture », de « cassure » attachée au mot *brèche*, la locution est à rapprocher de « *avoir la cabosse/la tête... ébréchée, fêlée* » (→ *ébréché, fêlé*).

Étym. : XIIᵉ, du francique *breka*.

BREDIN n. m. (XVIᵉ) : imbécile et, par extension, original, fou. « *Quel bredin !* » Variantes : *berdin, beurdin* (→ *déberdinoire*).

Étym. : XVIᵉ, du verbe *brediner* (ou *berdiner*), lui-même de *bredouiller*.

BREDOUILLE adj. et n. « *Être en bredouille* » (f. XVIIᵉ) : être un peu fou. L'expression a d'abord signifié « être un peu ivre ». D'origine obscure, elle fait peut-être allusion à la « vision double », une *partie bredouille* se disant au jeu de trictrac d'une partie qui en vaut deux. Elle peut traduire également l'enlisement, l'embourbement de qqn, *bredouille* s'appliquant au joueur de ce même jeu lorsqu'il ne marque pas un point pendant que son adversaire parcourt toutes les cases. À moins que le mot n'emprunte à *bredouiller* le sens de « marmonner indistinctement », « s'exprimer mal, confusément », ce dont procède *bredin* (→ *bredin*). La locution « *être en bredouille* » et les valeurs qui lui sont attribuées sont aujourd'hui sorties d'usage au profit de « *être/revenir bredouille* » pour « revenir sans rien », notamment dans le contexte de la chasse.

Étym. : XVIᵉ, d'origine obscure, peut-être du verbe *bredouiller*, ou altération de *berdouille* « boue ».

BRELOQUE n. f. « *Battre la breloque* » (déb. XIXᵉ), fam. : être mentalement dérangé, un peu fou. Le verbe *battre* s'emploie ici dans son acception originelle (→ *battre*). *Breloque* se dit d'abord d'un bijou sans valeur qui cliquette quand on l'agite. Par analogie, il désigne, dans le langage militaire, une batterie de tambour ou une sonnerie de clairon appelant les soldats à rompre les rangs. De l'idée de bruit et de désordre on passe, par figure, à celle de tumulte mental, c'est-à-dire de trouble de l'esprit, comme dans la locution concurrente « *battre le rappel* » (→ *rappel*). Le mot est également attesté sous les formes *berloque* (par métathèse) et *barloque*, d'origine dialectale (→ *barloc*). « *Battre la breloque* » renvoie aux dérivés de *frappé*, ainsi qu'aux mots ou expressions qualifiant un comportement d'errance, de va-et-vient désordonné (→ *courir*).

Étym. : XVIIe, forme régressive d'*emberlificoter*.

BRIDOU ou **BRIDOUX** adj. et n. (XIXe), arg. : fou. La forme du mot évoque, de manière tout à fait hypothétique, une « bride cérébrale » avec l'idée d'inefficience des facultés mentales. Inusité aujourd'hui.

Étym. : XIXe, d'origine obscure, peut-être de *bride*.

BRIN   n. m.   « *Avoir un brin de folie* », « *ne plus avoir un brin de raison* » (XVIIe) : être un peu fou. Le mot désigne, par figure, une très petite quantité. La locution adv. « *un brin* » correspond à « très peu ». Suivie d'un adj., elle signifie « un peu ». « *Pas un brin* » s'emploie pour « pas du tout ». « *Avoir un brin* », c'est-à-dire « être un peu fou », est une déformation phonétique de « *avoir un grain* » (→ *grain*). On dit aussi fam. « *être un brin délirant* ».

Étym. : XVe, d'origine incertaine, peut-être du gaulois *brinos* « baguette ».

BRINDEZINGUE   n. et adj. (m. XVIIIe), arg. : un peu fou, déséquilibré. Cette valeur est issue d'un glissement sémantique fait à partir de l'expression « *être dans les brindezingues* » qui a signifié « être ivre » (Zola, *L'Assommoir*). « *Il est complètement brindezingue* », « *un vieux brindezingue* ». Les déformations *bringuezingue*, *bringues-zingues* (au pl.), *brindzingue* et *brinzing* sont courantes.

Étym. : XVIIIe, de *brinde* « verre à boire » *(être dans les brindes* : « être ivre »), avec le suffixe *-zingue* issu probablement de *zinc*.

BROUILLÉ, ÉE   adj. « *Avoir la serrure brouillée* » (f. XVIIe), fam. : avoir l'esprit dérangé. Le mot exprime l'idée de mélange, de confusion. « *Avoir la cervelle/les idées brouillée(s)* » s'est dit pour « être confus, dérangé ». L'expression de référence fait allusion, par figure, à un mécanisme

faussé, endommagé, notamment par effraction. Elle exploite ainsi le thème de la déformation mentale (→ *serrure*).
• *Embrouillé*, « compliqué », s'applique en particulier à l'esprit, aux idées : « *être embrouillé* », « *s'embrouiller les pédales* », « *avoir la tête (tout) embrouillée* ».

Étym. : XIIIe, p. p. du v. *brouiller*, lui-même de *brodiculare*, du germanique *brod*.

BRÛLÉ, ÉE adj. « *Un cerveau/une cervelle/une tête brûlé(e)* » (XXe) : un esprit enfiévré, exalté et dangereux et, par extension, un risque-tout. À partir de la notion de détérioration par le feu, *brûlé* traduit, par figure, la consumation des idées ou le flamboiement excessif de la pensée. Le thème du feu intérieur permet d'exploiter les notions de chaleur et d'illumination cérébrales, de dessiccation des idées et à l'extrême, de destruction ou déstructuration de la pensée. On retrouve ces notions avec *allumé(e)*, *calciné(e)*, *caramélisé(e)*, *carbonisé(e)*, *cuit(e)*, *chalumé(e)*, *fondu(e)*, *gratiné(e)*, *grillé(e)*, *illuminé(e)*, *pin-pon* ou *ravagé(e)*. À noter que *brûlé(e)* est aujourd'hui concurrencé par son synonyme arg. *cramé(e)* (→ *cramé*).

Étym. : p. p. du verbe *brûler* (XIIe), d'origine incertaine, peut-être du latin *ustulare*.

BUG n. m. « *Avoir/faire un bug* » (f. XXe), fam. : déraisonner. L'expression est d'introduction récente. Elle est issue du langage informatique où elle fait allusion à un défaut de programmation au sein d'un logiciel. Par figure, elle s'applique au dysfonctionnement cérébral (→ *puce*).

Étym. : f. XXe, de l'anglo-américain *bug* « punaise, microbe ».

BULBE n. m. « *Fromager/travailler du bulbe* » (XXe), arg. : être fou. En anatomie, le mot entre dans le syntagme *bulbe rachidien* qui désigne la partie inférieure de l'encéphale. L'ellipse *bulbe* s'emploie en argot comme synonyme de « cerveau », au même titre que *cervelle*, *cervelet*, *cortex*, etc. (→ *cerveau*). « *Fromager du bulbe* » signale, par figure, la fermentation ou le ramollissement des idées (→ *fromager*). « *Travailler du bulbe* » représente une variante de « ***travailler du chapeau*** » (→ *travailler*). On trouve aussi « ***être arraché du bulbe*** » qui exploite le thème de la déconnexion cérébrale (→ *déconnecté*).

Étym. : xve, du latin *bulbus*.

BUREAU n. m. « ***Avoir un plomb de sauté dans le bureau du directeur*** » (xxe), arg. : être mentalement dérangé (→ *plomb*). Le syntagme « *bureau du directeur* » désigne la tête par métaphore du lieu de pouvoir décisionnel (→ *tête*).

Étym. : xiie, du latin pop. *bura*.

BURGAUD n. m. « ***Avoir un burgaud sous la casquette*** » (xxe), fam. : être mentalement dérangé. Le mot dialectal (Ouest) désigne couramment le frelon, réputé pour la dangerosité de ses piqûres. L'expression régionale, très vivante en milieu rural, représente une variante de « ***avoir un frelon sous/dans le képi*** » (→ *frelon*). Elle exploite un sémantisme analogue à celui de « *avoir une abeille dans le bonnet* » (→ *abeille*).

Étym. : d'origine obscure, peut-être de *burgau* (*burgado*, en espagnol) qui désigne un « coquillage nacré ».

BZZZ interj. « ***Être bzzz-bzzz*** » (xxe), fam. : être un peu fou. Le mot est employé comme adj. La métaphore est celle du parasitage de la pensée, image rendue par l'idée de vrombissement d'un insecte dans la tête. L'expression est à rapprocher de nombreuses locutions se rapportant à la présence parasite d'un insecte dans la tête (→ *abeille*), ainsi qu'à *zinzin* également d'origine onomatopéique (→ *zinzin*).

Étym. : xxe, par redoublement de l'onomatopée *bzzz* qui évoque le bruit d'un vol d'insecte.

C

CA- : pseudo-préfixe entrant dans la composition de mots fam. ou arg. signifiant « tête ». Citons notamment : *cabane*, *cabanon*, *cabèche*, *caberlot*, *caboche*, *cabosse*, *cabotz*, *cafetière*, *caillou*, *caisson*, *calastrou*, *calbombe*, *calebasse*, *canotier*, *cap*, *carafe*, *carafon*, *casino*, *casque*, *casquette*, *cassis*, et leurs dérivés (→ *tête*).

Étym. : influence probable du latin *caput* « tête », « sommet ». Certains termes évoquent le sémantisme du « creux », représenté par le latin *cavus*.

CABANON n. m. « *Être bon pour le (à mettre au) cabanon* » (XIXe), fam. : être complètement fou. Comme *cabane*, le mot désigne d'abord une petite habitation sommaire. Par ironie, on passe à la notion de lieu d'enfermement, avec l'idée de « réduit » (→ *cellule, loge). Cabanon* se dit spécialement à l'âge classique du local où l'on enferme les fous agités ou supposés dangereux. Il est possible que cette acception ait été influencée par le nom de la célèbre *maison de force* parisienne dite des **Petites-Maisons** (→ *Petites-Maisons*). En argot moderne, *cabane* et *cabanon* s'emploient au sens péj. de « (petite) tête ». En procède « *déménager de la cabane/du cabanon* » qui signifie « déraisonner » (→ *déménager*).

Étym. : m. XVIIIᵉ, diminutif de *cabane*, du provençal *cabana*.

CABÈCHE   n. f. « *Perdre la cabèche* » (f. XIXᵉ), fam. : perdre la tête. Le mot désigne la tête en argot vieilli (→ *ca-, tête*). Variante régionale (Sud-Ouest) : *cabesse*.

Étym. : XIXᵉ, de l'espagnol *cabeza*, du bas latin *capitia* (de *caput*).

CABERLOT   n. m. « *Ça lui a tapé sur le caberlot* » (XXᵉ), fam. : il est devenu fou. On dit aussi « *avoir le caberlot en dérangement* », « *avoir le caberlot qui bat la campagne* », « *être dérangé du caberlot* », qui signifient « déraisonner » (→ *battre, dérangé, taper*). L'argot *caberlot* désigne la tête. Il s'agit peut-être d'un croisement du pseudo-préfixe *ca-* avec *berlingot, berloque* ou *berlue* (→ *ca-, tête*). Variantes arg. : *caberle, caberlinche, caberluche, cabermont, cabermuche.* « *Celui-là, ma parole, il a des fissures au caberluche !* » (→ *fissure*).

Étym. : f. XIXᵉ, d'origine incertaine, peut-être par altération de *cabane*.

CABOCHE   n. f. « *Partir de la caboche* », « *s'en aller de la caboche* » (XIXᵉ), fam. : devenir fou (→ *aller, partir*). *Caboche* désigne couramment la tête (→ *tête*). Variante : *Cabosse.* « *Avoir la cabosse ébréchée* » : fam., être un peu dérangé mentalement. L'expression est synonyme de « *avoir la tête fêlée* » (→ *ébréché, fêlé*).

Étym. : XIIIᵉ, de l'ancien français *caboce*.

CABOURD, E   adj. (XXᵉ), fam. : un peu fou, ou nigaud. Le mot est régional (Languedoc). « *Elle est cabourde cette petite, elle va nous faire devenir chèvres !* » (Ch. Camps).

Étym. : de l'occitan *cabord*, d'origine obscure, peut-être de l'ancien provençal *cabra* « chèvre ».

CACALOUCHE   n. f. et adj. « *Être cacalouche* » (XXᵉ), fam. : être bizarre, farfelu ou un peu niais. Le mot évoque l'idée de « grande quantité », ce que rend « *en donner une cacalouche* » pour « en donner beaucoup ». L'expression fig. rappelle « *en avoir/en tenir une (sacrée) couche* », « *être* *trop* », qui signalent l'excès de bêtise ou de bizarrerie (→ *trop*).

Étym. : d'origine incertaine, peut-être de l'ancien provençal *calota* « calotte, bonnet », avec influence de *caca*, *cagade* « merdier ». Avec la même idée, l'altération par redoublement d'un *calouche* dérivant de *calut* « sot, fou » n'est pas exclue. L'élément *louche* est issu du latin *lusca* « qui a la vue courte ». L'homonymie avec le nom de l'ustensile de cuisine (du francique *lôtja* « grande cuiller ») mènerait alors à la notion de « grande quantité ».

CACARINETTE n. f. « *Avoir des cacarinettes dans la tête* » (XXe), fam. : être un peu fou. L'expression méridionale est une variante poétique et plaisante de « *avoir une araignée au/dans le plafond* » (→ *araignée*). Le mot désigne régionalement (Midi) la coccinelle, communément appelée « *bête à bon Dieu* » et, selon les endroits, « *vache à Dieu* », « *cheval de la Vierge* » ou « *catherinette* » (dont procède par altération *cacarinette*). « *Je ne sais ce qu'il a en ce moment, il doit avoir des cacarinettes dans la tête* » (R. Bouvier).

Étym. : f. XIXe, du provençal *cacarineto*, altération de *catarineto* « catherinette », de (sainte) Catherine, patronne des jeunes filles encore célibataires.

CACHETÉ, ÉE adj. « *Être mal cacheté* » (f. XXe), fam. : être fou (→ *timbre*).

Étym. : p. p. du v. *cacheter* (XVe), de *cacher*, du latin *coactare* « serrer ».

CAFARD n. m. « *Avoir un cafard dans la tête/le plafond/la tirelire...* » (XIXe), fam. : être dérangé, un peu fou. L'expression est une variante de « *avoir une araignée au/dans le plafond* » (→ *araignée*). Le mot désigne la blatte et prend dans la langue fam. du siècle dernier le sens péj. d'« hypocrite », de « rapporteur » (d'où *cafter* « rapporter »). Les attributs négatifs attachés à l'animal (aspect répugnant, couleur noire, siège à l'abri de la lumière) expliquent l'emploi fig. du mot pour « tristesse avec idées noires ». Cette notion est exploitée couramment dans les locutions « *avoir le cafard* », « *coup de cafard* ». Dans le registre de la folie, les expressions de référence assimilent la tête à un espace obscur, désaffecté, parasité par un hôte particulièrement ténébreux et dérangeant (→ *dragon*).

Étym. : déb. XVIe, de l'arabe *kafir*.

CAFETIÈRE n. f. « *Prendre/recevoir un coup sur la cafetière* » (XIXe), fam. : devenir fou. On dit aussi « *avoir un pet à la cafetière* ». Ces expressions procèdent du sémantisme de la commotion cérébrale (→ *coup*), *cafetière* désignant la tête, par métaphore (→ *tête*). Sur le modèle de « *ça lui porte au cerveau/à la cervelle...* », la locution « *ça lui porte sur la cafetière* » s'emploie couramment (→ *porter*). La fonction concrète de l'objet conduit, par figure, à « *chauffer de la cafetière* » pour traduire l'ébullition dangereuse de l'esprit, avec un clin d'œil à l'expression pop. « *café bouillu, café foutu* » (→ *chauffer*). « *Travailler de la cafetière* » est une variante de « *travailler du chapeau* » (→ *travailler*).

Étym. : f. XVIIe, dérivé de *café*, aboutissement de l'arabe *qahwa*.

CAGE n. f. « *Être bon à mettre en cage* » (XXe), fam. : être fou (→ *bon*). L'expression fait référence à l'enfermement, par allusion aux modes de détention des insensés, en usage au Moyen Âge. Elle suggère les notions de dangerosité et de bestialité habituellement — et cruellement — attribuées aux fous. Le néologisme *déménagerie* renvoie à la même idée (→ *déménager*). À l'instar de « *être bon à enfermer/fou furieux...* », la locution développe une valeur hyperbolique mais reste d'emploi péj. (→ *cabanon*, *cellule*, *gayolle*, *loge*).

Étym. : XIIe, du latin *cavea* « enceinte », dérivé de *cavus* « creux ».

CAILLOU n. m. « *Avoir un pet au caillou* » (XXe), fam. : être fou. Variante de « *avoir un pet au casque* » (→ *pet*). Le mot désigne la tête par métaphore et analogie de forme (→ *tête*). La locution exploite le sémantisme du coup sur la tête

(→ *coup*). L'image d'une « pierre fracassée » par un choc violent est rendue par l'expression « *avoir la raison qui vole en éclats* » (→ *voler*). Par une autre association d'idées, la notion de « concrétion psychique » mène au thème particulier de la « *pierre de la folie* » (→ *pierre*). Compte tenu du caractère lisse du minéral, l'emploi de *caillou* pour « tête » est plus souvent retrouvé dans le registre de l'idiotie ou de la calvitie : « *ne rien avoir dans le caillou* » (« être sot, idiot »), « *ne rien avoir sur le caillou* » (« être chauve »).

Étym. : XIIIe, dérivé du gaulois *caljo*.

CALABRE n. f. « *Battre la calabre* » (XVIIIe) : divaguer, perdre la tête. On tient généralement cette expression pour synonyme de « *battre la campagne* », le mot *calabre* étant compris comme le nom de la province du Sud de l'Italie (→ *battre*). Il s'agit en réalité de l'ancienne dénomination d'une variété de catapulte, au même titre que *bricole*. Sorti d'usage en ce sens, *calabre* a pris le sens fam. de « vieil engin, drôle de truc », ce qui donne à « *battre la calabre* » l'acception initiale de « bricoler, faire des bricoles ». La connotation érotique liée à cet emploi permet un croisement avec *courir*, qui connaît une grande vitalité dans le domaine de la séduction grivoise *(« courir la gueuse/les jupons... »)*. Ainsi, « *courir la calabre* » s'est dit pour « gambader, folâtrer », d'où l'idée d'errance puis de divagation. La compréhension pop. de l'expression prévaut cependant, associant « *battre/courir la calabre* » à « *battre/courir la campagne/les champs/les grandes routes, etc.* » (→ *courir*). Par un autre développement et sur le modèle de « *perdre la tête/la boule...* », la locution « *perdre la calabre* » s'est employée régionalement pour « devenir fou ».

Étym. : du grec *kataballè* désignant l'« engin de guerre ».

CALASTROU n. m. « *Perdre le calastrou* » (XXe), fam. : perdre la raison. Le mot est régional (Roussillon). Il désigne la tête, siège de la raison, probablement avec l'idée fig. de « registre mental ».

Étym. : d'origine obscure, peut-être par croisement du provençal *calado* « pavement » et *cadastre* « registre », avec influence probable du pseudo-préfixe *ca-* (→ *ca-*) et identification de l'élément *cal-* au sens de « durillon, bosse ».

CALBOMBE n. f. « *Fermenter de la calbombe* » (XXe), arg. : divaguer (→ *fermenter*). Le mot désigne d'abord une chandelle, ce qu'exploite « *souffler/tenir la calbombe* » pour « éteindre/tenir la chandelle » (et, par extension, une ampoule électrique). Par figure, on passe de la notion de moyen d'éclairage à celle de faculté de penser (→ *lucide, lumière*). De là, par métonymie, procède sans doute son emploi arg. pour « tête ». La forme même du mot intervient de façon évidente : présence du pseudo-préfixe *ca-*, identification de l'élément *cal-* au sens de « durillon, bosse » et de *-bombe* avec l'idée de « forme convexe, arrondie » (→ *ca-, décalbombé, tocbombe*).

Étym. : déb. XXe, du provençal *caleil* « lampe ».

CALCINÉ, ÉE adj. « *Être complètement calciné* » (XXe), arg. : être ivre ou fou. Par figure, le mot exprime le sémantisme du ravage de la pensée par la chaleur ou le feu de l'ivresse, de la folie (→ *brûlé*). « *Voilà un mec calciné à mort.* »

Étym. : p. p. du verbe *calciner* (XIVe), du latin médiéval *calcinare*, de *calx, calcis* « chaux ».

CALEBASSE n. f. « *Prendre un coup sur la calebasse* », « *être vrillé de la calebasse* » (XIXe), arg. : être/devenir fou (→ *coup, vrillé*). Le mot désigne fam. la tête par métaphore du fruit du calebassier (→ *tête*). L'analogie de forme s'accompagne de la notion de « cavité qui résonne », le fruit vidé et séché pouvant servir de récipient ou de caisse d'instruments de musique. L'homophonie « résonner/raisonner » est exploitée dans de nombreuses locutions (→ *raisonner*). Dérivés argotiques : *calbasse, calbèche*.

Étym. : XVIe, de l'espagnol *calabaza*.

CALENTURE n. f. (XVIIIe), méd. : forme de délire agité que l'on attribue à l'insolation, auquel un navigateur peut être sujet dans les zones tropicales. Vieilli, le mot est d'emploi rare.

Étym. : XVIIIe, de l'espagnol *calentura*.

CALME adj. « *Il y a les fous calmes et les fous agités* » (XXe), fam. : les malades mentaux qui n'inquiètent pas et ceux que l'on pressent dangereux. *Calme* est d'abord un terme de marine exprimant l'absence de brise. Par métaphore, il s'est répandu à propos de l'absence d'agitation (→ *agité*). Dans l'expression de référence, la placidité et la douceur s'opposent à l'excitation et à la fureur, antagonisme couramment exprimé par « *folie douce* » et « *folie furieuse* » (→ *folie*). Les couples d'épithètes opposés *calme/agité* et *doux/furieux* mènent par hyperbole à « qui suscite ou non de l'inquiétude ». • *Calmer* est exploité fam. dans le même registre, au sein de locutions comme « *à calmer !* », « *il est à calmer celui-là !* », qui s'emploient à propos d'une personne excitée ou folle, à maîtriser, à contenir (→ *lier*). La crainte qu'inspire l'*agité* explique sans doute la profusion de recettes populaires censées « *calmer un fou* ». Citons celle, pittoresque, qui consiste à passer autour du cou du sujet « *(...) un talisman fabriqué à l'aide d'une noisette trouée par un insecte. On fait pénétrer par l'orifice un morceau de plume de paon, puis on y coule du mercure avant de reboucher le fruit avec de la cire. Quand le malade est calmé, il faut jeter le talisman dans un ruisseau ou une rivière qui emportera la folie (...)* » (S. Lasne et A. P. Gaultier). « *Il est calmé* » se dit fam. en milieu psychiatrique d'un patient ayant fait l'objet d'une sédation au moyen de tranquillisants. • *Calmant* se dit couramment aujourd'hui d'un médicament tranquillisant (→ *psychotrope*). « *Avoir (bien) besoin de calmants* » signifie « être agité, nerveux », souvent par euphémisme. Synonyme pop. : « *médicament pour les nerfs* » (→ *sédatif, tranquillisant*).

Étym. : déb. XVe, de l'ibérique ou de l'italien *calma*, du grec *kauma* « chaleur étouffante ».

CALUT ou CALUC adj. et n. (XXe) : fou ou idiot. Le mot est régional (Sud-Est). *Caluc* précède *calut* et signifie d'abord « myope », avant de s'employer à propos du vertige ou du « tournis du mouton » (→ *vertigo*). De l'obscurcissement de la vue on passe, par figure, à l'aveuglement de l'esprit. En procède l'emploi régional aujourd'hui très courant de *calut* dans le registre de l'idiotie ou de la folie. « *Il est complètement calut* », « *c'est un vrai calut* ». Variante graphique : *calu* (→ *cacalouche*).

Étym. : du latin *caligo, -inis* « brouillard épais », au propre et au fig., avec suffixation occitane *-uc* (à l'origine de la finale *-ut*).

CAMBRAI n. pr. « *Avoir passé par Cambrai* » (XXe), arg., fam. : être un peu fou. Relevée en ce sens par A. Bruant, l'expression semble représenter une extension de « *ne dire/ne faire que des bêtises* », c'est-à-dire « n'importe quoi ». L'allusion à la ville ne vaut que par référence aux célèbres confiseries appelées *bêtises de Cambrai*, variété de berlingots à la menthe qui tirent eux-mêmes leur nom de *bêtise* au sens de « bagatelle ».

Étym. : nom du chef-lieu d'arr. situé sur l'Escaut (département du Nord), connu (notamment) pour ses confiseries.

CAMISOLE n. f. « *Être bon pour la camisole (de force)* » (XIXe), fam. : être complètement fou. Au début du siècle dernier, le mot désigne spécialement une blouse de toile grossière, munie de sangles, bloquant les mouvements des bras. Précédé par le « *gilet de force* », ce moyen de contention destiné aux agités a progressivement disparu depuis les années cinquante, du fait de l'avènement des médicaments psychotropes puissamment sédatifs (tranquillisants). Par substitution, ces derniers conduisent à l'expression péj. de « *camisole chimique* ». La locution de référence a vieilli, même avec une valeur hyperbolique, tandis que sa concurrente « *être fou à lier* » reste très active (→ *lier*).

Étym. : XVIe, du provençal *camisola*, diminutif de *camisa* « chemise ».

CAMPAGNE n. f. « *Battre la campagne* » (f. XVIIIe) : délirer, divaguer (→ *battre*). L'idée de parcourir en tous sens un vaste espace mène, par figure, au thème de l'errance mentale. On dit ainsi du fou qu'il « *bat la campagne* » ou « *court les rues* » (→ *battre, courir*).

Étym. : XVIe, du bas latin *campania*, dérivé de *campus*.

CANOTIER n. m. « *Travailler du canotier* » (XXe), fam. : être un peu fou. La locution est une variante expressive de « *travailler du chapeau* » (→ *travailler*). *Canotier* désigne la tête par métonymie du chapeau porté par les adeptes des promenades en canot de plaisance, au début du siècle (→ *tête*).

Étym. : déb. XXe, de *canot*, de l'espagnol *canoa*, lui-même d'un mot caraïbe.

CAP n. m. « *Cap de birou* » (XXe), fam. : tête folle ou imbécile. Le syntagme est régional (Gascogne). Il signifie littér. « tête de vrille » suggérant, par figure, la torsion en vrille des idées. Ce sémantisme est également exploité dans « *avoir un coup de giblet* » (→ *giblet*) et « *être vrillé de la calebasse* » (→ *vrillé*), expressions liées au geste fam. qui consiste à tourner l'index sur la tempe pour désigner un fou (→ *tempe*). Le mot *cap* est également présent dans les variantes dialectales (Gascogne) : *cap-barìa* « déraisonner », *cap-birà* « faire tourner la tête », *cap-biràt* « écervelé ».

Étym. : de l'ancien provençal *cap* « tête », lui-même du latin *caput*. Le mot *birou* désigne une « tarière », sorte de vrille servant à percer le bois.

CAPITONNÉ, ÉE adj. « *Être bon pour la cellule capitonnée* » (XXe), fam. : être fou (→ *cellule*). Le syntagme *cellule capitonnée* désigne, en milieu psychiatrique, la chambre d'isolement dont les murs sont rembourrés et où étaient autrefois placés les agités.

Étym. : XIVe, p. p. du v. *capitonner*, de *capiton*, lui-même de l'italien *capitone*, dérivé du latin *caput, -itis*.

CAPOTÉ, ÉE   adj. et n. « *C'est un vrai capoté* » (XXe), fam. : un fou. Par figure, le mot évoque le chavirement de l'esprit, la culbute de la raison (→ *envers, renversé*). *Capoté* est très répandu dans la langue courante au Québec pour traduire le dérangement mental. « *Il a complètement capoté* », « *quel capoté !* ».

Étym. : p. p. du v. tr. *capoter* (f. XVIIIe), de *capot*, du provençal « *(far) capota* » « plonger la tête la première ».

CARAFE   n. f. « *Péter la carafe* » (XXe), fam. : devenir fou (→ *péter*). Le mot désigne la tête par métaphore du récipient (→ *tête*). Il est souvent exploité en argot avec l'idée de « bêtise » (« *quelle carafe !* »). L'expression « *avoir la carafe fêlée* » se dit couramment pour « être mentalement dérangé » (→ *fêlé*). • *Carafon* (petite carafe) s'emploie pour « petite tête » dans les mêmes registres fam., l'idée de petitesse ajoutant une note ironique.

Étym. : m. XVIe, de l'italien *caraffa*, peut-être de l'arabe *qarrafa*.

CARAMÉLISÉ, ÉE   adj. « *Être totalement caramélisé* » (XXe), arg. : être complètement fou ou ivre. L'expression figure la fonte des idées et l'altération des facultés mentales qui en résulte (→ *brûlé, fondu*). Le sémantisme du coup sur la tête est également exploité, *caramel* signifiant « coup de poing » en argot (→ *coup*).

Étym. : XIXe, p. p. du v. *caraméliser*, de *caramel*, lui-même du portugais *caramelo*.

CARAT   n. m. « *Être fol/fou à vingt-quatre carats* » (m. XVIIe) : être complètement fou. On relève l'expression dans *le Tiers Livre* de Rabelais (« Comment Pantagruel et Panurge caractérisent Triboulet »). *Carat* est un terme d'orfèvrerie qui désigne la quantité d'or fin contenu dans un alliage de ce métal. Employé comme unité de poids, il représente la vingt-quatrième partie de l'once d'or. En procède « *à vingt-quatre carats* » qui signifie, par figure, « parfait en son genre », avec une note ironique. L'expression connaît deux variantes, qui, comme elle, sont toujours employées péj. et servent de superlatif (relatif ou absolu) au « défaut » qu'elles caractérisent (folie, ignorance, sottise...) : « *à vingt-trois carats* » pour « à un haut degré (non extrême) » et « *à trente-six carats* » pour « au-delà de l'imaginable » (→ *trente-six*).

Étym. : m. XIVe, de l'italien *carato*, lui-même de l'arabe *qirat*.

CARTE n. f. « *Perdre la carte* » (XVIIIe), fam. : devenir fou. Par figure, l'expression évoque l'errance mentale par perte des repères. Sa forme, calquée sur « *perdre la tête* », donne à *carte* la valeur métaphorique d'« esprit », de « raison » (→ *boussole, calastrou*). Variante : « *tourner la carte* » : fam., « devenir fou » (→ *tourner*). À rapprocher de « *être azimuté/déboussolé* », « *perdre la boussole/le nord/la tramontane* ».

Étym. : f. XIVe, du latin *charta*, lui-même du grec *khartês*.

CAS n. m. « *C'est un cas !* » (f. XIXe), fam. : un phénomène ! L'expression est issue de l'emploi du mot en médecine où il caractérise tant l'état et l'évolution d'un patient, que ce dernier, par métonymie. Avec l'idée de singularité, il revêt la même acception (positive ou négative) que celle attachée au terme *phénomène*. En revanche, avec la notion de gravité, *cas* renvoie dans le domaine psychologique, à toute perturbation mentale sérieuse. À rapprocher de *atteint, grave, malade, sérieux, touché*.

Étym. : déb. XIVe *(quas)*, du latin *casus* « chute, malheur », p. p. subst. de *cadere* « tomber ».

CASE n. f. « *Avoir une case en moins* », « *avoir une case (de) vide* » (XIXe), fam. : être un peu fou. On dit aussi « *il lui manque/il a perdu une case* », « *avoir une case à louer* », « *avoir une case flottante* ». Le sémantisme employé est celui de la perte ou de la vacuité de l'un des éléments d'un ensemble cohérent et ordonné — en l'occurrence le cerveau — pour exprimer le désordre, le déséquilibre, le dérangement mental (→ *manquer*). Par analogie avec l'agencement d'un meuble en divers compartiments, on imagine aisément le cerveau divisé en petites *cases*. Une telle représentation prolonge la très sérieuse — mais très hypothétique — théorie des « localisations cérébrales » proposée au siècle dernier par les adeptes de la *phrénologie*. Le cerveau était ainsi divisé en *cases*, dont chacune était affectée d'une fonction précise. Cette approche a fait long feu mais les expressions de référence demeurent très actives. Elles sont à rapprocher des locutions « *avoir des chambres/places vides dans le cerveau/la tête* », « *avoir une/des chambre(s) à louer* », « *avoir le cerveau vide* » (→ *chambre, vide*).

Étym. : XIIIe, de l'espagnol *casa*, lui-même du latin.

CASINO n. m. « *Battre du lustre dans le casino* » (f. XXe), arg. : déraisonner. Le mot désigne une maison de jeu — siège d'une activité fébrile — d'où la tête par métaphore. L'allusion aux lustres électriques équipant les salles d'un tel établissement permet à l'expression fig. d'exploiter les thèmes du vacillement de la pensée et de la variabilité de la clarté psychique (→ *lucide, lumière, lustre*).

Étym. : m. XVIIIe, de l'italien *casino*, diminutif de *casa* « maison ».

CASQUE n. m. « *Avoir un pet au casque* » (XXe), fam. : être dérangé, fou. Le mot désigne la tête par métonymie (→ *tête*). On trouve dès l'époque classique « *en avoir dans le casque* » pour « être un peu fou », « avoir le cerveau brouillé par l'ivresse ou la folie ». Aujourd'hui, l'expression de référence a recours au sémantisme du coup sur la tête (→ *coup, pet*). • *Casquette* s'emploie aussi pour « tête » : « *ça lui porte à la casquette* » (→ *porter*). L'expression régionale (Auvergne) « *tourner casquette* » signifie « devenir fou », avec l'idée de « retournement de la visière » (→ *tourner*). On dit aussi « *avoir tourné la casquette* ». Dans l'Ouest, « *avoir un burgaud sous la casquette* » se dit couramment pour « être mentalement dérangé » (→ *burgaud*).

Étym. : XVIe, de l'espagnol *casco* « armure de tête », « crâne ».

CASSIS n. m. « *Avoir le cassis plombé* » (XXe), arg. : être fou. Le mot désigne fam. la tête par métaphore et analogie de forme avec la plante (→ *tête*). La présence du pseudo-préfixe *ca-* n'est probablement pas étrangère à cet emploi (→ *ca-*). L'argot *plombé* signifie « dérangé, fou » (→ *plombé*).

Variante : « *être tombé sur le cassis* ». « *Il tenait de quoi, dans le cassis, meubler vingt asiles* » (Céline).

Étym. : XVIe, d'origine obscure, peut-être du latin *cassia*.

CASTAGNÉ, ÉE adj. « *Être complètement castagné* » (XXe), arg. : être très fou ou ivre. L'expression signifie « avoir pris une sacrée châtaigne », c'est-à-dire « un coup » en argot. Elle exploite en l'occurrence le sémantisme de la commotion cérébrale (→ *coup*).

Étym. : f. XIXe, de *castagne*, forme occitane de « châtaigne », de l'espagnol *castana*.

CASTAMÉ, ÉE adj. « *Être castamé comme c'est pas possible* » (XXe), arg. : être très fou ou ivre. D'abord régional (Sud-Ouest), le mot signifie aussi « détérioré, abîmé ». Il évoque surtout la « démolition par un coup » d'où, au fig., l'« atteinte cérébrale » (→ *coup*). « *Celui-là est complètement castamé.* »

Étym. : XXe, d'origine incertaine, peut-être du croisement de *castagné* (dont il a le sens), et de *rétamé*, p. p. adj. de *rétamer*.

CATALEPSIE n. f. (XVIe), méd., psych. : état d'immobilité pathologique, avec rigidité particulière des masses musculaires et maintien des attitudes forcées. En psychiatrie, le trouble peut s'observer dans certaines formes de *schizophrénie* ou d'*hystérie*. L'hypnose peut induire également un état d'apparence *cataleptique*. Passé dans l'usage courant en relation avec l'*hypnotisme*, le mot figure dans l'expression « *tomber en catalepsie* » pour « demeurer anormalement figé ».

Étym. : XVIe, du grec *katalêpsis* « prise », d'où « attaque ».

CATATONIE n. f. (f. XIXe), psych. : état psychomoteur pathologique se traduisant par l'alternance de périodes d'inertie cataleptique, d'opposition et de négativisme avec des actes impulsifs ou stéréotypés. Caractéristique de la *schizophrénie* dans une de ses formes particulièrement graves, ce type de trouble est devenu rare depuis l'avènement des neuroleptiques (→ *schizophrénie*). Ce syndrome s'est aussi appelé *folie de tension* et *folie discordante motrice type*. Chez les malades jeunes, on parle d'*hébéphréno-catatonie* (→ *hébéphrénie*). • **Catatonique** qualifie l'affection et désigne le malade atteint du trouble correspondant.

Étym. : f. XIXᵉ (K. Kahlbaum), de l'allemand *Katatonie*, du grec *kata-* « en dessous » et *tonos* « tension ».

CATHÈNE (→ *mât*).

CÉLESTIN n. m. « *Voilà un plaisant célestin !* » (XIXᵉ), fam. : un original, une personne un peu folle. Inusitée aujourd'hui, l'expression est d'origine incertaine. Le mot a désigné le religieux de l'ordre monastique correspondant, ordre disparu sous la Révolution (règle de saint Benoît). La formule ironique exploite peut-être l'idée de non-respect de la règle, des convenances, comme dans « *c'est un drôle de paroissien !* » pour « c'est un curieux personnage ».

Étym. : XVIᵉ, du nom propre de *Célestin V*.

CELLULE n. f. « *Être bon pour la cellule capitonnée* » (XXᵉ), fam. : être fou. Le mot désigne ici la loge d'un prisonnier ou d'un insensé (→ *loge*). Le syntagme *cellule capitonnée* fait spécialement référence à la chambre d'isolement autrefois employée en milieu psychiatrique (→ *capitonné*). La locution signale l'agitation forcenée, la folie furieuse, avec une valeur hyperbolique, comme dans « *être bon à mettre en loge* », « *à enfermer !* », etc.

Étym. : XVᵉ, du latin *cellula*, diminutif de *cella* « chambre ».

CERCLE n. m. « *Il lui manque un cercle (à son tonneau)* » (XXᵉ), fam. : il est un peu fou (→ *tonneau*).

Étym. : XIIᵉ, du latin *circulus*, diminutif de *circus*.

CERVEAU n. m. (XIᵉ) : encéphale, formé de deux hémisphères cérébraux et des méninges. Le mot s'emploie couramment tant à propos de la substance elle-même que de ce qu'elle contient, en l'occurrence la vie psychique. Le terme est assez rare dans les expressions relatives à la folie, proba-

blement du fait des valeurs nobles qui lui sont attribuées. Ainsi, dès l'époque classique, « *un cerveau* » s'emploie à propos d'une personne très intelligente. Lorsqu'il s'agit de désigner, fam. ou par ironie, le siège des facultés mentales, on a plutôt recours à *boyau de la tête, bulbe, cervelet, cervelle, crâne, cortex, matière grise, méninges* et *tête* (ainsi que ses nombreux synonymes arg. ou fam.). En revanche, pour évoquer le dérangement mental, on joue plus souvent sur le contraste induit par l'association du mot *cerveau* à un épithète fam. ou arg. : « *avoir le cerveau brouillé/brûlé/en écharpe/dérangé/fêlé/malade/ravagé/renversé/timbré/troublé/vide...* ». On dit aussi « *avoir une (des) case(s)/chambre(s)/place(s) vide(s) dans le cerveau* », « *loucher du cerveau* », « *avoir une araignée dans le cerveau* ». • *Cervelet*, « petit cerveau », désigne anatomiquement la partie postérieure et inférieure de l'encéphale. Il s'emploie fam. au siècle dernier avec la valeur fig. et péj. de « petite intelligence ». La locution « *dodeliner du cervelet* » signifie perdre la raison. • *Cervelle*, d'abord « substance nerveuse du cerveau », s'emploie dès le Moyen Âge chez les animaux, par opposition au cerveau humain. Il se spécialise avec une connotation péj. ou plaisante. La légèreté d'esprit, la distraction s'expriment à partir de l'idée de « petitesse », notion accusée par la comparaison ironique avec la *cervelle* de volatiles (« *cervelle d'oiseau* », « *tête de piaf* », « *tête de linotte* »...). Dans le registre de la folie, on trouve notamment : « *une tête sans cervelle* » pour « un esprit déréglé, fou » (→ *écervelé*), « *avoir la cervelle à l'envers/brûlée/creuse/dérangée/estropiée/malade/renversée/tournée/troublée/vide...* ». La locution arg. « *avoir la cervelle à marée basse* » signifie « ne plus jouir de toutes ses facultés mentales » (→ *marée*). Comme c'est le cas pour *cerveau*, *esprit* et *tête*, *cervelle* peut désigner par métonymie la personne elle-même : « *C'est une cervelle folle !* » « *Une cervelle de révolin* » se dit de qqn qui a l'esprit changeant, fantasque, qui est lunatique (→ *révolin*).

Étym. : XIe, du latin *cerebellum*, diminutif de *cerebrum*.

CHABRAQUE   n. f. et adj.   (XIXe), fam. : fou ou étourdi. Le mot est d'abord un terme de cavalerie qui désigne une couverture de selle. De là — probablement en relation avec « peau de bique, de chèvre » — *chabraque* développe des valeurs péj. appliquées aux femmes. Selon les régions, il se dit d'une femme laide, garce, écervelée ou folle : « ***Quelle vieille chabraque !*** » Le mot est repris plus tard dans le registre de la folie, sans doute sous l'influence de *braque*, *chibraque* et *chibroque*. Il s'applique également aux hommes. « ***Il est un peu chabraque.*** » « ***Quelle bande de chabraques !*** » « ***(...) Ils décollaient. Leur cerveau se fêlait. L'hosto, l'asile des chabraques ou la morgue les guettaient (...)*** » (A. Le Breton).

Étym. : déb. XIXe, de l'allemand *Schabracke*, repris du turc.

CHAILLOT   n. pr.   « ***Celle-là, c'est une vraie folle de Chaillot !*** » (XXe), fam. : une folle. L'expression « *la folle de Chaillot* » se répand dans les années cinquante, par emprunt au titre de la pièce en deux actes de Jean Giraudoux (1945). La connotation péj. anciennement attribuée au quartier de *Chaillot* de Paris a sans doute participé au succès de l'expression. On disait autrefois « *à Chaillot !* » pour « allez au diable ! » et « *ahuri de Chaillot* » pour « péquenot », « niais ». Du temps où *Chaillot* n'était encore qu'un village, ses habitants faisaient régulièrement l'objet des sarcasmes des Parisiens. Ceux-ci se moquaient en particulier de l'air étonné des villageois lorsqu'ils arrivaient pour la première fois dans la capitale (→ *ahuri*). À rapprocher de « *(avoir l'air de) revenir/venir de Pontoise* » (→ *Pontoise*).

Étym. : nom de l'un des plus anciens « villages de la Seine », devenu un faubourg puis un quartier de Paris.

CHALUMÉ, ÉE   adj.   « *Il est un peu chalumé* » (XXe), arg. : il est ivre ou fou. Le mot semble exprimer au passif et, par figure, l'action du *chalumeau* sur l'esprit, la raison. Dans une telle hypothèse, le sémantisme employé est celui de la détérioration des facultés mentales par le feu ou la chaleur (→ *brûlé*). Influence probable de la série des mots en *cha-*

(chabraque, Chaillot, Charenton...) et peut-être de *chalouper*, « tanguer ».

Étym. : p. p. d'un v. non attesté *chalumer*, peut-être formé d'après *chalumeau* « appareil à souder », du latin *calamus* « roseau ».

CHAMBOULÉ, ÉE adj. « *Avoir la tête toute chamboulée* » (XXᵉ), fam. : être bouleversé, être confus, mentalement dérangé. Comme *bouleversé, chamboulé* exprime le vacillement de la pensée sous l'effet d'une vive émotion ou du désordre des idées (→ *confusion, dérangement*). « *Avoir l'air complètement chamboulé.* » La variante arg. *chamberlé* a sans doute été influencée par *berlue* et l'argot vieilli *berlingot*, « balle » (→ *chanceler*).

Étym. : XIXᵉ, p. p. du v. *chambouler*, d'origine dialectale, formé de l'élément *champ-* et de *bouler* « tomber ».

CHAMBRANLE n. m. « *Avoir le chambranle de guingois* » (XXᵉ), fam. : être un peu fou, tordu. L'expression signifie littéralement « avoir la tête (les repères) de travers ». Le mot désigne ici, par métaphore, la tête en tant que cadre de l'activité psychique. La locution adv. ancienne « *de guingois* » s'emploie pour « de travers ». Le sémantisme exploité, par figure, est celui de la perte de l'aplomb mental, c'est-à-dire de l'équilibre psychique, comme dans la locution synonyme fam. « *avoir la tronche en biais* » (→ *aplomb, biais*).

Étym. : déb. XVᵉ, du latin *camerare* « voûter », lui-même de *camera* « chambre ».

CHAMBRE n. f. « *Avoir des chambres vides dans le cerveau/la tête* », « *avoir une/des chambre(s) à louer* » (XVIIᵉ), fam. : être un peu fou. L'emploi du mot dans le registre de la folie est lié à la représentation métaphorique du *cerveau* comme lieu d'habitation de la pensée (→ *habiter, loge*) et ensemble cohérent et ordonné divisé en compartiments (→ *case*). Les expressions de référence figurent la vacuité d'une partie du cerveau, tout en faisant implicitement allusion au déménagement du bon sens (→ *déménager*). Variante : « *avoir un/des appartement(s) à louer* ».

Étym. : XIIe *(cambra, cambre)*, du latin *camera*, lui-même du grec *kamara* « pièce, endroit voûté ».

CHAMP n. m. « *Battre/courir les champs* » (XVIIIe) : divaguer, être fou. « *Être fou à courir les champs.* » L'expression constitue une variante de « *battre/courir la campagne/la plaine* » (→ *battre, courir*).

Étym. : XIIIe, du latin *campus* « plaine, campagne ».

CHAMPÊTRE adj. « *Fou champêtre* » (XIXe) : simple d'esprit. Bien qu'il semble évident que « *fou champêtre* » puisse désigner celui qui court les champs, le syntagme s'applique surtout à l'« idiot du village ».

Étym. : XIe, du latin *campester*, dérivé de *campus*.

CHAMPIGNON (→ *parler*).

CHANCELER v. « *Avoir la raison qui chancelle* » (XXe) : ne plus avoir toutes ses facultés mentales. L'expression traduit le vacillement de la pensée, la perte de l'équilibre mental, comme ses variantes arg. « *béquiller/boquiller de la pensarde* » (→ *béquiller, boquiller*).

Étym. : XIIe, du latin *cancellare*.

CHANTER v. « *Qui chante à table, qui pisse au lit, signe de folie !* » (XXe), fam. : donner des signes de perte de l'entendement. D'origine bretonne, la locution est probablement plus ancienne. Elle exploite la liaison populaire souvent établie entre l'expression incongrue d'un chant — en total décalage avec une situation donnée — et le dérangement de l'esprit. À cette notion d'incongruité comportementale, s'ajoute l'idée d'infantilisme : le simple d'esprit, le fou ou le vieillard sénile (retombé en enfance) manifeste par son comportement les signes de son immaturité ou de son incohérence, tranchant avec l'attitude mesurée et contrôlée des personnes saines d'esprit. L'*égaré* va et vient avec démesure et précipitation, déambule en tous sens, éventuellement se souille (→ *pisser*), tient des propos incohérents et entonne des chants enfantins ou absurdes. L'illustration en est typiquement fournie par le dessinateur Hergé dans *Les Aventures de Tintin* : lorsqu'un personnage perd la raison, il se met à danser et à chanter des ritournelles, la tête surmontée d'une spirale exprimant son égarement (→ *spirale*). C'est aussi à son attitude candide, enjouée, survoltée sur scène ou à la joyeuse virtuosité verbale de ses chansons, que Charles Trenet doit peut-être son surnom de *« Fou chantant »*. Enfin, la tradition pop. confond la notion de légèreté d'esprit avec celles de gaieté et d'exubérance. L'idiot ou le fou est représenté « joyeux » et « insouciant ». On dit d'ailleurs *« être fou de joie »* (→ *fou*). Le verbe *chanter* signifie aussi « dire, raconter (n'importe quoi) », ce que rend la locution *« qu'est-ce que tu me chantes là ? »* pour « ce que tu me racontes est absurde, invraisemblable ». • *Chantonner*, « chanter à mi-voix », s'emploie ironiquement dans l'expression *« chantonner de la soupière »* qui signifie, par figure, « être un peu fou ». La métaphore est celle du sifflement produit par la vapeur s'échappant du récipient, pour traduire un état de surchauffe cérébrale, comme dans *« siffloter de la bouilloire »* (→ *siffloter*).

Étym. : X^e, du latin *cantare*.

CHAOS n. m. *« Être dans le chaos mental »* (f. XIXe) : avoir l'esprit confus, perdre tous ses repères. Le mot exprime la confusion essentielle, ici dans le registre de l'esprit. • *Chaotique* s'emploie dans des contextes didactiques, comme dans *« pensée chaotique »* qui s'applique en psychiatrie à la *discordance schizophrénique* (→ *discordance*).

Étym. : XIVe, du latin *chaos*, lui-même du grec *khaos*.

CHAPEAU n. m. *« Déménager/partir/travailler/yoyoter du chapeau »* (XXe), fam. : être dérangé, fou (→ *déménager, partir, travailler, yoyoter*). Le mot désigne la tête par métonymie (→ *tête*). L'expression *« travailler du chapeau »* date des années trente. Elle connaît de nombreuses variantes : « *tourner du chapeau* » (→ *tourner*), « *travailler du melon* » (→ *melon*), « *travailler du canotier* » (→ *canotier*), « *moloter du badoufle* » (→ *badoufle*), « *s'en aller/être siphonné/onduler de la coiffe* » (→ *coiffe*), « *déménager/partir... du chapeau* » (→ *chapeau*). À noter que le recours à l'idée de « travail du chapeau » pour traduire la folie s'exprime également en anglais courant : « *to talk out of/through one's hat* » « déraisonner », « *mad as a hatter* » (littér. « fou comme un chapelier »).

Étym. : déb. XIIIe, du bas latin *capellus*, diminutif de *cappa* « capuchon ».

CHAPITEAU   n. m.   « *Déménager/partir/travailler/yoyoter du chapiteau* » (XXe), fam. : être dérangé, fou. Le mot se substitue à *chapeau* dans les expressions exploitant fam. ce mot (→ *chapeau*). Il apporte une nuance ironique : *chapiteau* a en effet le sens de « petit couvercle », d'où par métonymie de « petite tête ». Influence de l'expression « *sous le chapiteau* » signifiant « au cirque », par dérision (→ *déménager, déménagerie*).

Étym. : XIIe, du latin *capitellum*, diminutif de *caput* « tête ».

CHARANÇON   n. m.   « *Avoir des charançons dans l'abat-jour* » (XXe), arg. : être fou. Le mot désigne l'insecte nuisible qui ronge les végétaux (→ *babarot*). La locution constitue une métaphore expressive concurrente de « *avoir une araignée dans le plafond* » et de ses nombreuses variantes (→ *araignée*). Elle figure l'altération des facultés mentales par l'image de la présence de parasites destructeurs dans le cerveau, *abat-jour* désignant ici la tête (→ *abat-jour*). • *Charançonné* qualifie « ce qui est attaqué par les charançons ». En procède l'expression arg. « *être charançonné de la soupente* », « être fou », où *soupente* désigne la tête par métaphore (→ *tête*). L'emploi de l'adj. *charançonné* permet de rappeler la terminaison de *sonné* (→ *sonné*).

Étym. : XIVe, d'origine controversée, peut-être d'un gaulois *karantionos*, « petit cerf », désignant un insecte.

CHARENTON n. pr. « *On va t'envoyer à Charenton* », « *un échappé de Charenton* », « *être bon pour Charenton* », « *sortir de Charenton* » (XIXᵉ), fam. : relever de la psychiatrie, être fou (→ *Bedlam, Bicêtre, Sainte-Anne, Saint-Maurice, Salpêtrière*). Le mot est le nom propre de l'*asile de Charenton*, ancienne *maison royale de Charenton*, fondée le 10 mai 1645 par les Frères de Saint-Jean-de-Dieu, près de Paris. Au siècle dernier, tandis que les asiles d'aliénés sont des établissements départementaux (publics ou privés) régis par la loi du 30 juin 1838, la *maison nationale de Charenton* s'en distingue en appartenant à la catégorie administrative des « établissements généraux de bienfaisance ». L'établissement constitue de fait un *asile* au sens premier du terme (« refuge »). Non destiné aux indigents, il reçoit les *aliénés* soit à titre de pensionnaires, soit à titre de boursiers. Les militaires et les marins y sont admis à prix de journée, aux frais du ministre de la guerre. La *maison de Charenton* est devenue (vers 1970) l'*hôpital Esquirol*, du nom du célèbre aliéniste qui y a exercé. Dans le langage courant, le mot *Charenton* signifie « maison de fous », « asile d'aliénés » (→ *maison*). L'expression « *prendre une/sa correspondance pour Saint-Maurice* » fait également référence à l'*asile de Charenton* (→ *correspondance*). • *Charentonnesque* se dit pour « digne d'un échappé de Charenton ». Les *histoires de fous* sont ainsi qualifiées de *charentonnesques*. • *Charentonnade* signifie « loufoquerie ». « *C'est une vraie charentonnade !* »

Étym. : toponyme *(Charenton-Saint-Maurice)*, dépendant de la commune de *Saint-Maurice* (Val-de-Marne).

CHARPENTE n. f. « *Avoir un chevron de trop dans la charpente* » (XXᵉ), fam. : être dérangé mentalement. L'expression s'emploie dans différentes régions, notamment en Alsace. *Charpente*, au sens d'« ossature soutenant le toit », s'applique ici par métonymie et au fig. à la structure mentale (→ *tête*). Le *chevron de trop*, c'est-à-dire la pièce de bois en excès, traduit par métaphore la déformation psychique (→ *chevron*). À rapprocher de « *onduler de la toiture* » (→ *toiture*).

Étym. : m. XVIᵉ, du latin *carpentum*.

CHAUDIÈRE n. f. « *Raisonner comme une chaudière à grelots* » (XIXᵉ), fam. : mal raisonner. Le mot désigne la tête par métaphore, avec l'idée de « bouillonnement mental » (→ *tête*). L'expression fig. joue sur l'homophonie « résonner/raisonner », traduisant le dérangement de l'esprit par la dissonance (→ *raisonner*). L'image est celle d'un cerveau qui tintinnabule en raisonnant mal, le syntagme insolite « *chaudière à grelots* » rappelant d'ailleurs l'attribut notoire du fou (→ *grelot*). La locution fam. « *avoir la chaudière prête à exploser* » se dit parfois de l'état de surchauffe cérébrale à l'origine de l'expansion explosive des idées. À rapprocher de « *ça chauffe dans sa tête/là-dessous* » (→ *chauffer*).

Étym. : XIIIᵉ, du bas latin *caldaria*, dérivé de *caldere* « être chaud ».

CHAUFFER v. « *Ça chauffe dans sa tête/là-dessous* » (XXᵉ), fam. : il est mentalement perturbé ou surexcité (→ *là*). Une des représentations métaphoriques habituelles de la tête est le « récipient à idées » (→ *tête*). De là, la notion d'ébullition cérébrale permet de traduire l'effervescence et l'agitation mentales (→ *bouillon*). La frontière entre une concentration ou un travail psychique intense et le franchissement des limites mentales propre à la folie est ténue : tout est question de degré, souvent fonction du contexte. Les deux registres sont en tout cas rendus par le v. *chauffer*, au même titre que *bouillonner*. Dans le domaine de la déraison, le verbe exprime d'autres images. Il a, en mécanique, le sens moderne de « devenir chaud à l'excès » au point de risquer le grippage, le blocage, en parlant par exemple d'un moteur, ce qui peut être appliqué au cerveau, « appareil délicat » s'il en est. « *Il a la cervelle/le ciboulot... qui a un peu chauffé !* » Enfin, l'excès de chaleur cérébrale est rendu à travers une phraséologie abondante exploitant les thèmes du feu (→ *brûlé*), du soleil (→ *bambou*), de la fièvre (→ *dingue, frénésie, quinte*) ou du court-circuit électrique (→ *court-circuit*).

Étym. : XIIᵉ, du latin *calefare*, abrév. de *calefacere*.

CHAUVE-SOURIS   n. f. « *Avoir une/des chauve(s)-souris dans le beffroi* » (XXᵉ), fam. : être un peu fou (→ *beffroi*). L'aspect effrayant de l'animal, son mode de vie nocturne et sa prédilection pour les endroits sombres et désaffectés le jour expliquent l'appartenance de la *chauve-souris* au bestiaire de la folie (→ *araignée, rat*). Les lieux qu'elle fréquente (tour, grotte...) mènent par métaphore à l'idée de « tête en ruine » parasitée par un hôte volant en tous sens (→ *abeille*). L'expression de référence a sa correspondance en anglais sous la forme courante outre-Manche « **to have bats in the belfry** ». Variante méridionale : « *avoir la rate-pénate* » (→ *rate-pénate*). À rapprocher de « *avoir une hirondelle dans le beffroi/dans le soliveau* » (→ *hirondelle*).

Étym. : XIIᵉ *(chalve soriz)*, du bas latin *calves sorices*, l'animal faisant penser à une « souris ayant des poils ras sur la tête ».

CHEVAL   n. m. « *Un cheval échappé* » (m. XVIIᵉ) : un individu insensé et imprévisible. Variante : « *courir comme un cheval échappé* » (→ *échappé*).

Étym. : XIᵉ, du latin *caballus*.

CHEVEU   n. m. « *Fumer ses cheveux* » (f. XXᵉ), fam. (argot scolaire) : déraisonner, faire n'importe quoi (→ *fumer*).

Étym. : XIᵉ, du latin *capillus*.

CHEVRON   n. m. « *Avoir un chevron de trop dans la charpente* » (XXᵉ), fam. : être mentalement dérangé. La métaphore est celle de la déformation de la « toiture psychique » (→ *charpente*), le mot *chevron*, dérivé de *chèvre*, apportant l'idée supplémentaire d'impétuosité et de caractère fantasque que l'on attribue généralement à l'animal.

Étym. : XIIIᵉ, du latin pop. *caprione*, d'un dérivé de *capra*.

CHI-   : radical présent dans certaines formes arg. ou pop. relatives à la folie : *chibraque, chibré, chibroque, chichiatre, chiqué... Chi-* exprime classiquement la petitesse et la légèreté, ce que réalise *chiche*, comme dans « *avoir un pois* *chiche à la place du cerveau* » pour « ne rien avoir dans la tête ». D'autres hypothèses peuvent être évoquées : l'altération du radical *ci-* à l'origine d'une série de synonymes de « tête » (→ *ci-*), l'influence de *chichi* « mèche postiche » (par métonymie) ou celle, expressive, du mot *chier* (« *ça chie à mort* » : « ça ne va pas du tout »).

Étym. : d'origine incertaine, peut-être du radical onomatopéique *tchitch-* ou du latin *ciccum* « chose de rien » (au fig.).

CHIBRAQUE adj. (XXe), arg. : fou. La forme du mot évoque les notions d'écart et d'impétuosité mentales (→ *braque*). « *Il est complètement chibraque.* »

Étym. : XXe, d'origine incertaine, peut-être composé de *chi-* et de *braque*, avec influence de *chabraque* et de *chibré*.

CHIBRÉ, ÉE adj. « *Il a le cerveau complètement chibré* » (XXe), arg. : il est fou. Le mot est d'abord régional. Il exprime, au passif et au fig., la cassure, la fêlure mentales (→ *fêlé*). Cet emploi actuel est d'origine peu claire. Le v. arg. *chibrer* dont est issu le mot a eu la valeur sexuelle vulgaire de « tirer un coup », au siècle dernier. Son évolution vers l'acception de « casser » pourrait être liée à l'ambiguïté de sens du v. concurrent *péter*, « donner/tirer un coup », notion retrouvée dans *allumer* et *déconner* (→ *allumé*, *déconner*).

Étym. : XXe, p. p. du v. *chibrer*, peut-être de l'argot *chibre* « pénis ».

CHIBROQUE adj. (XXe), arg. : fou. À l'instar de *chibré*, *chibroque* exprime aussi l'idée de « cassure, fêlure », valeur certainement accentuée par référence au verbe anglais *break, broke, broken* (« casser »). À noter également l'influence probable de la terminaison de *cinoque, nazebroque, toctoc*. « *T'es pas un peu chibroque, des fois ?* »

Étym. : XXe, de *chibré*, avec la terminaison arg. *-broque* qui rappelle celle de *pébroque* « parapluie ».

CHICHIATRE n. « *Être bon pour le chichiatre* » (XXe), fam. : relever de la psychiatrie. Le mot est l'altération pop. de *psychiatre*, peut-être par allusion péj. à *chichi*, qui dénote le manque de simplicité. En dehors de toute connotation délibérément négative, il est intéressant d'observer qu'un certain nombre de personnes éprouvent de réelles difficultés à prononcer la syllabe « psy ». Les altérations *pichiatre* et *pchichiatre* en sont témoins.

Étym. : XXe, déformation pop. de *psy* en « chi », avec les valeurs péj. liées à ce radical (→ *chi-*).

CHIEN n. m. « *Lâchez les chiens !* » (XXe), fam. : au fou ! L'expression fig. fait allusion aux chiens qu'on lance à la poursuite d'un gibier ou d'un fugitif (→ *échappé, lâcher*). La locution « *il s'agite comme un chien fou/enragé* » se dit d'un agité, par analogie avec les mouvements désordonnés des jeunes chiens, ou de l'animal atteint de la rage. À rapprocher de *braque*. L'expression « *être coiffé/fait comme un chien fou* » signifie, par figure, « être mal coiffé, mal ajusté » (→ *ébouriffé*).

Étym. : f. XIIe, du latin *canis*.

CHIER v. « *Chier dans ses bas* » (XIXe), fam. : donner des preuves d'insanité d'esprit (→ *bas*).

Étym. : déb. XIIIe, du latin *cacare*.

CHIMÈRE adj. et n. f. (XIIIe) : insensé. Cette valeur aujourd'hui disparue concerne l'emploi adj. du mot au Moyen Âge. À partir du XVIe siècle, le mot désigne une vue de l'esprit. Les locutions « *croire en/se forger des chimères* », « *se repaître de folles/vagues/vaines chimères* », signifient « avoir des visions, des projets imaginaires et irréalisables ». L'expression fam. « *c'est là sa chimère* » s'est dit pour « c'est sa marotte » (→ *marotte*). • *Chimérique* s'applique au produit de l'imagination. « *Un esprit chimérique* », « *des visions chimériques* », etc.

Étym. : XIIIe, du latin *chimaera*, lui-même du grec *khimaira* « animal mythologique fabuleux à tête de lion, corps de chèvre et queue de dragon ».

CHIMIATRE n. (f. XXᵉ), fam. : psychiatre dont la pratique repose essentiellement sur la prescription de médicaments psychotropes. Cette dénomination péj. et réductrice est destinée à opposer le « simple prescripteur » au praticien qui attacherait de l'importance au fait d'écouter ses patients. On dit aussi de manière non péj. *chimiothérapeute*, par emprunt au terme méd. régulièrement employé en cancérologie, par exemple. « *Il y a les psy chimiatres et les psy thérapeutes.* »

Étym. : XXᵉ, composé de *chimie* (pour « substances chimiques ») et de l'élément *-iatre*, de *psychiatre*.

CHIQUÉ, ÉE adj. « *Il est complètement chiqué* » (XXᵉ), arg. : il est fou. Le mot exploite au passif le sémantisme de la commotion cérébrale (→ *coup*), *chique*, « tabac à mâcher », s'employant en argot pour « coup ». Le gonflement de joue dû à la présence d'un morceau de tabac dans la bouche donne en effet à *chique* le développement métonymique d'enflure jugale, puis de choc susceptible d'en être la cause (« *avoir reçu une chique* »).

Étym. : f. XVIIIᵉ, p. p. du v. *chiquer*, de *chique*, d'origine incertaine.

CHOC n. m. (XIXᵉ), méd. : traumatisme. L'expression « *avoir eu un choc nerveux* » est parfois utilisée par euphémisme pour « *avoir perdu la tête* » (→ *perdre*). Dans le domaine psychologique, *choc* permet d'exploiter le sémantisme de la commotion cérébrale (→ *coup*). Le syntagme « *choc psychique* » s'emploie didact. en parlant d'un état de sidération affective et émotionnelle, secondaire à un traumatisme psychologique majeur (→ *trauma*). Avec une valeur atténuée, l'expression courante « *ça m'a fait un choc* » exprime cette même idée. « *Traitement de choc* » a désigné spécialement en psychiatrie toute méthode thérapeutique destinée au rétablissement de l'équilibre mental d'un sujet, en induisant chez lui une crise émotionnelle, fébrile, convulsive, comateuse, etc. Dès les temps anciens, on se représente certaines folies comme dues à un coup sur la tête. Par un raisonnement analogique élémentaire, frapper en retour le crâne de l'*égaré* doit lui restituer ses facultés : ce sera l'un des premiers traitements de la folie. Par extension, on constate que les grandes « secousses » physiques ou émotives peuvent parfois ramener l'*insensé* à la raison. Diverses méthodes plus ou moins barbares sont employées et varient selon les époques et les lieux *(immersion forcée* ou « bain surprise », *abcès de fixation*, *vomissements provoqués*, *chocs* divers et variés...). Certaines sont encore de mise dans les asiles du début du siècle. Vers 1930, les débuts de la psychiatrie biologique sont marqués par le succès de la *malariathérapie* dans le traitement de la *paralysie générale* (→ *paralysie*). On préconise alors l'induction de *chocs convulsifs* et *comateux* pour traiter les *schizophrènes (insulinothérapie*, injection intraveineuse d'huile camphrée, de cardiazol...). La *sismothérapie* (→ *électrochoc*) est d'abord utilisée chez les délirants chroniques, avant d'être recommandée dans le traitement de la dépression mélancolique où elle garde aujourd'hui sa place. En dehors de cette dernière méthode thérapeutique, tous les **traitements de choc** sont progressivement devenus obsolètes dès l'avènement des psychotropes. Parfois dangereuses et particulièrement brutales, ces techniques ont contribué à conforter la crainte du public envers la psychiatrie, tribut que paye encore la *sismothérapie*, pourtant bénéfique lorsqu'elle est correctement prescrite et réalisée.

Étym. : XVIe, du v. *choquer*, d'origine incertaine, peut-être onomatopéique.

CHOU n. m. « *Travailler du chou* » (XXe), arg. (vieilli) : être dérangé, fou. Le mot désigne fam. la tête par analogie de forme avec le légume (→ *tête)*. L'expression représente une variante de « *travailler du chapeau* » (→ *travailler*).

Étym. : XIIe, du latin *caulis*.

CHOUCROUTE n. f. « *Pédaler dans la choucroute* » (XXe), fam. : être inefficace et, par extension, être mentalement inefficient (→ *pédaler)*. La consistance particulière de la préparation culinaire est ici exploitée pour exprimer, par métaphore, la notion fig. de « patinage des idées » au sein d'une substance épaisse et collante. L'image du glissement mental et de l'embourbement de la pensée est rendue par de nombreuses variantes : « *patauger/pédaler dans le potage/la semoule/le yaourt* », « *arpenter dans le goudron* », etc.

Étym. : XVIIIe, de l'alsacien *sûrkrût* « herbe aigre ».

CHOUMAQUE ou SCHOUMAQUE   n. et adj.   (XXe) : individu bizarre, buté, un peu fou. Le mot est régional (Champagne). « *C'est un vrai choumaque.* »

Étym. : d'origine incertaine, peut-être de *chou*, « tête », et de *maque*, d'une racine *makk-* exprimant la notion de « coup » (→ *maqué*).

CHRONIQUE   adj. et n. « *C'est un vieux chronique !* » (XXe), fam. (argot asilaire) : un malade mental hospitalisé depuis longtemps en milieu psychiatrique. On dit aussi : « *C'est un chronique qui a vingt ans d'asile dans le dos !* » Le terme est péj. dans ces locutions, car il comporte l'idée de désintérêt suscité par un patient dépendant de l'institution et dont on pense que l'état n'évoluera pas. *Chronique* s'emploie d'abord comme adj. dans le vocabulaire médical, à propos de troubles de longue durée. En psychiatrie, il entre dans le syntagme *psychose chronique* (par opposition à *psychose aiguë*), qui exprime la même notion temporelle. Les *psychoses chroniques* comprennent la *schizophrénie*, la *paranoïa*, la *psychose hallucinatoire chronique*, ainsi que d'autres *délires chroniques* (→ *psychose*). • *Chronicité* est d'usage courant dans le vocabulaire psychiatrique, de même que *chronicisation*, avec l'idée d'évolution fâcheuse, défavorable. En parlant de la prise en charge d'un malade mental, on admet aujourd'hui qu'« *il faut tout faire pour éviter la chronicité/la chronicisation* ». « *(...) On a pu incriminer le vieil asile, et d'une manière plus générale toute institution psychiatrique hospitalière, comme responsable de cette chronicisation. On constate malheureusement actuellement qu'une prise en charge plus diversifiée et extrahospitalière n'a pas abouti, comme on pouvait l'espérer, à la disparition totale de cette chroni-*

cité. Celle-ci s'est seulement déplacée en d'autres lieux, que ce soit dans les structures intermédiaires les plus variées ou dans certains milieux familiaux (où elle avait d'ailleurs toujours été entretenue) (...) » (J. Postel et al.).

Étym. : déb. XIVe, du bas latin *chronicus*, lui-même du grec *khronikos*, dérivé de *khronos* « temps ».

CHRYSOLITHE ou CHRYSOLITE n. f. (XVIe) : pierre précieuse de couleur dorée, jadis réputée protéger de la folie. Peut-être doit-on voir dans cette croyance pop. aujourd'hui oubliée, une prémunition ancienne contre la *« pierre de la folie »* (→ *pierre*).

Étym. : f. XVIe, du latin *chrysolithus*, lui-même du grec *khrusos* « or » et *lithos* « pierre ».

C.H.S. (→ *hôpital*).

CHTAR n. m. *« Avoir (pris) un chtar »* (XXe), arg. : être fou. L'argotisme signifie « coup » (on dit aussi *jetard, j'tard*). L'expression fig. exploite, par ellipse, le sémantisme de la commotion cérébrale pour traduire le dérangement mental (→ *coup*). Variantes orthographiques : *chtard, chtare*. • L'argotisme *chtarbé* s'emploie pour « fou, barge ». Il suppose l'existence d'un v. *chtarber* (« donner un coup »), peut-être dû au v. arg. *chtourber* « tuer », lui-même sans doute issu de *estourbir*. *Chtarbé* est aujourd'hui un synonyme courant de *cogné, frappé, pété, sonné, tapé*, etc. Le mot a été récemment substantivé : *« un chtarbé »*. *« Il est chtarbé complet. »* *« Chez les chtarbés, ça déménage ! »*

Étym. : XXe, d'origine incertaine, peut-être d'origine onomatopéique, ou formé par resuffixation et altération de l'argot *jeton (j'ton)* « coup ».

CI- : radical commun à certains synonymes de « tête », avec la notion de renflement. On trouve ainsi : *ciboule, ciboulot, cigare, citron, citrouille*.

Étym. : on peut évoquer l'influence de *cime* « partie élevée », du latin *cyma* « bourgeon », lui-même du grec *kuma* « enflure ».

CIBOULOT n. m. « *Partir du ciboulot* » (f. XIXe), arg. puis fam. : perdre la tête (→ *partir*). Le mot s'est imposé au sens de « tête », au détriment de *ciboule*, dont il est pourtant le diminutif. Tous deux font allusion à la forme renflée du bulbe de la *ciboule* qui est une variété d'ail. L'influence de *boule*, « tête », est probable (→ *tête*). *Ciboulot* appartient à la série des mots en *ci-* pour « tête » (→ *ci-*). Dans le registre de la folie, outre la locution de référence, il est exploité au sein d'une phraséologie abondante : « *porter/taper sur le ciboulot* » (→ *porter, taper*), « *travailler du ciboulot* », « *avoir un pédalo dans le ciboulot* » (→ *pédalo*), « *avoir un coin du ciboulot branché sur l'alternatif* » (→ *alternatif*), etc. Variantes arg. : *ciboulard, cibouloche*.

Étym. : XIXe, de *ciboule* (XIIIe), du provençal *cebula*, lui-même du bas latin *caepulla*, diminutif de *caepa*.

CIBROQUE n. m. (XXe), arg. : délire. Le mot est formé du radical *ci-* commun à certains synonymes de « tête », et de *broque* suggérant l'idée de « cassure, fêlure », sans doute par référence au verbe anglais *break, broke, broken* (« casser »). « *(...) Alors là, mes gueux, on vadrouille en plein cibroque. Je doute de tout (...)* » (San Antonio, 1972).

Étym. : XXe, d'origine incertaine, peut-être par altération de *chibroque*, d'après *ci-* (de *ciboulot*), avec influence de *cinoque*.

CIGALE n. f. « *Avoir des cigales plein la tête* » (XXe), fam. : être un peu fou ou extravagant. L'expression est une variante méridionale de « *avoir des grillons dans la tête* » (→ *grillon*).

Étym. : XVIe, du provençal *cigala*, lui-même du latin *cicada*.

CIGARE n. m. « *Avoir pris un coup sur le cigare* », « *avoir un pet au cigare* », « *ça lui a porté au cigare* » (XXe), arg. : être/devenir fou. Le mot *coupe-cigare* désigne l'instrument utilisé par les fumeurs pour couper le bout des cigares. Par analogie, le terme est passé en argot avec la valeur de « guillotine », *cigare* devenant dès lors synonyme, par métaphore, d'« extrémité du corps », c'est-à-dire de

« tête ». Au début du siècle, « *y aller du cigare* » s'est dit pour « risquer la peine de mort ». Depuis, fort sans doute de sa caractéristique d'objet renflé, *cigare* est entré dans la série courante des mots en *ci-* employés pour désigner la tête, l'esprit (→ *ci-*). Le sémantisme de la commotion cérébrale est exploité dans « *avoir pris un coup sur le cigare* » ou « *avoir un pet au cigare* » (→ *coup, pet*). L'expression « *porter à la tête* » mène à « *ça lui porte au cigare* » (→ *porter*). En relation avec l'idée de qqch qui fume et se consume, *cigare* peut introduire les thèmes de la surchauffe cérébrale et de la détérioration de l'esprit par le feu (→ *chauffer, brûlé*).

Étym. : XVIIIe, de l'espagnol *cigarro*, d'origine incertaine.

CINETOQUE n. « *Ce mec est un vrai cinetoque !* » (XXe), arg. : il est réellement fou. La forme du mot suggère une altération phonétique de *chinetoque*, argotisme péj. dérivé de *chinois*, par suffixation pop. faite sur *toc, toqué*. *Cinetoque* procède sans doute de l'idée d'incompréhensibilité rendue par le mot dont il est issu *(« c'est du chinois !* » : « on n'y comprend rien »). L'influence de *cinoque* est de toute façon probable (→ *cinoque*). • Le syntagme arg. moderne *cinetoque's office* désigne l'asile d'aliénés. Ce pseudo-anglicisme ironique ou plaisant signifie littér. « bureau/département/ministère du fou ». Il est formé par dérision sur le modèle de l'anglais *Foreign Office*, « ministère des Affaires étrangères », ou sur celui de « *manager's office* », « bureau du directeur ».

Étym. : XXe, d'origine incertaine, de *chinetoque* ou *cinoque*, d'après *toctoc* et *toqué*.

CINGLÉ, ÉE adj. et n. « *Quel cinglé !* » (déb. XXe), arg. puis fam. : il est fou. Le mot exprime au passif le sémantisme du coup sur la tête (→ *coup*). En argot, l'adj. s'emploie d'abord, par figure, avec la valeur de « ivre », en synonymie avec « *avoir pris une claque* ». Au début du siècle, il évolue vers son sens actuel très répandu dans le registre de la folie, rejoignant *cogné, fouetté, frappé, sonné, tapé*, etc. Le mot est couramment substantivé : « *un cinglé* ». À noter que la première syllabe du mot, *cin-*, possède une voyelle tonique qui « claque », comme dans le v. *tinter* (→ *cintré*). « *Devenir/rendre cinglé* », « *il est complètement/totalement/à moitié/un peu cinglé* », « *une bande de cinglés* », « *un cinglé de première* », « *non mais, c'est pas vrai ! t'es complètement cinglé !* ».

Étym. : XIXe, p. p. du v. *cingler* (XIIe), altération de *sangler* « frapper, fouetter ».

CINOQUE   adj. et n. (déb. XXe), pop. : fou. Le mot est probablement influencé par la série des mots en *ci-* désignant fam. la tête (→ *ci-*) et le *cin-* de *cinglé*, *cintré*. Sa terminaison rappelle *toctoc* et *toqué*. « *Il est un peu cinoque* », « *un vrai cinoque* », « *à voir tous ces cinoques s'affoler, j'en perds moi-même la boule* ». Variantes orthographiques : *cinock, sinoque, sinoc*. « *(...) On a envie d'appeler des ambulanciers et de faire embarquer ces deux sinoques à Charenton (...)* » (San Antonio, 1988). • L'argotisme *cinoqué* se dit pour « fou ». • *Sinoquage* s'emploie pour « folie ». « *C'est du sinoquage comme j'en ai rarement vu !* »

Étym. : déb. XXe, d'origine incertaine. Selon Chautard, il s'agit d'un dérivé de l'argot *cinoquet* « tête ». Selon Esnault, les formes *sinoque* ou *sinoc* permettent d'évoquer un emprunt à un dialectal *sinoc* (Savoie). Ce mot désigne une « bille à jouer », et aurait été employé dans l'argot militaire comme synonyme de *bille* « tête ».

CINQUANTE-QUATRE   adj. num. et n. m. « *Être bon pour le cinquante-quatre* » (déb. XXe), fam. : être fou. L'expression a vieilli, mais s'entend encore à Marseille. Elle fait allusion au numéro d'une ligne de tramway qui conduisait autrefois à l'hôpital de la Timone, alors spécialisé dans le traitement des maladies mentales. Dans la plupart des grandes villes, il existe des expressions équivalentes, faites en référence à la ligne ou au moyen de transport menant à l'« asile ». À Bordeaux, on dit « *prendre le vingt-six* », à Angoulême, on parle de la « *voiture jaune* », à Paris, de la « *correspondance pour Saint-Maurice* », etc. (→ *correspondance, vingt-six, voiture jaune*).

Étym. : XIe, du latin *quinquaginta* et *quatuor*.

CINTRÉ, ÉE adj. et n. « *Il est vraiment cintré* » (XXe), fam. : il est complètement fou. Par figure, le mot évoque la courbure puis la torsion de la pensée, s'opposant à la rectitude de la raison (→ *biais*). *Cintré* est d'ailleurs synonyme de *tordu* (→ *tordu*). À noter l'influence de la première syllabe du mot, *cin-*, possédant une voyelle tonique qui « claque », comme dans le v. *tinter* (→ *cinglé*). L'idée de déformation mentale est également exploitée en anglais dans la locution courante « *round the bend* ».

Étym. : m. XIVe, p. p. du v. *cintrer*, du latin pop. *cincturare*, de *cinctura* « ceinture ».

CITRON n. m. « *Avoir un pet au citron* » (XXe), fam. : être (un peu) fou. Le mot désigne la tête par une métaphore commune à d'autres fruits ronds (→ *tête*). Dans le registre de la folie, la locution exploite le sémantisme du coup sur la tête, comme de nombreuses autres expressions (→ *coup, pet*). On trouve aussi « *être dérangé du citron* », « *être givré comme un citron* » (→ *dérangé, givré*).

Étym. : XIVe, du latin *citrus*.

CITROUILLE n. f. « *Avoir pris un coup/un pet sur la citrouille* » (XXe), fam. : être fou. Du fait de la grosseur et de la rusticité de la plante potagère qu'il désigne, le mot s'est dit au fig., dès l'âge classique, d'une personne ventripotente et grossière *(« quelle citrouille ! »)*. Au siècle dernier, *citrouille* devient un synonyme fam. de « tête » par une métaphore commune à d'autres plantes de forme ronde (→ *tête*). L'expression de référence exploite le sémantisme du coup sur la tête pour traduire la folie (→ *coup, pet*). L'emploi fam. de *citrouille* est cependant plus répandu avec l'idée de « surmenage intellectuel » *(« avoir la tête comme une citrouille* », c'est-à-dire « prête à éclater »), du fait de l'aspect renflé et volumineux de la plante (→ *melon*).

Étym. : m. XVIe, de *citrole* (XIIIe), lui-même du latin *citreum*, dérivé de *citrus*.

CLAUSTRO- : élément entrant en psychiatrie dans la composition de termes qui évoquent le rapport pathologique d'un sujet aux lieux clos. La *claustromanie* renvoie au comportement de repli d'une personne qui s'enferme et s'isole de manière anormale. On observe un tel trouble chez certains psychotiques se sentant persécutés. La *claustrophobie* désigne la peur panique de se trouver dans un espace clos et d'y être enfermé. Comme son dérivé *claustrophobe*, le terme est passé dans l'usage courant : « *faire de la claustrophobie* », « *être claustrophobe* ». L'abrègement fam. *claustro* est d'introduction récente : « *quel claustro !* » (→ *phobie*).

Étym. : f. XIXe, du latin *claustrum*, de *claudere* « clore ».

CLAVIER   n. m. « *Jouer les notes sans le clavier* » (XXe), fam. : déraisonner (→ *note*).

Étym. : XIIe, du latin *clavis* « clef ».

CLING-CLING   adj. « *Être cling-cling* » (f. XXe), fam. : être fou. Le mot exprime le dysfonctionnement mental, par la métaphore du bruit parasite au sein de la mécanique cérébrale. L'idée de défectuosité repose sur la notion de « va-et-vient sonore » d'une des pièces métalliques détachée du système (nerveux). À rapprocher de *dingue, dreling-dreling, toc-toc, zinzin*.

Étym. : f. XXe, d'origine onomatopéique, par redoublement de *cling-* qui évoque un « bruit métallique ».

CLINIQUE   adj. et n. f. « *Avoir (bien) besoin de faire un petit séjour en clinique* » (XXe), fam. : relever de la psychiatrie. L'expression fait allusion aux soins dispensés dans une *maison de santé* (→ *maison*). Le mot s'applique d'abord à l'alitement d'un malade, aux soins et à l'enseignement médical dit *clinique* qui s'y rapportent (examen au lit du patient). Depuis la fin du siècle dernier, le mot s'emploie également pour « établissement de soins » de pratique privée *(clinique privée)*, par opposition à *hôpital* qui désigne une institution publique. Dans la langue courante, *clinique* et *maison de santé* représentent des termes souvent utilisés par euphémisme, pour éviter l'appellation jugée fâcheuse d'*établissement psychiatrique* (→ *asile, hôpital*).

Étym. : XVIe, du latin *clinicus*, calqué sur le grec *klinikos*, dérivé de *klinê* « lit ».

CLINOPHILIE   n. f.   (XXe), psych. : comportement pathologique d'une personne restant couchée en permanence ou pour une durée anormalement prolongée. À l'extrême, ce trouble reflète le désinvestissement du monde extérieur et le repli sur soi qui caractérisent l'*autisme schizophrénique* (→ *autisme*). On l'observe également dans les *dépressions* graves. • *Clinophile* qualifie le comportement correspondant et désigne le sujet développant un tel trouble. « *C'est un clinophile.* »

Étym. : XXe, composé de l'élément *clino-* (du grec *klinein* « être couché »), et de *-philie* « tendance, désir » (→ *-philie*).

CLOCHE   n. f.   « *Avoir la cloche fêlée* » (déb. XIXe), fam. : être fou. Le mot désigne l'instrument à percussion d'où la tête, par métaphore et analogie de forme, en référence ironique à « ce qui sonne le creux » (→ *tête*). L'expression est synonyme de « *avoir la tête/le timbre fêlé* » (→ *timbre*). Elle exprime au fig. la dissonance mentale et la rupture psychique (→ *fêlé, raisonner*). « *Avoir un coup de cloche* » s'est dit pour « être sonné », par le sémantisme de la commotion cérébrale (→ *coup*). La notion de « percussion mentale » est exploitée par de nombreux mots de la folie (→ *dingue, marteau, percuté, sonné...*).

Étym. : XIIe, du latin *clocca*, mot d'origine celtique.

CLOU   n. m.   « *Il lui manque/il lui faut un clou (à son armet)* » (f. XVIIe), fam. : il est un peu fou (→ *armet, manquer*).

Étym. : XIe, du latin *clavus*.

COCO   n. m.   « *Avoir le coco fêlé* » (XIXe), fam. : être fou. Le mot désigne fam. la tête par analogie de forme avec le fruit du cocotier (→ *tête*). L'influence de l'homonyme *coco*, « œuf », est évidente (« crâne d'œuf »). À rapprocher de « *avoir la cloche/le timbre fêlé* » (→ *fêlé*).

Étym. : m. XVIe, du portugais *coco*.

COCOTTE n. f. « *Débouler de la cocotte* » (déb. XXᵉ), arg. : déraisonner (→ *débouler*). Par analogie avec la marmite permettant des cuissons prolongées, le mot prend la valeur arg. de tête, pour figurer le « récipient à idées » (→ *tête*), avec la notion de bouillonnement mental et d'ébullition de l'esprit (→ *bouilloire*).

Étym. : déb. XIXᵉ, du moyen français *cocasse* (ou *coquasse*), nom de divers récipients, peut-être dérivé de *coque*.

COFFRE n. m. « *Raisonner comme un coffre* » (f. XVIIIᵉ), fam. : mal raisonner, dire n'importe quoi (→ *raisonner*).

Étym. : XIIᵉ, du latin *cophinus*.

COGNER v. « *C'est à se cogner le derrière au lustre !* » (XXᵉ), fam. : c'est insensé ! Il s'agit d'une transposition plaisante de l'expression « *se taper le cul par terre* ». Celle-ci signifie littér. « frapper le sol avec son postérieur », d'où fam., « rire, se moquer de qqch », l'événement hilarant provoquant de violents soubresauts. L'expression de référence traduit l'inimaginable, comme sa variante « *c'est à se taper le derrière au plafond !* ». La métaphore est celle du retournement de la pensée (« cul par-dessus tête »), ce qu'expriment, par figure, les locutions « *avoir la tête à l'envers* », « *basculer dans la folie* », « *avoir la cervelle démontée* » (→ *basculer, démonté, envers*). • *Cogné* désigne et qualifie fam. un fou. Il réalise au fig. l'idée de « choc mental », à partir du sens concret du v. *cogner*, « enfoncer en frappant » (→ *coup*). « *Il est vraiment cogné* », « *qu'est-ce qu'il est cogné !* ».

Étym. : f. XIᵉ, du latin *cuneare*, de *cuneus* « coin ».

COIFFE n. f. « *S'en aller/onduler/yoyoter... de la coiffe* » (XXᵉ), arg. : devenir fou, délirer (→ *aller, onduler, yoyoter*). Le mot désigne la tête par une métonymie arg. (→ *tête*). Dans le registre de la folie, il s'emploie dans une phraséologie abondante, au même titre que *plafond, toiture*, etc.

Étym. : XIᵉ, du bas latin *cofia*, peut-être issu d'un mot germanique.

COLIQUE   n. f. « *Colique Saint-Mathurin* » (XVIIe) : accès de folie. Le mot désigne une violente douleur abdominale puis s'emploie couramment pour « diarrhée » *(« avoir la colique »)*. En procèdent les sens fig. communs d'« accès brutal », de « désordre » et de « profusion ». Le syntagme « *colique Saint-Mathurin* » fait allusion au célèbre pèlerinage de *Saint Mathurin de Larchant*, organisé pour les insensés et les possédés au Moyen Âge et à la Renaissance (→ *Mathurin*). « *Avoir des tranchées (de) Saint-Mathurin* » signifie de manière équivalente « avoir un coup de folie », *tranchées* se disant autrefois d'une colique aiguë (→ *tranchée*). Ces expressions sont aujourd'hui oubliées.

Étym. : XIIIe, du latin *colicus*, lui-même du grec *kôlikos*, dérivé de *kôlon*, « gros intestin ».

COLOQUINTE   n. f. « *Ça lui a tapé sur la coloquinte* » (déb. XIXe), fam. : il est devenu fou. Le mot désigne la tête par analogie de forme avec le fruit de la plante (→ *tête*). L'expression a recours au sémantisme du coup sur la tête pour traduire la folie (→ *coup*). Elle représente une forme arg. puis fam. de « *ça lui a tapé sur la tête* » (→ *tapé*). La locution « *avoir l'araignée dans la coloquinte* » est une variante de « *avoir une araignée dans le plafond* » (→ *araignée*).

Étym. : XIVe, du grec *kolokunthis*.

COMBLE   n. m. « *Avoir une araignée dans les combles* », « *déménager des combles* » (XXe), fam. : être fou, dérangé (→ *araignée*, *déménager*). Le mot désigne la tête, l'esprit par une métonymie commune à d'autres termes s'appliquant à la partie la plus haute d'une construction (→ *tête*). Ces emplois sont liés à la représentation métaphorique du *cerveau* comme lieu d'habitation de la pensée (→ *loge*).

Étym. : XIIe, du latin *cumulus*.

COMPLET, ÈTE   adj. « *Un fou complet* » (XVIIe) : une personne totalement folle. Le mot exprime l'achèvement, au propre et au fig. En emploi dépréciatif, il signifie ironiquement « à qui rien ne manque (dans son genre) ». « *Il est* *chtarbé complet* », « *c'est un barjo complet* » (→ *achevé, total, vrai*). • L'adv. *complètement* le concurrence aujourd'hui nettement dans le registre de la folie. Il constitue — avec *entièrement* et *vraiment* — le dernier élément de la série « *(un) peu, (à) moitié, beaucoup, très* » qui sert à relativiser ou accentuer la gravité des troubles. « ***Il est complètement barjo/dingue/fou/gelé...*** »

Étym. : déb. XIIIe, du latin *completus* « achevé », de *complere*.

COMPTEUR n. m. « *Avoir des papillons dans le compteur* » (XXe), fam. : être un peu fou (→ *papillon*). Le mot désigne la tête par métaphore de l'appareil servant à compter, à mesurer, etc. L'expression « *avoir un pet au compteur* » représente une variante fam. de « *avoir un pet au casque* » (→ *pet*).

Étym. : XIIIe, du v. *compter*, lui-même dérivé du latin *computare*.

COMPULSION n. f. (XXe), psych. : contrainte mentale forçant un sujet à penser ou à faire des choses qu'il trouve par ailleurs déplacées, gênantes ou dénuées de sens. Le sujet est ainsi amené — en pleine conscience — à lutter contre cette pression intérieure, en ritualisant ses pensées ou ses conduites jusqu'à l'absurde. L'association *obsession-compulsion* est à l'origine du syntagme *trouble obsessionnel-compulsif*, d'origine anglo-américaine récente, abrégé en **T.O.C** (→ *obsession*). • Les dérivés *compulsif*, *compulsionnel* et *compulsivement* relèvent essentiellement d'un usage didactique.

Étym. : f. XIIIe, du bas latin *compulsio* « contrainte », de *compulsare*.

CON n. m. et adj. « *T'es con ou quoi ?* » (XXe), fam. : tu es fou ou tu es idiot ? Le mot *con* désigne le sexe de la femme et, par une dérivation obscure, prend la valeur fig. d'« imbécile » comme nom et adj. (« *quel con !* »). *Con* s'emploie par extension pour « inepte », « un peu fou ». Le féminin *conne* lui correspond dans ces acceptions (→ *déconner*). Il est intéressant de noter qu'au Québec, le mot *fou* se substitue à *con*, dans les locutions que nous réservons à ce dernier ou à son synonyme *idiot* : « *être fou comme un balai* », « *dire des folleries* », « *être fou comme la marde* », « *voilà le fou du village* ». Outre-Atlantique, l'influence de la morale religieuse n'a sans doute pas été étrangère à cette substitution, du fait du caractère obscène du mot *con*. L'impact de la religion se mesure d'ailleurs à travers les injures québécoises courantes qui ont recours à des termes de culte.

Étym. : f. XIIe, du latin *cunnus*.

CONFABULATION (→ *fabulation*).

CONFUS, E adj. (XVIIe) : qui a la pensée embrouillée. Le mot s'applique, par figure, au mélange des sens ou des idées. En psychiatrie, il est substantivé au masculin pour désigner un patient atteint de confusion mentale. « *Être agité comme un confus* », « *tourner, virer comme un confus* ». • *Confusion* s'emploie dans l'expression « *un esprit qui tourne à la confusion* » en parlant de qqn dont les idées se mélangent, se désorganisent. En psychiatrie, le syntagme *confusion mentale* s'applique à un état mental pathologique, le plus souvent d'origine organique, marqué par la désorganisation des fonctions psychiques (désorientation, agitation anxieuse, troubles mnésiques et perceptifs). « *Il est dans la confusion la plus totale.* » • *Confusionnel* est d'usage didact., notamment dans *syndrome confusionnel*. • Le composé *confuso-onirique* qualifie un état psychique alliant confusion mentale et représentations cauchemardesques (notamment hallucinations visuelles). Le *délire confuso-onirique* est caractéristique du *delirium tremens* ou de certaines confusions toxiques (→ *delirium tremens, zoopsie*).

Étym. : XIIe *(cunfus)*, du latin *confusus*, p. p. de *confundere*, « mêler ».

CONNAÎTRE v. « *Ne plus se connaître* » (XXe), fam. : perdre la raison. L'expression est régionale (Sud-Ouest). Elle traduit la non-reconnaissance de soi, ce qui correspond à l'altération majeure de l'identité psychique, propre à certaines formes de folie (→ *savoir*).

Étym. : XIIe, du latin *cognoscere*.

CONTAGION n. f. « *Contagion mentale* » (XXe), psych. : influence morbide exercée par un malade mental sur d'autres individus. Fait sur le modèle du processus infectieux, le syntagme traduit la transmission (inconsciente) de troubles mentaux d'un sujet à un autre, à la manière d'une épidémie. C'est le cas de certaines manifestations *hystériques* (→ *démonomanie, tarentulisme*) ou de convictions délirantes, en particulier *paranoïaques* (→ *folie à deux, paranoïa*). • *Contagieux* s'emploie fam. dans l'expression courante « *c'est contagieux ?* » qui s'adresse à une personne désignée comme folle. Cette attitude ironique prend sans doute sa source dans des croyances pop. tenaces selon lesquelles la folie pourrait se transmettre, tel un virus ou un microbe.

Étym. : XIVe, du latin *contagio*, de *con-* *(cum)* et *tangere* « toucher ».

CONTRARIER v. « *Il ne faut jamais contrarier un fou* » (XIXe), fam. : en s'opposant à son délire, on prend des risques. L'idée reçue est probablement très ancienne. L'insensé, dont les visions et les extravagances s'écartent du sens commun, pourrait devenir dangereux si on lui révélait directement la fausseté de ses propos. La médecine aliéniste cautionnera d'ailleurs un tel principe. Au siècle dernier, le *traitement moral* (→ *moral*) vise à remettre l'aliéné sur les rails de la raison, en grande partie au moyen de la *persuasion* : si le malade croit avoir des vers dans la tête, on n'hésite pas à pratiquer une fausse intervention chirurgicale destinée à lui démontrer que les parasites sont extraits (→ *ver*). On fait ainsi mine d'entrer dans la logique du fou. Aujourd'hui sorti des pratiques psychiatriques, le postulat reste très actif dans l'opinion publique : il faut faire semblant d'entrer dans le délire du malade pour ne pas l'énerver ou le perturber davantage. De nombreuses formules ironiques reprennent ce thème : « *Ne le contrariez surtout* *pas !* », « *mais oui, c'est ça, vous êtes le roi de France !* », etc.

Étym. : XIe, du bas latin *contrariare*.

CONTREBASSE n. f. « *Avoir un rat dans la contrebasse* » (XIXe), fam. : être un peu fou. L'expression est une variante de « *avoir une araignée dans le plafond* » (➜ *araignée*). Elle prolonge « *avoir un (des) rat(s) dans la tête* » qui s'est dit à l'époque classique pour « avoir des lubies, des idées saugrenues » (➜ *rat)*. Dans l'argot du siècle dernier, **contrebasse** désigne la tête par une métaphore jouant sur l'aspect volumineux, renflé, et creux de l'instrument à cordes (➜ *tête)*. L'influence de *calebasse* est possible.

Étym. : déb. XVIe, de l'italien *contrabbasso*.

CONVERSION n. f. (XXe), psych. : somatisation d'un conflit intrapsychique, par laquelle les symptômes physiques expriment symboliquement des représentations refoulées. Les troubles présentés sont variables, divers, sans support organique. Le terme est introduit par Sigmund Freud en psychopathologie avec la valeur de « transmutation » (d'une chose en une autre), ici, du conflit psychique à l'expression somatique. Ce concept est fondateur de l'approche freudienne de l'*hystérie (hystérie de conversion)* et de la psychanalyse même. Par extension, il a permis de théoriser la formation des symptômes dans d'autres névroses. Les développements conceptuels de la *psychosomatique* ont été suscités par les limites de cette théorie (➜ *hystérie, psychosomatique)*. En milieu spécialisé, on entend parfois des expressions fam. du type : « *Cette patiente qui a le bras ballant, nous fait une belle conversion hystérique !* »

Étym. : f. XIXe, de l'all. *Konversion*, du latin *conversio*, de *convertere*.

CONVICTION n. f. « *Conviction délirante* » (XIXe), psych. : croyance pathologique en des phénomènes de nature délirante, à laquelle le sujet adhère sans critique ni recul. Caractéristique de l'*expérience psychotique*, cette certitude morbide traduit la perte du contact normal avec le réel (→ *psychose*).

Étym. : XVI\ue, du latin *convictio*, de *convincere*.

CONVULSÉ, ÉE adj. et n. « *C'est une convulsée !* » (XIX\ue) : une personne agitée, semblant régulièrement être la proie de convulsions. Le mot se rapporte d'abord aux spasmes attribués à l'épilepsie. Substantivé, il s'emploie spécialement à l'époque des premières études menées par Charcot sur l'*hystérie*, à propos des troubles correspondants à expression physique (→ *conversion, hystérie*). Par extension, *convulsé* s'applique aussi au domaine abstrait de l'agitation mentale. « *Un convulsé* ». • *Convulsion* a eu le sens d'« excitation », au propre et au fig., avant de se spécialiser en médecine dans le domaine de la *comitialité*. « *Faire des convulsions* » se dit couramment pour « avoir une crise d'épilepsie ». En procède en psychiatrie le terme didact. *convulsivothérapie* remplaçant le composé *électrochoc* qui est connoté négativement dans l'usage courant (→ *électrochoc*). • *Convulsionnaire*, aujourd'hui oublié, s'est dit péj. de certains jansénistes fanatiques.

Étym. : p. p. du v. *convulser* (XVI\ue), dérivé du latin *convulsus*, lui-même de *convellere*.

COPRO- : élément préfixal utilisé dans la composition de mots savants qui se rapportent aux excréments. En psychiatrie, la *copromanie* est un terme vieilli qui désigne la propension à (se) souiller au moyen de ses excréments (→ *-manie*). La *coprophilie* s'applique à l'intérêt pathologique manifesté pour les matières fécales (→ *-philie*). La *coprophagie* correspond à l'ingestion de matières fécales. La *coprolalie* désigne l'emploi d'un langage ordurier, grossier (→ *-lalie*). Elle a un caractère impulsif dans la maladie dite de *Gilles de La Tourette*, du nom de l'auteur l'ayant décrite au siècle dernier et qui associe tics, incoordinations motrices, *écholalie* et *coprolalie*.

Étym. : du grec *kopros* « excrément ».

COQ n. m. « *Passer/sauter du coq à l'âne* » (XVIIe) : passer brusquement d'un sujet à un autre, tenir des propos incohérents. Attestée dès le XIVe siècle sous la forme « *saillir du coq en l'asne* », l'expression fig. semble exploiter l'évidente différence entre le gallinacé et le quadrupède, que tout oppose. Claude Duneton fournit une autre hypothèse, de fait très convaincante : au Moyen Âge, l'*ane* désigne la cane, femelle du canard. Dans cette perspective, l'expression renvoie plutôt à une saillie contre nature, menant à l'idée d'incohérence. En milieu rural, on dit d'ailleurs à propos de « qqch d'inefficace », que « *ça lui fera autant que le coq au derrière d'un âne* ». La langue anglaise connaît une variante également à forte connotation sexuelle : « *a cock and bull story* », c'est-à-dire une *histoire* de coq et de taureau. En milieu psychiatrique, on dit très fam. d'un patient *maniaque*, « *qu'il passe du coq à l'âne à la vitesse grand V* » pour traduire la *logorrhée* et la *tachypsychie* qu'il présente (→ *manie*).

Étym. : XIIe, d'origine incertaine, peut-être onomatopéique ou du germanique *cocke*.

COQUECIGRUE n. f. « *Raisonner comme une coquecigrue* » (XVIIIe) : déraisonner. Le mot apparaît au pl. chez Rabelais *(coques cigrues)* et dans la locution « *à la venue des coquecigrues* » (Gargantua) pour « jamais ». Comme *chimère*, il a reçu au fig. le sens de « illusion, fantasme », d'où spécialement « baliverne ». Le mot est aujourd'hui sorti d'usage.

Étym. : XVIe, d'origine obscure, peut-être à partir des noms d'animaux *coq, grue, cigogne, cygne*.

COQUELUCHON n. m. « *Ça lui a tapé sur le coqueluchon* » (XXe), fam. : il est ivre ou un peu fou. Le mot désigne fam. la tête par métonymie de la capuche (→ *tête*). L'expression régionale (Lyonnais) est une des nombreuses variantes de « *ça lui a tapé sur la tête* » qui exprime, par figure, le sémantisme de la commotion cérébrale (→ *coup, tapé*). Par ailleurs, la notion de dérangement mental est sans doute liée à l'emploi ancien de *coqueluchon* à propos du petit capuchon aux oreilles pendantes porté par le *fou de cour* (→ *roi*).

Étym. : f. xve, de *coqueluche*.

COQUILLE   n. f. « *Avoir la coquille fêlée* » (xixe), fam. : être un peu fou. Le mot désigne fam. la tête par métonymie (→ *tête*). L'expression est synonyme de « *avoir la tête fêlée* » (→ *fêlé*).

Étym. : xiiie, du latin *conchylium* « coquillage », lui-même du grec *konkhulion*.

CORDE   n. f. « *Avoir du mou dans la corde à nœuds* » (xxe), arg. : être fou (→ *nœud*). L'expression est une variante de « *avoir du mou dans les synapses* » (→ *synapse*).

Étym. : xiie, du latin *chorda*, lui-même du grec *khordê* « boyau ».

CORRECTEUR   n. m. « *Avoir besoin d'un (bon) correcteur* » (xxe), fam. : présenter des effets secondaires psychomoteurs d'un traitement neuroleptique. Le mot a ici le sens moderne de « substance qui corrige, efface (qqch) ». En psychiatrie, il s'emploie fam. à propos des médicaments *antiparkinsoniens* prescrits dans la correction des troubles extrapyramidaux provoqués par certains *neuroleptiques* (→ *neuroleptique, plafonner*).

Étym. : xiiie, du latin *corrector*, de *corrigere*.

CORRESPONDANCE   n. f. « *Prendre une/sa correspondance pour Saint-Maurice* » (déb. xxe), fam. : devenir fou. La locution figure à l'origine parmi les nombreuses expressions arg. synonymes de « *boire/commander une absinthe* », l'alcool qui rend fou (→ *absinthe*). *Correspondance* s'emploie ici au sens courant de moyen de transport (bus, métro, train), par référence au changement de ligne à effectuer en cours de trajet sur un réseau. L'expression évoque ironiquement la destination de Charenton, le célèbre établissement psychiatrique situé sur la commune de Saint-Maurice (Val-de-Marne).

Étym. : XIVᵉ, dérivé du v. *correspondre*, lui-même du latin médiéval *correspondere*.

CORTEX n. m. « ***Être dérangé du cortex*** » (XXᵉ), fam. : être fou. Le mot désigne spécialement la partie externe des hémisphères cérébraux *(cortex cérébral)*. Passé dans l'usage courant, *cortex* est équivalent à *matière grise* en parlant du cerveau en général. Par extension, il est adjectivé en argot scolaire à propos d'une tâche difficile à réaliser *(« c'est cortex ! »)*.

Étym. : f. XIXᵉ, du latin *cortex* « écorce ».

COSMOS n. m. « ***Être dans le cosmos*** » (XXᵉ), fam. : rêver ou divaguer. Le mot désigne ici l'espace intersidéral, donnant à l'expression le sens fig. de « ne pas/ne plus avoir les pieds sur terre », d'où l'idée de distraction ou de folie (→ *ailleurs, pied, planète*). • ***Cosmique*** est employé en psychiatrie dans le composé ***mystico-cosmique*** qui s'applique à un thème délirant où dominent des préoccupations d'ordre philosophique centrées sur Dieu, la création de l'Univers, l'ordre du monde, etc. *« (...) Il est fréquent qu'au fil des années d'évolution (d'une psychose), les thèmes délirants prennent un caractère fantastique, en devenant de plus en plus invraisemblables, en mettant en jeu le monde entier et l'univers. Les astres, le créateur universel, les océans et les continents deviennent impliqués dans un délire qui révèle d'extraordinaires capacités imaginatives, mais aussi une étonnante mégalomanie, une évidente incohérence. Le psychotique se sent le centre du monde, capable de faire paraître et disparaître les étoiles, de commander le système solaire, de pénétrer à distance le monde marin (...) »* (J. -P. Olié et Ch. Spadone).

Étym. : m. XIXᵉ, de l'all. *Kosmos*, lui-même du grec *kosmos*.

COSSE n. f. « ***Il lui manque une cosse*** » (XXᵉ), fam. : il est un peu fou. Le mot désigne d'abord une enveloppe végétale, puis en marine, un anneau de protection recouvrant la boucle d'un cordage. Le terme passe en électricité où il s'emploie à propos de la connection d'un fil électrique à une borne *(les cosses de la batterie d'une voiture)*. Par métaphore et, selon les divers sens du mot *cosse*, l'expression de référence traduit le dérangement mental en faisant appel aux sémantismes de la perte d'un des éléments d'un ensemble cohérent et contenant, en l'occurrence le cerveau (→ *manquer*), de désamarrage de la pensée ou de déconnexion mentale (→ *déconnecté*).

Étym. : XIIIe, d'origine incertaine, peut-être du latin *cochlea*.

COTARD (→ *négation*).

CÔTÉ n. m. « *Être/marcher à côté de ses baskets/lattes/pompes* », « *être à côté de la plaque* » (XXe), fam. : être troublé, égaré. À l'aide de la locution classique « *à côté de* », ces expressions fig. traduisent le décalage, la mise hors de soi par rapport à ses propres marques (→ *latte, plaque, pompe*). En procède l'ellipse courante « *être (complètement) à côté* » pour « se tromper » ou « être absent, égaré ». La variante fam. « *pédaler à côté de son vélo* » signifie « déraisonner, être à côté » (→ *pédaler*).

Étym. : XIe, d'un latin pop. *costatum*, dérivé de *costa* « côte, partie latérale ».

COUCOU n. m. « *Ici, c'est vol au-dessus d'un nid de coucou !* » (f. XXe), fam., péj. : ici, c'est l'asile de fous ! L'expression a recours au titre français du film de Milos Forman (1975). Il s'agit d'une adaptation cinématographique du roman américain de Ken Kesey, *One Flew over the cuckoo's nest* (1962), paru en France un an plus tard sous le titre *La Machine à brouillard* (Éd. Stock). L'histoire se déroule dans un hôpital psychiatrique. À travers une violente diatribe contre les traitements asilaires, elle dénonce l'attitude de la société face à ses exclus. L'anglais *cuckoo* désigne fam. — outre l'oiseau grimpeur — « un cinglé » : « *all her family are cuckoo* » (« dans la famille, ils sont tous zinzins »). Le syntagme *cuckoo's nest* (« nid de coucou ») évoque également l'une des composantes de l'intrigue basée sur l'usurpation d'identité (un pensionnaire de l'asile se fait passer pour fou), la femelle du coucou étant connue pour pondre ses œufs dans le nid d'autres oiseaux. Comme son homologue anglais, le français *coucou* se dit aussi d'une horloge équipée d'un oiseau de bois annonçant les heures. En procède « *être remonté comme un coucou* » pour « être énervé, agité, exalté » (→ *remonté*). C'est peut-être également en exploitant l'idée du dérèglement d'une horloge aussi insolite, que *coucou* s'emploie fam. pour « fou » : « *c'est un vrai coucou* », « *quel coucou !* ».

Étym. : XVIIe, du latin *cuculus*.

COUP n. m. « *Avoir pris un coup sur la tête* » (XVIe), fam. : ne plus raisonner correctement, être mentalement dérangé. Dans le registre des troubles de l'esprit, l'exploitation du sémantisme de la commotion cérébrale est classique et ancienne. Concrètement, un coup sur la tête sidère ou assomme l'individu qui en est la victime, c'est-à-dire altère son état de conscience. Dans le domaine abstrait, la notion de *choc mental* permet d'exprimer la soudaineté, la brutalité du changement d'état psychique et surtout attribue une cause externe à ce bouleversement : l'ivresse, une émotion violente ou la folie « frappent » l'individu, modifiant son rapport à lui-même ainsi qu'à son environnement (→ *choc*). Dans le langage courant, une phraséologie abondante témoigne de la prégnance de cette représentation. L'emploi de noms d'objets ou d'outils servant à « taper, percuter » fournit de nombreuses locutions, souvent elliptiques : « *avoir le coup de bambou* », « *avoir un coup de marteau* », etc. (→ *bambou, marteau*). Aujourd'hui le mot *pet*, synonyme de *coup*, figure couramment dans les expressions suivantes : « *avoir un pet au casque/au compteur* », etc. (→ *pet*). L'atteinte (mentale) par un *coup* est rendue au moyen de verbes fam. ou arg. adjectivés au p. p. : *caramélisé, castagné, castamé, chtarbé, cinglé, cogné, défoncé, fracassé, frappé, gaufré, giflé, marbré, morflé, percuté, pété, ramassé, sonné, tamponné, tapé, timbré, toqué*. Par ailleurs, l'expression « *avoir un coup de folie* » signifie « avoir un moment d'égarement », *coup* ayant la valeur d'« accès » (→ *accès*).

Étym. : XIIIe, du bas latin *colpus*, forme de *colaphus*, lui-même du grec *kolaphos* « gifle, coup de poing ».

COURIR   v. « *Courir les rues* » (m. XVIe) : être fou. L'expression signifie proprement « parcourir la ville en tous sens » d'où, par figure, « aller et venir comme une personne agitée, désorientée »   (→ *rue*). L'influence concrète des comportements d'errance propres à certains malades mentaux est évidente. Variantes : « *courir la campagne/les champs/la plaine* » (→ *campagne, champs, plaine*). Certaines formes régionales sont courantes, associant « *courir les...* » à un mot d'origine dialectale, telle la locution « *courir les baragnes* » (→ *baragne*). À rapprocher de « *battre la campagne* » (→ *battre*). Notons que Raymond Queneau a ainsi intitulé trois œuvres poétiques : *Courir les rues*, *Battre la campagne* et *Fendre les flots*. Quoi qu'il en soit, au Moyen Âge, bien avant l'ouverture des hospices et asiles « spécialisés », les possédés et insensés ne menaient pas une vie sociale normale et ne circulaient pas librement dans les rues, dès lors qu'ils représentaient un danger potentiel. Ils étaient alors soit chassés, soit enfermés (→ *enfermer*). L'errance tolérée était l'apanage de l'idiot ou du fou inoffensif. On laissait ceux-ci « courir », de préférence dans les campagnes plutôt que dans les villes. « *(...) Les fous n'étaient pas alors traités de la manière cruelle que les habitudes administratives ont depuis inventée. Loin de les séquestrer, on les laissait vaguer tout le jour. Tréguier a d'ordinaire beaucoup de fous (...). Ces fous inoffensifs, échelonnés à tous les degrés de l'aliénation mentale, étaient une sorte d'institution, une chose municipale. On disait "nos fous"... On les aimait, et ils rendaient des services (...)* » (Ernest Renan).

Étym. : XIe, de *curre*, du latin *currere*.

COURROIE   n. f. « *Péter une/les courroie(s)* » (XXe), fam. : déraisonner. L'expression figure par métaphore la rupture de la transmission cérébrale, sur le modèle de la mécanique automobile (→ *panne, péter*). Variante : « *lâcher sa courroie de ventilo* » (→ *lâcher*). À rapprocher de « *péter* *un/les câble(s)/une durite/une soudure...* » (→ *câble, durite, soudure*).

Étym. : XIIIe, du latin *corrigia* « lanière ».

COURT-CIRCUITÉ, ÉE adj. « *Être complètement court-circuité* » (XXe), fam. : être fou. Par emprunt au vocabulaire de l'électricité, le mot exprime par métaphore l'interruption du courant cérébral, par fusion des « plombs mentaux » (→ *plomb*). Dans le registre de la folie, *court-circuité* est un synonyme de *fondu, disjoncté, pété, sauté*. Tous ces mots évoquent le basculement brutal dans la déraison, en relation avec la rapidité des phénomènes électriques. « *En voilà un qui est complètement court-circuité !* », « *être court-circuité des centres nerveux* ». L'anglicisme *shunté* est parfois employé de manière équivalente (→ *shunté*).

Étym. : XXe, p. p. du v. *court-circuiter*, dérivé de *court-circuit*, composé de *court* (du latin *curtus*) et de *circuit* « voie, trajet », lui-même du latin *circuitus*.

COURT-JUS n. m. « *Être en court-jus total* » (XXe), fam. : être fou. La métaphore est celle de l'interruption de l'électricité mentale, *court-jus* étant employé comme synonyme fam. de *court-circuit*. L'expression est en concurrence avec « *avoir disjoncté* » et « *fondre/péter/sauter les fusibles/les plombs* » (→ *disjoncter*).

Étym. : XXe, de *court-circuit*, par substitution du deuxième terme au moyen de l'argot *jus* « courant ».

COUVERCLE n. m. « *Partir du couvercle* » (XIXe), fam. : devenir fou, délirer (→ *partir*). Le mot est une dénomination métaphorique ancienne de tête et de chapeau, par métonymie. Il appartient à la série fam. des éléments désignant le chef *(caput)*, le sommet, la partie supérieure, d'où la tête (→ *tête*). « *Partir du couvercle* » est à rapprocher de « *perdre la tête* » et de ses nombreuses variantes (→ *déplafonné, perdre*). On trouve aussi « *bouillonner/dévisser/fermenter/frissonner/travailler... du couvercle* ».

Étym. : XIIe, du latin *cooperculum*, dérivé de *cooperire*.

CRAINDRE   v. « *Il craint (un maximum) !* » (XXe), fam. : il est (vraiment) spécial. L'expression dérive de la locution impersonnelle récente « *ça craint* » qui a le sens de « qu'on redoute » et qui est employée pour « c'est dangereux, pénible » d'où, par extension, « c'est mauvais, ridicule, fou... ».
- L'argotisme *craignos* est répandu avec la même valeur hyperbolique. « *Côté loufoquerie, il est plutôt craignos !* »

Étym. : XVIe, dérivé par altération du latin *tremere* « trembler », d'où « redouter ».

CRAMÉ, ÉE   adj. « *Il a pris un pet, il est complètement cramé* » (XXe), arg. : il est fou ou ivre. Le mot est un des nombreux synonymes arg. ou fam. de *brûlé*, auquel il emprunte au fig. le sémantisme de la destruction de la pensée par le feu (→ *brûler*). La forme intr. « *se cramer la gueule* » est très vivante, notamment pour « se soûler » ou « se suicider » (en se tirant une balle dans la tête).

Étym. : XXe, p. p. du v. *cramer*, d'origine dialectale, dérivé du latin *cremare* « brûler ».

CRAMOISI, E   adj. « *Fol en cramoisi* » (m. XVIIe) : grand fou. Le mot signifie « rouge foncé ». L'usage ancien l'a également employé avec la valeur d'« éclatant », ce dont procède au fig. la locution adv. « *en cramoisi* » pour « au plus haut point », avec une connotation ironique. Inusité aujourd'hui en ce sens, le mot a repris son acception première, en parlant de la couleur *(un teint cramoisi)*.

Étym. : déb. XIVe, de l'arabe *qirmizi*.

CRÂNE   n. m. « *En avoir sous le crâne* » (XVIIe) : être mentalement dérangé, sous l'effet de l'ivresse ou de la folie. L'expression est une variante de « *en avoir dans le casque* » (→ *casque*). *Crâne* est souvent employé pour « tête » au sens de contenant (→ *tête*). Il figure dans des expressions généralement agressives et violentes ayant recours aux verbes *bourrer, casser, éclater, enfoncer,* etc. « *Avoir le crâne fêlé* » est une forme rare de « *avoir le cerveau/la cervelle... fêlé* » (→ *fêlé*).

Étym. : XIVe, du latin médiéval *cranium*, lui-même du grec *kranion* « boîte crânienne ».

CRAQUER v. « *Craquer un plomb* » (XXe), arg. : perdre la raison. D'introduction récente, la locution est une variante expressive de « *péter un/les plomb(s)* » (→ *péter*, *plomb*). La métaphore est faite sur le modèle de « *craquer une allumette* » et suggère l'image d'une étincelle due à un court-circuit électrique, en l'occurrence cérébral (→ *court-circuité*). Le verbe *craquer* s'emploie aussi au sens de « se défaire, se briser ». Dans le domaine psychologique, il s'applique ainsi couramment à une personne dont l'équilibre affectif cède. « *Craquer nerveusement* », « *il n'a pas tenu le coup, ses nerfs ont craqué* », « *il est en clinique, il a (complètement) craqué* ».

Étym. : m. XVIe, de l'onomatopée *crac*.

CRÉMAILLÈRE n. f. « *Péter sa/la crémaillère* » (XXe), arg. : devenir fou. Le mot désigne la pièce munie de crans utilisée en mécanique. Par métaphore, l'expression évoque la rupture brutale de transmission au niveau des rouages cérébraux (→ *péter*).

Étym. : m. XVIe, du latin pop. *cramaculus*, altération de *cremasculus*, lui-même du grec *kremastêr* « qui suspend ».

CREUX, EUSE adj. « *Cerveau creux* », « *tête creuse* » (XVIIe) : fou, fantasque ou rêveur. Le mot exprime la notion de vacuité, laquelle s'applique ici, par figure, au domaine psychique. En procèdent les locutions de référence, aujourd'hui sorties d'usage. On a dit aussi « *songer creux* » pour « s'enfoncer dans ses pensées », « avoir des projets farfelus » (→ *songe-creux*).

Étym. : XIIIe, d'origine incertaine, peut-être du celtique *crosus*.

CRIER v. « *Crier comme un fou* » (XVIIe) : hurler. Aujourd'hui hyperbolique, l'expression fait d'abord référence aux vociférations produites par les *insensés*. Variantes : « *crier comme un brûlé/un damné/un beau diable/un enragé/un perdu...* ».

Étym. : xᵉ, du latin *quiritare*, sans doute d'origine onomatopéique.

CRISE n. f. « *Être entre deux crises* » (xxᵉ), fam. : être mentalement dérangé. Le mot est d'abord un terme médical employé à propos de la phase décisive d'une maladie. Il développe notamment l'acception psychologique d'accès violent, puis de déséquilibre profond (→ *accès, coup*). Dans le registre de la folie, l'expression « *être entre deux crises* » est équivalente à la forme ancienne « *avoir de bons intervalles* », avec l'idée de rémission momentanée des troubles mentaux (→ *lucide*). Par ailleurs, on dit couramment « *avoir/faire/piquer une crise (de nerfs)* », « *être en crise* », « *avoir une crise de folie/de démence/d'épilepsie...* ».
• *Crisette* s'emploie fam. pour « petite crise », avec une nuance péj. ou ironique. « *Elle nous a fait une crisette de rien du tout.* »

Étym. : xvᵉ, du latin *crisis*, lui-même du grec *krisis* « décision ».

CROIX n. f. « *La folie de la Croix* » (xiiiᵉ), théol. : mort sur la croix du Fils de Dieu, déraisonnable au regard d'une logique purement humaine, compréhensible seulement dans la logique de l'amour de Dieu. Dans la Iʳᵉ *épître aux Corinthiens* (Nouveau Testament), saint Paul écrit : « *(...) Le langage de la Croix est folie* [stultitia en latin] *pour ceux qui se perdent, mais pour ceux qui se sauvent, pour nous, il est puissance de Dieu (...) Si quelqu'un se croit sage au jugement de ce monde, qu'il se fasse fou pour devenir sage, car la sagesse de ce monde est folie devant Dieu (...)* » (→ *fou*). Le mot *croix* s'applique d'abord à un instrument de supplice, spécialement (avec une majuscule) à la Croix du Christ sur laquelle ce dernier a été crucifié. Par extension, il désigne tout croisement de deux éléments au propre ou au fig., ce dont procède la locution « *en croix* ». Au Moyen Âge, on impose à l'insensé, « *(...) une tonsure très caractéristique, dite en croix, ne laissant sur la tête que deux raies ou bandes de cheveux se coupant en forme de croix : pratique prophylactique ? Commodité pour appliquer certains onguents ? Volonté d'affaiblir sa force corporelle et de rendre ses furies moins dangereuses ? Simple mais dur* *signe d'infamie, comme tant d'autres ? (...) »* (J. Heers). Cette tonsure, complète ou « *en croix* », se retrouve en tout cas dans l'iconographie de l'époque et devient un des attributs de la folie. Par ailleurs, à partir du siècle dernier, « *faire une croix sur* » se dit pour « renoncer définitivement à ». De l'idée de « biffage », on passe fam. à celle de « mise en panne ». On dit, en argot d'aujourd'hui, « *avoir le cerveau/le moteur en croix* » pour « être mentalement dérangé » (→ *barré, panne*).

Étym. : X^e, du latin *crux, crucis*.

CUIT, E « *N'avoir pas la tête bien cuite* » (f. XVIIe), fam. : être un peu fou, extravagant. Aujourd'hui oubliée, l'expression exploite la métaphore de la cuisson alimentaire insuffisante, prolongeant « *ne pas avoir son pain cuit* » pour « ne plus avoir tout ce qu'il faut ». Avec le sens de *brûlé*, le mot s'emploie dans « *être (complètement) cuit* » qui signifie « être anéanti » et spécialement « être ivre ». *Cuit* se dit aussi fam. pour « foutu » *(« c'est cuit ! »)*. En procède, par extension, la locution « *il est complètement cuit* » qui s'applique à l'*incurable* et donc péj. au *fou à demeure*.

Étym. : IXe, p. p. du v. *cuire*, du latin *coquere*.

CURATELLE n. f. « *Être mis/mettre sous curatelle* » (XXe), psych., jur. : faire l'objet/décider d'une mesure de protection des biens destinée aux *incapables majeurs*. Il s'agit d'une procédure chargeant un tiers, nommé par le juge, d'assister et d'aider un sujet qui ne peut plus assumer seul les tâches de la vie civile. Cette disposition, plus souple que le régime de la *tutelle*, s'applique en particulier à certains malades mentaux (→ *tutelle, sauvegarde de justice*). Bien connues des malades séjournant pour de longues durées à l'hôpital psychiatrique, ces mesures sont souvent comprises comme une contrainte, d'où la locution asilaire fam. « *t'as la tutelle ou la curatelle, toi ?* ».

Étym. : déb. XVe, du latin médiéval *curatella*, dérivé de *curatio*.

CURE n. f. « *Avoir (bien) besoin d'une cure de sommeil* » (XXe), fam. : relever d'un traitement en psychiatrie (par euphémisme). Le syntagme *cure de sommeil* correspond en psychiatrie à une méthode thérapeutique fondée sur l'action sédative, anxiolytique et réparatrice du sommeil artificiel prolongé. Développée dès la découverte des barbituriques, cette technique a recours aux neuroleptiques à partir des années cinquante, puis aux hypnotiques dérivés du *Valium* ® (→ *psychotrope*). Elle est aujourd'hui tombée en quasi-désuétude comme méthode de traitement. Le syntagme reste très employé dans le langage courant pour « traitement psychotrope en milieu spécialisé ». Le mot *cure* s'applique aussi à d'autres techniques de soins : *cure d'impaludation* (→ *paludothérapie*), *cure de Sakel* (→ *insulinothérapie*), *cure de sevrage* (→ *sevrage*). En psychanalyse, on parle de *cure analytique*, l'ellipse *cure* étant courante *(la cure)*.

Étym. : m. XIe, du latin *cura*.

CYCLOTHYMIE n. f. (déb. XXe, K. Kalhbaum), psych. : alternance de périodes d'excitation et de dépression. Autrefois appelée *folie circulaire*, la **cyclothymie** représente un trouble chronique de l'humeur dont les phases constituent des formes atténuées de la *maniaco-dépression* (→ *bipolaire, folie circulaire, maniaco-dépressif*). Passé dans le langage courant, le terme s'emploie avec un sens équivalent, mais souvent étendu ou affaibli : on dit *« faire de la cyclothymie »* pour « être d'humeur très instable ou imprévisible » (→ *lunatique, manie, mélancolie, quinte*). • **Cyclothymique** sert à qualifier le trouble correspondant ou à désigner le malade. « *Une personnalité cyclothymique* », « *un cyclothymique* ». L'adj. est lui aussi très usuel. « *C'est un vrai cyclothymique* », « *quel cyclothymique !* ».

Étym. : f. XIXe, de l'all., tiré du grec *kuklos* « cercle » *(cyclo-)* et *thumos* (→ *thymie*).

d

DADA n. m. (XVIIIe) : manie, marotte. Dans le parler enfantin, le mot désigne le cheval. Par figure, il s'applique à un passe-temps favori puis développe le sens modéré de « lubie ». Dans le langage courant, il est synonyme de *idée fixe, manie, marotte, monomanie, turlutaine*. « ***Le voilà parti sur son dada*** », « ***il enfourche (encore) son dada*** ».

Étym. : déb. XVIe, d'origine onomatopéique.

DANGER n. m. « *Il conduit comme un fou, c'est un (vrai) danger public !* » (XXe), fam. : il est irresponsable dans sa « conduite ». L'accent est mis sur l'inconscience de celui ou celle qui menace autrui par son comportement (→ *inconscience*). L'un des aspects de la vie quotidienne où *folie* et *dangerosité* sont volontiers associées est certainement celui lié aux attitudes de conduite automobile. Les injures proférées à l'encontre d'un « chauffard » sont largement empruntées au vocabulaire de la folie : « ***non mais, regarde-moi ce barjo/branque..., il a eu son permis dans une pochette-surprise !*** », « ***quel folingue !*** », etc. En dehors de cet emploi particulier, on doit noter que le mot *danger* — qui exprime le péril — est une valeur traditionnellement rattachée à la folie. Celle-ci fait peur et la crainte qu'elle inspire à la société explique sans doute, en grande partie, l'exclusion dont le *fou* est fréquemment l'objet (→ *enfermer*). • ***Dangereux*** est d'usage courant dans le syntagme *fou dangereux*, qui s'emploie par hyperbole pour « très fou », à l'instar de *fou à lier* ou *fou furieux* (→ *furieux, lier*). L'expression « *passer la camisole de force à un fou dangereux* » signifie « contenir un forcené menaçant par ses violences » puis « maintenir un agité » (→ *camisole*). • ***Dangerosité*** est d'usage didactique. En psychiatrie ou en criminologie, il s'applique au potentiel d'un individu à mettre autrui en péril.

Étym. : XIIe, du bas latin *dominarium*, dérivé de *dominus* « seigneur ».

DARNE adj. et n. (XIXe), fam. : fou ou ivre. Le mot est régional (Est). Il s'emploie d'abord pour « pris de malaises, étourdi par le vertige » puis exprime au fig. l'éblouissement mental propre à l'ivresse ou à la folie (→ *calu, vertigo*). « *C'est un vrai darne !* » Variante (Nord) : ***sdaugne***.

Étym. : XIXe, d'origine dialectale, d'une racine germanique *darn-*.

DE-, DÉ-, DES-, DIS- : premier élément indiquant l'inversion, l'écartement, l'annulation ou la privation. Dans le registre de la folie, il entre notamment dans la constitution des mots *débloquer, déconnecter, déconner, déjanter, délirer, déménager, dérailler, divaguer*, etc.

Étym. : de la particule latine *dis-* (ou *di-*) qui s'oppose à *com-* (de *cum*).

DE-, DE-, DES-, DIS- : premier élément qui a une valeur intensive, exprimant l'achèvement ou le renforcement de l'action. Dans le registre de la folie, il entre dans la composition des mots *débouler, dépasser, dévarier*.

Étym. : du préfixe latin *de-* à valeur intensive.

DÉBERDINOIRE n. f. (XIIIe) : échancrure pratiquée dans le tombeau d'un saint thaumaturge (comme à Saint-Menoux ou à Saint-Dizier), où l'on engageait la tête de l'*insensé* pendant la *neuvaine des fous*, pour lui rendre la raison (→

Mathurin, neuvaine, saint). Variante : **Débredinoire** (→ *bredin*).

Étym. : XIIIe, de *berdin*, variante de *bredin* « niais, fou », avec préfixe privatif.

DÉBIGOCHER   v. (m. XXe), arg. : déraisonner. Le verbe signifie d'abord « décrocher le téléphone » d'où, par figure, « décrocher, ne plus suivre un raisonnement » et, par extension, « perdre la raison » (→ *décrocher*). À rapprocher de « *perdre le fil* » (→ *fil*).

Étym. : XXe, de *dé-* privatif et de l'argot *bigoche*, dérivé de *bigophone*, lui-même du patronyme *Bigot* (nom de l'inventeur de cet instrument).

DÉBILE   adj. et n. « *Il est bon à envoyer chez les débiles* » (f. XXe), fam., péj. : il relève de l'hôpital psychiatrique. Au Moyen Âge, le mot s'applique à une personne physiquement faible, estropiée. Au siècle dernier, il se spécialise à propos d'une déficience intellectuelle, entrant dans le syntagme *débile mental* qui désigne l'arriéré. On parle de *débiles mentaux* légers, moyens ou profonds. Dans le langage courant, *débile* a aujourd'hui le sens de « imbécile ». Il est quasi synonyme de *demeuré*, *nul*, *taré* et, par extension, *fou*. « *Il est complètement débile.* » • L'abrègement arg. *deb* (ou *dèbe*) est courant dans des emplois identiques, de même que l'argotisme *débilos*, resuffixé sur le modèle de *craignos* (→ *craindre*). « *C'est un vrai déb* », « *t'es déb ou quoi ?* », « *ce mec est pas un peu débilos, non ?* » (→ *gogol*). • **Débilité** désigne l'état permanent d'insuffisance intellectuelle. Ses applications recoupent celles de *débile*. « *La débilité mentale* », « *c'est de la débilité mentale* », « *quelle débilité !* ».

Étym. : XIIIe, du latin *debilis*.

DÉBLOQUER   v. (déb. XXe), fam. : déraisonner, dire des inepties. Le verbe s'est d'abord appliqué à la levée d'un blocus puis, plus généralement, au dégagement de toute contrainte. Avec l'idée de libération exagérée, l'expression arg. « *débloquer (les vannes)* » s'est dit pour « déraisonner »,

« faire n'importe quoi ». En mécanique, ***débloquer*** prend la valeur de « desserrer » *(débloquer un écrou)*. Cette acception moderne est exploitée dans le registre de la folie : la notion de desserrage (de vis, d'écrous...) suggère le jeu de pièces mécaniques entre elles, ce qui permet d'exprimer la désolidarisation des idées, le dérèglement de la mécanique cérébrale. L'un des gestes fam. désignant un fou, consiste en un mouvement de la main qui simule, près de la tempe, la rotation d'un gros écrou (→ *tempe*). « ***Il débloque complètement*** », « ***ça, pour débloquer, il débloque !*** » (→ *déconner, dévisser, paumer*). • ***Déblocage*** s'emploie pour « folie ». « ***C'est le grand déblocage, ou je ne m'y connais pas !*** » • ***Débloqueur*** se dit d'une personne mentalement dérangée. « ***Quel débloqueur de première !*** »

Étym. : déb. XVIIe, de *dé-* privatif et du v. *bloquer*, de *bloc*.

DÉBOULER v. « ***Débouler de la cocotte*** » (déb. XXe), arg. : déraisonner. L'expression est synonyme de « ***partir du couvercle*** » (→ *partir*) ou de « ***s'en aller du ciboulot/du citron/de la coiffe/de la tête/de la toiture...*** » (→ *aller*). Le verbe signifie « surgir » en vénerie, d'où fam., « partir brusquement ». Appliqué à *cocotte* qui désigne la tête (→ *cocotte*), il évoque par métaphore la fuite des idées, le déménagement du bon sens, l'évanouissement de la raison, à la manière de la vapeur s'échappant d'un autocuiseur. Le thème rappelle celui du lieu vidé de ses occupants (→ *loge*). Dans le registre de la folie, la forme du verbe *débouler* est particulièrement expressive, suggérant la « perte de la boule » lorsque le préfixe est compris comme privatif (→ *boule*).

Étym. : du préfixe *dé-* et du v. *bouler*, lui-même dérivé de *boule*.

DÉBOULONNÉ, ÉE adj. « ***Être complètement déboulonné*** » (XXe), arg. : être fou. Par emprunt au vocabulaire de la mécanique, l'expression fig. traduit le désassemblage des idées, la perte de la cohésion psychique (→ *débloquer*). À rapprocher de « ***être déclaveté*** », « ***être dévissé de la toiture*** » (→ *déclaveté, dévisser*), « ***paumer/perdre un/ses boulon(s)*** », « ***il lui manque un boulon*** », etc. (→ *boulon*).

Étym. : m. XIXᵉ, p. p. du v. *déboulonner*, formé de *dé-* privatif et de *boulonner*, dérivé de *boulon*.

DÉBOUSSOLÉ, ÉE   adj. « *Être déboussolé* » (XXᵉ), fam. : être désorienté, fou. L'expression signifie littéralement « avoir perdu la boussole », en l'occurrence la tête (→ *boussole*).

Étym. : déb. XXᵉ, de *dé-* privatif et de *boussole*.

DEBOUT   adv. « *Ça ne tient pas debout* » (XVIIᵉ) : c'est absurde, illogique. La locution « *tenir debout* » signifie « être dressé sur ses pieds », d'où au fig. « valide » à propos d'un argument, d'un raisonnement recevables, logiques. Dans la négative, elle signale le déséquilibre, ce qu'exploite l'expression de référence (→ *tenir*).

Étym. : XVIᵉ, de la locution « *de bout* », de *bouter*.

DÉBRIDÉ, ÉE   adj. « *Une imagination (totalement) débridée* » (XXᵉ) : une pensée désordonnée, extravagante (→ *imagination*). Le mot exprime l'absence de retenue dans le domaine psychologique, menant à la notion de dépassement des limites mentales. À rapprocher de « *une imagination débordante/galopante/sans frein/sans limite...* », « *lâcher les freins* » (→ *borne, frein, limite*).

Étym. : XVIIᵉ, p. p. du v. *débrider*, formé de *dé-* privatif et de *bride* « rêne ».

DÉCALBOMBÉ, ÉE   adj. « *Être (un chouïa) décalbombé* » (XXᵉ), arg. : être (un peu) fou. Le mot signifie littér. « qui a perdu la tête ». Avant de désigner cette dernière, l'argotisme *calbombe* s'est dit d'une chandelle (→ *calbombe*). Cet emploi permet ainsi à *décalbombé* d'exploiter le thème de l'extinction cérébrale, du vacillement de la pensée, par un sémantisme opposé à celui de *allumé* et *illuminé*. L'influence de la nature expressive même du mot est probable, celui-ci étant formé de l'élément *décal* (renvoyant à *décalé, décalotté, décalqué, décalvant*) et de *bombé*, « en forme de bombe », qui exploite les notions de coiffe (→ *chapeau*), de convexité, de courbure (→ *cintré*), d'explosion (→ *explosé, fusillé, torpillé, touché*), de coup *(bomber* *la gueule* : « frapper au visage »). À rapprocher de *tocbombe*.

Étym. : XXe, de *dé-* privatif et de l'argot *calbombe* « tête ».

DÉCALÉ, ÉE   adj. « *Il est complètement décalé* » (XXe), fam. : il est en dehors de la réalité ou de la situation présente. Le mot signifie littér. « dépourvu de cale », ce qui suggère un mouvement de glissement par rapport à des repères donnés. *Décalé* n'exprime pas nécessairement la folie mais renvoie, par figure, à un manque d'adaptation vis-à-vis d'une norme communément admise. À rapprocher de « *être à côté de la plaque* », « *être à côté de ses baskets/lattes/pompes* » (→ *côté*).

Étym. : m. XIXe, p. p. du v. *décaler*, formé de *dé-* privatif et de *caler*, lui-même dérivé de *cale*, issu de l'all. *Keil* « coin ».

DÉCALFEUTRÉ, ÉE   adj. « *Être décalfeutré* » (f. XXe), arg. : être fou, folle. Par métaphore elliptique, le mot exprime le manque d'étanchéité cérébrale. L'exposition de la pensée aux courants d'air mène aux notions de fuite des idées (→ *fuite*) et de légèreté d'esprit. Ce thème est exploité dans les locutions « *avoir une cervelle de révollin* » (→ *révollin*), « *avoir la tête à l'évent* » (→ *évent*) et « *battre vent* » (→ *vent*). La forme du mot joue un rôle évident dans l'appartenance de *décalfeutré* au registre de la folie : présence de l'élément *décal-* retrouvé dans *décalbombé*, *décalé*, *décalqué* et de *feutre* au sens de « chapeau » (→ *chapeau*).

Étym. : XXe, p. p. d'un v. *décalfeutrer*, formé de *dé-* privatif et de *calfeutrer* (XVIe).

DÉCALQUÉ, ÉE   adj. « *Il est vraiment décalqué* » (XXe), fam. : il est fou, ivre ou drogué. Le mot exploite la notion de « calque » pour indiquer que le sujet n'est plus lui-même, sous l'emprise de l'alcool, de la drogue ou de la folie. Ce thème pop. est celui du *dédoublement* qui renvoie, en psychiatrie, à l'atteinte de l'unité et de l'identité psychiques (→ *dédoublement*).

Étym. : XVIIe, p. p. du v. *décalquer*, formé de *dé-* privatif et de *calquer*.

DÉCAPSULÉ, ÉE adj. « *Il est décapsulé, ma parole !* » (XXᵉ), fam. : il est fou. Sur le modèle de la bouteille ou de la boîte, dont on a retiré la capsule, l'expression fig. exploite le thème de la perte de l'inviolabilité psychique, avec l'idée d'une pensée s'altérant par exposition à l'air (➝ *vent*). À rapprocher de « *s'en aller/partir du couvercle* » (➝ *couvercle*).

Étym. : déb. XXᵉ, de *dé-* privatif et de *capsule*, du latin *capsula*.

DÉCAROCHER v. « *Avoir décaroché* » (XXᵉ), fam. : être devenu fou. L'expression est régionale (Sud-Ouest). Le verbe *décarocher* rappelle *décrocher*, semblant exprimer la perte du fil des idées, c'est-à-dire la discontinuité du cours de la pensée (➝ *débigocher*).

Étym. : d'origine incertaine, peut-être par altération dialectale de *décrocher*.

DÉCHAÎNÉ, ÉE adj. « *C'est un barjo complètement déchaîné !* » (XXᵉ), fam. : un fou qui s'agite avec violence. De l'idée de libération des chaînes, on passe par exagération à celle d'absence de toute retenue et, par voie de conséquence, à la notion d'agitation, de débordement extrêmes. Un tel comportement est considéré comme l'apanage du *fou* ou de l'*emporté* (➝ *débridé, furieux*). • *Déchaînement* se dit couramment d'un état de fureur, d'emportement. « *Il ne se maîtrise plus, c'est le déchaînement complet !* »

Étym. : m. XVᵉ, p. p. du v. *déchaîner* (XIIᵉ), formé de *dé-* privatif et de *chaîne* « lien ».

DÉCHENILLÉ, ÉE adj. « *Ce mec-là est totalement déchenillé !* » (XXᵉ), arg. : il est très fou. Le mot évoque l'image expressive d'un engin privé de ses chenilles, ne roulant plus correctement. Il représente un synonyme plaisant de *déjanté* et, comme lui, exploite le sémantisme de la mise hors course et du déraillement de la raison (➝ *déjanté*).

Étym. : XXᵉ, p. p. d'un v. *décheniller*, formé de *dé-* privatif et de *chenille* « élément de transmission articulé ».

DÉCHIRÉ, ÉE adj. « *Il est complètement déchiré* » (XXᵉ), arg. : il est fou, ivre ou drogué. Le mot exprime l'atteinte de l'intégrité mentale, avec l'idée de rupture, de brèche, d'accroc dans le cours de la pensée, sous l'emprise de l'alcool, de la drogue ou de la folie. À rapprocher de *estrassé*.

Étym. : XIIᵉ, p. p. du v. *déchirer*, dérivé de l'ancien français *escirer*, lui-même d'un mot germanique.

DÉCLAVETÉ, ÉE adj. « *Être déclaveté* » (XIXᵉ), fam. : avoir perdu la tête. Le mot signifie d'abord « dont les clavettes (les chevilles) ont été enlevées ». Par métaphore, le mot figure le désassemblage de la pensée, c'est-à-dire la perte de la cohésion mentale. À rapprocher de *déboulonné, dévissé*.

Étym. : XIXᵉ, p. p. du v. *déclaveter* (XVIIᵉ), formé de *dé-* privatif et de *claveter*.

DÉCOCONER v. (XXᵉ), arg. : déraisonner, perdre la tête. Le mot est régional (Beaujolais, Lyonnais). En magnanerie, le verbe signifie littéralement « dévider les cocons des vers à soie » (→ *détrancané*). Par figure, appliqué à l'esprit, il prend la valeur de « perdre le fil de ses idées ». La forme du mot joue sans doute un rôle évident : l'attribution d'un radical *dé-* privatif à *coco*, « tête », fournit « *perdre la tête* » (→ *coco*). Par ailleurs, la proximité phonétique avec le v. *déconner* permet d'exploiter le sens de ce dernier (→ *déconner*). « *On ne peut pas raisonner avec lui, il n'arrête pas de décoconner.* »

Étym. : formé du radical privatif *dé-* et de *cocon*, du provençal *coucoun*.

DÉCOMPENSATION n. f. « *Faire une décompensation névrotique/psychotique* » (XXᵉ), psych. : être l'objet d'un effondrement des défenses psychologiques appartenant à la structure de personnalité correspondante, sous l'effet d'un facteur déclenchant, souvent de l'ordre d'un choc affectif. En médecine puis, par dérivation, en psychopathologie, le mot s'emploie à propos de la brutale mise en faillite des mécanismes régulateurs assurant jusque-là l'équilibre.

Chez un *névrosé*, la ***décompensation*** des mécanismes de défense habituels peut se traduire par l'apparition d'*angoisse*, de symptômes *névrotiques* ou *dépressifs* majeurs, de productions imaginaires d'apparence *psychotique*. De même, une ***décompensation psychotique*** se manifestera par des troubles des conduites, des symptômes délirants, hallucinatoires, etc. • ***Décompenser*** signifie « être dans un état de rupture d'équilibre ». Son usage est parallèle à celui du substantif. En milieu spécialisé, on dit couramment d'un patient qu'« ***il a décompensé*** », lorsqu'il présente des troubles psychotiques et plus spécialement lors d'une « rechute » après une stabilisation.

Étym. : déb. xxe, de *dé-* privatif et de *compensation*, issu du latin *compensatio* « balance », dérivé de *compensare*.

DÉCONNECTER v. (xxe), fam. : se couper du monde, se détacher de la réalité. Le verbe est emprunté au vocabulaire de l'électricité où il signifie « supprimer la connexion dans un circuit ». Par extension fig. dans le domaine psychologique, il équivaut à couper les liens avec l'extérieur, voire à perdre tout contact avec le réel. ***Déconnecter*** présente dans cet emploi une valeur active. « ***Ce mec déconnecte complètement, c'est un vrai sauvage !*** » • ***Déconnecté*** lui correspond au passif, notamment pour « ne plus suivre », « être dans son monde (intérieur) ». « ***Il est complètement déconnecté.*** » Avec une atténuation de sens, il s'emploie pour « ne plus se sentir concerné par qqch ou qqn », « ne plus être au courant, branché ».

Étym. : m. xxe, anglicisme probable, de l'anglais *to disconnect*.

DÉCONNER v. « ***Déconner à plein(s) tube(s)*** » (xxe), fam. : délirer, déraisonner, dire des absurdités (→ *débloquer*) ou faire des bêtises. Le verbe a le sens érotique initial de « sortir du vagin », en parlant du sexe de l'homme. Par une évolution sémantique qui reste obscure, il s'applique à un comportement dénotant l'imbécillité ou la déraison (→ *con*). Dans le registre de la folie, « ***déconner à plein(s) tube(s)*** » évoque une activité délirante ou un comportement particulièrement absurde, déraisonnable. On dit aussi

« *déconner complètement/à mort/plein pot/à plein tuyau...* » (→ *tube*). Le verbe s'emploie également comme un intensif *(« tu déconnes ! »).* • Les dérivés fam. *déconnant*, « absurde, insensé » et *déconnage*, « action de déconner », sont courants. *« Je rêve ! Ce mec est totalement déconnant ! »*, « *de déconnages en déconnages, il s'est transformé en branque total* ». • L'argotisme *déconnance* s'emploie pour « absurdité, folie ». *« Quelle déconnance ! »*

Étym. : XIXe, de *dé-* privatif et de *con*.

DÉCROCHER v. *« Décrocher les wagons »* (XXe), arg. : perdre la tête. En ayant recours à l'imagerie ferroviaire, l'expression traduit par métaphore la dislocation, la rupture du train de la pensée. Le v. *décrocher*, au sens de « rompre le contact », s'emploie pour *« perdre le fil ». « Il a complètement décroché »* (→ *débigocher, fil, suivre*). L'idée de « mise hors course » est exploitée par cet antonyme d'*accrocher*, notamment en cyclisme. *« Décrocher les wagons »* signifie par ailleurs « vomir », en argot.

Étym. : XIIe, de *dé-* privatif et de *croc*, lui-même d'un mot germanique.

DÉDOUBLEMENT n. m. *« Dédoublement de la personnalité »* (XIXe), fam. : coexistence ou alternance chez un sujet, de deux facettes mentales, l'une normale et adaptée, l'autre pathologique. Dans le langage courant, l'expression a une connotation inquiétante, par allusion à *Dr Jekyll et Mister Hyde* emprunté au titre du roman de R. L. Stevenson *(The Strange case of Dr Jekyll and Mister Hyde*, 1886). Elle est souvent appliquée à tort à la *schizophrénie*, terme compris au sens d'« esprit coupé en deux » par une application littérale de sa forme étymologique (→ *schizophrénie*). *« Il nous fait un vrai dédoublement de la personnalité. »* En psychiatrie, l'expression ne s'emploie généralement, en toute rigueur, que dans le contexte d'états seconds d'origine hystérique. Le concept de « dédoublement de soi » renvoie, plus largement, aux troubles de l'unité et de l'identité psychiques éprouvés par un sujet, sans préjuger de sa structure de personnalité. Il peut correspondre à la projection hors de soi de sa propre image, ou s'appliquer aux expériences de *dépersonnalisation* et de *dissociation*. Dans le langage savant, on nomme *héautoscopie* une illusion ou une hallucination visuelle dans laquelle le sujet croit voir son propre corps en dehors de lui-même (→ *double, miroir, spéculaire*).

Étym. : XVIIIe, du v. *dédoubler*, antonyme de *doubler*, lui-même dérivé de *double*, du latin *duplus*.

DÉFICITAIRE adj. et n. « *Une psychose déficitaire* » (XXe), psych. : psychose caractérisée par un appauvrissement de la vie affective, intellectuelle et relationnelle, laissant à penser que le sujet a une intelligence déficiente. Dans cet emploi, le terme s'oppose à *productif*. Plus généralement, *déficitaire* s'applique en psychiatrie à l'insuffisance des facultés intellectuelles observée dans l'arriération mentale ou la démence. « *Il est un peu déficitaire* », « *un déficitaire* ».

Étym. : déb. XXe, du latin *deficit* « il manque », lui-même de *deficere* « faire défaut ».

DÉFONCÉ, ÉE adj. et n. « *Avoir l'air défoncé* » (XXe), fam. : sembler drogué, ivre ou, par extension, délirant. Par figure, le mot exprime au passif le sémantisme du coup sur la tête, avec la notion de rupture mentale brutale. Il s'emploie surtout dans l'argot de la drogue au sens de « sous l'emprise complète de la drogue ».

Étym. : XIVe, p. p. du v. *défoncer*, formé de *dé-* privatif et de *foncer* (→ *fond*).

DÉGÉNÉRÉ, ÉE adj. et n. (f. XIXe), psych. et fam. : fou ou idiot. Dans le contexte médical du siècle dernier, le mot qualifie puis désigne une personne atteinte d'anomalies graves, notamment psychiques, intellectuelles, attribuées à une hérédité morbide. À la suite des travaux de l'aliéniste Morel, le psychiatre Valentin Magnan, alors médecin de l'hôpital Sainte-Anne de Paris, développe — il y a tout juste cent ans — la théorie dite des *dégénérés*. Il en existe, selon lui, deux types : les *arriérés mentaux* ou « tarés » (→ *débile*) et les *dégénérés supérieurs* ou « déséquilibrés » (→ *psychopathe*). Pour ce médecin — par ailleurs adepte de la *clinothérapie* (maintien forcé au lit) — les « *bouffées délirantes polymorphes* » surviennent essentiellement chez les *dégénérés* au psychisme rendu fragile par leur hérédité (→ *bouffée*). Les thèses de V. Magnan sont aujourd'hui obsolètes, mais *dégénéré* persiste dans le langage fam. avec les sens péj. d'« imbécile » et, par extension, de « fou ». C'est un synonyme courant de *débile, taré*. « *C'est un vrai dégénéré* », « *quel dégénéré !* », « *on va quand même pas le mettre chez les dégénérés !* ». • Le dérivé *dégénérescence* lui correspond. Il s'emploie d'abord en médecine pour désigner la modification pathologique d'un tissu, d'un organe. L'aliéniste Morel reprend le terme pour fonder la *théorie de la dégénérescence*. Celle-ci tente d'expliquer l'apparition des maladies mentales par une « hérédité morbide » (→ *moral*). En psychiatrie, elle restera en vogue jusqu'aux années vingt. En revanche, l'expression péj. « *nager en pleine dégénérescence mentale* » reste très vivante dans la langue fam. pour « se débattre au milieu de dégénérés, de fouss ». Le syntagme *dégénérescence mentale* s'applique couramment à l'idiotie, l'imbécillité et, par extension, aux troubles mentaux ».

Étym. : m. XIVe, p. p. du v. *dégénérer*, du latin *degenerare* « s'abâtardir ».

DÉGOUPILLÉ, ÉE adj. « *Il est complètement dégoupillé* » (XXe), arg. : il est très fou. Le mot s'emploie à propos du retrait de la goupille d'une grenade avant de la lancer. Par figure, il suggère l'imminence d'une explosion mentale, illustrant le thème de l'éclatement psychique propre à la folie (→ *explosé, pété*). Il exprime également la violence potentielle ou le caractère incontrôlable de celui ou celle que l'on considère comme déraisonnable. Sur un plan plus général, la notion de perte d'une goupille (cheville) liant deux pièces mécaniques mène à la métaphore du désassemblage de la pensée (→ *déboulonné, déclaveté, dévissé*).

Étym. : m. XVIIIᵉ, p. p. du v. *dégoupiller*, formé de *dé-* privatif et de *goupille*, lui-même de l'ancien français *goupil* « renard ».

DEGRÉ   n. m.   « *Être fou/cinglé... au dernier degré* »   (XXᵉ) : être extrêmement fou. Le mot s'emploie, par figure, à propos de la graduation d'un état. La locution « *au dernier degré* » signifie « au maximum, au plus haut point ». Synonymes : « *être archifou* » (→ *archifou*), « *être fou à triple étage* » (→ *étage*), « *être un cinglé de première* » (→ *première*), « *être fol à vingt-quatre carats* » (→ *carat*).

Étym. : XIᵉ, du préfixe *dé-* et du latin *gradus*.

DÉJÀ-VU   n. m.   « *Illusion/impression de déjà-vu* » (XXᵉ), psych. : conviction d'avoir déjà vécu ou perçu à l'identique la situation présente (→ *faux*). Cette sensation peut être ressentie par toute personne. En psychiatrie, le phénomène s'observe avec une intensité et une fréquence particulières dans certaines formes de *psychasthénie* ou de *schizophrénie*. L'usage courant applique fam. *déjà-vu* à ce qui est banal, archiconnu.

Étym. : déb. XXᵉ, composé de l'adv. *déjà*, et de *vu*, p. p. du v. *voir*.

DÉJANTER   v.   (XXᵉ), fam. : délirer, perdre la tête. Le verbe exprime l'écart que fait un pneu par rapport à la gorge de sa jante. Dans le domaine psychologique, il permet de rendre, par figure, le sémantisme de la « mise hors de la voie » commun aux v. *délirer*, *dérailler*, *divaguer* et *extravaguer*. La forme « *avoir (complètement) déjanté* » est courante. *Déjanter* suggère par ailleurs l'image d'un vélo qui — privé de ses pneus — ne peut plus rouler normalement. Le v. *rouler* ayant aussi la valeur fig. de « fonctionner » (« *ça roule* » : « ça va, ça marche »), on passe à l'idée d'« engin hors d'état de marche, hors course », ce qui mène à la métaphore du « cerveau hors circuit ». Une telle représentation du dysfonctionnement mental est renforcée par l'abondante phraséologie arg. ou fam. empruntée au cyclisme : « *avoir un petit vélo dans la tête* », « *pédaler à côté de son vélo* », « *perdre les pédales* », « *rouler sur la jante/sur la toile* », « *faire roue libre* », etc. (→ *pédaler, rouler*). • *Déjanté* s'emploie fam. comme adj. et substantif pour « fou, insensé ». « *Être déjanté* », « *un déjanté* », « *un mec déjanté total* ».

Étym. : déb. XVIIe, de *dé-* privatif et de *jante*, lui-même du bas latin *cambita*, emprunté au gaulois *cambo*.

DÉLIRE n. m. (XVIe), méd. , puis cour. : état psychique pathologique et discours qui lui correspond, chez une personne ayant perdu le rapport normal à la réalité (fièvre, intoxication, maladie mentale). On parle de *délire* lorsqu'un individu a une ou plusieurs convictions contraires à la réalité commune. D'abord terme médical, le mot entre très tôt dans l'usage courant pour devenir l'expression majeure de la folie. Il signe l'égarement de l'esprit, la fièvre de l'entendement. Comme le signale son étymon latin, on passe, par figure, de la « sortie du sillon », au sémantisme de la « mise hors de la voie » pour traduire la déraison. « *Avoir un délire* », « *être en délire* ». À l'instar de *fureur* ou *passion*, le mot s'est employé à propos de l'exaltation des sens, de l'esprit *(« pousser la passion jusqu'au délire »)*. Au siècle dernier, il devient l'objet d'étude central de la psychiatrie, représentant l'une des manifestations essentielles de la perte du contact avec la réalité observée dans la *psychose* (→ *psychose*). Parallèlement au *délire aigu* (→ *delirium tremens*) et à la *bouffée délirante* (→ *bouffée*), on individualise d'une part le *délire schizophrénique*, marqué par l'incohérence et la désorganisation (→ *schizophrénie*) et, d'autre part, le *délire systématisé chronique*, devenu *délire chronique*. Ce syntagme s'applique spécialement à des délires plus ou moins systématisés et cohérents, « en secteur » ou « diffus » : *délire de persécution, délire d'interprétation, délire passionnel, délire d'imagination, délire sensitif de relation* (→ *paranoïa, paraphrénie, P.H.C.*). Tout *délire* associe un ou plusieurs thèmes *(persécution, jalousie, érotomanie, culpabilité, influence, mégalomanie)* et des mécanismes *(hallucinations, illusions, imaginations, interprétations, intuitions)*. La psychiatrie moderne aborde la question du *délire* selon deux axes complémentaires principaux : l'approche *biologique*, à laquelle se rattache la pharmacologie psychotrope (→ *neu-*

roleptique) et l'approche *psychodynamique* où le trouble est envisagé comme une « construction », certes apparemment incohérente, mais possédant sa logique et son sens (venant pallier une carence symbolique). Dans la langue courante d'aujourd'hui, le mot *délire* est fréquemment utilisé comme intensif (→ *dingue, fou...*) : « *c'est du délire total !* » pour « c'est de la folie », « c'est déraisonnable ». « *Une foule en délire* » se dit d'une foule enthousiaste. Locutions : « *être/nager en plein délire* », « *être en proie au délire* », « *sombrer/tomber dans le délire* » : devenir fou. • *Délirer* — dont les emplois répondent à ceux du substantif — partage le sémantisme de la mise hors de la voie avec les verbes fam. *déjanter, dérailler* et les verbes classiques *déraisonner, dévoyer, divaguer, extravaguer*. Locutions fam. (XXe) : « *délirer à plein(s) tube(s)* », « *délirer plein pot* », « *délirer à pleins tuyaux* », « *délirer comme trente-six lapins* », « *délirer un maximum* », etc. • *Délirant* s'emploie comme adj. et nom. En psychiatrie, on le trouve dans *état délirant, idée délirante, malade/patient délirant*. Par extension, il désigne la personne en proie au *délire* : « *un grand délirant* », « *un délirant chronique* ». Le langage courant en a fait un intensif *(« c'est délirant ! »)*, pour « totalement déraisonnable et excessif ». • L'argotisme *délirade* se dit parfois pour « délire ».

Étym. : XVIe, du latin *delirium*, dérivé de *delirus*, lui-même de *delirare*, proprement « sortir du sillon », d'après *de* « hors de », et *lira* « sillon ».

DELIRIUM TREMENS n. m. (XIXe), psych. : délire aigu alcoolique. Autrefois appelée *folie ébrieuse*, cette complication de l'alcoolisme chronique se traduit par un état de confusion mentale aiguë, avec agitation anxieuse, onirisme, hallucinations visuelles cauchemardesques (→ *zoopsie*) et troubles neuro-végétatifs. Abrégé en **D.T.**, cet épisode survient classiquement lors d'un sevrage brutal en alcool ou lorsque le sujet éthylique chronique présente une affection intercurrente. Devenu rare du fait de l'efficacité des traitements psychotropes, il s'observe surtout aujourd'hui sous des formes inaugurales ou atténuées. On parle de *pré-D.T.* Le mot est passé dans l'usage courant (→ *dété*).

Étym. : XIXᵉ, du latin *delirium tremens* « délire tremblant » (→ *délire*).

DÉMÂTER v. (XXᵉ), fam. : devenir fou. Le verbe signifie d'abord « enlever le mât » (d'un navire, d'un chapiteau). Par métaphore, on passe à l'idée de perte des assises psychiques pour traduire le déséquilibre mental. « ***Il a démâté d'un seul coup.*** » • ***Démâté*** s'emploie comme adj. et n. pour « fou ». « ***Être totalement démâté*** », « ***un démâté*** ». Variante arg. : « ***un démâté du cigare*** ».

Étym. : f. XVIᵉ, de *dé-* privatif et de *mâter*, lui-même dérivé de *mât*, du francique *mast*.

DÉMÉNAGER v. (f. XVIIIᵉ), fam. : déraisonner, devenir fou. L'emploi de ce verbe permet d'exploiter le thème de l'habitation vidée de ses occupants. Par métaphore, la folie est envisagée comme un retrait, un transport hors de soi du contenu psychique, la tête représentant le siège de la pensée (→ *loge*). On dit ainsi « *déménager (de) la tête* » pour « perdre la raison », avec l'idée de désordre, de remue-ménage, de va-et-vient et de vacuité mentale en résultant. L'expression mène naturellement à l'ellipse *déménager* au sens fig. de « perdre la tête ». « ***Il déménage complètement.*** » (→ *débloquer*). Le verbe s'applique également aux synonymes arg. ou fam. de « tête », notamment ceux qui ont le sens ironique de « petite habitation » *(boutique, cabane, cabanon, cahutte, case,* etc.) : « *déménager de la boutique/du cabanon...* » • Le néologisme arg. *déménagerie* s'emploie péj. pour « maison de fous ». Il résulte du croisement de *déménager* et de *ménagerie*, ce dernier mot désignant l'endroit où sont rassemblés les animaux dangereux, exotiques ou rares. « ***Ici, c'est une vraie déménagerie !*** »

Étym. : déb. XVIIᵉ, de *dé-* privatif et de *ménager*, lui-même de *ménage*, du latin *manere*.

DÉMENCE n. f. (f. XIVᵉ) : folie. Le mot est d'emploi rare avant le siècle des Lumières. Il se dit alors d'un comportement insensé, hors norme : « ***C'est pure démence que d'agir de la sorte.*** » Au siècle dernier, il est introduit en psychiatrie pour devenir un quasi-synonyme de *folie* : « *être en état de démence* ». Nettement opposé à l'*idiotie*, le terme revêt alors la valeur d'incohérence mentale confinant à l'affaiblissement intellectuel, avec les notions de chronicité et d'incurabilité. L'absence de distinction précise entre « trouble de l'esprit » et « atteinte organique des facultés intellectuelles » conduit à l'emploi du mot dans les syntagmes aujourd'hui obsolètes de *démence vésanique* et *démence précoce*. Le premier s'applique à l'évolution terminale de certaines maladies mentales chroniques (→ *vésanie)*. Le second, dû à Emil Kraepelin *(dementia praecox)*, correspond à un affaiblissement psychique progressif frappant des sujets jeunes et évoluant vers une pseudo-détérioration intellectuelle. Au début du siècle, E. Bleuler introduit le terme de *schizophrénie* et P. Chaslin celui de *folie discordante* pour désigner de tels troubles, distinguant ainsi ces derniers de ceux marquant une involution intellectuelle (→ *discordance, schizophrénie)*. **Démence** se spécialise ensuite avec la valeur de déchéance acquise, progressive et irréversible des fonctions psychiques (de nature organique), sens qui est à l'origine de son emploi médical actuel : *démence (pré)sénile*. Dans le langage courant, le mot reste synonyme de *folie* : « *basculer/sombrer dans la démence la plus totale* ». Il y a peu, il en était pratiquement de même au regard de la loi, dans l'article 64 de l'ancien Code pénal, modifié depuis la loi du 22 juillet 1992 : le syntagme *état de démence*, pris au sens large d'« abolition du discernement », incluait les *psychoses chroniques*, l'*arriération mentale profonde*, les *démences séniles* et les *bouffées délirantes*. Il est aujourd'hui remplacé par *trouble psychique (ou neuropsychique)* dans le nouveau Code pénal (→ *irresponsable)*. « *Il était en état de démence au moment des faits.* » • **Dément** lui correspond comme adj. et nom. Son développement suit celui de *démence*. Dans le langage usuel, il est synonyme de « fou » : « *tenir des propos déments* », « *l'acte d'un dément* » (→ *déséquilibré)*. Par extension récente, il est devenu un intensif pour « extrême, excessif » et « déraisonnable, incroyable », comme *dingue, fou*, etc. : « *C'est dément !* » • **Démentiel**, « propre à la démence », est employé en psychiatrie ainsi que dans le langage courant où il revêt le sens d'« absurde, excessif » : « *C'est démentiel !* » • L'argotisme *démentiellerie* signifie « folie ». À rapprocher de *barjoterie, dinguerie, follerie, louferie*.

Étym. : f. XIVe, du latin *dementia*, lui-même de *demens*, formé de *de-* privatif et de *mens* « esprit ».

DEMEURE   n. f. « *être fou à demeure* » (XIXe) : être tout à fait fou. La locution adv. « *à demeure* » signifie « pour toujours », avec l'idée de stabilité, en l'occurrence d'incurabilité. • Du v. *demeurer* est issu le p. p. *demeuré* qui s'emploie comme adj. et nom au sens fam. d'« inintelligent ». Le mot exprime le retard ou l'absence de développement mental. On l'emploie abusivement, comme *débile* ou *taré*, avec la valeur de « fou ». « *Aller chez les demeurés* » signifie péj. « se rendre à l'hôpital psychiatrique ».

Étym. : XIIe, déverbal de *demeurer*, du latin pop. *demorare*, altér. de *demorari* « tarder ».

DEMI, E   adj. et adv. « *Être demi-fou* » (XXe) : être à moitié fou. *Demi-* exprime habituellement le caractère incomplet de qqch. Dans le registre de la folie, il ne correspond pas à une atténuation des troubles mais présente, au contraire, une valeur intensive. Quand on dit de qqn qu'il est *demi-fou*, on suggère qu'une part trop importante de lui-même verse dans la déraison. La locution adv. « *à demi* », employée dans l'expression « *être à demi fou* », est d'usage moins courant que sa concurrente synonyme « *à moitié* » (→ *moitié*).

Étym. : XXe, mot composé de *demi-* et de *fou*. *Demi* date du XIe siècle, issu du latin *dimedius*, réfection d'après *medius* de *dimidius* « coupé par la moitié ».

DÉMONOMANIE   n. f.   (déb. XVIIe) : délire dans lequel le malade se croit possédé par le(s) démon(s). Le mot appartient au thème de la *possession* (diabolique). À l'époque classique, certains couvents sont le siège d'épidémies de tels cas, entraînant des procès de sorcellerie qui défraient la chronique. « *(...) Le processus est, à quelques variantes* *près, identique dans tous les cas : un prêtre se trouve accusé d'avoir envoyé des démons, séduit ou tourmenté en esprit une ou plusieurs religieuses, des exorcistes sont alors envoyés sur les lieux, des rumeurs s'amplifient, les crises aussi, puis, la torture aidant, la condamnation s'abat sur le prêtre, qui est brûlé (...) »* (J. Postel et al.). En France, l'affaire des *Ursulines de Loudun* (1632-1634) aboutit à la crémation d'Urbain Grandier. Une dizaine d'années plus tard, c'est le cas des *Ursulines de Louviers* menant au bûcher le vicaire Bouillé. Sur fond de crise économique et sociale majeure, ces affaires retentissantes provoquent des remous importants, mettant en scène le pouvoir de l'Église et de l'État. La désignation de « sorcières » et de « possédées », les persécutions dont ces dernières sont l'objet, indiquent également combien la femme sert de victime « expiatoire » à une culpabilité collective de la société dans ses rapports avec les notions de Bien et de Mal. C'est sur les conseils de Colbert que, par un édit de 1672, Louis XIV défend aux tribunaux d'admettre l'accusation de « sorcellerie », mettant ainsi fin aux procès où s'était « enlisée » la justice royale dans l'exercice laïque d'un droit canonique jusque-là tout-puissant. ***Démonomanie*** est un terme aujourd'hui vieilli, considéré comme historique. • ***Démonomane*** a désigné et qualifié une personne se croyant possédée du démon (→ *possédé*). • À la fin du siècle dernier, le terme ***démonopathie*** entre dans le vocabulaire psychiatrique, pour désigner un délire de possession diabolique ou de damnation (→ *mélancolie*). Le mot est devenu désuet. Aujourd'hui, les thèmes d'*influence* et de *possession* prennent souvent d'autres formes (ondes magnétiques, électroniques...). Toutefois, les aumôniers des hôpitaux psychiatriques ont parfois encore à faire face à des demandes d'exorcisme émanant de patients délirants (→ *possession*).

Étym. : XVIe, de *démon* et *-manie* « folie » (→ *manie*).

DÉMONTÉ, ÉE adj. « *Avoir la cervelle démontée* » (f. XVIIe), fam. : être dérangé, fou. Le mot s'entend d'abord au sens de « mis sens dessus dessous », valeur réalisée au passif à partir de l'emploi de *démonté* pour « tombé de sa monture », en parlant d'un cavalier. Par métaphore, il suggère l'idée de retournement de la pensée. À rapprocher de « *avoir la tête à l'envers* », « *basculer dans la folie* » (→ *basculer, envers*). L'acception moderne de l'expression conduit, par figure, au désassemblage des facultés mentales. Aujourd'hui, on dit couramment « *il est complètement démonté* » pour « il déraisonne, ou est en proie à l'alcool, aux stupéfiants ».

Étym. : déb. XVIIe, p. p. adj. du v. *démonter* (f. XIIe), formé de *dé-* privatif et de *monter*, lui-même du bas latin *montare*, dérivé de *mons* « mont ».

DÉPAREILLÉ, ÉE adj. « *Être un peu dépareillé* » (XXe), fam. : être fantasque, un peu fou. Dans le domaine psychologique, l'adj. s'applique, par figure, au désassortiment des idées entre elles, c'est-à-dire à leur manque de cohérence. La locution exploite ainsi le thème de la dysharmonie psychique. *Dépareillé* est courant au Québec au sens de « qui est unique en son genre ».

Étym. : p. p. du v. *dépareiller* (déb. XIIIe), formé de *dé-* privatif et de *pareil*.

DÉPARLER v. (XIXe), fam. : parler sans discernement, divaguer, délirer. Le verbe signifie d'abord « parler en mal », c'est-à-dire « médire ou se moquer de qqn ». Le sens de « parler inconsidérément » est apparu dans l'argot de la deuxième moitié du siècle dernier. En relation avec le provençal *desparla*, le mot s'est développé régionalement (Velay, Midi de la France) comme synonyme de « divaguer verbalement ». « *Il déparle complètement comme un vrai azimuté.* »

Étym. : XIIe, formé de *dé-* privatif et de *parler*.

DÉPASSER v. « *Dépasser les bornes/l'entendement/l'imagination/la mesure* » (XIXe) : aller au-delà du tolérable, de l'imaginable. Ces expressions signalent le franchissement des limites mentales — définies par la norme commune — propre à la déraison ou à l'emportement (→ *borne, frein, limite*).

Étym. : XIIe, de *passer* « marcher », avec le préfixe *de-* exprimant l'intensité.

DÉPERSONNALISATION n. f. (f. XIXe), psych. : impression de ne plus être soi-même, en tant que personne physique et personnalité psychique. Ce vécu particulièrement angoissant correspond au sentiment de perte de la réalité de sa propre personne. On peut l'observer dans la *psychasthénie*, l'*hystérie* et, avec une intensité particulière, dans certaines *psychoses*, notamment dans la *schizophrénie*. On parle alors d'*expérience (psychotique) de dépersonnalisation* (→ *déréalisation, schizophrénie*).

Étym. : f. XIXe, antonyme préfixé de *personnalisation*, du v. *personnaliser*, lui-même dérivé de *personnel*, du latin *personalis*.

DÉPHASÉ, ÉE adj. « *Il est complètement déphasé* » (XXe), fam. : il est en dehors de la réalité, perdu ou fou. Le mot est emprunté au vocabulaire de l'électricité. De l'idée de « différence de phase » on passe à celle de « décalage par rapport à la réalité présente » (→ *décalé, déconnecté*). L'adj. est substantivé : « *C'est un déphasé total.* » • *Déphasage* lui correspond en emploi technique ou fam. : « *quel déphasage !* », « *c'est le déphasage complet* ».

Étym. : m. XXe, p. p. du v. *déphaser*, formé de *dé-* privatif et de *phase*, du grec *phasis*, dérivé de *phainein*.

DÉPLAFONNÉ, ÉE adj. « *Celui-là, il est complètement déplafonné* » (XXe), arg. : il est fou. Dans le registre de la folie, *déplafonné* signifie « qui a perdu son plafond », en l'occurrence sa « tête », en argot (→ *plafond*). Il suggère aussi, par figure, la perte de la « toiture » du siège de la pensée, exposant de ce fait son contenu à l'air (→ *vent*). Outre l'altération qui en résulte (esprit éventé), cette représentation permet d'exprimer la fuite des idées (→ *fuite*). Elle est à rapprocher de « *être décapsulé* », « *partir du couvercle* », « *perdre la tête* », etc. (→ *couvercle, décapsulé*).

Étym. : XXe, p. p. du v. *déplafonner*, formé de *dé-* privatif et de *plafonner* (→ *plafonner*).

DÉPLOMBÉ, ÉE adj. « *Plus déplombée qu'elle, tu meurs !* » (XXe), fam. : elle est très folle. Le mot exprime l'idée de violation d'un contenu protégé par un sceau de plomb. Dans le registre de la folie, il suggère, par figure, l'effraction cérébrale d'où la fuite des idées. L'influence polysémique du mot *plomb*, permet d'évoquer d'autres développements métaphoriques. Ainsi, *déplombé* peut s'appliquer au retrait des « plombs de l'esprit », avec l'idée de coupure brutale du courant cérébral (→ *plomb*). Envisagé en tant que poids, *plomb* donne à *déplombé* le sens de « plus léger d'un grain » (→ *grain*). La légèreté psychique et l'irresponsabilité s'opposent ainsi à la réflexion et à la maturité rendues par la locution « ***avoir du plomb dans la cervelle*** ». Enfin, le mot peut exploiter le thème du « biais » par allusion à la perte de la masse du *fil à plomb* (→ *aplomb*, *travers*).

Étym. : p. p. du v. *déplomber* (XIXe), formé de *dé-* privatif et de *plomber*, lui-même dérivé de *plomb*.

DÉPOLARISÉ, ÉE adj. « *Être dépolarisé des neurones* » (XX), fam. : être (un peu) fou. La locution fig. exploite le sémantisme du dysfonctionnement de l'électricité cérébrale, *dépolarisé* renvoyant à la mise au repos de l'activité psychique (→ *neurone*).

Étym. : m. XIXe, antonyme de *polariser*, lui-même de *pôle*, du latin *polus*.

DÉPRESSION n. f. « *Faire une dépression (nerveuse)* », « *sombrer/tomber en dépression* », « *faire de la dépression* » (XXe), fam. : avoir l'humeur déprimée ou être « malade des nerfs » (par euphémisme). Dans le domaine psychologique, le mot désigne l'abaissement de l'humeur. *Dépression* recouvre une acception large allant de la crise d'abattement passagère *(déprime, tristesse)* à l'effondrement thymique *(mélancolie)*, en passant par la notion pop. de « maladie de nerfs » en général (« ***dépression nerveuse*** »). En psychiatrie, le terme s'applique à un fléchissement profond de l'humeur s'accompagnant fréquemment d'une douleur morale et d'un ralentissement psychomoteur.

Classiquement, on distingue la *dépression endogène* (ou *mélancolique)* des *dépressions psychogènes* (ou *réactionnelles* et *névrotiques)*. Aujourd'hui, on parle plutôt de *dépression majeure (mélancolique* ou non), de *cyclothymie* et de *dysthymie* (→ *thymie)*. • *Dépressif* lui correspond comme adj. et nom. « *Un épisode/état/syndrome dépressif (majeur).* » Substantivé, il désigne un patient déprimé et, par euphémisme pop., « un malade mental », comme *malade des nerfs, nerveux.* « *C'est un grand dépressif.* » • *Déprimer* signifie « faire une dépression ». « *Il déprime complètement.* » • *Déprimé*, « atteint de dépression », est souvent employé avec une valeur atténuée par rapport à *dépressif.* « *Un déprimé* », « *il est un peu déprimé* ». • *Déprime*, déverbal récent du v. *déprimer*, est aujourd'hui un synonyme fam. de *dépression.* Comme ce dernier, le mot se dit parfois d'une *maladie de nerfs.* « *Faire/se taper une (petite) déprime.* »

Étym. : déb. XIVe, du latin *depressio* « abaissement », dérivé de *deprimere*.

DÉPROGRAMMÉ, ÉE adj. « *Avoir les neurones déprogrammés* » (f. XXe), fam. : être fou. Le mot est tiré du langage informatique, où il s'emploie à propos d'un élément retiré d'un programme. La métaphore est celle de la panne de l'ordinateur cérébral, les *neurones* étant envisagés ici comme des composants électroniques. À rapprocher de « *être dépolarisé des neurones* », variante empruntée au vocabulaire de l'électricité (→ *neurone)*.

Étym. : m. XXe, antonyme de *programmer*, dérivé de *programme* (du grec *programma)*, sous l'influence de l'anglo-américain *to program*.

DÉPSYCHIATRISATION n. f. (f. XXe), psych. : ensemble de pratiques visant à éviter la prise en charge spécialisée abusive de personnes relevant d'autres dispositifs d'aide ou de soins (cas sociaux, personnes âgées, etc.). Aujourd'hui, la recherche d'alternatives à l'hospitalisation en milieu psychiatrique pour les malades mentaux est à la base d'une politique de santé mentale ambitieuse dite de *désinstitu-*

tionnalisation. Entreprise depuis la *sectorisation* (→ *secteur*), elle consiste à développer des modalités plus souples de prise en charge, tentant de maintenir, d'insérer ou de réinsérer les malades dans leur milieu social.

Étym. : f. XXe, de *dépsychiatriser*, antonyme préfixé de *psychiatriser*, dérivé de *psychiatrie*.

DÉRAILLER v. (f. XIXe) : être un peu fou, se comporter de manière aberrante. Le verbe signifie d'abord « sortir des rails » en parlant d'un wagon, d'un train de chemin de fer. De là, il développe la valeur fig. d'« aller de travers, dévier », d'où « s'écarter de la norme ». « *Il déraille complètement* », « *d'un seul coup, il s'est mis à dérailler* ». Le sémantisme de l'écart, de la mise hors de la voie est également exploité par les v. *déjanter, délirer, déraper, divaguer, extravaguer*. À noter la locution arg. expressive « *dérailler de la rétine* » pour « avoir la berlue ». Elle est à rapprocher de « *loucher du cerveau* » (→ *loucher*). • *Déraillement* correspond au v., dans ses emplois concrets et fig. « *Le déraillement de la pensée.* »

Étym. : XIXe, formé de *dé-* indiquant l'« écart », et de *rail*.

DÉRAISON n. f. (XIIe) : discours inepte, puis manque de bon sens, folie. Le mot exprime la privation de la *raison*, en concurrence avec l'expression « *perdre la raison* » qui traduit la perte de l'entendement (→ *raison*). • *Déraisonner* signifie « s'éloigner de la raison », d'où « tenir des propos insensés ». « *Vous déraisonnez !* », « *un malade qui déraisonne* ». Il est synonyme des verbes *débloquer, déconner, délirer, déménager, dérailler, divaguer*, etc. • *Déraisonnable* signifie « fou, insensé ». « *Être totalement déraisonnable* », « *avoir une conduite/tenir des propos déraisonnable(s)* ». Dans le langage courant, le mot connaît une atténuation de sens. Il s'emploie pour « irréfléchi », « dénué de bon sens, de sagesse ».

Étym. : antonyme de *raison*, avec le préfixe privatif *dé*.

DÉRANGÉ, ÉE adj. « *Avoir l'esprit dérangé* » (déb. XVIIIe), fam. : être un peu fou. Le mot exprime d'abord le désalignement, d'où le désordre. Par extension, on passe à la notion de trouble perturbant le fonctionnement d'une chose. Dans le domaine mental, c'est avec cette valeur fig. que *dérangé* s'emploie couramment dans les locutions « *être mentalement dérangé* », « *avoir le cerveau/l'esprit (un peu) dérangé* », « *être (particulièrement/un peu/très) déranjygé* », « *être dérangé du caberlot/du citron...* ». • *Dérangement* connaît une évolution parallèle. C'est un synonyme courant de *désordre mental, déséquilibre.* « *Un dérangement d'esprit* », « *une forme (grave) de dérangement cérébral/mental* ». Cet emploi dans le registre de la folie est aujourd'hui renforcé par l'expression « *en dérangement* » pour « hors service », par analogie avec un appareil troublé dans son fonctionnement. « *Avoir le caberlot/le cerveau... en dérangement* » (→ *caberlot, cerveau*).

Étym. : p. p. du v. *déranger* (XIIIe), formé de *dé-* privatif et de *ranger*, lui-même dérivé de *rang* « alignement », d'un mot francique.

DÉRAPER v. « *Il dérape complètement/gravement* » (m. XXe), fam. : il déraille. Le mot exprime le manque d'adhérence, d'où le glissement et, par figure, l'écart incontrôlé par rapport à la norme. Cette représentation s'applique tant au dérangement de l'esprit lui-même qu'au comportement qui en résulte (→ *riper*). • *Dérapage* connaît un développement sémantique identique. Son emploi fam. est renforcé par l'allusion à la perte de contrôle d'un véhicule, comme dans l'expression « *il a eu (fait) un petit dérapage (plus ou moins contrôlé)* » pour « il a perdu (un peu) les pédales » (→ *pédale*).

Étym. : XVIIe, du provençal *derapa* « arracher », formé sur *rapar* « saisir », d'origine germanique.

DÉRÉALISATION n. f. (déb. XXe), psych. : impression d'irréalité inquiétante du monde extérieur, éprouvée par une personne. Source d'un sentiment d'*étrangeté,* ce vécu angoissant accompagne souvent la *dépersonnalisation,* dont il est le revers. Il peut s'observer chez les sujets *névro-*

sés. Il se manifeste aussi de manière plus radicale dans les *psychoses*. On dit aussi *déréalité*.

Étym. : déb. xxe, du v. *déréaliser*, formé de *dé-* privatif, de *réel*.

DÉRÉEL, ELLE adj. « *Une pensée déréelle* » (déb. xxe, Bleuler), psych. : pensée pathologique faite d'abstractions, se détournant du réel. Elle est caractéristique de la *schizophrénie*. On dit aussi *déréistique* (→ *schizophrénie*).

Étym. : xxe, traduction didact. de l'all. *dereistisch*.

DÉRÉGLÉ, ÉE adj. « *Avoir le cerveau/l'esprit déréglé* » (xixe), fam. : être mentalement dérangé, déséquilibré, détraqué. Le mot exprime l'écart par rapport à la règle et signifie « mis en désordre ». Il s'applique spécialement à un mécanisme délicat (montre, horloge) troublé dans son fonctionnement. De là, par extension fig., il permet de traduire la perturbation du fonctionnement mental (→ *dérangé*). • **Dérèglement** correspond au verbe dans tous ses emplois. Au fig., il se dit couramment du dérangement de l'esprit. On parle de « *dérèglement de l'esprit* » (→ *déséquilibre*), de « *dérèglement des sens* », de « *dérèglement de l'imagination* » (→ *extravagance*) et de « *dérèglement du jugement* » (→ *aberration*). • **Déréglage**, « fait de (se) dérégler », s'emploie également, par figure, en concurrence avec *dérèglement*. « *Le déréglage de l'esprit/du raisonnement.* »

Étym. : xviie, p. p. adj. du v. *dérégler* (xiiie, *desreigler*), antonyme de *régler*, dérivé de *règle*, du latin *regula*, lui-même de *regere* « guider ».

DÉSAGRÉGER v. « *Se désagréger du grenier* » (xxe), arg. : devenir fou. Le verbe exprime la désunion d'éléments appartenant à un ensemble organisé. L'expression, où *grenier* désigne la tête par métaphore (→ *tête*), figure la perte de la cohésion mentale, la dislocation de la pensée. • **Désagrégation** s'applique spécialement au psychisme dans le syntagme *désagrégation mentale*. Ce dernier se dit en psychiatrie (Janet) des troubles de la synthèse mentale observés dans la *schizophrénie*. Variantes : « *désagrégation de* *la personnalité/psychique* » (→ *discordance, dissociation, rupture*).

Étym. : f. XVIIIᵉ, de *dé(s)-* privatif et de *agréger*, du latin *aggregare* « joindre ».

DÉSAMARRAGE   n. m. « *Désamarrage de la pensée* » (XXᵉ), psych. : perte du contact avec le réel. Le mot traduit, par figure, le détachement de l'esprit par rapport au réel, tel qu'on l'observe dans certaines *psychoses*, en particulier *schizophréniques* (→ *réalité*).

Étym. : XXᵉ, du v. *désamarrer* (XIVᵉ), formé de *dé(s)-* privatif et de *amarrer*, emprunté au néerlandais *aanmarren*.

DÉSAXÉ, ÉE   adj. et n. « *En voilà un qui est complètement désaxé* » (XXᵉ), fam. : qui est fou. Le mot signifie « qui est sorti de l'axe », au propre et au fig. Dans le domaine psychologique, il exprime l'écart mental ou comportemental par rapport à la norme commune. *Désaxé*, également substantivé, est employé comme synonyme de *déséquilibré* dans la langue fam. courante, avec l'idée de « perversion de l'esprit » (→ *déséquilibre*). « *C'est un désaxé* », « *quel désaxé !* », « *c'est l'œuvre de quelque désaxé !* ».

Étym. : déb. XXᵉ, p. p. du v. *désaxer*, formé de *dé(s)-* privatif et de *axer*, du latin *axis* « essieu ».

DESCADRANER   v. (XXᵉ), fam. : perdre la tête, devenir fou. Le mot est régional (Var, Haute-Provence). Il signifie littéralement « perdre le cadran », d'où par métaphore, « perdre la tête ». À partir du siècle dernier, *cadran* désigne en effet la tête en argot (→ *tête*). « *Fais pas ça, ho, ça va le descadraner* », « *il est descadrané en plein* » (Ph. Blanchet).

Étym. : XXᵉ, du provençal *descadrana*, formé de *dé(s)-* privatif et de *cadrana/cadran*, du latin *quadrans*.

DÉSÉQUILIBRE   n. m. (f. XIXᵉ), psych. : état de dysharmonie psychique se manifestant par l'instabilité affective et comportementale, l'intolérance aux frustrations, des difficultés d'adaptation, voire des réactions antisociales. En psychiatrie, le mot a donc un sens très spécifique. Il est synonyme de *psychopathie*, l'absence d'équilibre s'appliquant essentiellement à la vie affective et pulsionnelle, ainsi qu'aux traits de caractère. On dit aussi ***déséquilibre de la personnalité, état de déséquilibre, déséquilibre mental/psychique***. Dans le langage courant, le mot revêt l'acception pop. de *démence*, *folie* ou *névropathie*. L'idée de déséquilibre concerne ici l'ensemble du fonctionnement mental, ce que rend par métaphore, l'expression arg. « *béquiller de la pensarde* » (→ *béquiller*, *équilibre*). • ***Déséquilibré*** lui correspond, avec la même distinction sémantique selon que le terme s'emploie didact. ou non. En psychiatrie, il est synonyme de *psychopathe*, avec le sens spécifique qu'a ce mot. Dans le langage commun, il signifie « qui n'a pas/n'a plus son équilibre mental » : « ***il est un peu déséquilibré*** ». Substantivé, *déséquilibré* est aujourd'hui très employé par les journalistes dans les chroniques judiciaires. Comme *dément* et *désaxé*, il se dit à propos d'un individu ayant commis un acte inexplicable ou particulièrement abominable : « ***le crime/l'œuvre d'un déséquilibré*** » (→ *dément, désaxé, fou, névropathe, sadique, tordu*).

Étym. : f. XIXe, de *dé(s)-* privatif et de *équilibre*, ou déverbal de *déséquilibrer*.

DÉSESPÉRÉ, ÉE   adj. et n. « ***Son cas est désespéré !*** » (XXe), fam. : il est très malade (sous-entendu « nerveusement »). Dans le registre de la folie, l'expression indique un degré extrême de gravité, *désespéré* ayant d'abord la valeur de « dicté par le désespoir » (→ *incurable, irrécupérable*). « ***Un désespéré*** » se dit spécialement d'un suicidé : « ***l'acte d'un désespéré*** ».

Étym. : XIIe, p. p. du verbe *désespérer*, formé avec le préfixe privatif *dé(s)-* sur *espérer*, du latin *sperare*.

DÉSINHIBER   v. (XXe), psych. : lever l'inhibition. En psychiatrie, le verbe s'applique à la réduction thérapeutique de l'inhibition pathologique observée dans la *schizophrénie* hébéphrénique, ainsi que dans les états stuporeux ou asthéniques de dépression majeure. Passée dans le langage courant, la forme « *se désinhiber* » signifie « devenir moins timide, moins renfermé ». • ***Désinhibé*** s'emploie surtout à propos de l'exagération de la levée des inhibitions, notamment dans le domaine de la sexualité. « *Il est complètement désinhibé.* » • ***Désinhibition*** s'utilise soit dans un contexte positif (réduction de l'inhibition pathologique), soit à propos de l'exagération des pulsions instinctivo-émotionnelles des états *maniaques*, des *démences*, des *intoxications* exogènes, etc. • ***Désinhibiteur*** qualifie spécialement en psychiatrie un médicament psychotrope permettant de lever l'inhibition pathologique. « *Un antidépresseur/neuroleptique désinhibiteur.* »

Étym. : XXe, de *dé(s)-* privatif et de *inhiber*, du latin *inhibere*.

DÉSINTOXICATION (→ *sevrage*).

DÉSTRUCTURATION n. f. (XXe), psych. : désagrégation des fonctions psychiques, observée dans de nombreux états psychotiques. Le mot didact. évoque la perte de l'unité psychique, la désorganisation des processus de pensée. On parle de ***déstructuration de la personnalité*** (→ *personnalité*).

Étym. : m. XXe, du v. *déstructurer*, formé de *dé(s)-* privatif et de *structurer*, lui-même dérivé de *structure*, du latin *structura* (de *struere* « assembler »).

DÉTÉ n. m. « *Être agité comme un dété* » (XXe), fam. : être délirant, confus et agité. L'expression traduit, par hyperbole, l'ampleur des manifestations d'agitation confuso-onirique susceptibles de compliquer gravement l'*alcoolisme chronique* (→ *delirium tremens*).

Étym. : XXe, graphie phonétique de l'abréviation *D.T.* pour *delirium tremens*.

DÉTRANCANÉ, ÉE adj. « *Il est détrancané et bon pour l'asile* » (XXe), fam. : il est complètement fou. Le mot est régional (Lyonnais). Il évoque le mauvais dévidage d'un écheveau ou d'une bobine d'où, par figure, la désorganisa-

tion, l'emmêlement. Par métaphore, il s'emploie à propos d'une chose détraquée *(« cet engin-là est tout détrancané »)* ou de la perturbation de l'esprit. Dans ce registre, il exprime l'altération du déroulement de la pensée (→ *décoconner*). À rapprocher de « *avoir un tour en moins/un tour en trop* », « *avoir un tour dans la bobèche* », « *avoir des tours dans les câbles* » (→ *tour*).

Étym. : p. p. du v. *détrancaner*, formé de *dé-* privatif et de *trancaner* « dévider la soie », d'origine obscure. Influence probable de *détraquer*.

DÉTRAQUER v. (déb. XVIIe), fam. : troubler l'esprit. Le verbe exprime d'abord l'écart par rapport à un chemin tracé, à une piste. De l'idée de marche en dehors de la bonne voie, on passe à la notion fig. de fonctionnement défectueux (« mauvaise marche »), en parlant d'un mécanisme ou d'un organe. Dans le registre du dérangement mental, *détraquer* s'emploie surtout au pronominal et au passif. « *Avoir le cerveau/les nerfs qui se détraque(nt).* » Il représente un quasi-synonyme de *déranger, désaxer, déséquilibrer, troubler*. • *Détraqué* qualifie et désigne couramment une personne mentalement dérangée, au même titre que *cinglé, déséquilibré, fou* et *malade*. « *Avoir la cervelle/l'esprit/l'imagination détraquée.* » Le sémantisme initial de l'écart par rapport au droit chemin lui donne aussi une valeur morale. Il se rapproche alors de *pervers*, notamment dans le domaine des conduites sexuelles. « *C'est un vrai détraqué* », « *quel détraqué !* ». • *Détraquement* s'emploie pour « dysfonctionnement mental ». « *Il m'a tout l'air d'avoir un méchant détraquement de la chaudière.* » • Il en est de même de *détraquage*, « fait de (se) détraquer ». « *Le détraquage des nerfs le guette.* »

Étym. : m. XVe, de *dé-* signalant l'« écart » et du moyen français *trac* « piste, trace ».

DEUX adj. et n. inv. « *Folie à deux (ou à plusieurs)* » (XIXe), psych. : délire d'un sujet (ou de plusieurs personnes) qui ne fait que suivre passivement le paranoïaque délirant principal, avec qui généralement il vit. Les troubles s'amendent le plus souvent lorsque le sujet est séparé de ce dernier. L'adhésion au délire *paranoïaque* est en partie due au caractère en apparence logique et plausible de ses thèmes et mécanismes essentiellement interprétatifs. L'expression est parfois encore utilisée en psychiatrie (→ *contagion, paranoïa*).

Étym. : XIIe, du latin *duo*.

DÉVARIER v. (XXe) : rendre fou ou troubler. Le verbe est régional (Languedoc, Provence). Il exprime au fig. la fluctuation, le bouleversement de la pensée. Il s'emploie surtout au passif. « ***Ma parole, cet homme est un peu dévarié.*** »

Étym. : XXe, de l'ancien provençal *dévariar (débariar)* d'origine incertaine, peut-être formé de l'élément *de-* à valeur intensive, et de *variar* « changer (en particulier dans le domaine moral) », d'où « troubler ».

DEVENIR v. « ***Devenir fol/fou*** » (f. XIe) : passer de la normalité à la folie. Le verbe exprime, par figure, le changement d'état mental. « ***C'est à croire qu'il est devenu fou.*** » L'expression « *faire devenir fou* » est équivalente à « *rendre fou* » (→ *rendre*). « ***Il va finir par nous faire tous devenir fous.*** »

Étym. : X^e, du latin *devenire*.

DÉVIANT, E adj. et n. (XXe), psych. : qui s'écarte de la norme morale ou sociale communément admise. « ***Il est un peu déviant*** », « ***un déviant*** ». Dans le registre de la folie, le mot se rapproche de *détraqué, désaxé, déséquilibré*. Ailleurs, on l'emploie aussi pour *délinquant*. • **Déviance** s'applique au comportement correspondant. « ***Avoir une/des déviance(s).*** »

Étym. : m. XXe, du v. *dévier* (XIVe), lui-même du bas latin *deviare*.

DÉVISSER v. (f. XIXe), fam. : perdre la raison. Cette valeur fig. est une exploitation métaphorique des divers sens du verbe. De l'action d'« ôter les vis (de qqch) », on passe à l'idée de désassemblage de la pensée, tandis que le mouvement de rotation qui lui est associé permet d'exprimer la torsion en vrille des idées (→ *vis, vrillé*). Ce thème est concrètement rendu par le geste fam. qui consiste à tourner l'index sur la tempe pour traduire la folie (→ *tempe*). *Dévisser* est à rapprocher de « *paumer/perdre un/ses boulons/une vis* ». On trouve l'équivalent en anglais : « *to have a screw loose* », littér. « avoir une vis de perdue » (→ *boulon, vis*). Par analogie avec une boîte qui ne serait plus hermétique, la locution arg. « *dévisser du couvercle* » ajoute l'image supplémentaire de *fuite des idées* (→ *couvercle*). Enfin, sur le modèle de la chute en alpinisme, *dévisser* suggère, par figure, le décrochage mental. • *Dévissé* s'emploie dans l'expression fam. « *être dévissé de la toiture* » qui signifie « être fou » (→ *toiture*). L'ellipse « *être dévissé* » est devenue courante. « *Celui-là, il est complètement dévissé.* »

Étym. : XVIIIe, de *dé-* privatif et de *visser*, lui-même de *vis*, du latin *vitis* « vrille ».

DÉVOYER v. (XIIe) : perdre la raison (intr.). Cet emploi fig. est sorti d'usage. À l'instar de *détraquer* qui procède du même sémantisme (→ *détraquer*), le mot a évolué vers la valeur dominante de « détourner du droit chemin », surtout à la forme pronominale. Il dénote maintenant la déviance, la débauche, la perversité. • *Dévoyé* a signifié « fou ». L'acception aujourd'hui disparue est encore relevée au milieu du XVIIIe siècle, comme dans « *dévoyé d'esprit* ». Le mot a suivi l'évolution sémantique du verbe. • *Dévoiement* s'est employé à l'époque classique aux sens d'« illusion », de « délire », puis de « faiblesse anormale de caractère ». Il est sorti d'usage en ce sens.

Étym. : XIIe, de *dé-* signalant l'« éloignement » et de *voie*, lui-même du latin *via* « voie, chemin ».

DIFFLUENCE n. f. (XXe), psych. : dispersion anarchique de la pensée et du discours, ne respectant plus ni logique ni cohérence. Ce trouble s'observe surtout chez les patients *schizophrènes, confus* et *déments*. Le mot est d'usage didactique.

Étym. : XIXe, de l'adj. *diffluent*, du latin *diffluens*, p. prés. de *diffluere*.

DINGUE adj. et n. (déb. XXe), fam. : fou. Le mot est très répandu dans l'usage courant, mais son origine reste indéterminée. On évoque la « fièvre mentale », *la dingue* ayant désigné le paludisme en argot, sans doute d'après le nom d'une autre fièvre tropicale appelée *dengue*, génératrice de troubles neuropsychiques sévères. On fait également de *dingue* un dérivé du verbe *dinguer*, avec influence de *valdinguer*. Quoi qu'il en soit, la sonorité même du mot rend particulièrement présent le radical *din-*, *ding-*, suggérant le tintement des cloches, thème particulièrement exploité dans le registre de la folie (→ *cloche*). La notion fig. de « bruit mental parasite » rapproche d'ailleurs *dingue* de *cling-cling*, *dreling-dreling*, *toctoc* et *zinzin*. « *On devrait t'envoyer chez les dingues* », « *il est un peu/à moitié/complètement dingue* », « *être raide dingue* », « *un doux dingue* », etc. À l'instar de *barjo*, *dément*, *fou*... le mot s'emploie aussi comme intensif courant avec la valeur d'« extraordinaire » : « *C'est dingue !* » À noter l'expression arg. « *battre la dingue* » qui a signifié « simuler la folie » (→ *battre*). • *Dinguerie* s'applique au caractère ou au comportement insensé d'une personne. « *Il a viré à la dinguerie la plus totale* », « *c'est quelqu'un d'une dinguerie pas possible !* ». À rapprocher de *barjoterie*, *démentiellerie*, *follerie*, *louferie*. • *Dingo*, précédé de la forme *dingot*, est très courant comme adj. et nom fam. pour « fou ». « *T'es pas un peu dingo ?* », « *il est à moitié dingo* », « *un dingo* ». • *Dingologie* désigne plaisamment la psychologie ou la psychiatrie, l'élément *-logie* fournissant, par dérision, une suffixation didactique. « *Relever de la dingologie.* » • Autres dérivés arg. ou fam. : *fadingue*, *farfadingue*, *foldingo*, *foldingue*, *foudingue*, *frappadingue*, *loufdingue*.

Étym. : déb. XXe, d'origine incertaine, peut-être de *dengue* ou dérivé de *dinguer*, issu du radical onomatopéique *din-*, *ding-*.

DIPSOMANIE n. f. (déb. XIXe), psych. : besoin irrésistible et intermittent de boire des liquides en grande quantité, en particulier de l'alcool. Le trouble est fait d'impulsions obsédantes s'accompagnant de culpabilité. Le terme est d'usage didactique. • ***Dipsomane*** (ou ***dipsomaniaque***) s'applique au malade correspondant.

Étym. : déb. XIXe, du grec *dipsa* « soif » et de *-manie* « folie ».

DISCORDANCE n. f. (déb. XXe, P. Chaslin), psych. : dysharmonie entre la pensée, l'affectivité et le comportement, révélant l'altération majeure de l'unité psychique observée dans la *schizophrénie*. Le mot exprime la dissonance et l'incohérence propres aux symptômes schizophréniques (→ *schizophrénie*). • ***Discordant*** s'emploie dans le syntagme *folie discordante*, qui s'applique à l'*hébéphrénie*, la *catatonie* et la *démence précoce*. À la même époque, le psychiatre suisse E. Bleuler introduit le terme de *dissociation* et nomme *schizophrénie* la *démence précoce* (→ *démence, dissociation, psychose*). La locution « *être discordant* » signifie, en psychiatrie, « présenter des troubles schizophréniques ». « *Ce patient est franchement discordant.* »

Étym. : XIIe, du latin *discordare*, lui-même de *discors, -cordis*.

DISJONCTER v. « *Il disjoncte complètement* » (m. XXe), fam. : il est fou. La forme « *avoir disjoncté* » est également fréquente. Le verbe est très courant dans le registre de la folie. Emprunté au vocabulaire de l'électricité, il exploite au fig. la notion de coupure brutale du courant (en l'occurrence cérébral). Ce thème ainsi que celui de la « mise hors circuit » conduisent à l'emploi fam. des termes *court-circuité, déphasé, déplombé, fondu*, etc. (→ *court-circuit*). Une phraséologie abondante reprend le sémantisme du dysfonctionnement de l'électricité cérébrale : « *fondre/péter/sauter les fusibles/les plombs* » (→ *péter*), « *être en court-jus* » (→ *court-jus*), « *avoir une panne de secteur dans le transformateur* » (→ *panne*), « *avoir les fils qui se touchent* » (→ *fil*), « *il lui manque une cosse* » (→ *cosse*), etc. • ***Disjoncté*** qualifie et désigne fam. une personne mentalement dérangée. « *Être (un peu/complètement) disjoncté* », « *un disjoncté* ».

Étym. : m. XXe, de *disjoncteur*, dérivé récent du latin *disjunctum*, de *disjungere* « disjoindre ».

DISLOQUÉ, ÉE   adj. « *Un disloqué mental* »   (XXe), fam. : un fou. Le mot exprime d'abord le « déboîtement », d'où la « désunion » de pièces jointes. Dans le domaine psychologique, *disloqué* est un terme fam. particulièrement fort, qui évoque le « désassemblage de la pensée », c'est-à-dire la rupture de l'unité psychique. Un tel sémantisme se retrouve en psychiatrie dans les termes didact. *dissociation*, *morcellement*, qui s'appliquent à certaines psychoses (↪ *psychose*). Le langage arg. ou fam. développe un thème analogue dans l'expression « *se désagréger du grenier* » (↪ *désagréger*).

Étym. : p. p. du v. *disloquer* (m. XVIe), du latin *dislocare*.

DISSOCIÉ, ÉE   adj. « *Être complètement dissocié* » (XXe), psych., fam. : être schizophrène. En psychiatrie, l'adj. renvoie au concept spécifique de rupture de l'unité psychique qui caractérise la *schizophrénie*. • Il correspond à *dissociation*, terme introduit au début du siècle par le psychiatre E. Bleuler (all. *Spaltung*). On dit aussi *dissociation mentale*. Le mot équivaut à celui de *discordance* (↪ *discordance, psychose, schizophrénie*). • **Dissociatif** sert à qualifier le trouble correspondant. « *Un processus/une psychose dissociatif(ve)*. »

Étym. : XXe, p. p. du v. *dissocier* (XVIe), dérivé du latin *dissociare* « désunir ».

DIVAGUER   v. (XVIe) : déraisonner, dire des inepties (spécialement sous l'effet du délire). Le verbe exprime l'errance et l'écart, au propre et au fig. Dans le registre de la folie, le thème de l'errance mentale (↪ *battre, courir*) et celui de l'écart par rapport à la norme (↪ *délirer*) sont à l'origine d'une phraséologie particulièrement riche. *Divaguer* est au croisement de ces deux champs sémantiques. « *Il divague complètement.* » • *Divagation* désigne spécialement une suite de pensées ou d'expressions sans aucun lien logique. « *Les divagations d'un fou/d'un malade* », « *n'écoutez pas* ses *divagations, il ne sait pas ce qu'il dit* » (→ *aberration, élucubration, extravagance*).

Étym. : XVIᵉ, du bas latin *divagari*, formé de *dis-* marquant l'« éloignement » et de *vagari* « errer ».

DIVAN n. m. « *Être bon pour (s'allonger sur) le divan* » (XXᵉ), fam. : avoir besoin d'une psychanalyse, sous-entendu être névrosé, complexé. L'expression fait allusion au canapé sans bras ni dossier, utilisé spécialement lors des séances de psychanalyse, afin d'éviter la relation en face-à-face et de mettre le sujet en position de détente et de relâchement de ses défenses psychologiques.

Étym. : XVIᵉ, de l'arabe *dìwàn*.

DIXIÈME adj. et n. « *Passer au dixième* » (XIXᵉ), fam. : devenir fou. L'expression est l'ellipse de « *passer au dixième régiment* ». Il s'agit d'une locution arg. employée dans certains contingents au siècle dernier. Elle repose sur l'idée qu'un soldat sur dix, soit un régiment sur dix, est classiquement inapte pour motif psychiatrique. Ce « *dixième régiment* » fictif est ainsi censé décimer les effectifs. L'expression est aujourd'hui sortie d'usage (→ *péquatre*).

Étym. : XIIᵉ, dérivé ordinal de *dix*, lui-même du latin *decem*.

DODELINER v. « *Dodeliner du cervelet* » (XXᵉ), arg. : perdre la raison. L'expression, où *cervelet* désigne péj. le cerveau en argot (→ *cerveau*), est faite sur le modèle de la locution courante « *dodeliner du chef* ». On passe, par figure, du balancement de la tête au va-et-vient et au tangage mental, pour traduire le désordre psychique. À rapprocher de « *yoyoter de la touffe* » (→ *yoyoter*) et de « *moloter du badoufle* » (→ *moloter*).

Étym. : XVIᵉ, allongement de *dodiner* « balancer », formé sur le radical onomatopéique *dod-*.

DONF   n. m. « *Être barje à donf* » (f. XXᵉ), arg. : être complètement fou. La locution « *à donf* » signifie « au maximum ». (→ *fond*). « *T'as vu ce zigue, il est barje à donf.* »

Étym. : XXᵉ, forme verlan de « *à fond* ».

DOS   n. m. « *Avoir son nom écrit dans le dos* » (XXᵉ), fam. : avoir perdu la tête. En milieu spécialisé, l'expression fait référence à la pratique consistant à apposer une étiquette sur le dos d'un patient désorienté et déambulateur, pour indiquer son nom et le service où il est hospitalisé. Par figure, elle illustre la perte d'identité du *confus* ou du *dément*. Variante : « *avoir la totale : la casquette, les tongs et le nom écrit dans le dos* » : fam., péj. être complètement fou ou débile.

Étym. : XIᵉ, du latin pop. *dossum*, altération de *dorsum*.

DOUBLE   (→ *sosie*).

DOUCHE   n. f. « *Être bon pour la douche* », « *à doucher !* », « *à la douche !* », « *avoir besoin d'une douche froide* » (XIXᵉ), fam. : relever de la psychiatrie, avoir besoin d'être calmé. Ces expressions font allusion — au sens propre puis par hyperbole — à l'hydrothérapie calmante anciennement prescrite aux *agités* et *insensés*. Depuis la plus haute antiquité, les traitements par l'eau sont employés pour tenter de guérir la folie (sources thermales, bains, humectants, etc.). Au siècle dernier, tous les asiles disposent de salles équipées pour les *bains* et les *douches* thérapeutiques ; il existe même des *étuves* sèches et humides. De très nombreuses méthodes alternent ou associent l'immersion et l'aspersion. On utilise l'eau *froide* pour rafraîchir les « têtes échauffées », l'eau *tiède* en bains prolongés pour « détendre les nerfs » ou l'eau *chaude* pour « évacuer les vapeurs nocives ». Les bains *brefs* ou *prolongés* sont utilisés avec ou sans substances médicinales. Les *douches* sont *révulsives* (puissantes, pour décongestionner le cerveau), *toniques* (courtes, administrées par percussion, pour mobiliser le dépressif) ou *sédatives* (jets d'eau froide pour calmer l'agité). Le *bain surprise* consiste en l'immersion brutale du patient dans l'eau froide, l'effet de saisissement étant destiné à induire un choc salutaire (→ *choc*). Les techniques peuvent faire appel à des dispositifs très élaborés (sorte de cage munie d'une trappe, pont truqué...), l'ingéniosité mise en œuvre confinant au sadisme thérapeutique. Enfin, les limites entre *traitement* (à base d'eau froide) et *mesure disciplinaire* sont souvent floues ou ténues, en présence d'un agité récalcitrant. L'hydrothérapie est aujourd'hui absente des traitements en psychiatrie. Une forme dérivée demeure employée dans certaines indications : la technique dite de l'enveloppement humide de tout le corps (→ *pack*).

Étym. : XVIᵉ, de l'italien *doccia*, du latin *ductio, -onis*.

DOULEUR   n. f. « *Douleur morale* » (XIXᵉ), psych. : souffrance psychique intense caractéristique de la *mélancolie*. Elle est alors éprouvée le plus souvent sans cause déclenchante, perdure anormalement et s'accompagne souvent d'idées d'indignité et d'autodépréciation (→ *mélancolie*).

Étym. : m. XIᵉ, du latin *dolor*, de *dolere*.

DOUTE   n. m. « *Avoir la folie du doute* » (XIXᵉ), psych. : être l'objet de pensées obsédantes conduisant au doute pathologique. Le syntagme *folie du doute* représente la dénomination ancienne de la *névrose obsessionnelle*, entité clinique isolée par Freud au début du siècle (→ *obsession*).

Étym. : XIᵉ, déverbal de *douter*, du latin *dubitare*.

DOUX, DOUCE   adj. « *Quel doux dingue !* » (XXᵉ), fam. : il est un peu fou. Le *doux dingue* reste tolérable et toléré par le groupe social, ce qui confère à l'expression une note compatissante (→ *dingue*). *Folie douce* se dit à propos d'une situation irréaliste, un peu folle ou de l'aspect déraisonnable du comportement d'une personne. Ce syntagme s'oppose à celui de *folie furieuse* (→ *furieux*). « *C'est de la folie douce !* », « *il est atteint de folie douce* ».

Étym. : XIᵉ, du latin *dulcis*.

DRAGON n. m. « *Avoir ses dragons noirs* » (XVIIᵉ) : être l'objet d'idées noires ou de pensées obsédantes. L'expression traduit l'envahissement de la conscience par des représentations mentales plus ou moins oniriques, inquiétantes et sombres (→ *rat*). Aujourd'hui, elle est supplantée par « *avoir le cafard* », « *avoir des idées noires* », « *broyer du noir* », dans lesquelles domine la notion de tristesse, classiquement associée à la couleur noire (→ *cafard, mélancolie*).

Étym. : XIᵉ *(dragun)*, du latin *draco*, issu du grec *drakôn* « dragon ».

DRELIN-DRELIN ou DRELING-DRELING adj. « *Être drelin(g)-drelin(g)* » (XXᵉ), fam. : être fou. La métaphore est celle du tintement mental, la notion de « bruit parasite cérébral » étant également exploitée par les formations onomatopéiques *dingue, cling-cling, toctoc* et *zinzin*. L'expression de référence fait allusion aux grelots du fou (→ *grelot, marotte*), ainsi qu'aux variations sur le thème de la cloche fêlée (→ *cloche, sonner, timbre*). • Formé sur *drelin*, le verbe **dreliner** s'emploie dans l'expression arg. « *dreliner de la soupière* » qui signifie « donner des signes de dérangement mental », *soupière* désignant la tête par métaphore (→ *tête*). Variante : « *être tintinnabulé du grelot* » (→ *tintinnabuler*).

Étym. : d'origine onomatopéique, par répétition de *drelin(g)-* qui évoque le « bruit d'une clochette ou d'une sonnette ».

DROGUE n. f. « *En avoir assez de prendre toutes ces drogues* » (XXᵉ), fam. : se sentir victime d'un traitement médicamenteux jugé trop contraignant ou trop fort. Le mot, souvent au pluriel, désigne ici tout médicament, avec une nuance péj. *(« il faut encore que j'avale mes drogues ! »)*. Dans le domaine des substances utilisées contre la folie, on trouve en bonne place — jusqu'au XVIIIᵉ siècle — les *purgatifs* et les *émétiques*, « évacuants » souvent associés aux *saignées*, pour permettre à l'insensé de se libérer de son mal (→ *choc, ellébore*). Les *irritants* sont eux censés provoquer une éruption ou une suppuration salvatrice (vésicatoires, cataplasmes sinapisés, etc.). Fortes de cet héritage, les « drogues de la folie » gardent aujourd'hui une image négative. Probablement beaucoup plus que dans d'autres domaines, les soignants de psychiatrie sont souvent confrontés à la réticence ou au refus des malades vis-à-vis de substances médicamenteuses perçues comme des *camisoles chimiques* (→ *camisole*). Les effets secondaires de certains psychotropes, notamment les neuroleptiques, ainsi que les modifications psychiques (« vide », « apathie ») ressenties par certains patients y contribuent. De plus, chez les psychotiques, le refus d'admettre les troubles comme tels et de « renoncer » à leur délire rend particulièrement ténue leur adhésion à la thérapeutique prescrite (→ *neuroleptique, psychotrope*). Depuis le début du siècle, le mot *drogue* est également synonyme de *stupéfiant* (licite et illicite). Cet emploi accentue sa connotation négative, d'autant que *drogue* et *folie* se conjuguent dans des expressions comme « *la drogue l'a rendu fou* », « *il a perdu la raison à force d'abuser de drogues* », etc. D'ailleurs, certaines décompensations psychotiques peuvent être dues à des expériences toxiques (haschisch et surtout L.S.D.). • *Droguer* s'emploie couramment au sens de « faire prendre une quantité (jugée trop importante) de médicaments ». « *On me drogue !* » La forme pronominale, « *se droguer* » signifie « s'adonner aux stupéfiants ». • *Drogué* s'applique au passif à une personne estimant avoir été l'objet d'un traitement excessif. Le mot qualifie et désigne également tout individu faisant usage de stupéfiants.

Étym. : m. XVe, d'origine incertaine, peut-être du néerlandais *droog* « sec ».

DRÔLE n. et adj. (XIXe), fam. : un peu fou, bizarre. L'acception du mot est régionale (Est). On l'emploie dans les expressions « *c'est un drôle* », « *il est resté drôle après son accident* », « *il parle drôle* », qui s'appliquent à qqn. considéré comme un peu fou, handicapé mental. Ailleurs, le mot revêt divers sens dont celui d'« enfant », ce qui suggère la notion d'immaturité. Dans la forme « *un drôle de...* » (et nom), il exprime l'idée de « bizarrerie » avec une valeur péj. comme dans « *c'est un drôle de coco/gus/numéro/pistolet/type/zèbre/zigoto/zozo...* ».

Étym. : XVIᵉ, probablement du moyen néerlandais *drolle*, *drol* « lutin ».

D.S.M. III n. m. (m. XXᵉ), psych. : manuel destiné à la classification des troubles mentaux, au moyen de critères permettant d'établir des catégories diagnostiques. Proposé par l'Association américaine de psychiatrie sous des versions évolutives périodiquement révisées et enrichies, le *D.S.M.* (prononcer « déessèm ») est actuellement disponible en France sous la forme *D.S.M. III -R*. La quatrième version *(D.S.M. IV)* est parue aux États-Unis en 1993. L'optique de cette classification est de permettre une évaluation standardisée des troubles mentaux afin que cliniciens et chercheurs utilisent une terminologie commune. On distingue : les « *troubles de la première/deuxième enfance ou de l'adolescence* », les « *troubles mentaux organiques* », les « *troubles liés à l'utilisation de substances psychoactives* », les « *troubles schizophréniques* », le « *trouble délirant (paranoïaque)* », les « *troubles psychotiques non classés ailleurs* », les « *troubles thymiques (humeur)* », les « *troubles anxieux* », les « *troubles somatoformes* », les « *troubles dissociatifs* », les « *troubles sexuels* », les « *troubles du sommeil* », les « *troubles factices (simulation)* », les « *troubles du contrôle des impulsions* », les « *troubles de l'adaptation* » et les « *troubles de la personnalité (personnalités pathologiques)* ». Le système d'évaluation clinique est *multiaxial*. On distingue les *Axes I* et *II* qui concernent les « troubles mentaux », l'*Axe III* les « troubles physiques » et les *Axes IV* et *V* qui s'appliquent respectivement aux facteurs de stress psychosociaux et à l'appréciation globale du fonctionnement. En France, l'usage de cet outil diagnostique s'est progressivement répandu en milieu spécialisé depuis les années quatre-vingt. Il n'a cependant pas fait disparaître l'emploi d'anciennes dénominations ou entités nosographiques d'inspiration aliéniste, psychodynamique ou psychanalytique.

Étym. : m. XXᵉ, abréviation de l'anglo-américain *Diagnostic and Statistical Manual of Mental Disorders (Third Edition, Revised)*, traduit en français sous le titre *Manuel diagnostique et statistique des troubles mentaux*.

DURITE n. f. « *Péter une durite* » (XXᵉ), fam. : devenir fou. L'expression signifie proprement « casser une durite », le mot désignant un tuyau en caoutchouc spécial employé dans les moteurs à explosion. Par figure, la locution fournit une métaphore du dysfonctionnement de la mécanique humaine, notamment *vasculaire* (accident cardiaque) et *cérébrale* (folie). Variantes : « *péter un/les boulon(s)* », « *péter un/les câble(s)* », « *péter une courroie* » (→ *péter*).

Étym. : m. XXᵉ, d'une marque déposée, elle-même peut-être dérivée de *dur*, du latin *durus*.

DYSHARMONIE n. f. (XXᵉ), psych. : terme parfois employé comme synonyme de *dissociation schizophrénique* (→ *discordance, dissociation*). Le mot exprime l'absence d'accord et à un degré supplémentaire, la rupture de tonalité. Dans le langage courant, on parle de dysharmonie de sons, de couleurs et, au fig., de relations. En psychiatrie, le mot renvoie à l'atteinte de l'homogénéité psychique. Le syntagme *dysharmonie évolutive* (ou *d'évolution*) se dit de troubles complexes du développement de l'enfant, avec un aspect déficitaire modéré des fonctions intellectuelles, ne correspondant pas à des mécanismes franchement *névrotiques* ou *psychotiques*. • L'adj. *dysharmonique*, également d'usage didact., lui correspond dans tous ses emplois. « *Un enfant dysharmonique.* »

Étym. : XIXᵉ, du préfixe *dys-* et de *harmonie*, du latin *harmonia*, lui-même emprunté au grec désignant un « joint », d'où l'« assemblage », l'« accord ».

DYSKINÉSIE n. f. (XXᵉ), psych. : mouvement involontaire, diffus ou localisé, d'origine neurologique ou médicamenteuse. En psychiatrie, il s'agit de mouvements anormaux imputables à la prise d'un traitement neuroleptique. On parle de *dyskinésies précoces* et de *dyskinésies tardives*. Pénibles et invalidantes, de telles manifestations conduisent à la prescription d'un *antiparkinsonien de synthèse* (→ *correcteur, neuroleptique*).

Étym. : m. XXe, du grec *duskinêsis*, formé de *dus-* (→ *dys-*) et de *kinêsis* « mouvement ».

DYSMORPHOPHOBIE n. f. (f. XIXe, Morselli), psych. : préoccupation, voire conviction pathologique d'être corporellement déformé, hideux ou monstrueux. Contrairement à ce que pourrait laisser entendre la forme même du mot, le trouble ne constitue pas une simple *phobie*. Il s'agit d'une atteinte grave de l'image du corps qui s'observe notamment chez les *malades psychotiques*, mais qui peut constituer un symptôme isolé.

Étym. : f. XIXe, formé sur le grec, du préfixe *dys-*, de l'élément *-morpho* (issu de *morphê* « forme ») et de *-phobie*.

DYSTHYMIE n. f. (XXe), psych. : dépression chronique de l'humeur. Le mot s'est dit au début du siècle d'un caractère prédisposant à la *mélancolie* (Kraepelin). Il s'emploie aujourd'hui au sens spécial et restrictif d'« altération prolongée et relativement modérée de l'humeur sur un versant exclusivement dépressif » (D.S.M. III). Il est ainsi distinct de l'*épisode dépressif majeur* de la *psychose maniaco-dépressive*. On l'appelle également *névrose dépressive*, ce terme n'ayant aucune signification psychanalytique. • *Dysthymique* qualifie et désigne ce qui se rapporte au trouble correspondant. « *Un patient dysthymique.* » En relation avec l'emploi initial du mot *dysthymie*, le syntagme *psychose dysthymique* s'est appliqué à une psychose d'allure schizophrénique, évoluant par accès périodiques sur un mode maniaco-dépressif. De nos jours, on tend à rattacher ce type de manifestations à la *psychose maniaco-dépressive*.

Étym. : XXe, du préfixe *dys-* et de *thymie*, du grec *-thumia*.

e

É-, EF-, ES-, EX- : préfixes polysémiques traduisant d'une part, la sortie, l'absence, la privation et, d'autre part, le passage d'un état à un autre ou l'achèvement.

Étym. : du latin *e(x)*.

ÉBRÉCHÉ, ÉE adj. « *Avoir la cabosse ébréchée* » (XXe), fam. : être un peu fou. L'expression est une variante de « *avoir la tête fêlée* » (→ *fêlé*). Le mot s'emploie au passif à propos de qqch qui présente des cassures. Par figure, il s'applique au contenant cérébral (→ *tête*) et, par métonymie, à l'esprit pour traduire la rupture, la cassure et l'effraction de la pensée. Variante arg. : « *avoir une brèche dans la chambre noire* » (→ *brèche*).

Étym. : XIIIe, p. p. du v. *ébrécher*, formé de *é-* et de *brèche*.

ÉBULLITION n. f. « *Avoir la cervelle en ébullition* » (m. XVIIe) : être dans un état de surexcitation mentale. Le mot exprime au sens propre l'agitation, l'effervescence et le jaillissement à propos d'un liquide soumis à l'action de la chaleur. Par figure, il s'applique à la pensée, avec l'idée d'hyperactivité mentale. Celle-ci peut être adaptée ou, au contraire, correspondre à un état de « surchauffe cérébrale » provoquant le débordement des idées ou du comportement. « *Il est en perpétuelle ébullition, rien ni personne ne peut le contenir* » (→ *bouillon*).

Étym. : déb. XIVe, du bas latin *ebullitio*, de *ebullire* « bouillir ».

ÉCARTER v. « *S'écarter de la raison* » (m. XVIIe) : s'égarer, déraisonner. Le verbe exprime les notions de détournement, d'éloignement (de qqch ou qqn) par rapport à une bonne voie. La forme pronominale *s'écarter* s'emploie ainsi couramment, par figure, pour « s'éloigner du bon sens, de la norme commune » dans le domaine psychique (→ *raison*). Avec l'idée de déviance par rapport au droit chemin, le verbe peut avoir une connotation morale. • *Écart* lui correspond dans tous ses emplois. On parle des « *écarts de l'imagination/de l'esprit* » pour traduire l'aberration, la déraison. Le sémantisme de l'écart mental est exploité dans de nombreux mots de la folie (→ *délire*).

Étym. : f. XIIIe, probablement du latin *exquartare*, de *quartus* « quart ».

ÉCERVELÉ, ÉE adj. et n. (XVIIe) : fou ou étourdi. Au Moyen Âge, le mot s'emploie d'abord au sens littéral de « qui a la cervelle sortant du crâne ». Par figure, il s'emploie à propos de qqn dont l'entendement est troublé. Depuis l'époque classique, *écervelé* a la valeur abstraite de « tête sans cervelle » (→ *cervelle*), s'appliquant à la distraction, à l'irréflexion ou à la folie (→ *braque*). L'usage courant moderne lui attribue la valeur dominante de « qui se comporte d'une manière légère, irréfléchie » (→ *étourdi, hurluberlu*).

Étym. : XIIIe, p. p. de l'ancien v. *escerveler* (XIIe), formé de *é-* marquant la « sortie » et de *cervelle*.

ÉCHAPPÉ, ÉE adj. et n. « *Un cheval échappé* » (m. XVIIe) : un individu déraisonnable et imprévisible. Aujourd'hui disparue dans cet emploi métaphorique, l'expression établit une analogie entre l'absence de limites mentales, comportementales caractérisant l'*insensé* et le comportement débridé de l'animal lorsqu'il s'échappe de son enclos (« *courir comme un cheval échappé* »). Employé comme nom, *échappé* désigne un fugitif, une personne qui s'est échappée d'un lieu où elle était gardée. « *Échappé de* » suivi d'un nom d'asile d'aliénés, constitue, par figure, un euphémisme aujourd'hui vieilli pour *fou à lier*. En procèdent la locution « *un échappé de l'asile* » et ses nombreuses variantes : « *échappé de Bedlam/Bicêtre/Charenton/ des Petites-Maisons...* ». • Substantivé au féminin, *échappée* a signifié au fig. « conduite déraisonnable », sens aujourd'hui disparu. Avec la valeur abstraite de « bref moment, intervalle », le mot est employé dans la locution « *ne plus avoir une seule échappée de bon sens* » pour « déraisonner ».

Étym. : p. p. adj. du v. *échapper* (XIIe, *escaper*), du latin pop. *excappare*.

ÉCHARPE n. f. « *Avoir le cerveau/la cervelle/l'esprit en écharpe* » (XVIIe) : être un peu fou. L'expression « *en écharpe* » signifie « en bandoulière » d'où, par figure, « de travers ». Au sémantisme du biais mental s'ajoute la notion fig. de « handicap psychique », *écharpe* se disant aussi en médecine d'un bandage. Inusitées aujourd'hui, ces expressions sont à rapprocher de « *avoir le cerveau foulé/ luxé* » (→ *foulé*, *luxé*), « *béquiller de la pensarde* » (→ *béquiller*).

Étym. : XIIe, d'origine incertaine, peut-être du francique *skirpa*, lui-même du latin *scirpea*.

ÉCHAUFFÉ, ÉE adj. et n. « *Avoir le cerveau/l'imagination échauffé(e)* » (XIXe), fam. : bouillonner, s'exalter. Par figure, le mot exprime l'excitation, l'inflammation mentales. L'adj. est également substantivé : « *un échauffé de la belle espèce* ». Il est vieilli dans tous ces emplois (→ *bouillon*, *chauffer*).

Étym. : XIIe, p. p. du v. *échauffer*, du latin *excalefacere*.

ÉCHAURÉ, ÉE n. et adj. (XIXe), fam. : fou, agité. Le mot est d'origine régionale (Est). Le mot s'emploie d'abord pour « élancé en plein vol » (en parlant d'un oiseau). Par extension fig., on passe à l'idée d'« agitation dans les airs », d'« exposition à tous les vents ». Dans le registre de la folie, ces thèmes permettent de rendre les notions de vacuité mentale, de fuite des idées et de dégradation de la pensée. À rapprocher de « *battre vent* », « *tête au vent* » variante de « *tête à l'évent* » (→ *évent*), « *avoir une cervelle de révolin* » (→ *révolin, vent*).

Étym. : p. p. du v. *échaurer*, dérivé de *essorer* (déb. XIIe), du latin pop. *exaurare*.

ÉCHELON n. m. « *Avoir un échelon de trop* » (XXe), fam. : être un peu fou, déséquilibré. L'expression est régionale (Alsace). À partir de la notion de graduation, la métaphore est celle du dépassement de la règle, c'est-à-dire des limites, de la mesure pour signaler l'excès et donc le déséquilibre mental (→ *dépasser, hors, limite*).

Étym. : f. XIe, de *échelle*, lui-même du latin *scala*.

ÉCHO n. m. « *Écho de la pensée* » (XXe), psych. : phénomène hallucinatoire convainquant le sujet que l'on répète sa propre pensée, qui se dévide alors par-devers lui. Caractéristique de l'*expérience psychotique*, il s'accompagne souvent de sensations de dépossession de soi-même et d'emprise par une force extérieure (→ *influence, xénopathie*). Il appartient au syndrome de l'*automatisme mental* (→ *automatisme*).

Étym. : XIIIe, du latin *echo*, lui-même du grec *êkhô*.

ÉCHOLALIE n. f. (f. XIXe), psych. : répétition machinale des derniers mots prononcés par un interlocuteur, comme en écho. Chez l'adulte, ce trouble s'observe dans l'*arriération mentale*, les *démences* ou certaines formes de *schizophrénie*.

Étym. : f. XIXe, de l'all., lui-même du grec *êkhô* et *lalia*, de *lalein* « parler ».

ÉCLATÉ, ÉE adj. « *Être complètement éclaté* » (XXe), fam. : être fou, ivre ou drogué. Le mot exprime au passif la notion de rupture brutale et violente, avec l'idée de projection d'éclats. Par figure, il permet de traduire l'éparpillement de la pensée dû à la folie, aux effets de l'ivresse ou à l'usage de stupéfiants. Un sémantisme identique conduit aux expressions « *être explosé* », « *être en rupture* », « *avoir la raison qui vole en éclats* », etc. (→ *explosé, rupture, voler*).

Étym. : p. p. du v. *éclater* (XIIe), peut-être issu du francique *slaitan*.

ÉCLIPSE n. f. « *Avoir un cerveau à éclipses* » (XVIIe) : être sujet à des accès de folie. La locution adj. « *à éclipses* » s'emploie pour « qui se manifeste par accès », avec donc l'idée d'intervalles libres. « *Folie à éclipse* », c'est-à-dire « folie rémittente », est une dénomination ancienne de la *psychose maniaco-dépressive*, comme *folie alterne, folie périodique* ou *folie à double forme* (→ *folie, manie*). Ces expressions sont aujourd'hui obsolètes (→ *accès, alternatif, périodique*).

Étym. : XIIe, du latin *eclipsis*, lui-même du grec *ekleipsis*.

ÉCOUTE n. f. « *Avoir des attitudes d'écoute* » (XXe), psych. : manifester par son comportement que l'on entend des voix. Il s'agit de signes par lesquels un patient psychotique indique être en proie à un vécu délirant fait d'*hallucinations auditives* ou *acoustico-verbales* (→ *hallucination*). De telles manifestations frappent l'entourage par leur caractère étrange et inapproprié à la situation. Le sujet semble anormalement et, souvent brusquement, absorbé par qqch, fixant son regard sur un coin de la pièce, tendant l'oreille, remuant parfois les lèvres en silence (→ *entendre*).

Étym. : déb. XXe, déverbal de *écouter*, du latin *auscultare*.

ÉCREVISSE n. f. « *Avoir une écrevisse dans la tourte/dans le vol-au-vent* » (XIXe), fam. : être un peu fou. L'expression est une variante imagée de « *avoir une araignée dans le plafond* » (→ *araignée*). *Tourte* et *vol-au-vent* désignent ici la tête par métaphore et analogie de forme (→ *tête*). Au thème de la présence parasite d'un intrus dérangeant à l'intérieur de la tête, l'emploi du mot *écrevisse* ajoute une note insolite et plaisante. Le mode de déplacement de ce crustacé d'eau douce accentue l'idée de bizarrerie *(« avan-*

cer comme une écrevisse » : « de côté, à reculons »). Enfin, notons l'influence possible de la locution *« éplucher les écrevisses »* qui s'est dit pour « perdre son temps à des niaiseries ».

Étym. : XIIIe, de l'ancien français *crevice*, d'un mot francique.

ÉGARER   v.   (XIIe) : troubler l'esprit. Le mot exprime l'incapacité à conserver le sens, ses propres repères, ce qui correspond à la perte de l'entendement et à la désorientation mentale. • *« Un esprit égaré »*, *« un égaré »*, *« pauvre égaré ! »*. À rapprocher de *désorienté, perdu*. • La forme pron. *s'égarer* signifie « perdre le bon chemin » et au fig. « s'écarter du bon sens » (→ *divaguer*). *« Le cerveau/l'esprit/la raison/la tête... s'égare »*. • *Égarement* traduit, par figure, l'écart par rapport à la norme, à la raison. *« L'égarement du cerveau/de l'esprit »*, *« être dans un/(l') égarement (total) »*, *« connaître un moment d'égarement »* (→ *errance*).

Étym. : XIIe, de *e(s)-* privatif et du germanique *warôn* « veiller à ».

ÉLECTROCHOC   n. m.   (XXe), psych. : méthode de traitement consistant à provoquer une crise d'épilepsie généralisée, par passage d'un courant électrique transcérébral. Dès la fin du XVIIIe siècle, le champ d'application de l'électricité s'étend au traitement de la folie. Le *galvanisme* suivra puis d'autres procédés se développeront parallèlement aux progrès des techniques, avec l'idée de provoquer au niveau de la tête de l'*aliéné*, une secousse salvatrice (→ *choc*). Dans les années trente, l'aliéniste hongrois Ladislas von Meduna part d'un postulat faux, mais qui s'avère déterminant : l'*épilepsie* et la *schizophrénie* sont supposées ne jamais coexister chez un même patient. En provoquant des crises comitiales chez un schizophrène, on doit pouvoir améliorer son état mental. Le médecin a recours au *cardiazol*, dont l'injection intraveineuse rapide déclenche une crise d'épilepsie généralisée. Un peu plus tard, les Italiens Ugo Cerletti et Lucio Bini substituent le courant électrique à cette substance non dépourvue de dangerosité et à la maniabilité aléatoire. L'*électrochoc*, réalisé au moyen d'un *sismothère*, fait son entrée dans les thérapeutiques psychiatriques. D'abord utilisé (à tort) dans la *schizophrénie*, puis de manière désordonnée dans d'autres pathologies mentales, l'*électrochoc* connaît une certaine désaffection dans les années soixante, au moment de l'avènement des médicaments psychotropes. Pourtant, ce *traitement de choc* ne disparaît pas du champ psychiatrique : il s'avère très efficace dans les troubles *mélancoliques* de l'humeur rebelles aux traitements médicamenteux ou de formes particulièrement sévères, sans que son mécanisme d'action soit bien connu. Actuellement utilisé sous anesthésie brève et curarisation (afin d'éviter les traumatismes ostéoarticulaires liées aux convulsions), il consiste en l'application d'un courant variant de 80 à 150 volts durant 0, 1 à 1 seconde, au moyen de deux électrodes placées sur les tempes du malade. Le nombre des séances est de l'ordre d'une dizaine, avec un rythme de 2 à 3 chocs par semaine. Dans le public, le terme *électrochoc* cristallise des images de violence et d'incurabilité, faisant de ce procédé l'un des symboles de la psychiatrie asilaire (→ *coucou*). On parle de « *la barbarie des électrochocs* ». Cette représentation péj. est injuste, compte tenu des techniques et des indications actuelles. Elle oblige les médecins à remplacer le terme par ceux de *sismothérapie*, d'*électronarcose* ou d'*électroconvulsivothérapie*. *Sismothérapie* est fam. abrégé en *sismo*, comme dans « *faire des sismos* », c'est-à-dire « appliquer ce traitement à un malade ». L'abrègement est employé par les patients qui en ont fait l'objet : « *avoir eu des sismos* ».

Étym. : XXe, de *électro-choc*, composé de l'élément *électro-* « relatif à l'électricité » et de *choc* (→ *choc*).

ÉLÉPHANT n. m. « *Voir des éléphants roses* » (XXe), fam. : avoir des visions sous l'effet de l'alcool, de la drogue ou de la folie (rare). L'expression est tirée de l'anglais « *pink elephants* ». Elle illustre le thème de l'hallucination visuelle, c'est-à-dire le fait de voir des choses qui n'existent pas. L'animal signale par lui-même l'incongruité et l'énormité de la vision, tandis que la couleur rose qui lui est appliquée évoque le caractère incroyable, non sérieux de l'expérience. Cette présentation exotique et plaisante des « visions » (spécialement de l'ivresse) tranche avec la réalité clinique des *zoopsies* cauchemardesques dont sont l'objet les malades atteints de *delirium tremens*.

Étym. : XIIe, du latin *elephantus*, lui-même du grec *elephas, elephantos*.

ELLÉBORE ou HELLÉBORE   n. m. « *Avoir besoin de deux/six/quelques grains d'ellébore* » (XVIIe) : être fou. L'expression fait allusion à la plante médicinale ayant des effets émétiques et purgatifs extrêmement violents. Depuis l'Antiquité, on prête à cet « évacuant » toxique des vertus thérapeutiques contre la folie (→ *aneth, drogue*). Son usage médical s'est éteint définitivement à l'aube de la psychiatrie aliéniste. L'*ellébore* est aussi appelée *herbe d'Anticyre*. Aujourd'hui, dans certaines régions (Champagne), la plante est encore communément dénommée *herbe des fous*. « (...) *L'ellébore (fut) à tel point lié à l'idée de maladie mentale que le dérivé de son nom en latin, elleborus, sera un des substantifs désignant le fou (...)* » (J. Postel et C. Quetel).

Étym. : XIIIe, du latin *elleborus* (ou *helleborus*), lui-même du grec *helleboros* d'origine obscure.

ÉLUCUBRATION   n. f. (XIXe), péj. : divagation, extravagance. Le mot s'applique d'abord à un travail très soigné, ayant demandé du temps et de l'attention. De l'idée de travail intense, on passe à la notion péj. (surtout au pluriel) d'activité mentale particulièrement laborieuse et fantasque. Ce sens moderne est influencé par la nature expressive même du mot, comme c'est le cas pour *hurluberlu*. « *C'est encore une de ses élucubrations !* » (→ *divagation*). • *Élucubrer*, d'emploi rare, signifie péj. « rêvasser ou délirer ». « *Il est toujours à élucubrer.* »

Étym. : m. XVIIIe, du bas latin *elucubratio*, de *elucubrare* « travailler à la lueur d'une lampe ».

ENCASTELÉ, ÉE   adj. « *Un homme encastelé* » (f. XVIIe) : un homme obtus ou un peu fou. Le mot s'applique d'abord à un cheval atteint d'un rétrécissement du sabot (encastelure). Par métaphore, il évoque l'idée d'une cervelle rétrécie, donc d'une diminution de l'entendement. Il est inusité aujourd'hui.

Étym. : p. p. du v. *encasteler* (déb. XVIIᵉ), adapté de l'italien *incastellare* « fortifier ».

ENCÉPHALE n. m. (XVIIIᵉ), didact. : ensemble des organes contenu dans la boîte crânienne. Le mot est introduit au début du XVIIIᵉ siècle pour qualifier puis désigner des vers parasites prenant naissance dans la tête : « *des vers encéphales* », « *les encéphales* ». Cet emploi très particulier — contemporain de l'expression « *ver de la conscience/de l'esprit* » —, témoigne de la place qu'occupe le *ver* en tant que symbole de ce qui parasite la pensée (→ *trichine, ver*). Rapidement disparu en ce sens, *encéphale* prend sa valeur didact. moderne d'ensemble des centres nerveux situé à l'intérieur du crâne (cerveau, cervelet, tronc cérébral). Le mot est employé couramment au sens fam. de « cerveau ». L'expression arg. « *avoir des fourmis dans l'encéphale* » signifie « être fou ». Elle rappelle « *avoir une araignée dans le plafond* », la métaphore étant celle de la présence parasite d'un hôte dérangeant dans la tête, pour traduire la folie (→ *araignée*). À cette idée s'ajoute celle de « fourmillement des idées » : la locution est en effet construite sur le modèle de « *avoir des fourmis dans (les membres)* ».
• *Encéphalite* s'applique en médecine à l'inflammation de l'encéphale. Le mot est employé dans l'usage courant, comme dans l'expression fam. et péj. « *avoir fait une encéphalite quand on était petit* » pour « être fou » ou « débile ». Celle-ci ironise sur les séquelles d'une atteinte du cerveau contractée il y a longtemps. • *Encéphalopathie* désigne didact. une affection organique du cerveau, de nature non inflammatoire. Celles qui sont dues à l'alcool se nomment *encéphalopathies alcooliques (psychose de Korsakov, maladie de Gayet-Wernicke)*. • *Encéphalopathe* lui correspond comme adj. et nom. Passé dans la langue usuelle, il se dit par extension et à tort de toute personne « mentalement dérangée ». « *C'est le vrai encéphalopathe* », « *quel encéphalopathe !* ».

Étym. : déb. XVIIIᵉ, du grec *egkephalos* « cervelle ».

ENDOGÈNE adj. « *Dépression/psychose endogène* » (XXᵉ), psych. : affection mentale non liée au milieu environnant, tant dans sa genèse que dans le déclenchement de ses accès. L'adj. a le sens de « qui provient de l'intérieur », « dont la cause est interne », par opposition à *exogène*. En psychiatrie, cette notion est aujourd'hui discutée, *endogène* signifiant surtout « de cause héréditaire ». Les concepts de ***dépression endogène*** et de ***psychose endogène*** correspondent respectivement à la *mélancolie* et à la *psychose maniaco-dépressive* (→ *manie, mélancolie*).

Étym. : déb. XIXᵉ, de l'élément *endo-* (tiré du grec *endon* « en dedans »), et de *-gène*, du grec *genos* « naissance, race ».

ÉNERGUMÈNE n. (XVIIIᵉ) : personne exaltée, violente. « *Crier/s'agiter comme un énergumène* », « *quel énergumène !* ». À la notion d'exaltation violente, s'ajoute aujourd'hui celle de folie dangereuse (→ *fou furieux*) et d'extrémisme : « ***une bande d'énergumènes*** ».

Étym. : XVIᵉ, du latin ecclésiastique *energumenus (-os)* « possédé du démon », du grec *energoumenos*.

ÉNERVÉ, ÉE adj. et n. « *C'est un énervé de première* » (f. XXᵉ), fam. : une personne mentalement dérangée. Cette acception est récente, en relation avec *nerveux*. On dit aussi « *faire l'énervé* » pour « se conduire de manière déraisonnable ». À l'origine, le mot signifie « dont les tendons sont coupés » d'où, par figure, « amorphe » (→ *nerf*). *Énervé* développe ultérieurement le sens contraire d'« excité » lorsque son élément préfixal *é-* est interprété comme intensif (→ *nerveux*).

Étym. : p. p. du v. *énerver* (XIIIᵉ), du latin *enervare*.

ENFERMER v. « *À enfermer !* » (XIXᵉ), fam. : complètement fou. L'expression fait une allusion implicite à l'*asile*, lieu d'enfermement des fous. « ***Il est devenu fou, on a dû l'enfermer.*** » Synonyme fam. : « *à boucler !* » (→ *boucler*). Au début du siècle, le verbe a été remplacé dans la langue officielle par *interner*, lui-même écarté au profit de *hospitaliser*, dans les années soixante-dix. • **Renfermement** puis *enfermement* se sont appliqués spécialement à l'isolement et à la détention des fous. La question de l'« exclusion des insensés » a fait couler beaucoup d'encre et demeure un domaine particulièrement sensible aux idées reçues. Au Moyen Âge, le simple d'esprit comme le fou sont tolérés socialement lorsqu'ils semblent inoffensifs. Leurs familles en restent toutefois responsables, et ils sont généralement surveillés, relégués aux basses besognes, dormant et vivant à l'écart, là où ils dérangent le moins. Le « fou des campagnes » est certainement mieux toléré que le « fou des villes ». Le sort réservé aux *furieux* et aux *insensés dangereux* est tout autre : la communauté réagit soit par l'expulsion, soit par l'enfermement. Les villes médiévales disposent de cabanes ou de maisons pour les *déments*. Situés hors des murs, aménagés dans l'une des portes de la cité, ou dans une des tours *(les tours aux fous)*, ces lieux de détention ne concernent toutefois qu'un très petit nombre d'individus. Les malades particulièrement dangereux sont enfermés dans des *gayolles* (→ *gayolle*). Dans la seconde moitié du XIVe siècle, sous l'impulsion de confréries charitables, les *hôtels-Dieu* se multiplient. Certains insensés y sont gardés mais, là encore, le phénomène semble marginal. C'est au XVIe siècle que se développe l'idéologie du **grand renfermement**, décrite par M. Foucault dans l'*Histoire de la folie à l'âge classique*. À cette époque, le contexte économique précaire a en effet abouti à la multiplication des errants : mendiants, estropiés, vénériens, épileptiques... et fous. La lèpre ayant disparu du monde occidental, les anciennes léproseries et maladreries se sont transformées en *asiles* destinés à l'enfermement de ces indigents. Au XVIIe siècle, l'édit de 1656 fonde à Paris l'*Hôpital général*, institution regroupant notamment *Grande* et *Petite Pitié*, *Refuge*, *Scipion*, *Bicêtre*, *Salpêtrière*. L'objectif est d'y accueillir tous les errants, les insensés étant enfermés dans des lieux plus ou moins spécifiques, en tout cas souvent insalubres (→ *Bicêtre*, *Salpêtrière*). Quelques années plus tard, un nouvel édit royal invite à fonder des établissements analogues en province. L'effet de telles mesures reste modeste. « *(...) Les hôpitaux généraux du royaume qui ne comptent dans leur population que 5 à 10 % d'insensés, et souvent même, en* *province, moins de 5 %, ainsi que les tours des remparts et les culs-de-basse-fosse (...), ont été loin de constituer un grand renfermement. Un bon millier d'insensés, sûrement pas deux, enfermés dans tout le royaume pour une population qui atteint vingt millions de Français à la fin du XVIIe siècle. On est loin des taux d'internement du XIXe et du XXe siècle ! (...)* » (J. Postel et C. Quétel). Au XVIIIe siècle, les *maisons de force* — souvent d'obédience religieuse — prennent le relais des hôpitaux généraux. C'est l'époque des lettres de cachet permettant l'enfermement d'un individu considéré comme déviant ou dangereux. Ces institutions concernent les *correctionnaires*, auxquels se mêlent *furieux* et *épileptiques*, certains établissements étant plus spécialisés que d'autres (→ *Charenton, Petites-Maisons*). Les *dépôts de mendicité* se multiplient pour interner vagabonds et marginaux de toutes sortes, en nombre beaucoup plus important qu'au siècle précédent. Dans les dernières années de l'Ancien régime, un courant de réformes allié aux thèses philanthropiques nouvelles incite à ne plus simplement enfermer les fous mais à les regrouper dans des établissements spéciaux. Concrètement, la situation n'évolue guère pendant la Révolution et la Restauration, si ce n'est que prend naissance une nouvelle dynamique institutionnelle insufflée par Pinel puis Esquirol. Ce dernier développe l'idée de séparer les différentes catégories de malades, en proposant les plans architecturaux d'un établissement spécialisé divisé en quartiers de classement, séparant les imbéciles des violents, les curables des incurables, etc. Le début du XIXe siècle consacre la naissance de *l'asile d'aliénés*, confirmée par la loi de 1838 relative à l'internement (→ *asile, internement*). Chaque département est dorénavant tenu d'avoir un établissement public spécialement destiné à recevoir et soigner les *aliénés*. Cette évolution est parallèle à l'introduction de la folie dans le corps du savoir médical : elle est observée, classée en catégories diagnostiques et traitée. La clinique psychiatrique naissante se nourrit de ces nouvelles observations et oriente en retour les dispositifs mêmes d'enfermement. L'aliéné n'est plus *détenu*, il est *isolé* à des fins médicales d'observation. Dans la deuxième moitié du XXe siècle, *l'hôpital psychiatri-*

que devient *centre hospitalier spécialisé* puis récemment *centre hospitalier* (→ *hôpital*). Avec l'avènement des médicaments psychotropes puis l'instauration de nouvelles dynamiques institutionnelles (→ *secteur*), le « lieu d'enfermement » ouvre ses portes. Aujourd'hui, moins de 10 % de la population admise en milieu psychiatrique l'est de façon contrainte. De plus, la plupart des soignants de psychiatrie privilégient chaque fois que possible les alternatives à l'hospitalisation : *hôpitaux de jour*, *centres de soins*, *appartements thérapeutiques*, etc.

Étym. : XIIe, de *en-* et *fermer* (du latin *firmare*).

ENRAGÉ, ÉE adj. (XIIIe) : atteint de la rage et au fig. passionné, furieux. Le mot exprime le déchaînement de violence attribué à la maladie (→ *rage*). L'expression « *c'est un chien enragé* » s'applique, par figure, à un individu particulièrement violent et dangereux. L'adj. est substantivé : « *quel enragé !* », « *crier comme un enragé* ». • Le dérivé dialectal *enragerie* s'emploie à propos d'un accès de folie ou d'emportement colérique.

Étym. : XIIIe, p. p. du v. *enrager*, formé de *en-* (marquant l'entrée dans un état) et de *rage*.

ENSEIGNE n. f. « *Avoir retourné l'enseigne* » (XXe), fam. : être devenu fou. L'expression signifie littéralement « fermer boutique ». Elle s'emploie concrètement à propos de la mise en liquidation d'un établissement commercial. Dans le domaine psychique, elle exprime, par figure, la « faillite mentale » (→ *tourner*), tout en faisant directement allusion au déménagement du bon sens. À rapprocher de « *déménager de la boutique* » (→ *déménager*).

Étym. : XIe, du latin *insignia*, pl. neutre de *insignis* « remarquable » (de *in-* et *signum*).

ENSORCELER v. « *Il faut qu'on l'ait ensorcelé !* » (XVIIe) : personne dont le comportement semble étrange, inquiétant. Le verbe signifie « jeter un mauvais sort ». Au passif, *ensorcelé* qualifie et désigne un possédé, qqn se sentant l'objet de sortilèges. Le mot est synonyme d'*envoûté*.

« *Être/se sentir ensorcelé* », « *c'est un véritable ensorcelé* ». En milieu psychiatrique, le mot est employé par certains patients délirants se sentant sous l'emprise d'une force maléfique (→ *démonomanie, influence, possession*).

Étym. : XIIIe, de *sorcier*, du latin *sors, sortis* « sort ».

ENSUQUÉ, ÉE adj. et n. « *Être complètement ensuqué* » (XXe), arg., fam. : se sentir assommé par un traitement calmant. L'argotisme signifie « avoir reçu un coup sur la tête », au propre et au fig. (→ *coup*). Il est d'emploi fam. en milieu psychiatrique, à propos de la sédation excessive provoquée par un traitement psychotrope. Le mot est également substantivé. « *Avoir une tête d'ensuqué* » (→ *calmer, drogue*).

Étym. : m. XXe, p. p. du v. *ensuquer*, du provençal *ensuca*, de *suc* « nuque » d'où « tête ».

ENTENDRE v. « *Entendre des voix* » (f. XVIIe) : avoir des hallucinations auditivo-verbales et, par extension, être fou. L'expression s'emploie dans un contexte d'illumination *mystique* ou *délirante* (→ *Jeanne d'Arc*). En psychiatrie, chez les patients délirants, les *hallucinations auditives* peuvent être constituées de bruits, de sons plus ou moins distincts. Elles sont souvent *auditivo-verbales*, faites de voix connues ou inconnues, qui imposent des ordres étranges, qui répètent la pensée du sujet en écho, qui commentent les actes, etc. (→ *hallucination, parler*). Dans un autre registre, le v. *entendre* a la valeur de « percevoir par l'intelligence ». La locution « *entendre raison* » signifie « admettre ce qui est correct, sensé ». En procèdent « *il n'entend aucune raison* », « *il n'entend ni rime ni raison* » (→ *raison*). • **Entendement**, aujourd'hui vieilli, a désigné l'intelligence, la faculté de compréhension. La locution « *perdre l'entendement* » s'est dit pour « devenir fou », tandis que « *cela (dé)passe l'entendement* » signifie « c'est incompréhensible, inimaginable ».

Étym. : XIe, du latin *intendere*.

ENTONNOIR n. m. « *Avoir un entonnoir sur la tête* », « *porter l'entonnoir* », « *tenir de l'entonnoir* » (XXe), fam. : être fou. Rarement exprimées sous ces formes verbales, de telles évocations sont plus souvent traitées dans le graphisme des caricaturistes ou dessinateurs de BD pour figurer la folie. Ainsi, dans les années soixante-dix, les étudiants opposés aux décisions du ministre de l'Éducation de l'époque représentaient ironiquement ce dernier coiffé d'un entonnoir. Certains ont même animé l'éphémère *radio-entonnoir* (Faculté de Jussieu, Paris), appelant les étudiants à protester et à manifester contre les réformes du ministre. La représentation de la folie au moyen de cet attribut est en réalité fort ancienne. C'est coiffé d'un entonnoir qu'opère le charlatan extracteur dans le tableau de Jérôme Bosch intitulé *La Pierre de la folie* (→ *pierre*). Peut-être faut-il y voir une allusion ironique à la tradition antique des quatre humeurs dont le dosage correct était supposé déterminer le tempérament (→ *mélancolie*). Au XVIIe siècle, les caricaturistes sont également nombreux à tourner la médecine en dérision. Ils traitent les thèmes de « transvasement de liquides mentaux », de « purge de la pensée », auxquels s'associe celui de la « distillation de l'esprit », interprété au moyen d'un instrument concurrent : l'*alambic* (→ *alambic*).

Étym. : XIIIe, du v. *entonner*, de *tonne*, *tonneau* (du latin *tunna* « tonneau »).

ENVELÉ, ÉE adj. (XXe) : insensé, lunatique. Le mot est d'emploi régional (Auvergne).

Étym. : p. p. du v. *enveler*, d'origine obscure. Il s'agit peut-être d'un dérivé provençal du latin *velum* « voile », avec l'idée abstraite de « pensée obscurcie, voilée ». On peut aussi évoquer une variante régionale de *envoilé* « gauchi » ou encore de *envolé* au sens fam. et fig. d'« éclipsé ».

ENVERS n. m. « *N'avoir ni envers ni endroit* », « *avoir la cervelle/la tête/l'esprit... à l'envers* » (XVIIe) : être fou, raisonner de travers. En parlant d'une chose, l'*envers* désigne le côté qu'on ne voit pas, s'opposant à l'endroit. Par extension, la locution « *à l'envers* » signifie « du mauvais côté » d'où, par figure, « contraire à la norme ». « *C'est le monde* *à l'envers* » signale une situation aberrante. Dans le domaine psychique, les expressions de référence évoquent le bouleversement de la pensée. À rapprocher des locutions « *avoir l'esprit tourné* » (→ *tourné*), « *avoir la cervelle/le cerveau/l'esprit renversé* » (→ *renversé*), « *avoir la cervelle démontée* » (→ *démonté*).

Étym. : XIIe, du latin *inversus*, de *invertere* « retourner ».

ENVOÛTÉ, ÉE adj. (f. XIXe) : qui se sent victime d'un sortilège, de magie noire. En psychiatrie, comme son synonyme *ensorcelé*, le mot renvoie aux convictions délirantes de certains malades qui se sentent l'objet de forces occultes néfastes (→ *influence, possession*). • **Envoûtement** lui correspond dans tous ses emplois.

Étym. : p. p. du verbe *envoûter* (XIIIe), de l'ancien français *volt*, *vout*, lui-même du latin *vultus* « visage ».

ÉPIMANE adj. et n. (XIXe) : fou. Le mot est à l'origine un terme médical. Il s'emploie au sens de surexcité, survolté, voire fou furieux. Il est inusité aujourd'hui (→ *hypomane, manie*).

Étym. : terme formé sur le grec *épi-* « au-dessus de » et *maniâ* « folie ».

ÉQUERRE n. f. « *Ne pas/ne plus être (tout à fait) d'équerre* » (XXe), fam. : ne plus avoir tout son équilibre (mental). L'expression figure la « perte de l'orthogonalité » pour exprimer le déséquilibre psychique. À rapprocher de « *ne pas être (bien) d'aplomb* », « *ne plus avoir la tête bien d'aplomb* » (→ *aplomb*).

Étym. : XIIIe, du latin *exquadrare* « rendre carré ».

ÉQUILIBRE n. m. « *Ne plus avoir/perdre son équilibre mental* » (XVIIIe) : devenir fou. Le mot exprime l'idée de rapport stable entre des choses. Dans le domaine psychologique, *équilibre mental* traduit, par figure, l'harmonie normale entre les instances et tendances psychiques. L'ellipse *équilibre* est courante. « *Il n'a plus tout son équilibre* », « *on craint pour son équilibre (mental)* ». À rapprocher de *déséquilibre*, en dehors de son sens didactique spécial en psychiatrie.

Étym. : déb. XVIIᵉ, du latin *aequilibrium*, formé de *aequus* « égal » et de *libra* « balance ».

ÉROTOMANIE n. f. (XIXᵉ), psych. : illusion délirante d'être aimé par une personne d'un rang social généralement élevé. Il s'agit d'un *délire passionnel chronique* pouvant conduire le sujet à poursuivre dangereusement de ses assiduités la personne « follement aimée ». Trois phases sont en effet classiques : l'*espoir*, le *dépit* et la *rancune*. • *Érotomane* (ou *érotomaniaque*) désigne et qualifie le malade correspondant.

Étym. : m. XVIIIᵉ, du grec *erôtomania* « folle passion ».

ERRANCE n. f. « *Être en pleine errance mentale* » (XXᵉ) : divaguer. Le mot traduit l'égarement aux sens propre et fig. Dans le domaine psychique, on parle aussi, par figure, des « *errances de l'âme, de l'esprit* » à propos de rêveries, de chimères s'écartant des voies de la raison (→ *égarement*).

Étym. : XIIᵉ, du latin *errantia*, dérivé de *errare*.

ESPRIT n. m. « *Ne pas être sain d'esprit* » (XVIIᵉ) : être fou. On dit aussi « *avoir l'esprit aliéné/dérangé/détraqué/égaré/frappé/sous séquestre/tourné/troublé...* », « *perdre l'esprit* », « *avoir l'esprit qui bat la breloque/la campagne* », etc. Le mot désigne ici l'entendement, la raison. En relation avec son étymon, il repose sur les notions de « souffle » et d'« immatérialité » et s'est dit au Moyen Âge de l'âme, de l'inspiration divine. La locution « *vue de l'esprit* » s'applique à une interprétation erronée, une idée chimérique. « *Avoir l'esprit faussé* » signifie « déformer la réalité » (→ *faussé*). Par métonymie, *esprit* s'emploie en parlant de la personne elle-même : « *un esprit compliqué/dérangé/retors/tordu...* »

Étym. : XIIᵉ, du latin classique *spiritus* « souffle, air ».

ESQUIROL n. pr. « *Aller à (venir d') Esquirol* » (XXe), fam. : être fou. L'expression fait référence au célèbre aliéniste dont le nom a été adopté par de nombreux hôpitaux ou pavillons psychiatriques. D'autres noms d'aliénistes ou de neuropsychiatres réputés donnent lieu à de nombreuses variantes. Citons en particulier *Baillarger, Charcot, Foville, Lunier, Parchappe, Régis*, etc. « *L'an dernier, il a fait un petit séjour à Esquirol.* »

Étym. : patronyme du psychiatre français Étienne Jean Dominique Esquirol (1772-1840), élève et continuateur de Philippe Pinel (1745-1826). Son œuvre, à la fois clinique et médico-administrative, a profondément marqué le destin de la psychiatrie.

ESTRAMBORD n. m. (XXe) : transport d'enthousiasme, passion, exaltation, délire. Le mot est d'usage méridional. Il exprime, par figure, la notion de modification brutale de l'esprit (→ *exaltation*).

Étym. : d'origine incertaine, peut-être d'après *transborder* (f. XVIIIe) « faire passer d'un bord du navire à l'autre ».

ESTRASSÉ, ÉE adj. (XXe), fam. : fou. Le mot est régional (Sud-Est). Il est synonyme de *déchiré*, aux sens propre et fig. (→ *déchiré*). « *Il ne va pas mieux, il est complètement estrassé.* »

Étym. : du provençal *estraçar* « déchirer », « gâter » (du latin *ex-tractiare*).

ESTRAVAGÉ, ÉE adj. et n. (XXe) : un peu fou, bizarre. Le mot est employé en créole. Variante (Lyonnais) : *ébravagé*.

Étym. : p. p. d'un verbe *estravager*, résultant sans doute du croisement de *extravaguer* et de *ravager*.

ESTROPIÉ, ÉE adj. et n. « *Être estropié de la cervelle* » (XVIIe) : être fou. Le mot signifie « mutilé, éclopé » et, par atténuation, « abîmé ». L'expression évoque, par figure, le « handicap mental » (→ *cervelle*).

Étym. : déb. XVIe, p. p. du v. *estropier*, de l'italien *stroppiare* « priver de l'usage d'un membre ».

ÉTAGE n. m. « *Être fou à triple étage* » (XVIIᵉ) : être fou au dernier degré. L'expression ironique « *triple étage* » traduit la gravité d'un état dans un contexte dépréciatif *(fou, idiot, imbécile...)*. Aujourd'hui sortie d'usage, la locution de référence est à rapprocher de « *être fou au dernier degré* » (→ *degré*).

Étym. : XIᵉ, de l'ancien français *ester*, du bas latin *staticum*, de *stare* « se tenir debout ».

ÉTAT n. m. « *Son état mental est (particulièrement) inquiétant* » (XIXᵉ) : il présente des troubles psychiques (graves). Le mot désigne la manière d'être physique et morale d'une personne *(état physique, état mental)*. « *Être dans un drôle d'état* » peut s'appliquer à ces deux registres. *État* se dit aussi de toute situation stable et durable (positive ou négative), par opposition à *crise*, *phase*, etc. « *État dépressif* » implique ainsi la notion de durée des troubles de l'humeur. En psychiatrie, le syntagme *état limite* s'emploie à propos d'un patient dont la structure de personnalité est intermédiaire entre la *névrose* et la *psychose* (→ *limite*).

Étym. : XIVᵉ, du latin *status*, dérivé de *stare* (→ *étage*).

ÉTHYLISME (→ *alcoolisme*).

ÉTRANGE adj. et n. (XVIIᵉ) : bizarre, un peu fou. Le mot s'emploie d'abord au sens latin d'« étranger », puis a pris le sens moderne de « contraire à l'usage », « différent de la norme », d'où « singulier », « excentrique, extravagant » : « *c'est un type (très) étrange* », « *quel étrange personnage !* », « *voilà une idée bien étrange* ». L'adj. est substantivé : l'*étrange*. • *Étrangeté* s'emploie pour « bizarrerie ». En psychiatrie, il est utilisé spécialement dans le syntagme *sentiment d'étrangeté* qui s'applique à un sentiment angoissant vis-à-vis d'êtres ou d'objets qui, bien que familiers, paraissent étrangers. Les propres réactions du sujet lui semblent bizarres et tout ce qui se passe autour de lui paraît se dérouler « comme sur un écran ». Ce trouble traduit une altération de la relation au réel. Il s'observe avec une intensité particulière dans la *schizophrénie*, où il s'accompagne le plus souvent d'un sentiment de *dépersonnalisation* (→ *bizarrerie, dépersonnalisation*).

Étym. : XIe, du latin *extraneus* « extérieur ».

ÊTRE   v. « *Ne plus savoir qui on est* » (XXe) : être confus, avoir perdu ses repères (→ *savoir*). L'expression traduit la perte d'identité, le sentiment de dépossession de soi-même. De tels troubles peuvent s'observer dans les états *confusionnels*, *démentiels*, ainsi que dans certaines *psychoses* (→ *confusion, démence, psychose*).

Étym. : IXe, d'un latin pop. *essere*, du latin classique *esse*.

ÉVALTONNÉ, ÉE   adj. et n.   (XIXe) : étourdi ou un peu fou. Le mot est régional (Lorraine). Il signifie aussi « excité, survolté ». « *Il est un peu évaltonné* », « *quel évaltonné !* ».

Étym. : p. p. du v. pron. *(s') évaltonner* (XVIe), « s'échapper », de l'ancien français *valeton*, diminutif de *valet*.

ÉVAPORÉ, ÉE   adj. et n. « *C'est une évaporée de première* » (XXe) : une étourdie ou une folle. Le mot exprime la notion de dissipation en parlant de substances volatiles. Dans le domaine psychologique il s'applique, par figure, à la légèreté d'esprit, à la dispersion des idées, depuis l'époque classique (→ *vapeur, vent*). Le terme est plus souvent employé au féminin. « *Elle semble toujours un peu évaporée.* »

Étym. : XVIIe, p. p. du v. *évaporer* (XIVe), du latin *evaporare*.

ÉVENTÉ, ÉE   adj. et n.   (XIXe) : écervelé, fantasque. Le mot exprime au passif l'idée de détérioration par exposition à l'air. Dans le domaine psychique, il évoque au fig. la légèreté d'esprit, le vide mental, plus que l'altération de la pensée (→ *vent*). « *C'est un éventé.* » • *Évent* s'emploie dans la locution « *tenir de l'évent* » qui signifie « être peu sensé » depuis l'époque classique. Comme « *tête à l'évent* » pour « personne étourdie », la locution exploite les développements métaphoriques liés au mot *vent*, pour figurer la vacuité de l'esprit, l'absence mentale, par un sémantisme partagé avec le latin *follis* à l'origine de *fou* (→ *fou*). Ces expressions sont aujourd'hui sorties d'usage, sauf en emploi régional.

Étym. : p. p. du v. *éventer* (XIIe), composé du préfixe *é-* (de *ex-*) et de *vent*.

EXALTÉ, ÉE   adj. et n. « *C'est un exalté* » (XXe) : une personne surexcitée ou folle. Le mot est d'abord employé dans le domaine religieux. On passe de l'idée d'élévation spirituelle à celle de dépassement des limites mentales. Depuis le XVIIIe siècle, *exalté* a ainsi le sens psychologique de « marqué par l'excès ». Substantivé, il est aujourd'hui synonyme de *allumé, fanatique*. « *Une imagination exaltée* », « *un exalté* ». • *Exaltation* suit l'évolution sémantique du mot. Il désigne couramment une grande excitation mentale avec euphorie. « *Un état d'exaltation.* »

Étym. : m. XVIIe, p. p. du v. *exalter*, du latin *exaltare* « élever ».

EXCENTRIQUE   adj. et n. (déb. XIXe) : dont la manière d'être sort des normes. Employé d'abord en astronomie, le mot a le sens de « situé loin du centre ». Par figure, il développe le sémantisme de l'écart par rapport à la norme, ce qu'exploite sa valeur psychologique (→ *écarter*). L'adj. est synonyme de *bizarre, étrange, extravagant, original, singulier*. Il ne comporte que peu de connotations pathologiques. « *Avoir des idées/une tenue... (un peu) excentrique(s).* » Substantivé, il désigne la personne ayant la disposition correspondante : « *un excentrique* ». • *Excentricité* suit le même développement. Au fig., il signifie « bizarrerie, extravagance ». « *Quelle excentricité !* »

Étym. : XIVe, du latin médiéval *excentricus*, du bas latin *eccentros*, lui-même du grec *ekkentros*.

EXCITÉ, ÉE   adj. et n. (m. XIXe) : agité. Le mot s'emploie surtout en parlant de qqn qui a une activité anormalement vive dans le domaine du désir sexuel ou de la vie mentale, en concurrence avec *surexcité*. « *Il est excité au plus haut point* », « *un excité* » (→ *agité, exalté*). • *Excitation* se dit aussi d'une agitation psychomotrice accompagnée d'une suractivité mentale désordonnée. « *Il est dans un état d'excitation qui frise la folie !* » (→ *surexcitation*).

Étym. : p. p. du v. *exciter* (XIIe), du latin *excitare*.

EXHIBITIONNISME (→ *perversion*).

EXOGÈNE adj. « *Dépression exogène* » (XXe), psych. : fléchissement de l'humeur lié à tout facteur externe repérable. L'adj. a le sens de « qui provient de l'extérieur », « dont la cause est externe ». On parle plus souvent aujourd'hui de *dépression réactionnelle* pour établir un lien de cause à effet entre l'environnement du sujet et les troubles de l'humeur qu'il présente. En psychiatrie, l'opposition *endogène-exogène* est cependant très discutée (→ *endogène*). Actuellement, l'accent est plutôt mis sur l'intensité des troubles de l'humeur que sur une telle distinction. Dans le registre des *psychoses*, on trouve également le concept controversé de *psychose exogène* par opposition aux *psychoses endogènes* (→ *réactionnel*). *Exogène* est également utilisé en médecine pour évoquer de manière voilée l'alcoolisme. On parle abusivement d'*intoxication exogène* ou d'*exogénose*.

Étym. : déb. XIXe, de l'élément *exo-* (tiré du grec *exô* « dehors »), et de *-gène*, du grec *genos* « naissance, race ».

EXORCISER v. « *Demander à être exorcisé* » (XXe) : vouloir se débarrasser de démons ou de forces occultes dont on se sent possédé. Dans son emploi religieux, le verbe signifie « chasser le(s) démon(s) » au moyen de pratiques spécifiques fixées par la liturgie. Les rapports entre la folie et la possession démoniaque ont été souvent exploités, notamment au Moyen Âge et au XVIIe siècle. Jusqu'à la Renaissance, on a vu par exemple dans la *mélancolie* — qui n'avait pas exactement son sens didactique actuel — l'influence du Malin (→ *démonomanie, mélancolie, lypémanie, possédé*). Si l'Église se montre de nos jours très prudente et circonspecte en matière de possession diabolique et d'intervention visant à délivrer qqn du diable, certains malades mentaux délirants font régulièrement des demandes en ce sens auprès des aumôniers des hôpitaux psychiatriques. • *Exorcisé* s'emploie, par figure, dans l'expression « *se débattre comme un exorcisé* » pour « être très agité ». • Les termes *exorciseur*, *exorciste*, *exorcisation* et *exorcisme* sont tous empruntés au latin ecclésiastique. « *Avoir besoin d'un exorcisme.* »

Étym. : XIVe, du latin d'Église *exorcizare*, lui-même du grec *exorkizein*, composé de *ex-* « hors de » et de *horkos* « serment, conjuration ».

EXPÉRIENCE n. f. « *Expérience délirante primaire* » (XXe), psych. : bouffée délirante, souvent inaugurale d'une psychose avérée (→ *bouffée*, *délire*).

Étym. : XIIIe, du latin *experientia*, issu de *experiri* « faire l'essai de ».

EXPERTISE n. f. « *Expertise psychiatrique* » (XXe), jur., psych. : mesure d'instruction civile ou pénale visant à faire examiner une personne par un psychiatre inscrit auprès des tribunaux (→ *irresponsable*).

Étym. : déb. XVIIe, de *expert*, issu du latin *expertus*, p. p. adj. de *expertiri* (→ *expérience*).

EXPLOSÉ, ÉE adj. « *Ce mec est complètement explosé !* » (XXe), fam. : il est ivre, fou ou drogué. Le mot exprime l'éclatement violent, la rupture brutale au propre et au fig. Dans le registre abstrait de la pensée, il traduit le démantèlement (provisoire ou durable) de l'unité psychique (→ *pété*, *rupture*). À rapprocher de « *avoir la raison qui vole en éclats* » (→ *voler*).

Étym. : p. p. du v. *exploser* (XIXe), issu de *explosion*, du latin *explosio*, lui-même dérivé de *explodere* « rejeter en frappant des mains ».

EXTASE n. f. « *Extase hystérique* » (XVIIIe), psych. : état de sidération psychique particulier rappelant l'extase mystique. Le mot est d'abord employé dans le vocabulaire religieux, à propos de l'état de ravissement d'une personne qui — dans sa foi ardente — est comme « transportée hors d'elle- même, hors du monde sensible » (→ *mystique*). • ***Extatique*** lui correspond comme adj. et comme nom.

Étym. : déb. XIVe, du latin d'Eglise *extasis, ecstasis*, lui-même du grec *ekstasis*.

EXTRAVAGANT, E   adj. et n. (XVIe) : bizarre, excentrique ou fou. Le mot exprime la notion d'écart par rapport à la norme commune. « *Un esprit/une imagination/des idées/ une tenue... extravagante(s).* » • ***Extravagance*** lui correspond. Il s'est employé pour « folie ». L'expression « ***les extravagances de Sainte-Anne*** » s'est appliqué à un état d'agitation délirante d'origine éthylique. Elle fait allusion au célèbre hôpital psychiatrique Sainte-Anne de Paris. « *(...) Alors les extravagances de Sainte-Anne recommençaient. Méfiant, inquiet, tourmenté d'une fièvre ardente, il se roulait dans des rages folles, déchirait ses blouses, mordait les meubles de sa mâchoire convulsée (...)* » (Zola). • ***Extravaguer*** s'emploie pour « agir/parler/penser sans raison ». Aujourd'hui archaïque, il est remplacé dans l'usage courant par son synonyme *divaguer* (→ *délirer, divaguer*). Variantes arg. : estravaguer, ***estravaganter***.

Étym. : XIVe, du latin *extravagans*, formé de *extra-* « hors de » et de *vagans*, dérivé de *vagari* « s'écarter de la voie », lui-même de *vagus* « errant ».

EXTRÊME   adj. et n. « *Un état de fureur extrême* » (XVIIe) : une agitation forcenée (→ *fureur*). Le mot s'applique dès l'origine au point le plus élevé d'un registre donné. Il exprime le dépassement des limites normales, d'où l'excès, la démesure (→ *borne, limite*). « *Il est extrême en tout.* » • ***Extrêmement*** s'emploie couramment pour « beaucoup ». « *Il est extrêmement fou/perturbé...* » • ***Extrémisme, extrémiste*** et ***extrémité*** traduisent également l'excès, avec l'idée de violence. « *Un forcené poussé à la dernière extrémité.* »

Étym. : XIVe, du latin *extremus*, superlatif de *exter* « le plus à l'extérieur ».

FABULER v. (f. XIXᵉ) : raconter des choses imaginaires, inventées de toutes pièces, auxquelles le sujet peut ou non adhérer. « *Il fabule constamment, c'est un vrai mythomane.* » Le verbe *affabuler* est repris en psychologie comme synonyme de *fabuler*. • *Fabulation* désigne didact. et couramment toute construction imaginaire présentée et racontée comme un fait réel. En psychiatrie, la production pathologique de *fabulations* relève de la *mythomanie* ou du *délire d'imagination*. • Les *confabulations* représentent des *fabulations* créées par qqn au fur et à mesure d'une conversation avec autrui. Elles sont notamment observées dans le *syndrome de Korsakov*.

Étym. : XVᵉ, du latin *fabulari*, dérivé de *fabula* « récit », « conte ».

FACULTÉ n. f. « *Ne plus avoir/posséder toutes ses facultés* », « *ne plus jouir de toutes ses facultés mentales* » (XIXᵉ) : ne plus avoir toute sa raison (→ *jouir, posséder*). Le mot désigne au pluriel les aptitudes naturelles d'une personne, en particulier intellectuelles. On parle des *facultés mentales*. Au singulier, il se dit aussi pour « université », surtout sous la forme abrégée *fac*. De cette double acception, procède la locution plaisante « *paumer la sorbonne* » qui signifie

« perdre la tête » (→ *sorbonne*). Par extension, dans le langage pop., *faculté* s'applique spécialement à l'ensemble du corps professoral dans le domaine médical. « *Je ne sais pas ce qu'en pense la faculté, mais il aurait besoin d'un bon traitement pour les nerfs.* »

Étym. : XIIIe, du latin *facultas, -atis,* de *facul,* dérivé de *facere* « faire ».

FADA   adj. et n. (XXe) : simple d'esprit ou un peu fou. Le mot est d'origine méridionale, mais il est passé dans le langage courant bien au-delà de Marseille. Comme c'est le cas pour d'autres mots de la folie, *fada* exprime d'abord la niaiserie. Par extension, il s'emploie à propos du dérangement de l'esprit, avec une connotation amicale ou affectueuse. Le *fada* est le plus souvent le « gentil fou ». « *Il est complètement/un peu/à moitié fada* », « *c'est un vrai fada* », « *t'es pas un peu fada ?* », « *té fada* ». • *Fadot* signifie « petit fou ». • *Fadoli* se dit d'une personne un peu folle ou simplette. • *Fadaise* désigne une parole ou un écrit dénué d'intérêt, stupide. Il est généralement employé au pluriel. Bien que le « *fada puisse débiter des fadaises* », le mot est rarement utilisé au sens de « déraison ».

Étym. : déb. XVIIe, de l'ancien provençal *fadatz*, dérivé de *fat* « imbécile », lui-même du latin *fatuus* « qui n'a pas de goût ». Le rattachement fréquent de *fada* à *fée* est erroné.

FADÉ, ÉE   adj. « *Il est (sacrément) fadé dans son genre !* » (XXe), fam. : il est signé ! Le mot signifie littéralement « correctement doté », avec l'idée d'un avantage. Par ironie, il sert d'attribut fam. pour « réussi dans son genre », en particulier dans le registre du dérangement mental.

Étym. : p. p. du v. arg. *fader* (déb. XVIIIe), lui-même du provençal moderne *fadar.*

FADING   n. m. « *Fading mental* » (XXe), psych. : amenuisement puis arrêt du discours traduisant l'altération du cours de la pensée. Le mot s'applique d'abord en radio, à la diminution temporaire et progressive du son. Repris en psychiatrie, le *fading mental* est caractéristique — comme le *barrage* —

du trouble du cours de la pensée *schizophrénique* (→ *barrage*).

Étym. : XXᵉ, de l'anglais *fading*, de *to fade* « s'effacer ».

FADINGUE adj. (XXᵉ), arg. : fou. « *Vise un peu cet énergumène, il a l'air totalement fadingue* » (→ *dingue, fada*).

Étym. : XXᵉ, probablement de *fada* avec suffixation arg., ou du croisement de *fada* et de *dingue*.

FAGOT n. m. « *Il lui manque un fagot* » (XXᵉ), fam. : il est un peu fou. La métaphore est celle d'un cerveau normalement constitué d'éléments assemblés et liés, auquel il manquerait l'un des constituants. Elle traduit ainsi le désordre, le déséquilibre mental (→ *manquer*). L'expression est sans rapport avec la locution « *conter des fagots* » qui s'est dit à l'époque classique pour « raconter des sornettes » et qui jouait sur l'homonymie *conter-compter*. En revanche, elle doit être rapprochée de « *ne pas/ne plus avoir tout son bois à l'abri* » (→ *bois*).

Étym. : XIIᵉ, d'origine incertaine, p. ê. du provençal *fagot* (dérivé du grec *phakelos*) ou du latin *fagus*.

FAIT, E adj. « *Avoir la tête mal faite* » (m. XVIIᵉ) : être un peu fou. Inusitée aujourd'hui, la locution fig. exploite le thème du défaut de construction de la pensée, le manque de structuration mentale.

Étym. : p. p. du v. *faire* (Xᵉ), issu du latin *facere*.

FANTAISIE n. f. « *Fantaisies musquées* » (XVIIᵉ) : extravagances. Le mot s'est d'abord dit d'une perception visuelle imaginaire puis d'une vue de l'esprit. Ces valeurs sont sorties d'usage au profit de « créativité libre et imprévisible » puis de « caprice ».

Étym. : XVᵉ, du latin *fantasia* ou *phantasia*, lui-même du grec *phantasia* « apparition ».

FANTASME ou PHANTASME n. m. (XIXᵉ), méd. : hallucination visuelle (→ *hallucination*). Sorti d'usage en ce sens, le mot a développé ultérieurement la valeur de « représentation imaginaire ». Au XXᵉ siècle, il entre dans le vocabulaire de la psychanalyse pour traduire le terme allemand *Phantasie* introduit par S. Freud. Dans cet emploi, *fantasme* désigne une production de l'imagination par laquelle le moi figure plus ou moins directement l'accomplissement d'un désir inconscient. Le mot est passé dans la langue usuelle, surtout au sens de « désir sexuel inavoué » : « ***avoir de drôles de fantasmes*** ». • ***Fantasmatique*** est d'usage didactique, tandis que le v. *fantasmer* s'emploie couramment dans un registre érotique : « ***Il me fait fantasmer !*** »

Étym. : f. XIIᵉ, du latin *phantasma* « fantôme », « illusion », lui-même du grec *phantasma*.

FANTASTIQUE adj. (XVIᵉ) : fou, insensé. Le mot renvoie d'abord à la notion d'illusion, de production imaginaire qui s'écarte de la raison (→ *imagination*). Depuis le siècle dernier, il s'emploie pour « incroyable », « extraordinaire », avec une connotation positive. Substantivé, il s'applique au merveilleux, à l'irrationnel. En psychiatrie, le syntagme ***délire fantastique*** désigne un délire imaginatif extravagant et invraisemblable. Ce type de *délire chronique* est caractéristique de la *paraphrénie*. • ***Fantasque*** qualifie une personne extravagante, puis une personne changeante, manifestant des sautes d'humeur. Ce dernier sens est aujourd'hui conservé, avec l'idée d'imprévisibilité comportementale (→ *lunatique, quinteux*). « ***C'est un individu un peu fantasque.*** »

Étym. : m. XIVᵉ, du bas latin *fantasticus*, lui-même du grec *phantastikos*, dérivé de *phantazesthai* « s'imaginer ».

FARFADINGUE adj. et n. (XXᵉ), arg. : farfelu, fou. « ***Lui, c'est le vrai farfadingue*** » (→ *dingue*).

Étym. : XXᵉ, néologisme sans doute issu du croisement de *farfadet* et de *dingue*.

FARFAYOT n. m. (XXᵉ), fam. : individu un peu fou. Le mot est régional (Centre). Probablement ressenti comme une variante de *farfadet* (« lutin »), il exprime la fantaisie, un certain détachement du réel, évoquant par ironie « celui qui vit avec les fées ». « *Quel farfayot !* »

Étym. : d'origine incertaine, peut-être de *farfadet*.

FARFELU, E   adj. et n. (XXe) : un peu fou, bizarre. Le mot est un quasi-synonyme de *loufoque*. Le mot évoque la fantaisie, l'absence de consistance, l'illusoire. « *Il est un peu farfelu* », « *un farfelu* », « *mon Dieu, quel type farfelu !* », « *avoir des idées complètement farfelues* ».

Étym. : m. XVIe, de l'ancien français *fafelu* « sornette ».

FAUX, FAUSSE   adj. « *Fausse reconnaissance* » (XXe), psych. : identification erronée de personnes, d'objets ou de lieux, comme étant bien connus. Ce trouble s'observe avec une intensité et une fréquence particulières au cours des états *confusionnels* chroniques (→ *Korsakov*). Dans d'autres cas, la *fausse reconnaissance* est de nature délirante. • Du v. dérivé *fausser* est issu le p. p. adj. *faussé* qui est employé dans l'expression « *avoir l'esprit faussé* » pour « déformer la réalité ». Le thème fig. du mécanisme mental faussé, c'est-à-dire endommagé dans son fonctionnement est exploité dans les locutions « *avoir la serrure brouillée* », « *avoir un rat dans la serrure* » (→ *serrure*). • *Fausseté* s'emploie en psychiatrie dans le syntagme *fausseté du jugement*. Ce dernier s'applique spécialement au mode de raisonnement *paranoïaque* fait de déductions erronées en apparence plausibles, logiques et cohérentes. On dit aussi *fausseté d'esprit* (→ *paranoïa*).

Étym. : XIVe, du latin *falsus*, p. p. de *fallere* « tromper ».

FÉCOND, E   adj. « *Moment fécond* » (XXe), psych. : épisode délirant, au cours de l'évolution d'une psychose. L'adj. est ici employé, par figure, au sens de *productif*, faisant allusion à une production mentale délirante intense (→ *productif*).

Étym. : f. XIIe, du latin *fecundus* « fertile ».

FÊLÉ, ÉE adj. et n. « *Avoir la cervelle/la tête... fêlée* » (XVIIᵉ), fam. : être un peu dérangé mentalement. Par figure, l'expression traduit l'idée de « brèche mentale » consécutive à un coup sur la tête (→ *coup)*. Le thème est celui de la rupture de la pensée, traité ici de manière moins violente et radicale que dans la locution concurrente « *avoir un coup de hache* » (→ *hache)*. On a dit aussi « *avoir le timbre fêlé* » et « *sonner le fêlé* », avec la notion supplémentaire de dissonance mentale (→ *sonner, timbre)*. Depuis le siècle dernier, l'ellipse fam. *fêlé* est courante pour « un peu fou ». « *Être (complètement) fêlé* », « *c'est un vrai fêlé* », « *quel fêlé !* ». • *Fêlure* s'emploie dans l'expression fig. « *avoir une fêlure (dans la tête)* » qui signifie « divaguer ». L'ellipse « *avoir une fêlure* », très courante au XVIIIᵉ siècle, a aujourd'hui vieilli. « *Cet individu divague : il a sûrement une fêlure* » (→ *fissure)*.

Étym. : p. p. du v. *fêler* (XIIIᵉ), du latin *flagellare* « fouetter ».

FERMENTER v. « *Fermenter du couvercle* » (XXᵉ), fam. : être un peu fou. L'expression constitue une variante de « *travailler du chapeau* ». Le thème de la fermentation permet de traduire, par figure, l'idée de « travail intense avec production de chaleur » *(« les esprits fermentent »)*. L'expression de référence, où *couvercle* désigne fam. la tête, l'esprit (→ *couvercle)*, évoque l'échauffement excessif des idées et la dégradation des facultés mentales inhérente au processus. Variantes arg. : « *fermenter de la calbombe* », « *fromager du bulbe* » (→ *calbombe, fromager)*. Sur le thème de l'effervescence mentale, on dit aussi « *bouillonner/frissonner du couvercle* » (→ *bouillonner, frissonner)*.

Étym. : XIIIᵉ, du bas latin *fermentare*, de *fervere* « bouillir ».

FÊTE n. f. « *Fête des fous* » (XIIIᵉ) : manifestation parodique de caractère burlesque au Moyen Âge. Elle était célébrée entre Noël et l'Épiphanie *(fête des saints Innocents* le 28 décembre, *fête de l'Âne* le 1ᵉʳ janvier). On la nommait également « *fête des niais et des fous* ». Se paraient de cette étrange appellation, au sens comique et polémique, les vicaires et les clercs des églises cathédrales (simples prêtres, diacres, sous-diacres...). Ils avaient ce jour-là l'opportunité de figurer de manière frappante leur condition de vie subalterne. Habillés de manière excentrique et la tête entièrement rasée pour symboliser la folie (→ *croix*), ils élisaient leur « évêque » qui devenait aussi le Ier janvier, le *seigneur des ânes.* « *(...) Cet animal, d'abord simple figurant d'une procession comportant la Vierge et l'Enfant fuyant en Égypte, ou encore le prophète Balaam, devint à la longue le personnage principal ; on alla jusqu'à intercaler des hi-han dans les chants liturgiques. Plusieurs décrets d'évêques et de conciles ont voulu réprimer les abus de cette fête, qui fut supprimée par un arrêté de Charles VII, en 1445, mais qui ne disparut complètement qu'au* XVIe *siècle* » (*Dict. Encycl. Quillet*, art. « fou »).

Étym. : m. XIe, du latin *festa*, ellipse de *festa dies* « jour de fête », de *festus*.

FÉTICHISME   (→ *perversion*).

FEUILLE   n. f. « *Il lui manque une feuille* » (XXe), fam. : un peu fou. L'expression est répandue en créole (île de la Réunion). Elle constitue une variante de « *il lui manque une case* » (→ *case*). Le sémantisme employé est celui de la perte d'un des éléments d'un ensemble cohérent et ordonné, en l'occurrence le cerveau, pour exprimer le désordre et le déséquilibre mental (→ *manquer*).

Étym. : XIIIe, du latin *folium*.

FÈVE   n. f. « *Avoir passé par un champ de fèves en fleur* » (XVIIe) : être fou. L'expression est tirée d'une croyance populaire, attestée par les proverbes « *quand les febves sont en fleur, les fols sont de rigueur* » (XVIe) et « *les febves sont en fleurs, les femmes sont folles* » (XVIIe). Selon A. Rey et S. Chantreau, « *cette croyance proviendrait d'un contresens sur un texte de Pline, affirmant que les maladies mentales étaient particulièrement fréquentes* cum faba florescit *(à la floraison des fèves), c'est-à-dire au printemps* ». On trouve aussi « *il n'est pas fou mais il tient un peu la fève* ». Aujourd'hui oubliées, ces expressions

semblent en tout cas sans rapport avec le *favisme* — intoxication due à l'ingestion de fèves ou à l'inhalation des fleurs de fève — qui se traduit notamment par des signes digestifs et une atteinte des globules rouges. Les locutions renvoient sans doute à l'insignifiance, symbolisée depuis longtemps par la *fève* (« *raconter des fèves* » : raconter des bêtises). On peut également évoquer la coutume consistant à tirer les Rois, c'est-à-dire à tirer la fève du gâteau de l'Épiphanie. Par ironie, décerner le titre suprême à qqn, c'est le considérer comme « au plus haut degré en son genre » : le « *roi de la fève* » ou le « *roi du pois* » s'applique couramment au « roi des fous » (→ *roi*). Par ailleurs, on notera que l'*insensé*, dans les romans courtois et surtout dans les farces ou jeux comiques du Moyen Âge, est souvent représenté se nourrissant de fromages et de purée de pois. En procède peut-être le proverbe « *fèves manger fait gros songer* ».

Étym. : XIIe, du latin *faba*.

FIÈVRE n. f. « *Avoir la fièvre des sens* » (XVIe) : être agité, exalté. Par figure, en référence aux signes manifestés lors d'un accès fébrile, le mot s'applique à l'agitation mentale, l'exaltation. « Fièvre du corps » et « fièvre de l'esprit » se conjuguent depuis la plus haute antiquité. L'ancienne médecine distinguait les ***délires avec fièvre*** (→ *frénésie*) et les ***délires sans fièvre*** (→ *manie*). Par ailleurs, l'observation selon laquelle certaines maladies mentales connaissent des périodes de rémission à l'occasion d'une affection fébrile intercurrente a conduit à des méthodes de traitement de la folie fondées sur l'induction de fièvre. Qualifiées de *pyrétothérapiques*, ces techniques, aujourd'hui disparues, appartiennent au registre des *traitements de choc* (→ *choc*). • *Fiévreux* s'emploie en argot du siècle dernier pour « fou ». Substantivé, il est synonyme d'*exalté*. « ***Chez les fiévreux*** » s'est dit fam. en parlant de l'*asile d'aliénés*. « ***On va l'envoyer chez les fiévreux.*** » Le mot est aujourd'hui vieilli en ce sens. • *Fébrile* est en revanche plus actif, mais avec une valeur atténuée. Il signifie couramment, au fig., « agité, un peu anxieux ». « ***Sa nervosité le rend fébrile.*** »

• **Fébrilité** et **fébrilement** ont un développement sémantique identique.

Étym. : XIIᵉ, du latin *febris*.

FIL n. m. « ***Avoir les fils qui se touchent*** » (XXᵉ), fam. : être devenu fou, avoir disjoncté. La métaphore est celle du court-circuit mental, le mot désignant ici par ellipse le *fil électrique* (→ *disjoncter*). L'expression fam. « *perdre le fil* » pour « ne plus savoir ce qu'on veut dire », est liée à l'emploi de *fil* au sens fig. de « succession, enchaînement des idées » (→ *débigocher*).

Étym. : XIIᵉ, du latin *filum* « fil, filament ».

FILIATION n. f. « ***Délire de filiation*** » (XXᵉ), psych. : conviction délirante d'être issu d'une famille illustre, voire d'être de descendance divine. Ce trouble s'observe dans certains délires *schizophréniques* ou *paranoïaques*. La **négation de filiation** est une autre modalité délirante, le sujet réfutant alors ses ascendants. Proférées publiquement, de telles convictions heurtent la collectivité qui s'en empare souvent pour rejeter ou se moquer du patient délirant : « *il dit qu'il est le fils de Dieu, tu vois le genre !* », « *dans cet hôpital, il y a du beau monde : au moins trois Jésus Christ et deux fils de Louis XIV* », etc.

Étym. : XIIIᵉ, du bas latin *filiatio*, dérivé de *filius* « fils ».

FIN adj. « ***Être fin fou*** » (XVIIIᵉ) : être complètement fou. Dans cet emploi fig., le mot signifie « complètement », « au dernier degré » (→ *degré*).

Étym. : XIᵉ, du latin *finis*.

FINI, E adj. « ***Ne pas être (tout à fait) fini*** » (XXᵉ), fam. : être fou ou débile. Le mot a le sens d'« achevé », « complet ». L'expression fig. suggère l'idée d'un défaut de maturation, sous-entendu psychique. L'inachèvement mental évoque le manque d'esprit, d'adaptation, de jugement... Il s'exprime directement dans la locution « *il lui manque une case* » et dans ses nombreuses variantes (→ *manque*). Avec la valeur de « parfait en son genre », l'adj. *fini* est souvent employé en renforcement : « *un barjo fini* » (→ *achevé, complet, total, vrai*).

Étym. : p. p. du v. *finir* (XIII*e*), du latin *finire*, dérivé de *finis*.

FIOLE n. f. « *Péter la fiole* » (XX*e*), fam. : devenir fou. L'expression est une variante de « *péter la carafe* » (→ *péter, carafe*). *Fiole* désigne la tête en argot, par métaphore du récipient (→ *tête*).

Étym. : XII*e*, du latin *phiala*, lui-même du grec *phialê*.

FISSURE n. f. « *Avoir une fissure* » (f. XIX*e*), fam. : être un peu fou. L'expression fig. est l'ellipse de « *avoir une fissure à (dans) la tête* ». L'expression évoque l'idée de brèche, de rupture dans la pensée (→ *fêlé, rupture*). Variante arg. : « *avoir des fissures au caberluche* ». • *Fissurer* est également d'usage concret ou abstrait. À la forme pronominale, il est exploité dans la locution arg. « *se fissurer de la pensarde* » qui signifie « perdre la raison », le néologisme expressif *pensarde* désignant l'esprit (→ *pensarde*). À rapprocher de « *être lézardé du minaret* » (→ *lézarde*).

Étym. : déb. XVI*e*, du latin *fissura*, de *fissus*, de *findere* « fendre ».

FIXE adj. « *Avoir une idée fixe* » (XIX*e*) : avoir l'esprit parasité par une idée ou un thème immuable, être obsédé par qqch. Il a eu la valeur médicale (aujourd'hui vieillie) de *monomanie*, tandis que l'emploi courant en fait un synonyme de *dada, manie, marotte, obsession*. • *Fixé* s'emploie dans l'expression « *il n'est pas (bien) fixé* » qui se dit couramment à propos d'un individu éprouvant des difficultés à se déterminer par rapport à qqch ou qqn. Elle s'emploie régionalement (Nord-Pas-de-Calais) pour « il est bizarre, un peu fou », la notion d'indétermination étant alors exploitée sur le thème de la variabilité de la pensée.

Étym. : XIII*e*, du latin *fixus*.

FLINGUÉ, ÉE adj. « *Être complètement flingué* » (XX*e*), fam. : être très fou. L'expression est réalisée elliptiquement d'après « *avoir le cerveau/la cervelle flingué(e)* ». Le mot signifie « tué », « détruit » et, par figure, « foutu », ce qui est exploité ici dans le registre de l'esprit. À noter que la métaphore de la destruction de la pensée par le feu ou l'explosion est également rendue par les mots *atteint, brûlé, explosé, fusillé, pété, torpillé* (→ *brûlé*).

Étym. : p. p. du v. *flinguer* (m. XXe), de *flingue*, lui-même de l'argot militaire *flingot* « fusil ».

FLIPPER   v. « *Flipper à mort/comme une bête* » (XXe), arg. : angoisser à l'extrême. Le mot apparaît dans l'argot des toxicomanes avec le sens de « délirer », « s'éclater ». Il perd rapidement cette acception, développant la valeur négative d'« être en état de manque de drogue ». De là, il s'emploie pour « déprimer », puis spécialement « angoisser », notamment lors d'expériences de prises de drogues modifiant la relation à la réalité commune (haschisch, L.S.D.). Le verbe est passé dans l'usage courant. « *Ils me font tous flipper* », « *arrête de flipper !* ». • Le déverbal *flip* s'applique à un sentiment d'angoisse mal défini. « *C'est le flip total.* » • *Flippé* et *flippant* suivent la même évolution sémantique. « *Il est flippé* », « *quel flippé !* », « *c'est vachement flippant* ».

Étym. : XXe, francisation de l'anglais *to flip* « secouer », employé en anglo-américain.

FLOTTANT, E   adj. « *Avoir une case flottante* » (XXe), fam. : être un peu fou. L'expression est une variante de « *avoir une case de vide/en moins* » (→ *case*). La locution de référence suggère le détachement, l'évolution pour son propre compte d'un élément appartenant à un ensemble ordonné et cohérent, en l'occurrence le cerveau (→ *manquer*). « *Une pensée flottante et confuse* » se dit d'une pensée en errance.

Étym. : p. prés. du v. *flotter* (XIe), de *flot*, d'un radical francique.

FLOU, E   adj. et n. m. « *Un délire flou* » (XXe), psych. : délire incohérent, mal enchaîné. En psychiatrie, ce type de délire est qualifié de *non systématisé* (→ *système*). Il s'observe surtout dans la *schizophrénie*. On parle aussi de *flou de la pensée* à propos de certains aspects de la pensée *schizophrénique*. Dans le langage courant, « *être dans le flou* » signifie couramment « avoir une pensée confuse, indistincte ». L'argotisme « *avoir du flou dans les vasistas* » s'emploie pour « être fou ».

Étym. : XVIIe, du latin *flavus* « jaune », « fané ».

FOCARD   n. m.   « *Quel focard !* »   (XXe), arg. : quel fou ! Variante graphique : *foquard*. • *Focardise*, vieilli, s'est dit pour « aberration ». « *C'est une focardise* ».

Étym. : d'origine obscure, le mot résulte peut-être du croisement de *fou* et de *tocard* (ou *toquard*) « ridicule ».

FOLASSE   adj. et n. (XXe), fam. et péj. : femme un peu folle, déséquilibrée. « *Elle est folasse comme ce n'est pas permis* », « *regardez moi cette folasse !* », « *une espèce de folasse* ». À rapprocher de *brancasse*.

Étym. : XVIe, d'origine régionale, de *fol, folle* avec le suffixe péjoratif *-asse*.

FOLDINGUE   adj. (f. XXe), arg. et fam. : fou (→ *foudingue*). Variante : *foldingo*.

Étym. : croisement de *fou/folingue* et de *dingue*.

FOLIBUS, ou FOLLIBUS   adj. (XXe), arg. : un peu fou. « *Il a toujours l'air un peu folibus.* »

Étym. : XXe, de *fol, fou*, sous la forme d'un latin de fantaisie par adjonction de la finale *-ibus*, comme dans *rasibus, pedibus*.

FOLIE   n. f.   (XIe) : déraison, dérèglement de l'esprit. Le mot suit une évolution sémantique parallèle à celle de *fou*. Il désigne la perte de la raison chez un individu dont l'intelligence et le rapport à la réalité commune étaient jusque-là relativement sains. Les aliénistes l'ont employé dans divers syntagmes ou expressions : « *folie à double forme/à éclipse/alterne/circulaire/intermittente/maniaque dépressive/périodique/rémittente* » (psychose maniaco-dépressive),

« *folie communiquée/à deux/de la persécution/lucide/raisonnante/simultanée par contagion réciproque/systématique* » (paranoïa), « *folie discordante* » (schizophrénie), « *folie homicide* » (amok...), « *folie hystérique* » (troubles hystériques graves), « *folie du doute/du toucher* » (névrose obsessionnelle), « *folie des grandeurs* » (mégalomanie), « *folie érotique* » (érotomanie), « *folie paralytique* » (paralysie générale), « *folie puerpérale* » (psychose puerpérale), « *folie des dégénérés/morale* » (psychopathie, perversion), « *folie partielle* » (psychoses délirantes chroniques, mélancolie). *Folie* correspond ainsi à l'*aliénation mentale*. Son caractère vague et imprécis l'a fait disparaître du vocabulaire médical en même temps que se distinguaient deux champs nosographiques majeurs : celui des *névroses* et celui des *psychoses*. Au sens fort, le terme *folie* recouvre pour l'essentiel les *troubles psychotiques*. À l'instar de *fou*, il reste employé dans le langage usuel au sens général de désordre mental. On l'utilise aussi pour désigner un état d'exaltation débridée de l'esprit, d'emportement, correspondant à l'acception psychiatrique de *manie*. On dit ainsi couramment : « *avoir un accès/coup/crise/grain/instant/moment de folie* », « *être atteint/frappé de folie* », « *basculer/sombrer dans la folie* », « *folie incurable* ». Les syntagmes *folie douce*, *folie furieuse* et *folie passagère* sont toujours très vivants (→ *doux, furieux, passager*). Par extension, *folie* s'applique au manque de jugement, à ce qui paraît déraisonnable, sans connotation pathologique, comme dans l'expression « *c'est de la folie !* ». L'extravagance, l'absence de raison conduisent à « *dire/faire des folies* ». Ce peut être également l'irrationnel : « *la folie de l'imagination/des passions* ». La locution adv. « *à la folie* » s'emploie pour « extrêmement », notamment dans le contexte de la passion amoureuse (« *aimer à la folie* »). Enfin, « *la Folie* » a été anciennement symbolisée par une jeune femme riante, coiffée d'un bonnet pointu, qui tient une marotte à la main et dont les vêtements découpés en pointes sont ornés de grelots (→ *grelot, marotte*). « *Qu'est-ce que la folie ? c'est d'avoir des pensées incohérentes et la conduite de même (...) une maladie qui empêche un homme nécessairement de penser et d'agir comme les autres. Ne pouvant gérer son bien, on l'interdit ; ne pouvant avoir des idées convenables à la société, on l'en exclut ; s'il est dangereux, on l'enferme ; s'il est furieux, on le lie. Quelquefois on le guérit par les bains, par la saignée, par le régime* » (Voltaire, *Dictionnaire philosophique*, « Folie »).

Étym. : XIe, de *fol* (→ *fou*).

FOLIGA ou FOLLIGAT   n. m.   « *Quel foliga !* » (XIXe), arg. : c'est un fou ! Le mot est aujourd'hui sorti d'usage.

Étym. : d'origine obscure, peut-être d'après *fol/fou à lier*, la terminaison rappelant le latin *ligare* « lier ».

FOLINGUE ou FOLLINGUE   adj. « *Il a toujours été un peu folingue* » (déb. XXe), pop. : il est un peu fou, déséquilibré. Le mot est toujours actif, avec une connotation péj. Il s'emploie en particulier à propos du comportement inconsidéré d'un automobiliste : « *en bagnole, c'est le vrai folingue !* » (→ *danger*).

Étym. : déb. XXe, de *fou/fol* et du suffixe pop. *-ingue*, avec influence de *dingue* et *foldingue*.

FOLIO   n. m. (déb. XXe), arg. : fou. Le mot est aujourd'hui sorti d'usage en ce sens.

Étym. : XXe, d'origine obscure, peut-être de *foliot* « balancier (d'horloge, de montre) », de l'ancien français *folier* « faire des folies »   (→ *fol*).

FOLIR   v. i.   (XXe) : devenir fou. Le mot est régional (Normandie), représentant l'une des formes anciennes des dérivés du radical *fol-*.

Étym. : de *fol* (→ *fou*).

FOLLERIES   n. f. plur. (XXe) : actions, folies ou paroles extravagantes. Le mot est d'usage québécois. Il est probablement ancien et se substitue à *connerie*. « ***Dire/faire des folleries*** » (→ *déconner*).

Étym. : de *fol* (→ *fou*).

FOND n. m. « *Débloquer à fond* » (XXᵉ), fam. : déraisonner complètement (→ *débloquer*). La locution « *à fond* » signifie « au plus profond », d'où « au maximum ». De l'idée de profondeur on passe à celle d'intensité, ce qu'exploite l'expression moderne « *à fond de train* » qui s'emploie pour « à toute allure », dans l'argot de l'automobile. Par analogie avec un véhicule lancé à trop grande vitesse, on dit — dans le registre de la folie — « *débloquer à fond la caisse/les manettes/les manivelles...* ». Variante arg. (verlan) : « *à donf* » (→ *donf*).

Étym. : XIIIᵉ, du latin *fundus, fundi* « fond (d'un objet) ».

FONDÉ, ÉE adj. « *Être mal fondé* » (m. XVIIᵉ) : être un peu fou. L'expression signifie littéralement « avoir de mauvaises assises mentales ». Elle renvoie à la notion fig. d'édifice psychique instable reposant sur des bases qui n'assurent pas sa solidité, son équilibre ou sa cohésion. • *Fondement* désigne spécialement, dans le domaine abstrait, ce sur quoi repose une science ou une théorie. En procède la locution « *sans fondement* » qui a le sens de « à partir de rien », « sans objet ». L'expression « *imaginer sans fondement* » s'est employée pour « délirer » (→ *imaginer*).

Étym. : p. p. du v. *fonder* (XIIᵉ), du latin *fundare* « fonder, bâtir ».

FONDRE v. « *Fondre les plombs* » (XXᵉ), fam. : devenir fou. L'expression fait appel à la métaphore du cerveau organisé en circuits électriques. Elle exprime l'interruption du courant cérébral en évoquant l'effet produit par un court-circuit sur le plomb d'un fusible (→ *disjoncter, plomb*). La locution est aujourd'hui très répandue, en concurrence avec « *péter un/les plomb(s)* » (→ *péter*). Variantes : « *fondre les fusibles* » (→ *fusible*), « *fondre la plaque de bakélite* » (→ *bakélite*). • *Fondu* qualifie et désigne fam. un détraqué, un fou, par ellipse qui connote l'idée de surchauffe. « *Il est un peu/complètement fondu*, « *c'est un vrai fondu* », « *quel fondu !* ».

Étym. : XIᵉ, du latin *fundere*.

FORCENÉ, ÉE adj. et n. (XIIe) : qui n'a plus le contrôle de soi, fou furieux. Le mot signifie littéralement « hors du sens » (→ *hors*). Il exprime le dépassement extrême des limites, avec une connotation de violence et de dangerosité pour autrui. « *Crier/s'agiter/se débattre comme un forcené* », « *parvenir à grand-peine à maîtriser le forcené* » (→ *énergumène, fou furieux*). • *Forcener*, aujourd'hui disparu, a signifié « perdre la raison ». • *Forcènement* s'est dit du fait d'être hors de sens, et *forcènerie*, de l'acte d'un forcené.

Étym. : XIIe, p. p. de l'ancien verbe *forsener*, composé de *fors* « hors de », et de *sen* « raison ».

FOU (FOL), FOLLE adj. et n. (XIe) : personne atteinte de troubles mentaux. Très courant dans la langue usuelle, le mot s'emploie à propos de tout individu se situant hors de la norme ou du sens commun. La forme ancienne *fol* est sortie d'usage depuis l'époque classique, sauf par jeu ou par ironie. On disait autrefois à propos d'un sujet mentalement très dérangé qu'il était « *fol à vingt-quatre carats* », « *fol à marotte* », « *fol en cramoisi* » ou « *fol à grand ressort* ». Bien que *fol* puis *fou* aient eu, très tôt, le sens dominant de « qui a perdu le sens, l'esprit, la raison » (→ *insensé*), la nature même de l'étymon latin évoque le thème du vide mental. La « cervelle vide » de l'*idiot* ou du *fou*, c'est d'abord une cervelle pleine d'air (→ *vent*), tandis que l'intelligence, la norme, le sens commun, sont attribués à l'*esprit* qui renvoie, lui, au souffle divin puis à l'inspiration (→ *esprit*). C'est ainsi que sottise et déraison sont indifféremment exprimées par de nombreux mots dialectaux. D'autres termes, au contraire, ont connu un glissement sémantique de l'idiotie vers la folie (→ *ahuri, badaud*). En fait, jusqu'à la fin du Moyen Âge, le *fou* et l'*idiot* partagent les comportements hors norme, l'excès (ou les défauts) de langage, la naïveté *(« à barbe de fou, on apprend à raire »* — raser) et l'insouciance *(« au ris* — rire — *connaît-on le fol et le niais ? »).* Le *fou* se distingue pourtant de son frère d'esprit : « (...) symbole de l'anormal, de l'asocial, et de l'inhumain (il est) *traité, soigné, parqué, enchaîné, abruti, battu, craint, comme une bête dangereuse (...) il* *est aussi révéré, redouté, réputé, habité par le dieu ou par les forces supérieures invisibles. C'est l'image détraquée de notre condition humaine (...) Le fou c'est la preuve par l'absurde du mystère de l'homme dont personne jamais n'a pu démonter tout à fait, en ses plus secrètes machineries, le mécanisme qui impose pourtant l'idée de naturel et d'évidence* » (J. Heers). Il dit dans son langage de niais, qui n'a pas figure de raison, les paroles de franchise et de « second degré » qui, depuis les farces moyenâgeuses jusqu'à « *la Folle de Chaillot* », en passant par les provocations du *bouffon du roi*, assènent des vérités essentielles. L'usage a opposé le *fou* et le *sage*, mais ceux-ci forment un couple beaucoup plus complexe que ne le rend l'articulation raison-déraison chère à l'âge classique. Comme l'indique M. Foucault, « *la vérité de la folie, c'est d'être intérieure à la raison, d'en être une figure, une force et comme un besoin momentané pour mieux s'assurer elle-même* ». De nombreux proverbes illustrent clairement l'interdépendance et la complémentarité de la folie et de la sagesse : « *il n'est si sage qui ne foloie* », « *un fou avise/enseigne bien un sage* », « *les fous inventent les modes et les sages les suivent* », « *il n'est pas si grande folie que de sage homme* », « *qui ne sait être fou n'est pas sage* », « *c'est être fou que d'être sage selon raison contre l'usage* », etc. Il en est de même des rapports de la déraison et du génie, comme le rend si bien « *c'est un fou génial !* ». Selon la façon dont on interprète la situation « hors norme » du fou, le mot revêt une valeur positive ou dépréciative. La dénomination de la pièce du jeu d'échecs, le *fou*, est due à son type de déplacement irrégulier, en diagonale, c'est-à-dire « de travers » (→ *biais*). Mais c'est une pièce subtile, capable de mater le roi, comme les *fous royaux* en ont eu le privilège à la cour des grands monarques (→ *roi*). Utilisé comme intensif, *fou* correspond à « extraordinaire » (comme *barjo, dingue...*) : « *c'est fou !* ». Les locutions « *comme un fou* » et « *fou de* » s'emploient couramment dans le registre du goût prononcé ou de la passion amoureuse. Au contraire, le mot est exploité avec un sens négatif à propos d'un mécanisme délicat dont le fonctionnement s'est déréglé. On parle d'aiguille, de poulie, de roue... devenue folle. À propos d'une personne très dérangée, *fou* peut précéder un de ses synonymes familiers pour le renforcer : *fou déjanté*, *fou dingue*, *fou givré*... Dans le domaine de l'anormalité, il existe une phraséologie particulièrement abondante : « *avoir l'air fou* », « *être assez/un peu/demi-/à moitié/complètement/totalement fou* », « *devenir fou* », « *tomber fou* », « *rendre fou* », « *la confrérie des fous* », « *c'est un grand fou* », « *un vieux fou* », etc. Le mot peut être associé à un qualificatif, former un syntagme, ou constituer un terme composé : *fou achevé* (→ *achevé*), *triple fou* (→ *triple*), *fou de (à) haute gamme* (→ *gamme*), *fou à lier* (→ *lier*), *fou furieux* (→ *furieux*), *fou dangereux* (→ *dangereux*), **archifou** (→ *archifou*), *fou-malin*, etc. **Fou du village** correspond au Québec à *idiot du village* (→ *déconner*). Le féminin *folle* figure spécialement dans les expressions « *l'imagination est la folle du logis* » (→ *imagination*, *loge*), « *la folle de Chaillot* » (→ *Chaillot*). • Les proverbes foisonnent. Citons entre autres : « *tête de fou ne blanchit jamais* » (Le Roux, m. XVIIIe), « *à chaque fou sa marotte* » (Le Roux, m. XVIIIe), « *après la fête, le fou en blanc reste* ». • De nombreux dérivés ont été formés sur le radical *fol-*. Certains sont sortis d'usage : *foliable* (« livré à la folie, folâtre »), *folial* (« fou »), *foliance*, *-ience* (« folie »), *foliant* (« fou, insensé »), *foliement* (« folie »), *foliete* (« petite folie »), *folié* (« rendu fou »), *folier*, *foloyer*, *foler* (« être fou, faire des actes de folie »), *folieus*, *-eux* (« qui se conduit follement »), *folin* (« fou »), *folire* (« folie »), *af(f)olir*, etc. D'autres dérivés s'emploient avec un affaiblissement de sens : *folâtre* (« qui aime à faire le petit fou, à plaisanter, à jouer »), *folâtrer* (« laisser errer sa penser », « batifoler »), *follet* (« capricieux, malicieux »), *folichon* (« léger, gai »), *raffoler* (« aimer énormément »), etc. • Par redoublement, *foufou* ou *fofolle* s'applique à une personne un peu désordonnée, un peu légère. « *Il est un peu foufou* », « *quelle fofolle !* ». • **Toutfou** (ou *tout-fou*) s'emploie fam. pour « très excité, un peu fou ». « *Être toutfou* », « *il est un peu toutfou* ».

Étym. : XIe, du latin *follis* « baudruche, outre gonflée », mot ayant développé le sens de « niais » en bas latin.

FOUALÉ, ÉE adj. (XXᵉ), fam. : fou. Le mot est régional (Provence). « *Il est vraiment foualé.* »

Étym. : d'origine obscure. Un croisement de *fol*, *fou* et de *fouailler* « fouetter » est envisageable (→ *fouetté*).

FOUDINGUE adj. (f. XXᵉ), arg. : fou. Le mot constitue une variante de *foldingue*. « *Ce mec est foudingue (dans le citron).* »

Étym. : XXᵉ, de *fou* et de *dingue* par renforcement.

FOUETTÉ, ÉE adj. « *Être complètement fouetté* » (f. XXᵉ), fam. : être fou. Par figure, le mot exploite le sémantisme du coup (répété) sur la tête, en synonymie avec *cinglé*, *frappé* (→ *coup*).

Étym. : p. p. du v. *fouetter* (déb. XVIᵉ), de *fouet*, diminutif de *fou* « hêtre », lui-même du latin *fagus*.

FOUGNASSE adj. (XXᵉ), fam. : un peu farfelu. Le mot est régional. Il exploite probablement, par figure, le thème du remue-ménage cérébral. « *Fougnasse comme il est, on ne peut pas compter sur lui.* »

Étym. : d'origine incertaine, peut-être de l'ancien v. *fougner* « remuer (la terre) », « bouleverser », avec le suffixe péj. -*asse*.

FOULER v. « *Se fouler un/les neurone(s)* » (XXᵉ), fam. : devenir fou. À la forme pronominale, le verbe signifie couramment « se faire une entorse ». Par analogie avec ce handicap, l'expression fig. suggère l'image du boitement mental. Ce sémantisme la rapproche de « *béquiller/boquiller de la pensarde* » (→ *béquiller*). Par ailleurs, dans le langage fam., « *ne pas se fouler* » s'emploie pour « ne pas se donner beaucoup de peine (à faire qqch) ». À l'opposé, « *se fouler un/les neurone(s)* » suggère, dans cette perspective, un travail mental intense, faisant de la locution une variante concurrente de « *travailler du chapeau* » (→ *travailler*). • En relation avec l'idée d'« entorse mentale », *foulé* figure dans la locution fam. « *avoir le cerveau/la cervelle foulé* ». La même transposition du handicap physique au handicap mental s'exprime dans « *avoir le cerveau en* *écharpe* », « *avoir le cerveau/la cervelle luxé(e)* » (→ *écharpe, luxé*).

Étym. : xxe, du latin pop. *fullare*, de *fullo* « foulon ».

FOU-MALIN n. m. (xxe), fam. : incohérent, imprévisible. Le mot est d'emploi courant en Nouvelle-Calédonie, s'appliquant à une personne que l'on estime capable de faire n'importe quoi (→ *importer*).

Étym. : composé de *fou* et de *malin*, ce dernier évoquant les démons *(« esprits malins »)* et le Diable *(« le Malin »)*.

FOURMI n. f. « *Avoir des fourmis dans l'encéphale* » (xxe), arg. : être fou (→ *encéphale*).

Étym. : xiie, du latin *formica* désignant l'insecte.

FOUTRAQUE adj. et n. (xxe), fam. : un peu fou, excentrique. Le mot est d'emploi régional. « *Il est un peu foutraque* », « *c'est un foutraque* ». Variante (Auvergne) : *foutraud*.

Étym. : xxe, croisement de *fou* et de *foutre*, interj. employée comme intensif, avec influence probable de *braque*, et de *détraqué*.

FRACASSÉ, ÉE adj. « *Il est complètement fracassé* » (xxe), arg. : il est très fou. Le mot est employé, par figure, comme synonyme expressif de *frappé* qui exploite, dans le domaine mental, le sémantisme du coup (violent) sur la tête (→ *coup, frappé*). Il connote aussi l'idée de destruction, de naufrage toxique (ivresse).

Étym. : p. p. du v. *fracasser* (xve), lui-même de l'italien *fracassare*.

FRACTURÉ, ÉE adj. « *Être un peu fracturé du cassis* » (xxe), arg. : être fou. L'expression, où *cassis* désigne la tête par analogie de forme avec le fruit (→ *cassis*), exploite le sémantisme du coup (violent) sur la tête (→ *coup*). Comme *fracassé*, le mot représente un synonyme de *frappé*. Par analogie au traumatisme dû à la fracture d'un os, s'ajoute à l'idée de commotion cérébrale celle de handicap mental grave (→ *estropié*), ce que rend par ailleurs « *avoir le cerveau en écharpe/foulé/luxé* » (→ *écharpe, foulé, luxé*). Enfin, la notion fig. d'effraction cérébrale est également présente, d'après « *fracturer un coffre-fort* » (→ *déplombé, serrure*).

Étym. : p. p. du v. *fracturer* (XIIIᵉ), dérivé de *fracture*, du latin *fractura* « fracture ».

FRAGILE   adj. « *C'est quelqu'un de fragile* » (XXᵉ), fam. : émotif ou un peu fou. Le mot qualifie ce qui se brise facilement, ce qui manque de solidité. Il s'emploie, par figure, dans le domaine psychologique, en parlant d'une personne trop sensible ou dont les facultés mentales semblent mal assurées. « ***Il est fragile des nerfs, il craque facilement.*** »

Étym. : XIVᵉ, du latin *fragilis* « cassant », dérivé de *frangere*.

FRANC   adj. « *Être franc fou* » (XVIIᵉ) : être véritablement fou. Le mot a évolué de la notion de liberté à celles d'authenticité et de vérité, en concurrence avec *vrai*. Par ironie, *franc* (devant un nom) a le sens de « qui est vraiment comme tel ». « ***Il est devenu franc fou*** » (→ *achevé*).

Étym. : XIᵉ, du francique *frank* « homme libre ».

FRAPPADINGUE   adj. et n. (XXᵉ), arg. puis fam. : fou. Le mot est un synonyme plaisant de *frappé*, dont il exploite le sémantisme du coup sur la tête (→ *coup*). *Frappadingue* est à l'origine des variantes *frappading*, *frap(p)ada* et *frappadingo*, de même sens. L'abrègement en *frappa* est aujourd'hui très vivant. « ***Il est complètement frappadingue*** », « ***c'est un vrai frappadingue, ou je ne m'y connais pas !*** ».

Étym. : XXᵉ, composé de *frappé* et de *dingue* (pour intensifier l'idée de folie). On évoque aussi une suffixation arg. de *frappé* sur le modèle de *sourdingue*.

FRAPPÉ, ÉE   adj. et n. « *Être complètement frappé* » (XIXᵉ) fam. : être fou. Le mot exprime au passif et, par figure, le sémantisme de la commotion cérébrale, comme de nombreux mots de la folie traités elliptiquement d'après

« cogné, tapé... sur la tête » (→ *coup*). L'adj. est substantivé avec un sens identique. « *C'est un vrai frappé.* »

Étym. : p. p. du v. *frapper* (XIIᵉ), peut-être issu d'un mot francique ou d'origine onomatopéique.

FREIN n. m. « *Lâcher les freins* » (XXᵉ), arg. : devenir fou. Par figure, l'expression signale la perte du contrôle, des limites, dans le domaine de la pensée et du comportement. « *Une imagination sans frein* » (→ *débridé*).

Étym. : XIᵉ, du latin *frenum* « mors ».

FRELON n. m. « *Avoir un frelon dans le képi* » (XXᵉ), fam. : être mentalement dérangé. L'expression, où *képi* désigne la tête par métonymie, a recours à l'insecte réputé pour la dangerosité de ses piqûres. On dit aussi « *avoir un frelon sous le képi* ». Ces locutions exploitent un sémantisme analogue à celui de « *avoir une abeille dans le bonnet* » (→ *abeille*). À rapprocher de la forme régionale « *avoir un burgaud sous la casquette* » (→ *burgaud*). De nombreuses variantes sont obtenues par substitution du synonyme de « chef » ou « tête ».

Étym. : XIIᵉ, du bas latin *furlone*, d'un mot francique.

FRÉNÉSIE n. f. (XIIIᵉ), méd. : folie aiguë, avec délire et fièvre. Entité médicale hippocratique distincte de la *léthargie*, de la *manie* et de la *mélancolie*, la *frénésie* désigne un délire jusqu'au XVIIIᵉ siècle : « *(...) la frénésie est un délire furieux et continu, accompagné de fièvre, tantôt elle est symptôme alarmant qui se développe dans les maladies aiguës, tantôt elle est produite par une affection primitive du cerveau, et forme par elle-même une maladie essentielle. Mais de quelque espèce qu'elle soit, elle est souvent la source d'où découlent toutes les autres maladies qui affectent la tête, telle que la manie, et l'imbécillité qui en sont les suites fréquentes (...)* » (Doublet, 1785). Les aliénistes ont fait disparaître le mot de leurs classifications des troubles mentaux, en regard notamment du développement sémantique de termes comme celui de *manie*. Dans le langage courant, l'expression « *tomber en frénésie* » a signifié

« devenir fou ». Par analogie avec l'état d'un malade atteint de délire, le mot a développé le sens d'« emportement ou exaltation violente » mettant hors d'elle-même la personne qui l'éprouve. Son emploi moderne le réserve au degré extrême atteint par un sentiment, une passion. • *Frénétique* a qualifié et désigné un individu délirant. Par extension, il a été synonyme de *agité, exalté, furieux*. « *Les frénétiques et les lunatiques (du cerveau).* »

Étym. : XIIIe, du latin, lui-même emprunté au grec *phrenêsis*, dérivé de *phrên* « esprit ».

FRISSONNER v. « *Frissonner du couvercle* » (déb. XXe), fam. : être un peu fou. Appliquée à la tête, la métaphore est celle de la casserole dont le couvercle tressaute sous l'effet de la vapeur pour traduire la « surchauffe mentale » (→ *couvercle*). La locution représente une variante expressive de « *travailler du chapeau* ». On dit aussi « *bouillonner/partir du couvercle* » (→ *bouillonner, partir*).

Étym. : XIVe, de *frisson*, lui-même d'un latin pop. *frictio*, de *frigere* « avoir froid ».

FROMAGE n. m. « *Avoir le fromage trop fait* » (XXe), arg. : être fou. Une abondante phraséologie est consacrée à l'aliment, en parlant de toute chose susceptible de couler, fermenter, puer, se piquer, etc. Par métaphore ironique, *fromage* s'applique ici à la substance cérébrale, d'où à l'esprit. L'analogie de consistance avec la substance blanche du cerveau permet d'exploiter le thème de la fermentation ou du ramollissement cérébral pour figurer l'altération du psychisme. • Le v. arg. *fromager* s'emploie dans l'expression « *fromager du bulbe* » qui signifie « déraisonner ». La métaphore est celle de la fermentation, de la décomposition, du ramollissement de la pensée, *bulbe* désignant fam. la tête, l'esprit (→ *bulbe*). À rapprocher de « *fermenter du couvercle/de la calbombe* » (→ *fermenter*).

Étym. : XIIe, métathèse de *formage*, du latin pop. *(caseus) formaticus*, de *forma* « moule ».

FROTTEURISME (→ *perversion*).

FUITE n. f. « *Fuite des idées* » (XXᵉ), psych. : enchaînement exagérément rapide des idées, sans lien apparent, caractéristique de l'excitation *maniaque* (→ *manie*). Synonyme didact. : *tachypsychie*. En milieu spécialisé, l'expression fam. « *avoir de la fuite dans les idées* » se dit par plaisanterie pour « être un peu fou », notamment « présenter des troubles du cours de la pensée ». Il s'agit d'un jeu phonétique sur *fuite/suite*, sur le modèle de « *suite dans les idées* ». À rapprocher de « *passer/sauter du coq à l'âne* » (→ *coq*).

Étym. : déb. XIIIᵉ, du latin *fugere* « fuir ».

FUMER v. « *Fumer la moquette/fumer ses cheveux* » (f. XXᵉ), fam., argot scolaire : déraisonner, faire n'importe quoi. L'expression est faite sur le modèle de « *fumer de l'herbe, du haschisch* ». Par plaisanterie, elle signifie « fumer tout ce qui se présente », c'est-à-dire « avoir un comportement inconsidéré, inadapté ». « *Celui-là, bonjour ! Il a fumé la moquette* », « *d'accord ! continue à fumer tes cheveux !* ». L'argot de la drogue a diffusé dans le langage courant le verbe *fumer* s'employant à propos de tout comportement jugé déraisonnable. Ainsi, l'ellipse fam. « *t'as (trop) fumé ?* » fait allusion à l'usage de cannabis et s'adresse à celui ou celle qui ne semble pas dans son état normal. Elle équivaut à « *t'es pas fou ?* ». • L'argotisme *fumette* s'utilise dans le même registre fig. « *Avoir abusé de la fumette* » signifie « avoir l'air décalé », « être un peu fou ». • *Fumé* qualifie fam. une personne considérée comme folle ou ivre. Il s'agit d'une extension de la valeur fam. de l'adj. au sens de « fichu ». Le mot exploite aussi par métaphore le thème de la surchauffe cérébrale ou celui des vapeurs qui montent au cerveau (→ *brûler*). « *Il est complètement fumé* », « *il est fumé, ce mec !* ». • *Fumeux* signifie peu clair, confus, par métaphore. « *Un esprit fumeux* », « *avoir des idées fumeuses* ».

Étym. : XIIᵉ, du latin *fumare*, dérivé de *fumus* « fumée ».

FUREUR n. f. (XVIᵉ) : égarement de l'esprit poussant à des actes de violence. Le mot évoque la perte de la raison sous l'effet de l'emportement. Il s'emploie également au sens de colère ou de passion démesurées. Dans la langue psychiatrique, *fureur* renvoie à un accès d'extrême agitation menaçante pour autrui. On l'utilise notamment à propos de certaines formes suraiguës de *manie* ou de crises d'*épilepsie* clastiques.

Étym. : Xᵉ, du latin *furor*, déverbal de *furere* « être fou, furieux ».

FURIEUX, EUSE adj. et n. (m. XVᵉ) : fou présentant des accès très violents. Depuis les temps anciens, le *furieux* stigmatise la peur de la folie au sein de la communauté à laquelle il appartient. En retour, celle-ci exorcise cruellement ses craintes en l'excluant, le déportant, ou l'enfermant (→ *enfermer*). Au milieu du siècle dernier, l'adj. entre dans la composition du syntagme *fou furieux* pour désigner en psychiatrie l'aliéné en proie à l'agitation extrême. Sortie de l'usage médical, cette formation demeure en revanche très vivante dans le langage actuel avec la valeur fig. de « complètement fou » : « *C'est un vrai fou furieux !* » Le syntagme *folie furieuse* lui correspond. « *Avoir une crise de folie furieuse* », « *c'est de la folie furieuse !* ». Le mot *furieux* s'emploie par atténuation de sens pour « extraordinaire ». Le langage d'aujourd'hui y a recours par ironie ou par jeu, par exemple dans la forme « *avoir une furieuse envie de (faire qqch)* ».

Étym. : XIIIᵉ, du latin *furiosus* « en délire », dérivé de *furere* (→ *fureur*).

FUSIBLE n. m. « *Fondre/péter/sauter les fusibles* » (XXᵉ), fam. : devenir fou. Il s'agit d'une variante synonyme de « *fondre/péter/sauter les plombs* » (→ *plomb*). La métaphore est celle de la coupure du courant électrique cérébral (→ *disjoncter*), *fusible* désignant le fil « très fusible », c'est-à-dire qui fond en cas de surtension et donc de surchauffe.

Étym. : f. XIXᵉ, substantivation de l'adj. *fusible* (XIIIᵉ), du latin *fusum*, dérivé de *fundere* « fondre, couler ».

FUSILLÉ, ÉE adj. « *Celui-là, il a l'air complètement fusillé* » (XXe), fam. : il a l'air très fou. Le mot est obtenu elliptiquement en ce sens d'après « *avoir le cerveau/la cervelle fusillé(e)* ». Il signifie « exécuté », « tué », d'où au fig. « abîmé, foutu », ce qui est exploité ici dans le domaine mental (→ *flingué*).

Étym. : XVIIIe, de *fusil* (XIIIe), lui-même d'un latin pop. *focilis*, dérivé de *focus*.

GAGA n. et adj. « *Il va me rendre gaga avec ses histoires !* » (XXᵉ), fam. : il va me faire perdre la tête. Le mot s'applique d'abord à une personne atteinte de *gâtisme*. Hors du contexte de la sénilité il s'emploie, par extension, pour « fou ». « *Il est devenu complètement gaga* », « *c'est un vrai gaga* », « *on va l'envoyer chez les gagas* » (→ *dément, sénile*).

Étym. : XIXᵉ, redoublement de la première syllabe de *gâteux*.

GALOPER v. « *Galoper près du tapis* » (XXᵉ), arg. : déraisonner. L'expression traduit, par figure, l'agitation stérile et confuse à propos de choses insignifiantes, « *près du tapis* » étant ici synonyme de « *aux ras des pâquerettes* ». Variante : « *Celui-là, il galope près du tapis à manger les franges !* » Une telle proximité du sol signale l'infantilisme, le fait de retomber en enfance. L'image d'une pensée qui tourne en rond sur elle-même renvoie à la notion d'*idée fixe*, ce qu'exploite une autre métaphore équestre à point de départ enfantine : « *il enfourche encore son dada* » (→ *dada*). La notion d'emballement effréné évoque la locution ancienne « *cheval échappé* » qui a signifié « fou » (→ *échappé*). À rapprocher de « *avoir l'imagination débridée* », « *lâcher les freins* » (→ *débridé, frein*). On dit aussi

« *son imagination galope* » à propos de qqn qui fait preuve d'une trop vive excitation mentale.

Étym. : XIIe, d'origine discutée, peut-être du francique *wala-hlaupan*.

GAMBERGE n. f. « *Folle gamberge* » (XXe), arg. : pensée folle. Le mot désigne l'activité mentale, le travail — volontaire ou non — de pensée. L'argotisme « *se faire une pendule de gamberge* » signifie « réfléchir énormément », avec l'idée d'excès. « *Avoir la gamberge qui bat la campagne* » s'emploie fam. pour « déraisonner » (→ *battre).*

Étym. : m. XXe, déverbal de *gamberger*, d'origine incertaine, peut-être de l'argot *gomberger* « calculer », d'où « penser, réfléchir ».

GAMME n. f. « *fou de (à) haute gamme* » (XVIIe) : extrêmement fou. L'expression « *haut de gamme* » est synonyme de « *au dernier degré* », la référence étant d'abord musicale (→ *degré*). « *Être hors de gamme* » s'est dit à l'époque classique pour « être insensé » (→ *hors*). *Gamme* a développé le sens général de « série », *haut de gamme* — opposé à *bas de gamme* — devenant synonyme de luxe, qualité de premier choix, d'où l'emploi ironique encore très vivant aujourd'hui de l'expression « *fou haut de gamme* » pour « très fou ».

Étym. : XIIe, du grec *gamma* désignant la troisième lettre de l'alphabet, employé en notation musicale.

GARDIEN, IENNE n. « *Gardien de fous* » (XXe), fam., péj. : soignant de psychiatrie (psychiatre, infirmier...). Sans doute par extension fig. de *garde-fou* (barrière), cette dénomination négative pop. fait une allusion évidente à l'enfermement, l'internement des fous (→ *enfermer*). L'expression « *être bon à confier/donner aux gardiens de fous* » s'emploie péj. pour « être fou à enfermer ». Comme ses concurrentes « *être fou à lier/dangereux/furieux/à interner* », elle témoigne de la crainte inspirée par la dangerosité supposée des malades mentaux.

Étym. : XIIIᵉ, de *garde*, déverbal de *garder*, lui-même du germanique *wardôn*.

GAUFRÉ, ÉE   adj. « *Il est complètement gaufré* » (XXᵉ), fam. : il est très fou. Le mot est un des nombreux synonymes de *frappé* exploitant, par figure, le sémantisme du coup sur la tête (→ *coup*).

Étym. : XXᵉ, p. p. du v. arg. *gaufrer* « frapper », de *gaufre* « coup ».

GAYOLLE   n. f. (XIIᵉ) : cage de bois où l'on enfermait certains fous furieux au Moyen Âge (→ *enfermer*).

Étym. : XIIᵉ, du bas latin *caveola*, diminutif de *cavea* « cage », de *cavus*.

GAZÉ, ÉE   adj. « *Être gazé* » (XXᵉ), fam. : être ivre ou fou. Le mot est d'usage créole. Il exprime, par figure, l'action supposée d'émanations nocives sur l'entendement, rappelant l'ancienne *théorie des vapeurs* (→ *vapeur*). La même idée est exploitée dans la locution « *ça lui est monté au cerveau/au ciboulot...* », en parlant de l'ivresse ou de la folie (→ *monter*).

Étym. : déb. XIXᵉ, p. p. du v. *gazer*, de *gaz*.

GELÉ, ÉE   adj. et n. « *Il est (complètement) gelé* » (XXᵉ), fam. : il est fou ou ivre. Le mot figure le blocage de l'activité mentale, par analogie avec l'action du gel sur les rouages d'un mécanisme. Il est aujourd'hui très courant dans le registre de la folie, en concurrence avec son synonyme *givré*. « *C'est un vrai gelé.* »

Étym. : p. p. du v. *geler* (XIIᵉ), du latin *gelare*.

GÉNÉTIQUE   adj. et n. « *C'est génétique !* » (XXᵉ), fam. : il est comme ça (fou, imbécile) de naissance et comme ses ascendants. L'expression renvoie à la notion d'inscription d'une *tare* dans les gènes. Elle s'emploie en concurrence avec « *il est complètement taré* » (→ *taré*).

Étym. : déb. XIXᵉ, de l'all. *genetisch*, lui-même d'un dérivé grec de *genos* « race ».

GIBLET ou GIBELET   n. m. « *Avoir un coup de giblet* » (f. XVIIᵉ) : être fou. Le mot désigne une petite vrille servant à percer les tonneaux. L'expression, aujourd'hui oubliée, est l'ellipse de « *avoir un coup de giblet à la tête* ». Elle évoque, par figure, l'action du ver sur l'esprit (→ *ver*), exploitant les thèmes de la détérioration mentale et de l'effraction cérébrale menant à la fuite des idées (→ *fuite*). La configuration de l'outil permet également de rendre la notion de (dis)torsion de la pensée (→ *cap de birou*). À notre connaissance, l'expression constitue la plus ancienne formule témoignant d'un geste aujourd'hui très répandu : celui qui consiste à effectuer un mouvement de rotation de l'index sur la tempe pour désigner un fou (→ *tempe*). Avec un développement sémantique analogue, on trouve « *être vrillé de la calebasse* » et « *être un peu twist* » (→ *twist, vrillé*).

Étym. : m. XVIᵉ, d'origine incertaine, peut-être du dialectal *wimbelquin* « vilebrequin ».

GIFLÉ, ÉE   adj. « *Il est vraiment giflé* » (XXᵉ), arg. : il est très fou. Le mot est un des nombreux synonymes de *frappé* exploitant, par figure, le sémantisme du coup sur la tête (→ *coup*).

Étym. : p. p. du v. *gifler* (XIXᵉ), de *gifle* « claque sur la joue ».

GINGIN   n. m. et adj. « *Être gingin* » (XXᵉ), fam. : être mentalement dérangé. Comme sa variante arg. *jinjin*, le mot désigne d'abord l'intellect, le cerveau, surtout dans des expressions négatives du type « *il n'a pas grand-chose dans le gingin* ». L'adj. *gingin* ou *jinjin* est d'emploi régional. Il exprime la perturbation mentale, peut-être par référence à l'ivresse provoquée par le *ginglet* ou *jinglet* qui se dit d'un vin de qualité médiocre. On peut aussi penser à l'influence phonétique de *jean-jean* qui qualifie une personne niaise (« *il est un peu jean-jean* »).

Étym. : XIXᵉ, redoublement de la dernière syllabe de *engin* (XIIᵉ) « intelligence, aptitude mentale », lui-même du latin *ingenium*.

GIVRÉ, ÉE adj. et n. « *Il est sérieusement givré* » (XXe), fam. : il est fou ou ivre. Le mot exprime, par figure, le blocage ou le grippage de l'activité mentale, par analogie avec l'action du givre sur les rouages d'un mécanisme. Il est en concurrence avec *gelé*. « *Quel givré !* » L'expression « ***être givré comme un citron*** » fait une allusion plaisante à « *citron givré* » qui désigne au sens propre une variété de sorbet. Locution : « ***être plus givré qu'un sapin de Noël*** ».

Étym. : p. p. du v. *givrer* (XVIIe), de *givre*, d'origine discutée, antérieure au latin ou issue de *vibrare*.

GOGOL ou GOL adj. et n. (XXe), arg. : stupide et par extension fou. Le mot appartient à l'argot des écoles, comme *deb* pour « débile » (→ *débile*). Il évoque péj. l'arriération mentale due au *mongolisme (trisomie 21)*, maladie chromosomique donnant aux personnes qui en sont atteintes un faciès mongoloïde caractéristique (face ronde, yeux bridés). On dit aussi *triso* avec le sens quasi exclusif d'imbécile.

Étym. : XXe, redoublement de la dernière syllabe de *mongol*, pour *mongolien*.

GOND n. m. « ***Être hors des gonds de la raison*** » (XVIe) : déraisonner, divaguer. L'expression signale, par figure, le franchissement des limites mentales (→ *hors*, *limite*). Cette notion est également exploitée pour traduire l'emportement colérique : « ***faire sortir, mettre qqn hors de ses gonds*** ».

Étym. : XIVe, du latin *gomphus* « cheville », lui-même du grec *gomphos*.

GOUDRON (→ *arpenter*).

GOUTTE n. f. « *Ne pas avoir pris (toutes) ses gouttes* » (XXe), fam. : déraisonner, délirer. L'expression ironique fait allusion aux calmants — notamment les *neuroleptiques* — souvent administrés sous la forme de ***gouttes buvables***. Elle exploite le thème de la réapparition des troubles mentaux en l'absence de prise du traitement. Par ailleurs, le mot désigne aussi une maladie, *la goutte*, responsable de douleurs par dépôts de cristaux dans les articulations. Elle tire cette appellation de l'idée qu'on se faisait autrefois de sa cause, attribuée à la collection locale de gouttes d'humeurs nocives (→ *humeur*). ***Goutte*** et *folie* sont mises en parallèle par Voltaire : « *Un fou est un malade dont le cerveau pâtit, comme le goutteux est un malade qui souffre aux pieds et aux mains ; il pensait par le cerveau, comme il marchait avec les pieds, sans rien connaître ni de son pouvoir incompréhensible de marcher, ni de son pouvoir non moins incompréhensible de penser. On a la goutte au cerveau comme aux pieds* » (Dictionnaire philosophique, art. « Folie »).

Étym. : XIVe, du latin *gutta*.

GRAIN n. m. « *Avoir un grain de folie* » (m. XVIIe) : être un peu fou. L'expression signale la modération des troubles, ***grain*** ayant ici le sens fig. de « très petite quantité ». On dit d'ailleurs qu'« *il n'y a point de génie sans un grain de folie* ». L'ellipse « *avoir un grain/un petit grain* » est aujourd'hui très courante, sans doute sous l'influence de la locution moderne « *avoir un grain de sable dans les rouages* » — c'est-à-dire « avoir qqch. qui ne tourne pas rond » (→ *rond*) — *rouages* figurant la mécanique cérébrale. En tant qu'unité de poids valant 0, 053 g, le ***grain*** se définissait autrefois comme « *(...) le plus petit des poids, dont il faut trois pour faire une obole, vingt pour faire un scrupule, et soixante pour faire la drachme ou le gros. Ce grain s'entend d'un grain d'orge bien nourri, médiocrement gros, et point trop sec (...)* » (Furetière). Procèdent de cet emploi « *avoir besoin de deux/six/quelques grains d'ellébore* » et « *être (plus) léger d'un grain* » pour « être un peu fou » (→ *ellébore*). À rapprocher de « *fol/fou à vingt-quatre/trente-six carats* » (→ *carat*).

Étym. : XIIe, du latin *granum*.

GRAND, E adj. « *C'est un grand délirant/fou/malade...* » (XXe), fam. : très fou. Le mot qualifie, par figure, ce qui est au-dessus de la moyenne, avec souvent l'idée d'excès. Placé devant *fou* ou l'un de ses synonymes, il marque l'intensité et la permanence des troubles mentaux. Variante : « *C'est* *le plus grand barjo/givré... que je connaisse !* » • **Grandeur** s'emploie couramment dans l'expression « *avoir la folie des grandeurs* » qui signifie « voir tout en grand, de manière démesurée », « être mégalomane ». En psychiatrie, le syntagme vieilli *délire de grandeur* s'est dit d'un délire où le sujet croit posséder richesse, puissance et talents exceptionnels (→ *mégalomanie*).

Étym. : IXe, du latin *grandis*.

GRATINÉ, ÉE   adj. « *Alors celui-là, il est vraiment gratiné !* » (XXe), fam., péj. : il est vraiment bizarre, fou. Le mot exprime, par figure, le haut degré atteint par qqn dans le registre de la folie ou de l'idiotie. Cet emploi ironique est dû à Céline, par référence à la couche supérieure que forme le *gratin* culinaire, dont on dit qu'il constitue le meilleur d'un plat et qui sert à désigner fam. une élite *(« ici, il y a tout le gratin »)*.

Étym. : p. p. du v. *gratiner* (XIXe), de *gratin*, lui-même dérivé du v. *gratter*.

GRAVE   adj. « *Être grave* » (XXe), fam. : être très atteint, fou, abruti ou idiot. L'expression est l'ellipse de « *gravement atteint* », sous-entendu au cerveau (→ *atteint, cas, malade, sérieux, touché*). « *Alors lui, il est grave !* »

Étym. : XIVe, du latin *gravis* « pesant ».

GRELOT   n. m. « *Avoir droit au grelot* », « *bien mériter le grelot* » (XIXe), fam. : être fou. Le mot désigne spécialement la clochette garnissant le capuchon de la *marotte*, attribut du *fou de roi* devenu symbole de la folie. Comme le notent Sylvie Weil et Louise Rameau, « *(...) tous les grelots du monde ont toujours servi à avertir : ceux des lépreux, dans la Bible et l'Évangile, pour qu'on les fuie, ceux des brebis égarées pour qu'on les retrouve, et ceux du fou du roi pour ramener le monarque, le cas échéant, à plus de sagesse et d'humilité (...)* ». Par analogie de forme et de sens (→ *tête*), *grelot* figure la tête dans les locutions fam. modernes « *avoir le grelot fêlé* », « *être agité du grelot* », « *yoyoter du grelot* », « *être tintinnabulé du grelot* » (→ *agité, fêlé,* *tintinnabulé, yoyoter)*. L'expression fam. « *raisonner comme une chaudière à grelots* » signifie « raisonner très mal » (→ *chaudière*). À rapprocher de « *dreliner de la soupière* » (→ *dreling-dreling)*.

Étym. : XVIᵉ, de l'ancien *grilot*, d'un radical germanique.

GRENIER n. m. « *Déménager du grenier* », « *avoir une araignée au (dans le) grenier* » (XXᵉ), fam. : déraisonner, être (un peu) fou (→ *araignée)*. Le mot désigne la tête par métaphore arg., comme d'autres termes s'appliquant au lieu le plus élevé d'une habitation (→ *combles, mansarde, plafond, soliveau, toit, toiture)*. En argot du siècle dernier, « *grenier à sel* » et « *boîte à/au sel* » se sont dits pour « tête », *sel* figurant l'esprit par allusion à « *esprit de sel* ». Les locutions arg. « *déménager du grenier* » et « *se désagréger du grenier* » fournissent des métaphores expressives du dérangement mental. Elles traduisent le sentiment de dépossession de soi-même (« mise hors de soi ») et la dislocation psychique propres à la folie *psychotique* (→ *déménager, désagréger, psychose)*. Variantes concurrentes : « *déménager de la boutique/du cabanon/du magasin* ».

Étym. : déb. XIIIᵉ, du latin *granarium*.

GRILLÉ, ÉE adj. « *Il est complètement grillé* » (XXᵉ), fam. : il est très fou. Elliptiquement appliqué au cerveau, *grillé* exploite le sémantisme de la détérioration de la pensée par le feu, comme *brûlé* et ses mots connexes (→ *brûlé)*. Cette image est aujourd'hui renforcée par l'emploi courant du mot en électricité à propos de circuits hors d'usage. Par figure, « *avoir les circuits grillés* » se dit fam. pour « ne plus être en état de penser normalement ». *Grillé* appartient également au vocabulaire de l'automobile, en parlant d'un moteur cassé par excès d'échauffement : « *avoir le moteur complètement grillé* » (→ *fondu)*.

Étym. : p. p. du v. *griller* (XIIᵉ), de *grille*, du latin *craticula*.

GRILLON n. m. « *Avoir des grillons dans la tête* » (m. XVIIᵉ) : être un peu fou. L'expression est synonyme de « *avoir une abeille dans le bonnet* » (→ *abeille)*. Elle exploite, par figure, le thème du bruit mental parasite (→ *zinzin*), le grésillement de l'insecte pouvant s'apparenter au son grêle du *grelot* (P. Guiraud), symbole majeur de la folie (→ *grelot, marotte*). Le parasitage de la pensée est également rendu par l'idée d'une présence insolite d'hôtes dérangeants dans la tête (→ *araignée*). S'y ajoutent le mode de déplacement de l'insecte (« saut ») et sa prédilection pour les recoins chauds et obscurs. La locution moderne « *fou comme un grillon* » pour « très fou », est d'origine régionale. Elle est aujourd'hui répandue dans l'usage courant, comme sa concurrente synonyme « *fou comme un lapin* » (→ *lapin*). Variante : « *fou comme trente-six grillons* » (→ *trente-six*).

Étym. : XVe, de formes régionales croisées avec *grelot* et dérivées du latin *grillus*.

GRIMPER v. « *Être branque/fou... à grimper aux arbres/aux rideaux* » (XXe), fam. : perdre la tête au point de faire n'importe quoi. La locution « *grimper/monter à l'arbre/à l'échelle* » exploite par métaphore le thème de l'élévation menant au plus haut degré de la *naïveté* (croire n'importe quoi), de la *colère* ou de la *folie* (faire n'importe quoi).

Étym. : f. XVe, probablement par altération de *gripper*.

GUÊPE n. f. « *Être folle comme une guêpe* » (f. XXe), fam. : être très folle. L'expression est une antiphrase faite à partir de « *pas folle la guêpe !* », où *guêpe* désigne une femme rusée, avisée. « *Être folle comme une guêpe* » exploite au contraire les caractéristiques de l'insecte (bourdonnement, vol désordonné en lieu clos, animal responsable de piqûres). L'expression « *avoir la guêpe en tête* » n'est pas attestée en français, mais l'image d'une présence cérébrale indésirable d'insectes, piqueurs ou non, est rendue par de nombreuses locutions (→ *abeille, piqué*). En langue flamande « *hedby de wesp int hooft, oft loteren van de keyen ?* » (Bruegel) signifie « avez-vous la guêpe dans la tête ou les pierres vous gênent-elles ? » (→ *pierre*).

Étym. : XVIIe, réfection de *wespe*, du latin *vespa* et du francique *waspa*.

GUINGOIS (DE) loc. adv. « *Avoir le chambranle de guingois* » (XIXe), fam. : être un peu fou (→ *chambranle*). L'expression signifie littéralement « avoir le cadre de travers ». Dans le registre de la folie, elle exprime la perte de l'orthogonalité psychique (→ *biais*).

Étym. : XVe, d'origine discutée, de l'ancien v. *g(u)inguer* ou de *guincher*.

GUITARE n. f. « *Avoir une sauterelle dans la guitare* » (XXe), arg., fam. : être mentalement dérangé. Variante de « ***avoir une sauterelle dans la vitrine*** » (→ *sauterelle*). Le mot désigne la tête par métaphore, du fait de la forme et de la conformation creuse de l'instrument de musique (→ *tête*). Variante musicale : « *avoir un rat dans la contrebasse* » (→ *rat*).

Étym. : XIVe, de l'espagnol *guitarra*, lui-même probablement de l'arabe *kittara*, du grec *kithara*.

GYROPHARE n. m. « *Avoir le gyrophare ébréché/cassé/chibré...* » (f. XXe), fam. : être fou. D'autres variantes sont obtenues à l'aide de synonymes de *fêlé* ou *pété*. Le mot désigne fam. la tête par métonymie du feu rotatif équipant le toit des véhicules d'urgence (→ *tête*). L'expression ironique signale l'urgence, la gravité de la situation. À rapprocher de « ***pin-pon ! pin-pon !*** », « ***appelez l'ambulance !*** » (→ *ambulance*, *pin-pon*).

Étym. : XXe, de *gyro-* « tournant » (du grec *guros*) et de *-phare*.

HABITER v. « *Ne plus savoir où (l') on habite* » (XXᵉ) : être perdu, désorienté. L'expression traduit au propre et au fig. la perte des repères, l'oubli, la désorientation, tels qu'on peut les observer chez des malades *confus*, *délirants* ou *déments*. « *Celui-là, il ne sait même plus où il habite.* » Par ailleurs, une métaphore courante envisage la tête comme le lieu d'habitation de la pensée. « *Ne plus s'habiter* » signifie ainsi « perdre la tête ». Variante de « *il n'y a plus personne au logis* », la locution se décline sous de nombreuses formes dialectales (→ *loge*). • *Habité*, s'emploie dans la locution « *être habité par la folie* » qui signale au passif l'emprise, la possession par la déraison, envisagée comme une « force du Mal », au même titre qu'« *être habité par le démon* » (→ *possédé*). L'habitation par la folie, le désordre qui en résulte ou le déménagement du bon sens constituent des champs sémantiques importants dans le registre de la folie (→ *déménager, dérangement*).

Étym. : XIᵉ, du latin *habitare*.

HACHE n. f. « *Avoir un coup de hache* » (XVIIᵉ) : être un peu fou. L'expression est l'ellipse de « *avoir un coup de hache à la tête* » employée par Molière dans *Le Médecin malgré* lui : « (...) Valère. — Il est un peu capricieux, comme je vous ai dit ; et parfois, il a des moments où son esprit échappe, et ne paraît pas ce qu'il est. Lucas. — Oui, il aime à bouffonner, et l'on dirait parfois, ne vous en déplaise, qu'il a quelque petit coup de hache à la tête (...). » En dehors de la variante moderne rare « *avoir reçu un coup de tomahawk* » (→ *tomahawk*), l'idée de rupture de la pensée s'exprime plutôt aujourd'hui sous les formes affaiblies « *être fêlé* », « *avoir une fêlure/une fissure* » et leurs variantes arg. ou fam. (→ *fêlé*). Le sémantisme du coup sur la tête est en revanche répandu au sein d'une abondante phraséologie (→ *coup*). Par plaisanterie, « *avoir la hache* » se dit en argot asilaire pour « être titulaire d'une A. A. H. » (→ *allocation*).

Étym. : XIIe, du francique *hâppia*.

HALLUCINÉ, ÉE adj. et n. « *Un halluciné qui a des visions/qui entend des voix...* » (XIXe) : une personne qui délire d'où, par extension, un aliéné. « *Avoir l'air (totalement) halluciné* » signifie « sembler être égaré, très bizarre ». « *Il est complètement halluciné* » : il est fou (→ *allumé*). • *Halluciner* s'emploie couramment pour « être l'objet d'hallucinations ». « *Un délirant qui hallucine.* » En argot asilaire, « *halluciner à mort* » signifie « avoir de fortes hallucinations ». • *Hallucinant* s'emploie aujourd'hui, par atténuation, comme intensif : « *c'est hallucinant !* » (« c'est incroyable ! »). L'idée de « révélation » lui donne le sens de « très évocateur » : « *une reproduction d'une justesse hallucinante* ». • *Hallucination* désigne toute perception sensorielle ou psychique de choses ou de situations qui n'existent pas. Le psychiatre H. Ey la définit comme « *une perception sans objet à percevoir* ». Elle représente l'un des mécanismes du *délire*, à côté de l'*illusion*, l'*imagination*, l'*interprétation* et l'*intuition* (→ *délire, psychose*). « *Avoir une/des hallucination(s)* ». Le sujet a la conviction délirante de la réalité de sa perception et en tire souvent les conséquences (explication délirante, actes...). On distingue en psychiatrie l'*hallucination psychosensorielle* — qui concerne un sens (ouïe, vue, toucher, odorat, goût) — et l'*hallucination psychique* (voix intérieures, transmissions de pensée...). Dans le langage usuel, le mot a souvent le sens fig. restrictif de « vision » (→ *berlue, illusion*). Il est fam. abrégé en *hallu(s)*, notamment chez les usagers de drogues : « *avoir des hallus* ». • *Hallucinatoire*, d'abord « relatif à l'hallucination », s'emploie spécialement dans le syntagme didact. *psychose hallucinatoire chronique* qui — comme son nom l'indique — désigne une psychose délirante caractérisée par une activité hallucinatoire intense et une évolution chronique. Abrégée en *P.H.C.*, cette affection mentale était autrefois appelée *folie sensorielle* ou *paranoïa hallucinatoire*, bien qu'elle soit en fait souvent dénuée de prédisposition *paranoïaque* (→ *paranoïa*). • *Hallucinose* s'applique à un phénomène hallucinatoire dont le sujet reconnaît l'irréalité. • *Hallucinogène* qualifie ce qui provoque des hallucinations *(« les champignons hallucinogènes »).*

Étym. : déb. XVIIe, du latin *hallucinari*, lui-même du grec *aluein*.

HALTATA adj. et n. (XXe), fam. : fou, exalté. Le mot est régional (Lorraine). Il exprime probablement, par figure, l'interruption du fonctionnement mental, les hypothèses étymologiques concernant sa finale apportant les notions supplémentaires d'infantilisme ou de fatuité.

Étym. : XXe, d'origine incertaine, peut-être à partir du radical de l'allemand *Halt* « arrêt » (terme militaire). La finale fait évoquer *taratata* ou *tata* marquant l'ironie : « *être encore au tata* » se dit pour « ne pas savoir marcher », en parlant d'un enfant. « *Faire sa tata* » signifie « faire l'important ».

HANDICAPÉ, ÉE adj. et n. (f. XXe), fam. : fou ou débile. Le mot s'emploie d'abord en hippisme et signifie « désavantagé ». Il s'applique couramment aujourd'hui à une personne ayant une déficience physique ou mentale. Le langage fam. a repris le syntagme *handicapé mental* utilisé en psychiatrie. À l'instar de son ellipse *handicapé*, il sert à désigner qqn considéré comme mentalement perturbé ou débile mental (→ *débile*). Ces termes sont parfois employés avec une connotation nettement péj. « *Quel handicapé !* », « *il a une tête d'handicapé* ».

Étym. : XIXe, p. p. du v. *handicaper*, de l'anglais *handicap*, contraction de *hand in cap* « main dans le chapeau », terme de jeu.

HANNETON n. m. « *Avoir un hanneton dans le cerveau/le crâne* » (XVIIe), fam. : être un peu fou, avoir des lubies. La locution exploite, par figure, le thème du parasitage de la pensée (bourdonnement mental, présence intrusive et dérangeante) avec la notion supplémentaire d'idée fixe occupant tout le champ de la pensée. Elle est à rapprocher de « *avoir une abeille dans le bonnet* » (→ *abeille*). Sur le modèle de « *avoir une araignée dans le plafond* » (→ *araignée, plafond*), « *avoir un hanneton dans le plafond* » est attestée depuis le siècle dernier. L'allusion au vol lourd et zigzagant de l'insecte est également exploitée, par figure, à propos de l'étourderie : « *être étourdi comme un hanneton* », « *un hanneton* ». L'expression « *n'être pas piqué des hannetons* », toujours très vivante aujourd'hui, marque péj. la singularité, avec l'idée d'excès. Elle équivaut à « *n'être pas piqué des vers* » (→ *ver*). « *Celui-là, il n'est pas piqué des hannetons !* »

Étym. : XIe, du francique *hano*.

HÉBÉPHRÉNIE n. f. (f. XIXe), psych. : forme juvénile grave de psychose *schizophrénique*. Autrefois intégré dans le cadre de la *démence précoce* (→ *démence*), cet aspect de la schizophrénie est marqué par l'aspect déficitaire des fonctions intellectuelles, l'importance de la discordance, l'absence ou la pauvreté du délire, et l'inhibition comportementale entrecoupée d'impulsions parfois très violentes. Elle a été rapprochée de la *catatonie* dans la forme clinique dite *hébéphréno-catatonique* (→ *catatonie*). • *Hébéphrène* qualifie et désigne la personne atteinte de l'affection correspondante : « *un hébéphrène* ». • *Héboïdophrénie* est le terme didact. qui désigne une forme rare d'*hébéphrénie* dans laquelle prédominent les troubles des conduites de nature antisociale. Ceux-ci sont effectués dans un climat de froideur affective et émotionnelle généralement intense. • ***Héboïdophrène*** lui correspond comme adj. et nom (→ *psychose*).

Étym. : f. XIXᵉ, de l'all., du grec *hêbê* « signes de puberté » et *phrên* « esprit ».

HERBE DES FOUS (→ *ellébore*).

HÉRÉDO adj. et n. « ***Fou comme un hérédo*** » (XXᵉ), arg. : fou comme qqn atteint de syphilis nerveuse (→ *paralysie générale*). Variante de « ***être tapé comme un pégé*** » (→ *pégé*). Le mot est l'abréviation de ***hérédosyphilitique***, terme médical sorti d'usage. L'*hérédosyphilis* désignait la syphilis que l'on croyait « héréditaire », par opposition à la syphilis « acquise ». Elle correspond en fait à la syphilis congénitale transmise au fœtus par la mère pendant la grossesse. À l'instar des argotismes *avarié* et *plombé* qui se sont appliqués à une personne atteinte de syphilis, *hérédo* est d'emploi péj. Il est aujourd'hui inusité (→ *nase, plombé*).

Étym. : déb. XXᵉ, de *hérédo-*, du latin *heres, heredis* « héritier ».

HEURE n. f. « ***Avoir ses heures d'extravagance, de folie...*** » (XVIIᵉ), « ***avoir son quart d'heure de folie*** » (XVIIIᵉ) : avoir ses moments de folie. Ces locutions expriment la soudaineté et la brièveté des troubles mentaux qui — par voie de conséquence — restent donc supportables pour autrui (→ *accès, coup, crise*). « ***À ses heures*** » signifie aussi « selon sa fantaisie », « quand ça lui chante », comme dans l'expression « ***il ressemble à la mule du pape, il ne boit qu'à ses heures*** » pour « il est fantasque » (→ *mule*).

Étym. : XIIᵉ, du latin, lui-même du grec *hôra*.

HIRONDELLE n. f. « ***Avoir une hirondelle dans le soliveau*** » (m. XIXᵉ), fam. : être un peu fou. L'expression constitue l'une des nombreuses variantes de « ***avoir une araignée dans le plafond*** » (→ *araignée*). Elle exploite de façon imagée le thème de la présence parasite d'un hôte (insolite) dans la tête, le mot *soliveau* désignant la tête par métaphore (→ *tête*). Variante régionale : « *avoir une hirondelle dans le beffroi* » (→ *beffroi*).

Étym. : XVIᵉ, du latin pop. *hironda*, de *hirondo*.

HISTOIRE   n. f. « *C'est une véritable histoire de fous* » (XXᵉ) : une histoire absurde ou incroyable. Les **histoires de fous** constituent des anecdotes comiques dont les personnages principaux sont des fous. Elles ont pour fonction sociale de conjurer l'angoisse suscitée par la différence et l'anormalité, comme c'est par ailleurs le cas pour la sexualité *(histoires grivoises)*, le racisme *(histoires racistes)* et la médecine *(histoires de carabins)*. De nombreuses **histoires de fous** sont devenues ces dernières années des *histoires belges*. Elles expriment souvent le comble de l'absurdité, ce qu'illustrent les deux exemples suivants :
— l'histoire du fou qui repeint son plafond : « *Un fou est en train de peindre son plafond. Un autre fou arrive et lui dit : — Accroche-toi au pinceau, j'enlève l'échelle !* »
— l'histoire des fous au bord de la voie ferrée : « *Deux fous observent les rails d'une ligne de chemin de fer. — Il est long cet escalier ! dit l'un. — Oui, dit l'autre, et la rampe est drôlement basse !* ».

Certaines de ces histoires mettent en scène la folie sous l'angle de la méprise. Il s'agit de fous qui « se prennent pour un autre » (un personnage illustre, un animal cocasse, ou un objet insolite). Le ressort comique des situations réside généralement dans la mise en évidence du bon sens du fou qui — bien que privé de raison — se montre plus adapté ou avisé que l'individu normal :

« *Grande perturbation à l'asile : deux fous se prennent pour Napoléon et se disputent. Les autres fous s'en mêlent et provoquent une bagarre. Le directeur convoque les deux responsables et leur dit : "Il y a ici un Napoléon de trop ! — C'est lui l'usurpateur ! — Non, c'est lui !" Le directeur : "Je ne veux rien savoir, vous mettez trop le bazar. Je vous place ensemble en chambre d'isolement. Vous n'en sortirez que lorsque vous serez d'accord." Trois jours plus tard, les deux fous demandent à sortir. Le directeur : "Alors, vous voilà d'accord ? — Oui, oui." Le directeur : "Bien, vous pouvez sortir." Le premier fou s'efface et dit à l'autre : "Après vous, Joséphine !"* »

« *Un fou traîne en laisse une brosse à dents. Le directeur : "Hou ! C'est un joli chien que vous avez là !" Le fou : "C'est pas un chien ! C'est une brosse à dents !" Le directeur : "Je vois que le nouveau traitement a fait de l'effet, vous n'êtes plus fou !" Et il s'éloigne pour aller signer le bon de sortie. Le fou ramasse alors sa brosse et lui dit : "On l'a bien eu, hein Médor !"* »

D'autres *histoires* illustrent l'intelligence du fou opposée à la naïveté du sage (→ *fou*) : « *Le directeur de l'asile perd une roue juste en sortant de l'hôpital. Perplexe, il fait le tour de son véhicule en réfléchissant à une solution de remplacement. Un fou perché sur le mur de l'asile, l'observe et lui dit : "Vous n'avez pas de roue de secours ? — Si, mais les boulons sont cassés et je n'en ai pas de rechange. — Vos autres roues ont bien quatre goujons. Vous en dévissez un par roue. Vous fixez votre roue de secours. Et vous irez jusqu'au garage avec trois goujons par roue ! — Dites donc, vous. Je vais signer votre bon de sortie. Vous n'êtes plus fou ! — Si, complètement, mais j'suis pas con !"* »

Étym. : XIVe, du latin, lui-même du grec *historia*.

HÔ (U), HÔLLE adj. et n. (XXe) : fou. D'emploi régional (Gascogne).

Étym. : forme dialectale de *fou*, avec *h* « aspiré ».

HÔPITAL n. m. « *Hôpital général* » (m. XVIIe) : ancien nom donné à un groupe d'établissements qui étaient chargés d'accueillir et de détenir — sur ordre de l'administration — les vagabonds, les mendiants, les oisifs de toutes sortes... et les insensés incurables ou qui troublaient l'ordre public (→ *enfermer*). Relayés par les *maisons de force* (→ *maison*) et les *dépôts de mendicité*, les **hôpitaux généraux** disparaîtront progressivement en tant que tels à la fin du XVIIIe siècle. Le syntagme ***hôpital de fous*** — en usage depuis l'époque classique — s'applique au siècle dernier à l'*asile d'aliénés*, établissement spécialisé pour l'internement et le traitement des malades mentaux (→ *asile*). Ce dernier se nommera ultérieurement *hôpital psychiatrique* puis *centre hospitalier (spécialisé)*. Bien que disparue officiellement de la terminologie administrative depuis plus de cinquante ans, l'appellation *hôpital psychiatrique* demeure courante. Elle est fam. abrégée en *H.P.* : « *être bon pour l'H.P.* », « *devoir aller/retourner à l'H.P.* », « *avoir fait plusieurs années/séjours à l'H.P.* », etc. On dit aussi fam. *hostopsy* ou *hôpital psy* : « *être resté trois mois à l'hôpital psy pour dépression* » (→ *clinique, maison*). • Le syntagme *hôpital de jour* désigne en psychiatrie une structure hospitalière ne dispensant ses soins que pendant la journée, les malades rentrant chez eux tous les soirs. L'expression « *il fait hôpital de jour* » s'applique au patient bénéficiant de telles modalités thérapeutiques. Lorsque celles-ci sont mises en place en relais d'une hospitalisation à temps complet, on dit que le sujet « *passe en hôpital de jour* ». • L'*hôpital de nuit* s'adresse à des personnes ayant repris leur activité dans la journée mais qui rentrent dormir à l'hôpital chaque soir, avant de retrouver leur autonomie totale. • L'adj. *hospitalier* figure dans *centre hospitalier spécialisé* (abrégé *C.H.S.*) récemment devenu *centre hospitalier* sans autre mention particulière. *C.H.S.* reste très courant, en concurrence avec *H.P.* • *Hospitaliser* s'emploie dans « *avoir besoin de se faire hospitaliser pour les nerfs* ». • *Hospitalisation à la demande d'un tiers* et *hospitalisation d'office* sont les termes officiels ayant respectivement remplacé ceux de *placement volontaire* et de *placement d'office* (→ *internement, placement*). L'*hospitalisation libre* concerne tout patient se faisant hospitaliser en service de psychiatrie, à sa demande ou avec son consentement. L'*hospitalisation en libre choix* est une modalité relative à la *sectorisation psychiatrique* (→ *secteur*).

Étym. : XIIe *(hospital)*, du bas latin *hospitalis*.

HORLOGE n. f. « *Avoir des horloges dans la tête* » (XVIIe), fam. : être un peu fou, fantasque. D'origine incertaine, l'expression semble s'opposer à l'exactitude, la régularité et la prévisibilité qu'exprime la locution ancienne « *être réglé* *comme une horloge* » (→ *déréglé*). Par figure, elle exploite peut-être l'idée que plusieurs horloges n'indiquent pas toutes la même heure, provoquant ainsi un tintamarre de tic-tac désordonnés et une succession confuse de carillons. Dans cette perspective, la notion de « bruit mental parasite » — comparable à des sons de cloche — la rapproche de « *avoir le cerveau mal timbré* », « *être coucou* », « *sonner le fêlé* » (→ *coucou, déréglé, fêlé, timbré*). Bien qu'attestée seulement dans la deuxième moitié du XVIIIe siècle, la locution « *horloge de la mort* » (ou « *horloge-de-mort* »), qui désigne un insecte parasite du bois, pourrait avoir influencé l'expression. Cette éventualité rapprocherait « *avoir des horloges dans la tête* » des locutions « *avoir des moucherons en tête* », « *avoir des grillons dans la tête* » qui expriment la présence figurée de parasites bruyants dans le cerveau (→ *grillon, moucheron*).

Étym. : XIIe, du latin *horologium*, lui-même du grec *hôrologion*.

HORS adv. et prép. « *Être hors de gamme/hors des gonds (de la raison)/hors de propos/hors de sens (de son bon sens)* » (XVIe) : être dans la démesure, déraisonnable, fou (→ *forcené, gamme, gond, sens*). Ces locutions fig. expriment le dépassement des limites, la mise hors de soi, propres à l'emportement colérique ou à la folie. Dans ce dernier registre, les expressions modernes « *être à côté de ses baskets/lattes/pompes...* » traduisent l'égarement, avec à la fois l'idée de dédoublement et celle de mise hors de soi-même.

Étym. : XIIe, de *dehors*, de *fors*.

HOSPICE n. m. « *Hospice des insensés* » (XVIIe) : établissement accueillant des fous. Le mot désigne d'abord un gîte, un lieu d'asile tenu par des religieux et destiné à accueillir les pèlerins ou les voyageurs. Au XVIIe siècle, certains de ces établissements se spécialisent dans l'accueil des indigents. C'est le cas de l'*hospice des Insensés* d'Avignon, créé par la confrérie des Pénitents noirs de la Miséricorde à la fin de l'âge classique et constituant l'un des premiers asiles d'aliénés français (→ *enfermer*). Au siècle dernier, le terme

hospice s'applique à une institution souvent non médicalisée où sont pris en charge les enfants assistés, les personnes âgées, les infirmes et les incurables. Ce type d'établissement se distingue donc de l'*asile* ***(hospice des aliénés)*** et de l'*hôpital* : ces derniers pratiquent la médecine et accueillent les malades présumés curables. Aujourd'hui, l'*hospice* désigne un établissement recevant les vieillards démunis. Dans la langue courante, le mot est souvent d'emploi péj. « ***Il n'est plus tenable, on va l'envoyer à l'hospice*** » (→ *asile*).

Étym. : f. XIIIe *(hospise)*, du latin *hospitium* « hospitalité ».

HOSPITALISER, HOSPITALISATION   (→ *hôpital*).

HOTU   n. m.   (XXe), arg. : imbécile ou fou. Le mot désigne d'abord un poisson de rivière. Jacques Cellard et Alain Rey notent que « *(...) ce poisson vorace et sans valeur culinaire venant de la région de Namur, s'est répandu dans la Seine et dans l'Yonne à partir de 1940, dépeuplant ces rivières* ». De là, viendrait l'emploi péjoratif du mot dans la langue argotique pour désigner une personne idiote, sans intérêt. Par extension, ce synonyme de *nase* développe la valeur de « fou » (→ *nase)*. « ***Un hotu.*** »

Étym. : XIXe, du wallon *hôtiche*.

HUE !   interj. « ***N'entendre ni à hue, ni à dia*** » (XVIIe) : perdre l'entendement. L'expression s'applique d'abord à une monture qui refuse d'avancer ou d'obéir, c'est-à-dire à qui on ne peut faire entendre raison malgré les ordres. Par figure, on passe de l'animal restant sourd aux sollicitations à tout individu ayant perdu l'entendement, l'esprit. « ***Tirer à hue et à dia*** » s'est dit, au siècle dernier, pour « agir n'importe comment ».

Étym. : XVIIe, d'origine obscure, sans doute onomatopéique.

HUMEUR   n. f. « ***Avoir des humeurs imprévisibles*** »   (XVIe) : être fantasque, changeant. Le mot s'applique d'abord, au pluriel, aux liquides du corps *(les humeurs)*, dont on pense — depuis l'Antiquité — que de leur équilibre dépend l'état de « bonne santé ». Ainsi, le phlegme ou la bile sont censés altérer le cerveau : c'est la théorie humorale de la folie (→ *mélancolie*). ***Humeurs*** (au pl.) prend ultérieurement le sens abstrait d'éléments constitutifs du caractère, du tempérament de tout individu : « ***avoir des humeurs changeantes/ fantasques…*** ». En psychiatrie (Falret, m. XIXe), ***humeur*** (au singulier) revêt la valeur spéciale de « disposition affective fondamentale », en concurrence avec *thymie* (→ *thymie*). En procède l'expression « ***avoir des troubles (graves) de l'humeur*** » qui signifie « être (très) déprimé » (→ *dépression*).

Étym. : XIIe, du latin *humor, humoris*.

HUREL n. (XVIe) : fou ou idiot. Le mot s'applique à l'ébouriffage des cheveux, d'où par métonymie, à celui des idées. On passe ainsi, par figure, à la notion de désordre mental, d'emmêlement du fil de la pensée. ***Hurel*** est sorti d'usage au profit de ***ahuri*** et ***hurluberlu***.

Étym. : déb. XVIe, de *hure*.

HURLUBERLU adj. et n. (déb. XVIIIe) : extravagant, bizarre. Il s'agit d'un mot très expressif dont la forme évoque, par figure, l'ébouriffage des idées (→ *ahuri, hurel*) et les visions imaginaires (→ *berlue*). « ***Quel drôle d'hurluberlu !*** », « ***c'est un hurluberlu doublé d'un fantaisiste*** ». À rapprocher de *farfelu, loufoque, zozo*. • ***Hurluberlutisme*** s'emploie pour « dérangement de l'esprit, excentricité ». Il est aujourd'hui sorti d'usage.

Étym. : XVIe, d'origine incertaine, peut-être de *hure* et de *berlue*, avec influence de *hurler*.

HURLUBIER n. (XIXe) : fou ou idiot. « ***Quel hurlubier !*** » Le mot est aujourd'hui sorti d'usage (→ *ahuri, hurel, hurluberlu*).

Étym. : XIXe, d'origine incertaine, probablement par dérivation régionale de *hurel* ou de *hurluberlu*.

HYDROTHÉRAPIE (→ *douche*).

HYGIÈNE n. f. « *Relever de l'hygiène mentale* » (XXe), fam. : être fou. Le syntagme *hygiène mentale* s'applique à l'ensemble des institutions extra-hospitalières de prévention ou de soins spécialisés, situées au niveau de chaque *secteur psychiatrique* (→ *secteur*). L'expression est reprise dans le langage courant avec une connotation péj. ou ironique jouant sur le mot *hygiène* au sens de « propreté ».

Étym. : XVIe, du grec *hugieinon*, de *hugiês*.

HYPOCONDRIAQUE ou HYPOCHONDRIAQUE adj. et n. (XVIe) : mélancolique. Dans l'ancienne médecine, la *mélancolie hypocondriaque* était considérée comme due à un excès de bile noire dans l'abdomen, au niveau des hypocondres (→ *mélancolie*). Depuis le siècle dernier, le mot désigne et qualifie qqn qui a la conviction pathologique ou la crainte d'être atteint de diverses maladies. Les plaintes de l'*hypocondriaque* sont rendues à travers le personnage célèbre d'Argan, dans *Le Malade imaginaire* de Molière. « *Un hypocondriaque* », « *un délire hypocondriaque* ». « *(...) Les hypochondriaques, loin d'être des aliénés proprement dits, sont des individus sains en apparence, mais préoccupés outre mesure de leur santé physique, s'exagérant leurs souffrances ou s'imaginant être atteints de toutes les maladies dont on leur parle, de toutes celles dont ils lisent les prescriptions (...)* » (A. Dechambre, M. Duval et L. Lereboullet). • L'adj. régressif *hypocondre* a signifié « fou » à l'époque classique, sens aujourd'hui disparu. Substantivé, il désigne en anatomie chacune des parties latérales et supérieures de l'abdomen. • *Hypocondrie* se dit de l'état morbide au cours duquel un sujet développe des préoccupations excessives et angoissées à propos de sa santé. L'*hypocondrie délirante* s'observe dans certaines formes de *psychose* (schizophrénie, paraphrénie) « *(...) pouvant aller de la croyance en la présence de parasites sous la peau, jusqu'à la conviction d'une absence d'un organe, tel que le cœur ou le foie (...)* » (J.-P. Olié et C. Spadone).

Étym. : XVIᵉ, du grec *hupokhondriakos* « malade des hypocondres », de *ta hupokhondria*.

HYPOMANIE n. f. (XXᵉ), psych. : forme atténuée de l'excitation *maniaque*, marquée par l'hyperactivité psychique et comportementale plus ou moins bien compensée. Le terme entre dans la composition du syntagme didact. *hypomanie constitutionnelle* qui s'applique à un état de surexcitation permanente. • *Hypomane* ou *hypomaniaque* (vieilli) désigne et qualifie la personne atteinte du trouble correspondant. Le mot est passé dans le langage courant, s'employant à propos d'un individu qui ne tient pas en place. « *Il se démène comme un hypomane* », « *quel hypomane !* ».

Étym. : XXᵉ, de *hypo-*, préfixe tiré du grec *hupo* « au-dessous », et de *manie* (→ *manie*).

HYSTÉRIQUE adj. et n. (XXᵉ), psych. : qui présente un symptôme physique attirant généralement l'attention sur le sujet, exprimant de façon symbolique des représentations psychiques refoulées (→ *conversion*). Historiquement, le mot s'applique d'abord à une femme dont les troubles mentaux sont attribués à l'utérus. Le constat de l'existence de l'hystérie masculine n'est fait qu'à la fin du siècle dernier. Le syntagme *folie hystérique* désigne alors la maladie et *hystérique* s'emploie pour « qui est atteint de l'affection correspondante ». « *Avoir des symptômes hystériques* », « *faire une crise de conversion hystérique* », « *un hystérique* ». Le terme est souvent connoté négativement du fait de l'expressivité des troubles, faisant évoquer à tort la simulation et la manipulation consciente des symptômes. La langue usuelle l'emploie péj. en parlant d'une personne excessive, volubile, énervante dans ses manières, en un mot insupportable. Une misogynie tenace réserve cette appellation plutôt aux femmes. « *C'est une hystérique de première bourre !* », « *c'est une hystérique dans toute sa splendeur* », « *mon Dieu, qu'il est hystérique !* », « *quelle hystérique !* », « *c'est un grand hystérique* ». • *Hystérie*, dérivé régressif de *hystérique*, désigne en psychiatrie l'ensemble des signes : symptômes d'apparence organique (extrêmement divers dans leurs présentations) et traits de personnalité représentés par la suggestibilité, le théâtralisme, la mythomanie... Jusqu'au XIXᵉ siècle, l'origine de l'*hystérie* est attribuée au dérèglement de trois types d'organes : l'*utérus* (auquel elle doit son nom), l'*encéphale* et les *nerfs*. Les concepts aliénistes font entrer l'affection dans le cadre des maladies mentales *(folie hystérique)*. À la suite des travaux du neurologue J. M. Charcot (v. 1880), l'*hystérie* désigne un ensemble de symptômes ayant l'apparence d'affections organiques sans lésions décelables. Le développement de la psychanalyse (S. Freud) permet de comprendre les mécanismes psychiques inconscients mis en jeu dans l'*hystérie*, aboutissant à définir un type de *névrose* : l'*hystérie de conversion*. Dans le langage courant d'aujourd'hui, la notion de « maladie des nerfs » reste curieusement prégnante : *« faire une crise d'hystérie »* s'emploie pour « avoir une crise de nerfs » (→ *nerf*). La notion d'« exaltation » est exploitée dans la locution « *c'est de l'hystérie !* » pour « c'est de la folie ». • *Hystériser*, surtout au pronominal, signifie « (s')exprimer de manière hystérique ». « *S'hystériser jusqu'au délire total.* » • *Hystéro* représente l'abrègement fam. de *hystérique*. « *Il est complètement hystéro* », « *quel hystéro !* ». •*Hystéroïde*, fait à l'aide du suffixe *-oïde* (« semblable à »), se dit de ce qui rappelle l'hystérie. « *Il nous a fait une crise hystéroïde.* »

Étym. : m. XVIᵉ, du latin *hystericus*, lui-même du grec *husterikos*, de *hustera* « utérus ».

IDÉALISTE adj. et n. « *Idéaliste passionné* » (déb. XXe), psych. : personne manifestant une exaltation passionnelle pour des idéaux ou des utopies, de nature paranoïaque (→ *paranoïa, passionné*).

Étym. : déb. XVIIIe, de *idéal*, du bas latin *idealis*, de *idea* (→ *idée*).

IDÉE n. f. « *Ne pas/ne plus avoir toutes ses idées en place* » (XVIIe) : s'imaginer des choses vaines, être mentalement perturbé. Le mot s'applique à toute représentation abstraite, élaboration faite par la pensée. Dans le registre de la folie, une abondante phraséologie associe *idée(s)* avec des qualificatifs exprimant le désordre, l'écart par rapport à la norme, l'irrégularité ou la singularité : « *avoir des idées biscornues/bizarres/curieuses/étranges/pas comme les autres/tordues/en vrac...* ». On dit aussi « *quelle (drôle d') idée !* » et, par ellipse, « *cette idée !* ». Le syntagme *idée fixe* désigne spécialement une idée obsédante envahissant le champ de pensée (→ *fixe*). • Le néologisme *idéorrhée* est dû à Céline. Il signifie « écoulement pathologique d'idées » (M. Rheims). « *(...) C'est une berlue, c'est une chimère... un détraquement de la vision... bien navrante, une déconfiture de tes pauvres sens d'onaniste ! une véritable* *idéorrhée... une perte de substance lécithique (...)* » (Céline, 1938).

Étym. : XIIe, du latin, lui-même emprunté au grec *idea*.

IDENTITÉ n. f. « *troubles de l'identité* » (XXe), psych. : perturbation temporaire ou permanente de la conscience de soi, allant de la dépersonnalisation à l'expérience de dédoublement (→ *dédoublement, dépersonnalisation*).

Étym. : XIVe, du bas latin *identitas*, de *idem*.

ILLUMINÉ, ÉE adj. et n. « *C'est un illuminé* » (XVIIe) : un esprit exalté, un mystique. Dans le domaine abstrait, le mot exprime la notion de vif éclairage, d'abord dans un contexte religieux (lumière divine) puis à propos de l'intelligence (→ *lumière*). Avec l'idée d'intensité excessive, on passe à la notion fig. d'« aveuglement de l'esprit ». Proche d'*inspiré*, le mot développe dès lors la valeur négative d'« aveuglé par des intuitions imaginaires ». Il est aujourd'hui courant dans la langue fam. au sens d'« un peu fou, exalté », en concurrence avec *allumé*. • *Illuminisme* s'est dit à propos d'une exaltation pathologique de l'esprit, accompagnée de visions.

Étym. : p. p. du v. *illuminer* (déb. XIIIe), du latin *illuminare* « éclairer », « inspirer ».

ILLUSION n. f. (XVIIIe) : interprétation fausse d'une perception sensorielle réelle. En psychiatrie, le mot désigne l'un des mécanismes du délire, ceux-ci comprenant par ailleurs l'*hallucination*, la *production imaginative*, l'*interprétation* et l'*intuition* (→ *délire*).

Étym. : XIIe, du latin *illusio*, de *illudere* « se moquer de ».

IMAGINER v. « *Imaginer sans fondement* » (XVIIe) : délirer. L'expression se situe dans la perspective cartésienne propre à l'époque classique, « ce qui est imaginé » s'opposant à « ce qui est raisonné, tangible » (→ *raison*). • *Imaginatif* s'emploie en psychiatrie dans le syntagme *délire imaginatif* qui désigne un délire riche, foisonnant, empruntant souvent ses thèmes au fantastique. • *Imaginaire*, « qui n'existe qu'en imagination », s'est employée dans l'expression fig. « *être dans les espaces imaginaires* » pour « rêver, être chimérique ». Substantivé, le mot désigne la production de l'imagination. « *Les délires de l'imaginaire* », « *avoir un imaginaire particulièrement fertile/luxuriant/tordu...* ». Repris en psychanalyse par J. Lacan, le terme s'applique à l'un des trois registres essentiels du champ psychanalytique : le *réel*, le *symbolique* et l'*imaginaire*. • *Imagination* s'applique à toute création de l'esprit combinant images et idées. L'expression « *l'imagination est la folle du logis* » est due à Malebranche (→ *loge*). Dans son *Dictionnaire des proverbes*, P. M. Quitard commente cette locution de la manière suivante : « *(...) L'imagination est de toutes les facultés intellectuelles la plus sujette à s'égarer quand la raison ne lui sert pas de guide, elle est la cause de beaucoup d'écarts, de beaucoup de folies (...).* » En psychiatrie, le syntagme *délire d'imagination* se dit d'un délire chronique fait d'un contenu extravagant, souvent riche et foisonnant (→ *délire*). Dans le langage courant, *imagination* et *folie* se déclinent dans des expressions du type : « *avoir l'imagination qui ne chôme pas/qui se déchaîne/divague/ s'échauffe/s'enflamme/s'exalte/galope/travaille...* », « *avoir une imagination ardente/débordante/débridée/délirante/ déréglée/détraquée/divagatrice/exaltée/passionnée/sans frein/ sans limites/trop vive...* », « *se laisser emporter par son imagination* », « *les délires de l'imagination* », etc (→ *fantastique*).

Étym. : f. XIIIe, du latin *imaginari*, de *imago* « image ».

IMMOTIVÉ, ÉE adj. « *Avoir un rire/des attitudes immotivé(es)* » (XXe), psych. : présenter un comportement inadapté à la situation présente. Un tel trouble — marqué par sa fréquence et son intensité — peut s'observer dans la *discordance schizophrénique* (→ *discordance*).

Étym. : XIXe, du préfixe négatif *im-* et de *motivé*, de *motif*, lui-même du latin *motivus*, de *movere*.

IMPORTER v. « *Dire/faire/raconter n'importe quoi* » (XVIIIe) : parler ou agir de manière absurde, déraisonnable.

La locution pronominale indéfinie « *n'importe quoi* » signifie « qui ou quoi que ce soit », d'après *importer* au sens de « avoir de l'importance, concerner ». « *Il est complètement pété, il raconte n'importe quoi* ». Dans le registre de la folie, on a également recours à la locution « *n'importe comment* » pour « de toutes les manières » (sous-entendues « les plus insensées »), comme dans « *penser/raisonner n'importe comment* ». « *Il dit n'importe quoi et raisonne n'importe comment* ».

Étym. : XVIᵉ, de *emporter*, d'après l'italien *importare*, lui-même du latin.

IMPULSION n. f. (XVIIIᵉ), psych. : tendance irréfléchie et irrésistible au passage à l'acte. Le mot implique la notion de mouvement, d'action au détriment de la *réflexion*. Il est également d'usage courant, souvent accompagné d'un qualificatif pour renforcer l'idée de brusquerie ou de brutalité. « *Avoir des impulsions brusques/incontrôlables/morbides/soudaines...* » • *Impulsif* s'emploie de manière usuelle pour qualifier ou désigner une personne qui s'emporte facilement. « *C'est un grand impulsif.* » • *Impulsivité* s'applique au comportement correspondant. « *Il est d'une impulsivité folle.* »

Étym. : déb. XIVᵉ, du latin classique *impulsio*, de *impellere*.

INCAPABLE adj. et n. « *Incapable majeur* » (XXᵉ), jurid., psych. : personne majeure dans l'incapacité (provisoire, totale ou partielle) de gérer ses biens. Certains malades mentaux sont dans cette situation. Ils relèvent alors de la loi du 3 janvier 1968 instaurant trois grands régimes de protection des *incapables majeurs* : la *sauvegarde de justice*, la *curatelle* et la *tutelle*.

Étym. : m. XVᵉ, antonyme de *capable* (du latin *capabilis*).

INCOHÉRENCE n. f. (XIXᵉ), psych. : absence d'unité, de lien et de suite logiques dans les propos, les idées et les actes. Le mot exprime la désolidarisation d'où le désordre, dans un domaine abstrait. En psychiatrie, cette désorganisation des fonctions mentales peut s'observer dans les *confusions*, les *démences* ou les *psychoses schizophréniques*. Le syntagme *incohérence verbale* (ou *aliénation du langage*) s'applique spécialement au discours de patients *schizophrènes*, fait de néologismes et d'abstractions incompréhensibles. Dans le langage courant, le mot est parfois employé en synonymie avec *délire* : « *C'est l'incohérence la plus totale !* » • *Incohérent* lui correspond, en relation avec *délirant*. L'expression « *être (complètement) incohérent* » signifie « être fou ». « *Les actes/les propos incohérents des fous* », « *un raisonnement incohérent* ».

Étym. : déb. XVIIIe, antonyme de *cohérence* (du latin *coherentia*, de *cohaerere*).

INCONSCIENCE n. f. « *C'est de l'inconscience !* » (XIXe), fam. : c'est de la folie ! Le mot s'applique à ce qui échappe au jugement, à la conscience claire des choses, au contrôle et à la mesure de ses actes. « *Il est d'une inconscience folle !* » • *Inconscient* qualifie et désigne une personne irréfléchie, ne se rendant pas compte de la gravité de ses agissements et, par extension, un individu mentalement dérangé. « *Il est complètement inconscient* », « *un inconscient* ». Substantivé au masculin, *inconscient* s'emploie spécialement en psychanalyse à propos d'une instance psychique révélée par S. Freud. Ce dernier distingue en effet l'*inconscient*, le *préconscient* et le *conscient*. Le terme didactique est souvent confondu dans l'usage courant avec *subconscient* (terme non psychanalytique).

Étym. : f. XVIIIe, antonyme de *conscience* (XIIe), lui-même du latin *conscientia*, dérivé de *conscire*.

INCURABLE adj. et n. « *C'est un fou incurable* » (XVIIe) : un grand fou (→ *demeure*). Le mot s'applique à toute maladie qui ne peut être guérie et, par métonymie, au malade lui-même (→ *irrécupérable*). « *Un incurable.* » Dans le registre de la folie, *hospice des incurables* s'est dit — à l'époque classique — d'un établissement destiné aux fous pour lesquels on estimait ne rien pouvoir faire, sinon les contenir. Par affaiblissement de sens et au fig., *incurable* s'emploie pour « incorrigible » ou « à l'extrême » : « *C'est un incurable farceur !* »

Étym. : XIVᵉ, antonyme de *curable* (du latin *curabilis*).

INEPTE adj. (XVᵉ) : dénué de sens (→ *sens*). Le mot s'applique aux paroles ou aux actes d'une personne considérée comme folle, sotte ou incompétente. « *Avoir un discours (totalement) inepte* ». • *Ineptie* s'emploie surtout au sens de « sottise ». « *Dire des inepties.* »

Étym. : m. XVᵉ, du latin *ineptus*.

INFANTILE adj. « *Psychose infantile* » (XXᵉ), psych. : troubles mentaux altérant précocement le développement de l'enfant (→ *autisme*). Cette dénomination est aujourd'hui discutée, le diagnostic de *psychose* étant difficile à établir durant l'enfance. Le *D.S.M. III* parle plutôt de manière générique de « *troubles envahissants du développement* » (→ *D.S.M.*).

Étym. : XVIᵉ, du latin *infantilis*, dérivé de *infans*, *infantis*.

INFLUENCE n. f. « *Délire d'influence* » (f. XIXᵉ), psych. : délire dans lequel le sujet a la conviction d'être sous l'emprise néfaste de forces ou de personnes extérieures à lui. Une telle activité délirante s'observe dans certaines formes de *schizophrénie* et dans la *psychose hallucinatoire chronique*. Au cours de cette expérience psychotique, le sujet a le sentiment d'être soumis à un contrôle à distance de ses pensées et de ses actes, dont il se sent dépossédé. Le vécu angoissant et persécutif est constitué d'impressions de téléguidage, de sentiments de devinement de la pensée, d'actes imposés, etc. (→ *automatisme*).

Étym. : XIIIᵉ, du latin *influentia*, de *influere*.

INJECTION n. f. « *Avoir son injection Retard* » (XXᵉ), fam. : faire l'objet d'un traitement par neuroleptique à action prolongée (N.A.P.). Également appelés *neuroleptiques-retard*, certains composés anti-psychotiques sont chimiquement conçus de manière à ce que leur principe actif diffuse lentement dans l'organisme en deux ou quatre semaines. Ils s'administrent par voie intramusculaire, d'où le nom d'*injection Retard*, dénomination reprise souvent par les patients eux-mêmes. Cette modalité thérapeutique est surtout employée dans le traitement des *psychoses chroniques*, afin d'éviter au malade une prise quotidienne de neuroleptiques et d'assurer un traitement en continu (→ *psychotrope*).

Étym. : xve, du latin classique *injectio*, dérivé de *injicere*.

INSANE adj. « *Être à moitié insane* » (xixe) : être mentalement dérangé. Le mot signifie, par ellipse, « qui n'est pas sain d'esprit » (→ *sain*). Il est aujourd'hui sorti d'usage, notamment au profit de *insensé*. • *Insanie* s'est dit pour « folie ». Il a également disparu du langage courant. • *Insanité* reste en revanche actif. Il a été synonyme de *folie*. Il s'emploie aujourd'hui à propos d'actes ou de paroles dénués de bon sens ou d'intérêt, en concurrence avec *ineptie*. « *Dire/sortir des insanités.* »

Étym. : xviiie, de l'anglais *insane*, lui-même du latin *insanus*.

INSENSÉ, ÉE adj. et n. « *Être insensé* » (xve) : être fou. À basse époque, on disait déjà « *perdre le sens* » pour « déraisonner » (→ *sens*). Dans cette lignée, *insensé* qualifie puis désigne toute personne dont le discours ou les actes sont contraires au sens commun, à la raison (→ *sens*). « *C'est un pauvre insensé* », « *courir/se débattre/hurler... comme un insensé* » (→ *égaré, forcené*). Au début du siècle dernier, le terme est remplacé en psychiatrie par celui d'*aliéné*. Dans le langage courant d'aujourd'hui, *insensé* est surtout employé comme intensif pour « extraordinaire », à l'instar de *barjo (t), dément, dingue, fou...* « *C'est complètement insensé !* »

Étym. : déb. xve, du latin ecclésiastique *insensatus*.

INSPIRÉ, ÉE adj. et n. (xixe) : illuminé, mystique ou un peu fou. Le mot exprime d'abord la notion de souffle divin et, par extension, celle de souffle créateur dans le domaine de l'art. À l'instar de *illuminé* ou *mystique*, il s'emploie parfois dans un contexte dépréciatif, à propos d'une personne prétendant être en communication avec Dieu. « *C'est une sorte d'inspiré qui divague continuellement.* »

Étym. : XVIe, p. p. du v. *inspirer* (XIIIe), du latin *inspirare*.

INSULINOTHÉRAPIE   (→ *Sakel*).

INTERNER   : v. « *Être bon à interner* » (déb. XXe), fam. : être fou. Le verbe remplace *enfermer* encore en usage jusqu'au début du siècle en parlant du placement d'une personne en milieu psychiatrique (→ *enfermer*). Dans les années soixante-dix, le verbe *placer* lui est souvent substitué, puis *hospitaliser* devient le terme consacré. Le langage courant continue à employer *interner* de manière active, avec une connotation péj. « *On va le faire interner* », « *se faire interner en service psy* ». • *Internement* désigne — dès le XIXe siècle et jusqu'en 1990 — le placement correspondant. L'*internement des aliénés/des malades mentaux* s'effectuait au titre de la loi du 30 juin 1838, soit à la demande de la famille, soit à celle de l'autorité publique. Dans le premier cas, il s'agissait d'un *internement volontaire (placement volontaire)*, mesure s'appliquant à une personne dont l'état mental nécessitait des soins sans son consentement, imposée par la volonté de l'entourage. Le deuxième cas concernait une personne en état d'*aliénation mentale* compromettant l'ordre public et la sûreté des personnes : il s'agissait alors d'un *internement d'office (placement d'office)*. Dans le langage courant, le terme *volontaire* a fréquemment fait l'objet d'une confusion de sens entre « volonté du patient » et « volonté de l'entourage ». Cette ambiguïté explique l'usage plus répandu (et souvent à tort) de l'expression *d'office* en parlant d'une personne « internée » (contre sa volonté) : « *on l'a mis d'office à l'hôpital psychiatrique* », « *il est bon à interner d'office* ». Bien que relativement rares, ces deux mesures ont toujours été mal perçues par le public, parlant volontiers d'*internement abusif* ou *arbitraire*. Depuis la loi du 27 juin 1990 réorganisant les deux régimes (mêmes indications, mais procédures révisées), les termes d'*hospitalisation à la demande* d'un tiers (HDT) et d'*hospitalisation d'office (HO)* remplacent officiellement ceux de *placement volontaire* et de *placement d'office* (→ *placement*). • *Interné* s'est dit pour « aliéné », « fou ». « *Le pavillon des internés* » (→ *pavillon*). Le terme a disparu du langage administratif au profit d'*hospitalisé à la demande d'un tiers/d'office*. Dans la langue usuelle, il s'emploie toujours pour « admis en milieu psychiatrique », avec ou sans le consentement du sujet. « *Ils l'ont interné* », « *c'est un interné* ».

Étym. : m. XIXᵉ, de *interne*, du latin *internus* « intérieur ».

INTERPRÉTATION n. f. « *Délire d'interprétation* » (déb. XXᵉ), psych. : délire construit à partir d'une conviction de base fausse étayée par ce qui est perçu dans la réalité. Le sujet confirme ainsi sa conviction en élaborant une pseudo-logique qui échappe à tout sens critique. Le thème dominant est le plus souvent de nature persécutive. Initialement appelée *folie raisonnante*, cette forme de délire chronique entre en psychiatrie dans le cadre de la *paranoïa*.

Étym. : XIIᵉ, du latin *interpretatio*, dérivé de *interpretari*.

INTERSECTEUR (→ *secteur*).

INTUITION n. f. « *Intuition délirante* » (XIXᵉ), psych. : conviction immédiate et erronée établie sans recours au raisonnement ou à la logique (→ *délire*). Ce type de mécanisme délirant s'accompagne le plus souvent de déductions et d'interprétations secondaires fausses, alimentant l'extension d'un *délire chronique* (→ *délire*).

Étym. : m. XVIᵉ, du latin scolastique *intuitio*, de *intueri* « regarder avec attention ».

IRRAISON n. f. (m. XIXᵉ) : déraison. Littéraire et rare. • Il en est de même de *irraisonnable* qui lui correspond (→ *déraison*).

Étym. : m. XIXᵉ, de *irraisonné*, d'après *raison*.

IRRATIONNEL, ELLE   adj. et n. m. « *Avoir des croyances irrationnelles* » (XIXᵉ) : croire en des choses non conformes au bon sens, à la logique. Le mot s'applique à ce qui échappe ou s'oppose à la raison. « *Un esprit irrationnel* », « *une conduite/impulsion/poussée irrationnelle* », « *les vertiges de l'irrationnel* ».

Étym. : XIVᵉ, du bas latin *irrationalis* (formé de *ir-* privatif et de *rationalis*, de *ratio*).

IRRÉCUPÉRABLE   adj. « *Être irrécupérable* » (XXᵉ) fam., péj. : être complètement fou ou être bon à rien. Dans le registre de la folie, le mot exprime la permanence de l'état avec la notion négative d'« incurabilité » (→ *incurable*). Il est parfois substantivé : « *C'est un irrécupérable complet !* »

Étym. : XIVᵉ, du latin *irrecuperabilis* (de *ir-* préfixe négatif, et de *recuperare*).

IRRESPONSABLE   adj. et n. « *C'est un irresponsable total* » (XXᵉ), fam. : il est complètement inconscient, fou (→ *inconscient*). D'emploi juridique et courant, le mot s'applique à toute personne qui ne peut répondre de ses actes ou assumer ses responsabilités (→ *incapable*). En matière de crimes ou de délits graves, la notion d'*irresponsabilité* est souvent source de controverses, voire de débats et expertises contradictoires. L'article 64 de l'ancien Code pénal stipulait qu'« *il n'y a ni crime ni délit lorsque le prévenu était en état de démence au temps de l'action ou lorsqu'il a été contraint par une force à laquelle il n'a pu résister (...)* ». La loi du 22 juillet 1992, réformant le Code pénal (1994), a modifié l'article 64. Au terme inapproprié d'*état de démence* s'est substitué celui de *trouble psychique ou neuropsychique* (→ *démence*). « *(...) La personne qui était atteinte, au moment des faits, d'un trouble psychique ou neuropsychique ayant altéré son discernement ou entravé le contrôle de ses actes demeure punissable, toutefois, la juridiction tient compte de cette circonstance lorsqu'elle détermine la peine et en fixe le régime.* » Par contre, s'il est retenu que le sujet présentait un trouble au moment des faits « *ayant aboli son discernement ou le contrôle de ses actes* », il n'est pas pénalement responsable.

Étym. : f. XVIIIe, du préfixe négatif *ir-* et de *responsable* (déb. XIVe), du latin *respondere*.

ISOLEMENT n. m. « *Être bon pour la chambre d'isolement* » (XXe), fam. : être fou furieux. L'*isolement thérapeutique* a d'abord été une mesure préconisée au début du siècle dernier par le médecin aliéniste Pinel comme l'une des modalités du *traitement moral* (→ moral). Dans le principe, il s'agissait de séparer un temps le malade de son environnement. En pratique, les **chambres d'isolement** des asiles d'aliénés sont souvent devenues de simples cellules destinées à contenir l'agitation ou la fureur de certains pensionnaires (→ *enfermer*). On parlait d'*isolement cellulaire*. L'expression de référence fait allusion à cette mesure asilaire.

Étym. : déb. XVIIIe, de *isolé*, lui-même du latin *isolare* « séparer ».

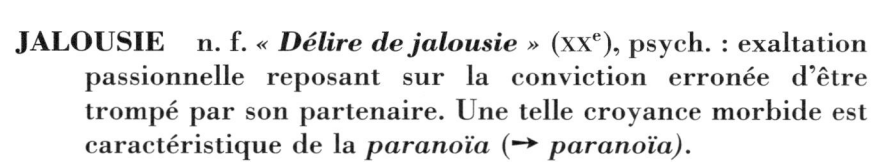

JALOUSIE n. f. « *Délire de jalousie* » (XXe), psych. : exaltation passionnelle reposant sur la conviction erronée d'être trompé par son partenaire. Une telle croyance morbide est caractéristique de la *paranoïa* (→ *paranoïa*).

Étym. : XIIIe, de *gelos* ou *gelus*, du bas latin *zelosus*.

JAMBONNEAU n. m. « *Avoir une trichine dans le jambonneau* » (m. XIXe), arg. : être un peu fou. La locution est une variante expressive de « *avoir une araignée dans le plafond* » (→ *araignée*). Elle est apparue peu après la découverte d'une parasitose affectant la viande de porc et due à un ver filiforme appelé *trichine* (→ *trichine*). L'emploi de *jambonneau* au sens arg. de « tête » répond directement à cette association, pour exploiter le thème du « ver qui parasite l'esprit » (→ *ver*). Le mot s'est dit pop. d'une guitare, d'un violon par analogie de forme, la notion d'instrument à caisse de résonance permettant de figurer la « tête », comme *calebasse, contrebasse, guitare* (→ *tête*). Ce rapprochement mène aux expressions concurrentes « *avoir un rat dans la contrebasse* » (→ *rat*) et « *avoir une sauterelle dans la guitare* » (→ *sauterelle*).

Étym. : déb. XVIIe, de *jambon*, lui-même de *jambe*, du latin *gamba* (emprunté au grec *kampê*).

JANTE n. f. « *Rouler sur la jante* » (xxᵉ), arg. : perdre la raison. Variante : « *rouler sur la toile* » (→ *rouler*).

Étym. : xiiᵉ, du latin emprunté au gaulois *cambita*, de *cambo* « courbe ».

JEANNE D'ARC n. pr. « *C'est une vraie Jeanne d'Arc, elle entend des voix* » (xxᵉ), fam. : elle hallucine. L'expression, sans doute ancienne, évoque l'épisode lors duquel celle que l'on surnommera plus tard *la Pucelle d'Orléans* « entendit des voix » (celles de saint Michel, de sainte Catherine et de sainte Marguerite), lui ordonnant de bouter les Anglais hors de France (→ *entendre*).

Étym. : nom de l'héroïne française née à Domrémy en 1412.

JÉRUSALEM n. pr. « *Syndrome de Jérusalem* » (xxᵉ) : crise aiguë de mysticisme frappant certains pèlerins ou touristes, lors de leur visite de la Ville sainte (→ *mystique*).

Étym. : nom de la ville sainte de Palestine, capitale d'Israël.

JETÉ, ÉE adj. « *Il est complètement jeté* » (xxᵉ), fam. : il est très fou. Par figure, le mot exprime les notions de brusquerie, d'élan hors de soi ou de basculement dans la folie. On peut aussi évoquer le jaillissement des idées ou la précipitation (la tête la première) contre un obstacle (→ *choc*). *Jeté* est aujourd'hui très actif dans le registre de la folie.

Étym. : p. p. du v. *jeter*, *getter* (ixᵉ), dérivé du latin *jactare*, *jacere* « lancer ».

JMAOUS, SE adj. « *Devenir jmaous* » (xxᵉ), fam. : devenir fou, être détraqué. Le mot a été employé par les Français d'Algérie, avant d'être supplanté par *maboul*.

Étym. : d'origine obscure, peut-être de l'argot *maous* « gros, énorme », lui-même d'origine incertaine.

JOBARD, E adj. et n. « *Quel jobard !* » (xxᵉ), fam. : quel fou ! Le mot est ancien, s'appliquant d'abord à une personne crédule (« qui gobe tout »). Par extension récente, il a pris la valeur de « dérangé mentalement ». « *C'est un vrai* *jobard.* » • Une interversion syllabique fournit la forme arg. (verlan) *barjo(t)*, actuellement très active dans le langage courant (→ *barjo*). • *Job*, diminutif de *jobard*, s'emploie en argot pour « fou ». « *Il est job comme pas deux.* » Le substantif arg. *job* s'est dit fam. pour « tête » au siècle dernier : « *se monter le job* » ou « *se chauffer le job* » a signifié « se monter la tête, se faire des illusions » (vieilli). • *Jobarderie* est équivalent à « niaiserie » ou « folie ». On dit aussi *jobardise* ou *jobardisme* surtout au sens de « naïveté excessive ». • *Jobastre* qualifie et désigne une personne mentalement perturbée. « *Il est un peu jobastre.* » • *Jobri* s'emploie pour « dément, fou ». • *Jobré* résulte sans doute du croisement de *job*, *jobard* et de *timbré*. « *Alors celui-là, il est vraiment jobré !* » • La forme *jobrasse* s'est développée régionalement. « *Quelle jobrasse !* »

Étym. : XVIe s. *(joubard)*, du moyen français *job* ou *jobe* « à qui on fait avaler n'importe quoi », « imbécile », probablement d'après *job* « gosier » (P. Guiraud).

JOJO adj. « *Devenir jojo* » (m. XXe), arg. : devenir fou, déraisonner. On dit aussi « *être assez jojo pour (faire ceci ou cela)* ». Le mot se situe dans le prolongement de *jobard* ou de *barjo(t)*. Dans les années soixante-dix, il a été repris avec une tout autre valeur par le dessinateur français Ami dans *affreux jojo* qui signifie « enfant terrible » puis, en parlant d'un adulte, « personne peu recommandable ».

Étym. : m. XXe, d'origine incertaine, peut-être de *job*, *jobard*, *jobastre* ou, par redoublement, de la finale de *barjo*. Une déformation de *zozo* n'est pas exclue.

JOUIR v. « *Ne plus jouir de toutes ses facultés (mentales)* » (XIXe) : être (un peu) fou (→ *faculté*). On dit aussi « *ne pas jouir d'une (très) bonne santé mentale* ». Ces locutions exploitent le thème de la perte de ses moyens, en l'occurrence mentaux. L'idée de « dépossession de toute ou partie de soi-même » est exprimée dans la forme équivalente « *ne plus être en possession de toutes ses facultés/de tous ses moyens* » (→ *avoir*, *posséder*).

Étym. : XIIIe, du latin *gaudere*, de *gaudium* « joie ».

JOUR n. m. « *Il lui manque un jour de la semaine* » (XXe), fam. : il est un peu fou. La métaphore est celle de la perte de l'un des éléments appartenant à un ensemble cohérent et ordonné, en l'occurrence le cerveau. Dans le domaine psychique, elle exprime le désordre, le déséquilibre, le dérangement mental (→ *manquer*).

Étym. : f. XIIe *(jorn, jor)*, du latin *diurnum*, de *dies*.

JUGEMENT n. m. « *Perdre le jugement* » (XVIIe) : déraisonner. Le mot désigne la capacité d'une personne à réfléchir, discerner les choses et exprimer sa volonté. L'expression correspond à l'atteinte de la raison (→ *raison*). En psychiatrie, la notion de « *trouble du jugement* » — c'est-à-dire la non-critique de conceptions s'écartant du sens commun — a été longtemps un critère majeur de diagnostic des psychoses.

Étym. : XIe, du latin *judex*, de *judicare*.

JUSTE adj. « *Ne pas/ne plus être tout juste* » (XXe), fam. : être mentalement dérangé. La locution exploite le thème de l'inexactitude, par référence à un calcul dont le résultat ne tomberait pas juste. De la notion d'« erreur d'opération », on passe — par figure — à l'idée de « fausseté du raisonnement », de dysfonctionnement des opérations mentales. « *Depuis qu'il a pris un pet, il n'est plus du tout juste !* »

Étym. : XIIe, du latin *justus*.

KÉPI n. m. « *Onduler/tourner/travailler/yoyoter du képi* » (XIXᵉ), arg., fam. : être ou devenir fou. Le mot désigne la tête par métonymie de la coiffure militaire. Les locutions de référence connaissent de nombreuses variantes avec d'autres noms de couvre-chef : *casquette, chapeau, coiffe, visière*, etc. (→ *tête*). • *Kébroque* lui correspond comme argotisme dans tous ses emplois. • Variantes arg. : *kébour, kéb(l)ard, kibroque, kepbourg, kep's...*

Étym. : déb. XIXᵉ, de l'all. de Suisse *Käppi*, de l'all. *Kappe*, lui-même du latin *cappa*.

KLEPTOMANIE ou CLEPTOMANIE n. f. (déb. XXᵉ), psych. : impulsion obsédante et irraisonnée à dérober des objets. Le trouble représente une *obsession-impulsion* contre laquelle le sujet tente de lutter, n'y parvient pas, éprouvant de l'angoisse et de la culpabilité, une fois l'acte réalisé (→ *obsession*). • *Kleptomane* désigne la personne développant l'impulsion correspondante. Le mot est passé dans l'usage courant, avec parfois une compréhension fautive au sens de « vol(eur) de clés », par attraction de *clé* portant sur la première syllabe. « *C'est un véritable kleptomane.* »

Étym. : déb. XXᵉ, du grec *kleptês* « voleur » et *-mania* (→ *manie*).

KORO n. m. (XXe), psych. : moment psychotique au cours duquel un homme éprouve la crainte angoissante de voir son sexe disparaître par rétraction à l'intérieur de son ventre. Ce type de trouble psychique particulièrement angoissant s'observe surtout dans le Sud-Est asiatique.

Étym. : de l'indonésien *koro*.

KORSAKOV n. pr. « *Psychose/syndrome de Korsakov* » (XXe), psych. : psychose caractérisée par l'oubli à mesure, une désorientation temporo-spatiale, des fausses reconnaissances et des fabulations, ces troubles étant associés à une polynévrite des membres inférieurs. L'affection est le plus souvent d'origine alcoolique mais peut aussi faire suite à des atteintes lésionnelles ayant d'autres causes. ***Korsakov*** est parfois substantivé pour désigner le malade : « ***un korsakov*** » (→ *encéphalopathie, fabulation*).

Étym. : f. XIXe, nom du neuropsychiatre russe Sergeï Korsakov ayant décrit les troubles.

KRETSCHMER (→ *sensitif*).

LÀ adv. et interj. « *(Ouh) là là !* » (déb. XVIIe), fam. : c'est grave ! L'interjection répétée (d'abord sans accent) « *là là !* » signale notamment la gravité d'un état ou d'une situation donnée. Le contexte lui donne sa spécificité (ex. : gravité de l'état mental du sujet considéré). • *Là-dedans* renvoie à un contenant, en l'occurrence la tête dans le registre de la folie : « *ça bout là-dedans* », « *ça va pas bien là-dedans* », « *c'est le vrai souk là-dedans* ». • *Là-dessous* signale la localisation du cerveau sous la chevelure ou la coiffe (→ *chapeau*), comme dans « *ça chauffe là-dessous* » (→ *chauffer*). • *Là-haut* est également d'emploi très courant dans le domaine de la déraison. Il désigne le sommet du corps, c'est-à-dire la tête, siège de la pensée. On l'exploite dans « *ça va pas bien là-haut !* », variante de « *ça va pas bien la tête !* » (→ *aller, bien*). Toutes ces locutions s'accompagnent fréquemment d'un geste de la main ou du pointage de l'index en direction de la tempe (→ *tempe*).

Étym. : XIe, du latin *illac* « par là ».

LÂCHER v. « *Lâcher les chiens* » (XXe), fam. : au fou ! L'expression reprend de façon plaisante la forme ancienne « *lâcher des chiens/des sergents* » qui s'emploie à propos de la poursuite d'un fugitif. Par figure, elle s'adresse à l'« *échappé de Bicêtre, de Charenton...* » (→ *échappé*). Au sens abstrait de « laisser courir », l'argotisme « *lâcher sa courroie de ventilo* » se dit pour « devenir fou ou sénile », avec l'idée de facultés mentales à l'abandon (→ *courroie*). On dit aussi « *lâcher les élastiques* ». La locution « *lâcher la bride* » — anciennement « *lâcher les freins* » — signale le dépassement des limites psychiques, l'emportement, l'emballement des idées (→ *borne, frein, limite*).

Étym. : XIe, du latin pop. *laxicare*, lui-même de *laxare*, de *laxus*.

-LALIE : élément servant à former certains termes de neuropsychiatrie en rapport avec le langage : ***coprolalie, écholalie***, etc.

Étym. : du grec *lalia* « bavardage », de *lalein* « parler ».

LAPIN, INE n. « *Être fou comme un lapin* » (XXe), fam. : être très fou. D'origine incertaine, l'expression est d'abord attestée régionalement (Dordogne, Limousin), comme sa variante « *fou comme un lapin blanc* ». Ces locutions se réfèrent probablement, par figure, à la course imprévisible et d'apparence farfelue de l'animal (« en zigzag »), ainsi qu'à sa rapidité qui lui fait perdre les idées en courant (→ *lièvre*). L'allusion ironique à la fécondité importante (« folle ») du lapin est possible. On peut également évoquer la façon dont on tue l'animal en l'assommant par un coup derrière la tête *(coup du lapin)*, menant au sémantisme du coup sur la tête (→ *coup*). Variante : « *délirer/être fou comme trente-six lapins* » (→ *trente-six*). À rapprocher de « *être trois quarts lièvre, un quart lapin* », « *être fou comme une belette* » (→ *belette*).

Étym. : m. XVe, de *lapereau*, d'un radical ibéro-romain *lappa* « pierre plate ».

LATAH n. m. (XIXe), psych. : forme malaise ou indonésienne de *folie hystérique*, avec manifestations émotionnelles et troubles majeurs du comportement (→ *hystérique*).

Étym. : XIXe, du malais.

LATTE n. f. « *Être/marcher à côté de ses lattes* » (XIXᵉ), arg. : être troublé, égaré. L'expression est une variante de « *être/marcher à côté de ses pompes/de ses baskets* » (→ *pompe*). *Latte* désigne d'abord une planchette puis se dit au pluriel en argot pour « chaussures », et par extension « pieds ». L'expression de référence signale, par figure, la mise hors de soi, le décalage mental, propres à l'égarement de l'esprit (→ *hors, marcher*). À rapprocher de « *être à côté de la plaque* » (→ *plaque*), « *pédaler à côté de son vélo* » (→ *pédaler*).

Étym. : XIIᵉ, d'origine obscure, peut-être d'un mot germanique.

LÉGER, ÈRE adj. « *Être (plus) léger d'un grain* » (f. XVIIᵉ) : être un peu fou (→ *grain*). Dans le domaine psychologique, le mot exprime, par figure, l'inconsistance, l'absence de profondeur. « *Tête légère* » se dit — comme « *tête en l'air* », « *tête à l'évent* » — pour « écervelé » (→ *écervelé, vent*). • *Légèreté* s'emploie spécialement dans le syntagme « *légèreté d'esprit* » qui s'applique à qqn pensant ou agissant de manière inconsidérée, irréfléchie.

Étym. : XIᵉ, du latin *leviarius*, de *levis*.

LÉZARDE n. f. « *Avoir une lézarde au plafonnier* » (XXᵉ), fam. : « être mentalement dérangé ». La représentation est celle de la fissure mentale, *plafonnier* désignant la tête par métaphore (→ *plafond*). Elle permet de traduire la rupture du cours de la pensée et le délabrement de la logique, du raisonnement, propres à la folie. • *Lézardé* s'emploie dans l'expression de même sens « *être lézardé du minaret* » (→ *minaret*). Elle constitue une variante de « *avoir la cervelle/la tête fêlée* », « *avoir une fêlure/une fissure* », « *se fissurer de la pensarde* » (→ *fêlé, fissure*).

Étym. : déb. XIXᵉ, de *laizarde*, du latin *lacerta*.

LIER v. « *Être fou à lier* » (XVIIᵉ), fam. : être complètement fou. L'expression procède par hyperbole de la locution « *lier un fou* » qui renvoie concrètement à l'usage de la contention pour maîtriser un agité, en l'attachant (→ *enfermer*). Employée aujourd'hui au fig., elle est très courante, comme sa concurrente « *être fou furieux* ». À rapprocher d'autres locutions évoquant la contention des fous ou leurs déchaînements comportementaux : « *s'acheter un anneau* » (→ *anneau*), « *être bon pour la camisole/pour la cellule capitonnée* » (→ *camisole, cellule*), « *fou à enchaîner* » (→ *enchaîner*), « *mât de cathène* » (→ *mat*), « *être débridé, déchaîné* », etc (→ *débridé, déchaîné*).

Étym. : x[e], du latin *ligare*.

LIÈVRE n. m. « *Être trois quarts lièvre, un quart lapin* » (xxe), fam. : être très fou. L'expression est régionale (Médoc). On la retrouve sous diverses formes dialectales. Elle s'applique d'abord à une personne victime de la déformation naso-buccale appelée communément *bec-de-lièvre*. Le développement de l'expression « *fou comme un lapin (blanc)* » (→ *lapin*) a peut-être contribué à son emploi dans le registre de la folie. Le mot *lièvre* figure dans une phraséologie abondante, la course très rapide et apparemment fantasque de l'animal prêtant à diverses métaphores et jeux sur « courir ». « *Avoir une cervelle, une mémoire de lièvre* » s'est dit, à l'époque classique, pour « être très étourdi », c'est-à-dire distrait au point de perdre la mémoire et ses idées en courant. De là dérive la locution « *devenir lièvre* » pour « ne plus savoir ce que l'on fait », l'allusion à « *courir les champs* » ou « *battre la campagne* », « divaguer », étant probable (→ *battre, courir*). L'expression « *lièvre cornu* » s'est employée, par figure, en parlant d'une idée absurde, invraisemblable.

Étym. : xiie, du latin *lepus, -oris*.

LIMITE n. f. « *Être hors les limites de la raison* » (xviie) : déraisonner (→ *hors*). Le mot recouvre l'acception de « démarcation », au propre et au fig. (→ *borne*). Dans le domaine psychologique, le franchissement des *limites* signale l'excès, la démesure, l'écart par rapport à la norme : « *avoir une imagination sans limites* » (→ *frein*), « *dépasser les limites (du raisonnable, de l'entendement)* », « *être sans limites* », etc. Le terme est couramment utilisé comme épithète : « *il est vraiment limite* ». La locution « *être à la* *limite du délire* » signifie « être presque sur le point de délirer ». Avec l'idée de stade maximum vers lequel tend qqch ou qqn, « *cas limite* » renvoie, en médecine, à la difficulté de classification diagnostique. « *C'est un cas un peu limite.* » Par ailleurs, les syntagmes *état limite*, *personnalité limite* (XXᵉ) se disent spécialement en psychiatrie de structures de personnalité situées à la frontière de la *névrose* et de la *psychose*. Ils correspondent à l'anglais « *border line personality* », repris en français sous la forme *borderline* qui s'emploie comme adj. et nom : « *avoir une personnalité borderline* », « *un borderline* » (→ *psychopathie*).

Étym. : XIVᵉ, du latin *limes*, *limitis*.

LITHIUM   n. m. « *Mettre qqn sous lithium* » (XXᵉ), psych. : lui prescrire un traitement thymorégulateur. Le mot renvoie aux sels de ce métal *(sels de lithium)* utilisés par voie orale dans le traitement préventif des troubles de l'humeur de la *psychose maniaco-dépressive*. Cette substance présente également des propriétés curatives vis-à-vis des accès *maniaques*. Son emploi et son maniement sont courants en psychiatrie (→ *manie*, *psychotrope*).

Étym. : déb. XIXᵉ, du grec *lithos* « pierre ».

LOBE   n. m. « *Péter un lobe* » (f. XXᵉ), arg., fam. : devenir fou. En médecine, le mot désigne la partie arrondie et saillante d'un organe. Chaque hémisphère du cerveau comporte six *lobes cérébraux*. L'argot a fait de l'ellipse *lobe* un synonyme de *cerveau*, au même titre que *bulbe*, *cortex*, *hémisphère*, *matière grise*, *méninges*... (→ *cerveau*). La locution fig. « *péter un lobe* » exprime la cassure mentale, par une métaphore commune à « *péter les plombs* » et ses nombreuses variantes (→ *péter*).

Étym. : XIVᵉ, du grec *lobos*.

LOBOTOMIE   n. f. « *Être bon pour la lobotomie* » (XXᵉ), fam. et péj. : être très fou. L'expression fait allusion à une technique de *psychochirurgie* utilisée autrefois en psychiatrie et consistant à sectionner les fibres nerveuses d'une partie du cerveau. Développée dans les années cinquante, cette méthode de traitement fut appliquée chez certains patients *schizophrènes, mélancoliques* ou *obsessionnels* présentant des troubles particulièrement importants. Elle est aujourd'hui sortie d'usage comme technique thérapeutique des maladies mentales (→ *choc*). À l'instar des *électrochocs*, la *lobotomie* a contribué à donner à l'opinion publique une image particulièrement angoissante et péj. de la psychiatrie. • ***Lobotomiser*** et son p. p. ***lobotomisé*** correspondent à tous les emplois du mot. « ***On a dû le lobotomiser, depuis c'est un vrai légume !*** », « ***il y a les écervelés et les lobotomisés*** », « ***il est abruti comme un lobotomisé*** ».

Étym. : m. XXe, de *lobe* et du suffixe *-tomie*, du grec *-tomia*, de *temnein* « couper ».

LOGE n. f. « ***Être fou à mettre en loge*** » (XVIIIe) : être très fou. Le mot désigne le type de réduit carcéral où étaient détenus les insensés *furieux* ou *incurables* jusqu'à la fin du XVIIIe siècle (→ *enfermer*). À Paris, « ***les loges de Bicêtre*** » sont restées longtemps de sinistre réputation (→ *Bicêtre*). L'expression de référence, encore employée au fig. au cours du XIXe siècle, a fait place, depuis, à des locutions équivalentes : « ***être bon pour la cellule capitonnée*** », « ***être bon à mettre en cage*** », etc (→ *cage, cellule*). Elles sont à rapprocher de « ***être fou à lier*** », « ***à enfermer*** »... • ***Logis*** s'emploie, par figure, pour « tête » en tant que lieu d'habitation de l'esprit. L'expression « ***il n'y a plus personne au logis*** » (XVIIe) signifie fam. « il est fou ». La métaphore est celle de la maison vidée de ses habitants, pour traduire la privation de raison. Dans le registre de la folie, ce sémantisme majeur mène à une abondante phraséologie : « ***sa raison/sa tête s'en est allée*** », « ***il ne s'habite plus*** », « ***il est (complètement) parti*** », « ***déménager de la boutique/du cabanon*** », etc (→ *aller, déménager, habiter, partir*). L'expression « ***folle du logis*** » date de l'époque classique. Elle est due à Nicolas Malebranche qui désigne ainsi l'*imagination*, par opposition à la raison, à la sagesse (→ *imagination*) : « ***l'imagination est la folle du logis*** » (*De la recherche de la vérité*). L'emploi du féminin *folle* est peut-être lié à l'attraction de « ***fée du logis*** », avec sans doute l'influence du préjugé misogyne courant définissant la féminité « (...) *par son caractère capricieux et fantasque (...)* » (A. Rey et S. Chantreau).

Étym. : XIIe, du francique *laubja*.

LOGORRHÉE n. f. (déb. XIXe), psych. : flot ininterrompu de paroles, caractéristique de l'excitation *maniaque* (→ *manie*). En milieu spécialisé, on parle fam. de « diarrhée verbale ». « *Il nous soûle avec sa logorrhée.* » • *Logorrhéique* lui correspond. « *Un discours logorrhéique.* »

Étym. : déb. XIXe, de *logo-* (du grec *logos*) et de l'élément *-rhée*, du grec *rhein* « couler ».

LOQUEDU ou LOCDU adj. (XXe, Esnault), arg. : fou. Le mot est aujourd'hui sorti d'usage en ce sens, au profit de « minable », sans doute sous l'influence de *loque, loqueteux*.

Étym. : XXe, apocope de *loc-du-toc*, largonji de *toqué* (→ *louf*).

LOUBAC (→ *louf*).

LOUCHER v. « *Loucher du cerveau* » (XXe), fam. : être mentalement dérangé. La métaphore est celle du strabisme de la pensée, avec la notion fig. d'idées qui se croisent, s'emmêlent. À rapprocher de l'expression arg. « *dérailler de la rétine* » pour « avoir la berlue » (→ *dérailler*).

Étym. : déb. XVIIe, de *louche*, lui-même du latin *luscus* « borgne ».

LOUF adj. et n. « *En voilà un qui est complètement louf* » (f. XIXe), arg. , puis fam. : il est complètement fou. L'adj. est substantivé : « *un vrai louf* ». Le mot reste très vivant aujourd'hui, en concurrence avec *barjo (t)* et *branque*. « *Non mais t'es louf ou quoi ?* », « *Putain, le louf !* », « *ces mecs sont loufs à mort !* ». Sur le modèle du pseudo-nom propre *Ducon*, **Dulouf** — d'introduction récente — désigne un homme mentalement très dérangé : « *ce type, c'est Dulouf, un vrai branque !* » • *Louf-louf* est synonyme de *foufou/fofolle* (→ *fou*). • *Loubac*, fou, est un argotisme resuffixé, comme dans *morbac* pour « morpion ». « *Il a été faire un petit tour chez les loubacs* » : il a fait un séjour en milieu psychiatrique. • **Loufdingue** résulte de l'association de *louf* et de *dingue*, avec influence de *louftingue*. « *Il est un peu loufdingue* », « *quel loufdingue* ». • **Louferie**, « folie », est dû à Céline, d'après *dinguerie*. « *C'est la louferie complète !* » • **Loufoque** s'emploie fam. pour « un peu fou », avec la nuance de « bizarre et amusant » (A. Rey). La finale du mot évoque celles de *chibroque, cinoque, toc-toc*. « *Il est complètement loufoque* », « *les loufoques sont de sortie !* ». • **Loufocoïdal**, « bizarre », est issu de l'argot des étudiants, la finale savante *-oïdal* étant employée par dérision. L'influence de *hélicoïdal* au sens de « tordu » est possible. • **Loufoquerie** se dit d'un comportement loufoque, déraisonnable. « *La loufoquerie de ses propos* », « *on en a marre de ces loufoqueries* ». • **Loufoquisme**, vieilli, a signifié « folie ». « *C'est du loufoquisme complet !* » • **Louftingue**, « fou », a recours au suffixe pop. *-ingue* (→ *folingue*). L'onomatopée *ting*, variante de *ding*, exprime le « tintement mental » (→ *dingue*). « *Ce type est à moitié louftingue* », « *un louftingue* ». En dérive, par aphérèse, l'argotisme *tingo*. « *Quel tingo !* » • **Louftinguerie** lui correspond, d'après *dinguerie*.

Étym. : f. XIXe, de *fou* en largonji, jargon substituant la lettre *l* à la première consonne d'un mot, celle-ci étant reportée en finale.

LUBIE   n. f. « *Avoir de drôles de lubies* » (XXe) : avoir des habitudes ou des envies bizarres, voire déraisonnables. Le mot signale l'imprévisibilité, le caractère étrange, fantasque. « *C'est sa nouvelle lubie* » (→ *dada, marotte, toquade*). • **Lubiyeux**, d'emploi régional (Ardennes), qualifie une personne lunatique, instable.

Étym. : XVIIe, d'origine obscure, peut-être du latin *lubere*.

LUCIDE   adj. « *Il n'est plus (tout à fait) lucide* » (XXe), fam. : il perd (un peu) la tête. À partir de l'idée de luminosité, le mot s'applique, par figure, à la clarté de la pensée. Dans le registre de la folie, on a parlé — à l'époque classique — des « *intervalles lucides des furieux* » pour caractériser les moments au cours desquels les insensés retrouvaient la raison. • *Lucidité* s'emploie couramment dans l'expression « *ne plus avoir toute sa lucidité* » pour « déraisonner, perdre la tête ». Variante : « *ne plus avoir une seule lueur de lucidité* ».

Étym. : XVe, du latin *lucidus*, de *lux*, *lucis* « lumière ».

LUMIÈRE n. f. « *Ne pas avoir la lumière à tous les étages/ dans toutes les pièces* » (XXe), fam. : être (un peu) fou ou imbécile. Employé au fig., le mot désigne couramment, l'esprit, l'intelligence *(« c'est une lumière »*, *« avoir besoin de ses lumières »)*. L'expression de référence exploite, par métaphore, le thème du lieu d'habitation de la pensée dont certaines parties demeurent obscures, c'est-à-dire inefficientes. Elle rappelle le sémantisme du manque, de la vacuité mentale, exprimé dans « *avoir une case de vide* » et ses nombreuses variantes (→ *case*). À rapprocher de « *battre du lustre dans le casino* » (→ *casino*).

Étym. : XIe, du latin *luminaria*, de *luminare*.

LUNE n. f. « *Avoir/tenir un quartier de lune (dans la tête)* », « *tenir de la lune* », « *être sujet à la lune* » (XVIIe) : être fantasque, un peu fou. « *Il a ses lunes* » s'est dit en parlant d'une personne changeante et capricieuse. Ces expressions, aujourd'hui vieillies ou sorties d'usage, sont liées à l'influence supposée de l'astre sur l'esprit et le comportement humains (en particulier les menstrues d'une femme). L'usage courant n'a retenu dans ce domaine que la forme affaiblie « *être bien, mal luné* » pour « être de bonne, de mauvaise humeur ». L'emploi du mot est aujourd'hui dominé par la notion de rêverie, de distraction, appliquée à qqn qui n'a plus les pieds sur terre : « *être dans la lune* » (rêvasser, être distrait), « *avoir l'air d'être tombé de la lune* » (être ahuri), « *demander la lune* » (demander l'impossible), etc. • *Lunatique*, du dérivé latin *lunaticus*, s'est employé comme adj. et nom, dès le Moyen Âge pour « fou », avec l'idée de périodicité des troubles de l'esprit liée à l'influence néfaste de la lune. « *Un lunatique (du cerveau)* » s'est dit couramment d'une personne ayant perdu la raison. La notion de « folie périodique » (→ *manie*) est aujourd'hui très affaiblie, le mot s'appliquant à qqn dont le caractère ou l'humeur sont changeants, imprévisibles : « *Qu'est-ce qu'il est lunatique, un jour il dit bonjour, le lendemain, c'est tout juste s'il nous salue !* » À noter que l'anglais *lunatic* a conservé le sens fort de « fou, aliéné », *lunatic asylum* désignant l'asile d'aliénés. « *(...) J'avions donc été, par curiosité, dans la salle où l'on tient les femmes qui sont lunatiques du cerveau ou qui aviont un coup de marteau dans la tête (...)* » (*Cahier des plaintes et doléances des dames de la Halle*, 1789, citation extraite du *Bouquet des expressions imagées* de C. Duneton). • *Lunaire* a qualifié une personne fantasque, extravagante : « *être un peu lunaire* ». • *Lunerie* s'est dit pour « folie », avec une connotation poétique.

Étym. : XIe, du latin *luna*.

LUNEL n. pr. « *Être de Lunel/avoir une chambre à Lunel* » (m. XIXe), fam. : être fou. D'origine incertaine, l'expression semble d'abord régionale. Selon une tradition du siècle dernier, les habitants de *Lunel* sont appelés les *pescalunes* par les villageois des communes environnantes. L'attraction du mot *lune* est évidente, les Lunelois étant supposés « pêcher la lune dans le canal », c'est-à-dire pratiquer la pêche de nuit. La notion d'extravagance s'en dégage, par référence à la locution « *pêcheur de lunes* » qui s'est dite d'une personne fantasque, un peu folle.

Étym. : nom d'une petite ville de l'Hérault (18 000 hab.), connue pour son vin.

LURÉ, ÉE adj. « *Avoir les esprits lurés* » (f. XIXe) : être fou. Le mot appartient à une série de formes régionales exprimant l'erreur, l'illusion, la tromperie *(lures, lurettes* : sornettes ; *lurer* : dire des sornettes ; « *à lurelure* » : sans réflexion). L'expression traduit la fausseté du jugement (→ *faux*). Elle est aujourd'hui sortie d'usage.

Étym. : XIXe, d'origine incertaine, peut-être p. p. du v. *lurer*, forme dialectale de *leurrer*.

LUSTRE n. m. « *Battre du lustre dans le casino* » (f. XXᵉ), arg. : déraisonner. Le mot désigne l'esprit par métaphore du dispositif d'éclairage, avec l'idée de « lumière mentale ». L'expression traduit le vacillement de la pensée, *casino* s'appliquant fam. à la tête (→ *casino)*.

Étym. : f. XVᵉ, de l'italien *lustro*, lui-même du latin *lustrare*.

LUXÉ, ÉE adj. « *Avoir le cerveau/la cervelle luxé(e)* », « *être luxé du cerveau/de la cervelle* » (XXᵉ), fam. : être un peu fou. Ces locutions fig. exploitent le thème du déboîtement des idées, pour traduire les notions d'écart mental et de déséquilibre (→ *déséquilibre, écart)*. À rapprocher de « *avoir la cervelle en écharpe* », « *avoir le cerveau foulé* », « *béquiller de la pensarde* » *(béquiller, écharpe, fouler)*.

Étym. : p. p. du v. *luxer* (XVIᵉ), du latin *luxare*.

LYCANTHROPE n. (XVIᵉ) : personne se croyant transformée en loup. Appelé plus communément *loup-garou*, le *lycanthrope* est considéré au Moyen Âge comme une créature du Diable. • *Lycanthropie* désigne en ancienne médecine le délire correspondant, rattaché depuis l'Antiquité à la *mélancolie* (→ *mélancolie)*. Ces termes sont sortis d'usage (→ *possession)*.

Étym. : XVIᵉ, du grec *lukanthrôpos* « homme-loup ».

LYPÉMANIE n. f. (m. XIXᵉ, Esquirol), psych. : délire dépressif. Au siècle dernier, le mot est introduit dans le vocabulaire psychiatrique pour remplacer le terme *mélancolie*, dont l'évolution de sens depuis l'Antiquité conduit à des extensions jugées vagues et abusives (→ *mélancolie)*. L'aliéniste Esquirol nomme *lypémanie* un « délire triste », concept qu'il oppose à la *monomanie* ou « délire partiel » (→ *monomanie)*. Ces termes sont aujourd'hui sortis d'usage. • *Lypémaniaque* lui correspond comme adj. et nom. « *Un délire lypémaniaque* », « *un lypémaniaque* ».

Étym. : XIXᵉ, du grec *lupê* « tristesse » et *mania* « folie » (→ *manie)*.

MABOUL, E adj. et n. « *Devenir/tourner maboul* » (XIXe), fam. : devenir fou. D'origine algérienne, le mot s'est répandu dans la langue courante au cours de la deuxième moitié du siècle dernier. Il est aujourd'hui encore très actif. « *Il est complètement maboul* », « *il va finir par me rendre (complètement) maboul !* », « *c'est un vrai maboul* ». • *Maboulisme* signifie « folie ». « *Virer au maboulisme le plus total.* » • *Maboulite*, « folie », est un argotisme fait d'après *méningite*. • *Maboulof* s'est dit pour « fou ». Il est sorti d'usage au début du siècle. « *T'es pas un peu maboulof ?* »

Étym. : déb. XIXe, de l'arabe *mahbùl* « stupide ».

MACHINE n. f. « *Machine à influencer* » (XXe), psych. : thème de délire d'influence, par lequel le sujet tente de s'expliquer les troubles des perceptions dont il est l'objet (→ *automatisme, influence*). On dit aussi *appareil à influencer, appareil à suggestionner*. « *(...) L'appareil à influencer schizophrénique est une machine de nature mystique, les malades ne peuvent en indiquer la structure que par allusions... Au fur et à mesure que la diffusion des sciences techniques progresse, il s'avère que toutes les forces naturelles domestiquées par la technique sont mises à contribu-*

tion pour expliquer le fonctionnement de cet appareil, mais toutes les interventions humaines ne suffisent pas à expliquer les actions remarquables de cette machine par laquelle les malades se sentent persécutés (...) » (M. Steyaert).

Étym. : XIVe, du latin *machina*, lui-même du grec *mêkhanê*.

MAILLET n. m. et adj. « *Être maillet* » (XXe), fam. : être fou. Le mot désigne une variété de marteau à deux têtes. L'expression est calquée sur « *être marteau* » (→ *marteau*).
• *Mailloché* est fait d'après *mailloche* qui s'applique à un gros maillet de bois. Le mot est un synonyme fam. de *frappé, timbré*, exploitant le sémantisme du coup sur la tête (→ *coup*).

Étym. : f. XIIIe, de *mail*, du latin *malleus*.

MAISON n. f. « *Ici, c'est une vraie maison de fous !* » (XXe), fam. : ici, tout le monde est fou, comme à l'asile. Accompagné d'un qualificatif, le mot sert à désigner divers établissements pour malades mentaux. À la fin de l'époque classique, *maison forte* (ou *maison de force*) s'est dit d'une prison puis d'un lieu d'enfermement pour les fous dangereux. *Maison de fous* et *maison d'aliénés* s'emploient fam. au siècle dernier pour *asile* (→ *asile, hôpital*). Par exagération, une *maison de fous* est un endroit où les gens y vivant sortent de l'ordinaire, ont des comportements hors norme. Le nom propre *Petites-Maisons* a désigné un établissement parisien, aujourd'hui disparu, qui était réservé aux fous et aux vénériens (→ *Petites-Maisons*). *Maison de santé* s'applique spécialement par euphémisme à un établissement psychiatrique privé. Dans la langue courante, il en est de même des syntagmes *maison de repos* et *maison de convalescence* (→ *séjour*). La *maison (nationale) de Charenton* correspond à l'*asile de Charenton*, devenue *hôpital Esquirol* (→ *Charenton*). « *Les Français (...) enferment quelques fous dans une maison, pour persuader que ceux qui sont dehors ne le sont pas* » (Montesquieu, *Lettres persanes*).

Étym. : X^e, du latin *mansionem*, de *mansio*.

MAL   adj. et n. m. « *Mal saint avertin/saint Mathurin* »   (XVIIe) : folie (avec violences), extravagance (→ *avertin, Mathurin*). L'expression « *mal (de) saint* » se dit au Moyen Âge d'une maladie incurable pour laquelle on en est réduit à invoquer l'aide d'un saint (→ *saint*). On cite soit l'affection   *(« mal de saint épileptique », « mal saint avertin »)*, soit le saint thaumaturge correspondant   *(« mal de saint Mathelin », « mal de saint Nazaire », « mal de saint Victor »...).*

Étym. : m. XIe, du latin *malus* « mauvais ».

MALADE   adj. et n. « *C'est un vrai malade* » (XXe), fam. : il est fou. Le mot qualifie d'abord en médecine un organe ou un système altéré. On dit « *avoir le cerveau/les nerfs malade(s)* », « *être malade du cerveau/des nerfs* » d'où, au fig., « *avoir l'esprit malade* ». Par métonymie, *un cerveau/esprit malade* désigne la personne que l'on considère comme mentalement dérangée. Le syntagme *malade mental* a remplacé, en psychiatrie, les termes *insensé, fou* puis *aliéné* (→ *aliéné, fou, insensé*). Il est passé dans le langage courant : « *C'est un véritable malade mental.* » L'ellipse *malade* est très répandue, comme dans la locution de référence ou dans les variantes « *il est complètement malade* », « *t'es pas un peu malade ?* », « *quel malade !* ». À rapprocher de « *il faut te faire soigner !* », « *va te faire soigner !* », « *ça se soigne !* » (→ *soigner*). L'expression « *comme un malade !* » équivaut à « comme un fou ». « *Il roule comme un malade !* » • *Maladie* lui correspond dans les syntagmes *maladie de l'esprit, maladie de l'âme*, devenus *maladie des nerfs* puis *maladie mentale*. À partir de l'époque classique, *maladie* devient aussi un synonyme de *manie* au sens courant d'« habitude ou obsession anormale, excessive » : « *avoir la maladie de la persécution* » (→ *manie*).

Étym. : XIIe, du latin *male habitus* « qui est en mauvais état ».

MALARIATHÉRAPIE   (→ *paludothérapie*).

MANIE   n. f. (XIXe), psych. : trouble psychique intermittent se manifestant par une excitation mentale intense, avec exaltation euphorique de l'humeur et une agitation pouvant présenter tous les degrés, jusqu'à l'accès de fureur. Le mot est ancien, désignant en médecine — jusqu'au siècle dernier — une forme de folie marquée par des accès d'agitation furieuse et de délire. Il est alors en concurrence avec le syntagme *folie furieuse*. « *(...) La manie est un délire constant sans fièvre (...). Les maniaques ont pour symptômes une force de corps surprenante, la possibilité de supporter la faim, la veille et le froid (...), leur regard est menaçant, leur figure sombre, desséchée et famélique (...), ils ont le sommeil rare mais profond, leur veille est agitée, turbulente, pleine de visions, d'actions déréglées, et souvent très dangereuses pour ceux qui les environnent (...)* » (Doublet). Les aliénistes l'ont également dénommée *folie circulaire, manie éphémère* ou *intermittente*, termes qui sont sortis d'usage. En miroir par rapport à l'inhibition de la *dépression* (→ *mélancolie*) et souvent en alternance avec cette dernière, la **manie** est intégrée au sein de la *psychose maniaco-dépressive* à la fin du XIXe siècle (cf. *infra*). Par ailleurs, l'élément *-manie* entre dans la constitution de termes traduisant un état pathologique (→ *mégalomanie, monomanie, mythomanie...*). Dans la langue courante, **manie** perd le sens de « folie » dès le XVIe siècle. On l'emploie pour « passion excessive », « idée fixe » puis, plus tard, pour « habitude obsédante », ce dont procède l'expression « ***avoir une/des manie(s)*** ». Aujourd'hui, les éléments *-manie* et *-mania* servent à former des mots exprimant l'idée d'un goût prononcé, bizarre ou ridicule pour qqch (*bronzomanie, Beatlemania*, etc.). • **Maniaque** connaît une évolution sémantique analogue en médecine et en psychiatrie. Il qualifie les troubles correspondants et désigne le patient qui en est atteint : « ***un maniaque*** ». Dans le langage usuel, il conserve en revanche des acceptions parallèles très distinctes. Dans l'expression « ***c'est l'œuvre d'un dangereux maniaque*** », il équivaut à *fou dangereux*. « ***Être victime d'un maniaque sexuel*** » renvoie à la déviance perverse d'un *détraqué*. Enfin, dans la locution « ***être maniaque (de l'ordre, du ménage...)*** », il qualifie une personne obsédée par les détails, méticuleuse à l'excès. Il est également substantivé en ce sens : « ***un maniaque de*** *la propreté* ». • ***Maniaquerie*** signifie fam. « attachement excessif aux détails ». • ***Maniforme*** est didact., qualifiant des troubles qui rappellent ceux de la *manie*. • ***Maniaco-dépressif*** est un terme composé, formé de *maniaque* et *dépressif*. Il s'emploie en psychiatrie dans le syntagme ***psychose maniaco-dépressive*** qui remplace *folie circulaire, folie à double forme, folie alterne, folie périodique*, puis *cyclothymie*. Le terme désigne une affection mentale se manifestant par accès, caractérisée par une alternance de phases d'excitation *maniaque* et des phases d'abattement *mélancolique*. L'abréviation ***P.M.D.*** est courante en milieu spécialisé : « *avoir une P.M.D.* ». On décrit aujourd'hui des formes *unipolaires* (épisodes uniquement dépressifs ou maniaques) et *bipolaires* (succession d'épisodes dépressifs et d'accès d'excitation). Substantivé, *maniaco-dépressif* désigne le patient correspondant : « *un maniaco-dépressif* ». Le mot est passé dans le langage courant comme synonyme de *cyclothymique* (→ *cyclothymique*). • ***Maniaco-dépression***, d'introduction récente, est synonyme de ***psychose maniaco-dépressive***.

Étym. : f. XIVᵉ, du bas latin médical *mania*, lui-même du grec *mania* « folie furieuse ».

MANIÉRISME n. m. (déb. XXᵉ), psych. : attitude affectée rencontrée dans divers troubles mentaux. Le mot est didactique, correspondant au sens de l'adj. *maniéré*. Il s'applique notamment au comportement gestuel exagérément précieux de certains patients *schizophrènes*.

Étym. : déb. XIXᵉ, de l'italien *manierismo*, de *maniera* « manière ».

MANQUER v. « *Il lui manque un clou à son armet* » (f. XVIIᵉ), fam. : il est un peu fou. L'expression connaît de nombreuses formes, souvent d'emploi régional : « *il lui manque un bardeau/un barreau (à sa chaise)/un boulon/une case/un cercle/une cosse/un fagot/une feuille/un jour de la semaine...* ». Dans la représentation commune, l'esprit constitue un système formé d'éléments dont l'assemblage, le rangement et les liens logiques en assurent la cohérence, l'ordonnancement. L'atteinte à l'intégrité de ce « tout » permet de traduire la perte (partielle) de la raison. Le fait qu'un élément lui fasse défaut précipite en effet le reste de l'ensemble — en l'occurrence mental — dans le désordre, la déstabilisation, le déséquilibre ou la dislocation. À rapprocher de « *ne pas avoir tout* », « *avoir qqch en moins* » (→ *tout*).

Étym. : f. XIVe, de l'italien *mancare*, du latin *mancus* « manchot, défectueux ».

MANSARDE n. f. « *Déménager/yoyoter de la mansarde* » (XXe), fam. : être mentalement dérangé (→ *déménager, yoyoter*). Le mot désigne le siège de l'esprit, par métaphore de la pièce la plus élevée d'une habitation (→ *tête*). Les expressions représentent des variations sur le thème de la mise sens dessus dessous du « logis cérébral » (→ *habiter, loge*). L'argotisme dérivé *pensarde* est particulièrement expressif (→ *pensarde*).

Étym. : XVIIe, du nom de l'architecte *François Mansart*.

MANUEL, ELLE adj. « *Avoir mis sur manuel* » (XXe), fam. : avoir du mal à rassembler ses idées ou déraisonner. Le mot est l'ellipse de *commande/mode manuel*, en référence à l'indication opposée à *automatique*, figurant sur les électrophones. Le passage en *mode manuel* suppose qu'à la fin de chaque séquence on ait à assurer, à la main, le placement du disque ou du bras de lecture. Par figure, « *avoir mis sur manuel* » exprime l'interruption intermittente des processus de pensée, ainsi qu'une certaine lenteur idéative (→ *pédale*).

Étym. : déb. XIIIe, du latin *manualis*, de *manus* « main ».

MAQUÉ, ÉE adj. « *N'est-il pas maqué, celui-ci ?* » (XXe), fam. : il est fou. Le mot est régional (Ardennes). Il est synonyme de *frappé*, exploitant le sémantisme du coup sur la tête. *Maqué* s'emploie également pour « buté, entêté ». Variante (Champagne) : *choumaque*.

Étym. : p. p. du v. *maquer*, d'un radical expressif *makk-* exprimant la notion de « coup ».

MARBRÉ, ÉE   adj. « *T'es marbré, ou quoi ?* » (XXᵉ), arg. : es-tu fou ? Le mot est un synonyme de *cinglé*, *fouetté*. Par figure, il exploite le sémantisme de la commotion cérébrale, d'après les marbrures laissées sur la peau par des coups (→ *coup*). « *Ce mec n'est pas un peu allumé, il est carrément marbré !* »

Étym. : p. p. du v. *marbrer* (déb. XVIIᵉ), de *marbre*, du latin *marmor*.

MARCHER   v. « *Marcher à côté de ses lattes/de ses pompes* » (XIXᵉ), fam. : être troublé, égaré. Variante moderne : « *marcher à côté de ses baskets* ». Ces expressions, où *baskets*, *lattes* et *pompes* désignent les chaussures (→ *lattes*, *pompes*), expriment au fig. le décalage, la mise hors de soi par rapport à ses propres marques, d'où le trouble ou l'égarement mental (→ *côté*, *décalé*, *hors*). Elles sont synonymes de « *être à côté de la plaque* » qui procède toutefois d'un sémantisme différent (→ *plaque*). Par ailleurs, la locution « *marcher sur la tête* » s'emploie couramment pour « déraisonner ». La métaphore est celle du renversement mental (→ *envers*). L'expression « *marcher seul* » s'est dit plaisamment pour « être très fou ». « *(...) Ce que l'on désigne sous le nom de folie n'est purement et simplement que de l'hypnotisme, et comme nous sommes tous hypnotisables, nous sommes également tous susceptibles de devenir fous ou folles (...). Dans les asiles il y a plusieurs catégories de pensionnaires, il y a les fous proprement dits, c'est-à-dire les hypnotisés, ensuite il y a les hypnotiseurs qui sont disséminés parmi les premiers et sont chargés de suggérer aux autres les actes ou les paroles constituant la folie. La plupart des gardiens sont également liseurs de pensée et par suite hypnotiseurs et suggèrent, eux aussi, aux malheureuses victimes, quitte à réprimander ensuite les actes qu'ils ont fait commettre. Quand un malheureux ne sait plus du tout ce qu'il fait et qu'il n'est pas nécessaire, pour qu'il soit fou, de le lui suggérer fréquemment, on dit de lui qu'il "marche seul". C'est un terme du métier* » (Henry Rollin, *L'Art de faire des fous et des folles, histoire d'un fou*, 1896, cité par G. Bechtel et J.-C. Carrière).

Étym. : XIIᵉ, du francique *markôn*.

MARÉE n. f. « *Avoir la cervelle à marée basse* » (XXᵉ), arg. : être fou ou imbécile. La métaphore est celle du flux et du reflux mental menant le sujet au niveau le plus bas de son fonctionnement psychique. La locution exprime également l'assèchement du cours de la pensée. Elle doit être rapprochée d'autres expressions évoquant un mouvement de va-et-vient de l'esprit, comme « *dodeliner du cervelet* », « *être yoyo* », « *yoyoter du grelot/de la touffe/de la toiture/de la visière...* », etc. (↪ *dodeliner, yoyoter*).

Étym. : XIIIᵉ, de *mer*, du latin *mare*.

MAROTTE n. f. « *Porter la marotte* », « *être un fol à marotte* » (déb. XVIᵉ) : être très fou. Le mot désigne l'attribut du *fou du roi*, devenu symbole de la folie. La *marotte* était constituée d'un sceptre surmonté d'une tête coiffée d'un capuchon bigarré et garni de grelots (↪ *fou, grelot*). En procèdent les proverbes « *à chaque fou sa marotte* » et « *tous les fous ne portent pas la marotte* ». À partir de l'époque classique, l'usage courant fait évoluer *marotte* vers le sens atténué d'« idée fixe », de « manie » : « *avoir une/des marotte(s)* », « *sa marotte, c'est de collectionner les timbres* » (↪ *dada, folie, lubie, manie, monomanie, turlutaine*).

Étym. : déb. XVIᵉ, diminutif de *Marie*.

MARTEAU n. m. et adj. « *Être marteau* » (f. XIXᵉ), fam. : être fou. L'expression est issue par ellipse de la locution classique de même sens « *avoir un coup de marteau* » qui exploite le sémantisme du coup sur la tête (↪ *coup*). Adjectivé, le mot devient un synonyme courant de *frappé* et de ses nombreux dérivés (↪ *frappé*). Il est également proche de *timbré*, par allusion à la cloche que l'on frappe avec un marteau. « *Il est complètement marteau* », « *tu n'es pas un peu marteau ?* » (↪ *maillet*). Comme *fou*, le terme possède aussi dans le langage courant la valeur affaiblie de « passionné » : « *il en est marteau* ». • *Martellerie* est un argotisme du début du siècle qui s'est dit pour « folie ». Il est aujourd'hui sorti d'usage.

Étym. : XIVᵉ, du latin pop. *martellus*.

MASOCHISME n. m. (f. XIX\ :sup:`e`, Krafft-Ebing), psych. : perversion dans laquelle le sujet ne peut trouver l'excitation et la jouissance sexuelles qu'à travers les souffrances physiques ou morales qu'on lui fait subir (sévices, flagellation, insultes, humiliations...). Au début du siècle, S. Freud élargit le concept à celui de *masochisme moral* qui s'applique à un sujet recherchant une position de victime, du fait d'un sentiment de culpabilité inconscient, sans que soit directement impliquée une jouissance sexuelle. *Masochisme* est passé dans le langage courant pour désigner toute attitude qui traduit une sorte de goût, de volupté ou de complaisance pour la souffrance ou l'humiliation, souvent par hyperbole. « *C'est du masochisme !* » • *Masochiste* répond aux traits correspondants. Son apocope fam. *maso* est très répandu. « *Il ne cherche qu'à se faire du mal, il est complètement maso* », « *tu ne serais pas un peu maso, des fois ?* », « *un vrai maso* », « *quel maso !* » • Souvent complémentaire de *sadisme*, *masochisme* sert à composer *sadomasochisme*, fam. abrégé en *sadomaso* (→ *sadisme*).

Étym. : f. XIX\ :sup:`e`, de l'all. *Masochismus*, du nom de l'écrivain autrichien *Leopold von Sacher-Masoch*.

MASQUÉ, ÉE adj. « *Faire une dépression masquée* » (XX\ :sup:`e`), psych. : présenter un fléchissement de l'humeur sans que les symptômes cliniques n'en rendent *a priori* compte, soit parce qu'ils semblent appartenir à d'autres registres, soit parce qu'ils sont dissimulés par d'autres signes.

Étym. : p. p. du v. *masquer*, de *masque* (XVI\ :sup:`e`), du latin *maschera*, lui-même d'un radical prélatin *mask-*.

MASSE n. f. « *Être à la masse* » (XX\ :sup:`e`), fam. : être complètement déphasé, abruti ou imbécile. D'introduction récente, l'expression est sans doute empruntée au vocabulaire de l'électricité, « *mettre à la masse* » signifiant « relier les pièces conductrices d'une installation électrique à un conducteur commun, en principe le sol ». Par figure, la locution de référence exprime la neutralisation des processus de pensée, à moins qu'il ne s'agisse d'une allusion au risque de commotion que comporte toute « mise à la masse ». Dans cette perspective, elle est à rapprocher de l'expression fam. de même sens « *avoir ramassé* » (→ *ramasser*). On peut également voir dans « *être à la masse* » l'effet d'un coup de maillet. Le sémantisme exploité est alors celui du coup sur la tête (→ *coup*), comme dans « *être marteau* » (→ *marteau*).

Étym. : m. XIe, du latin *massa* « pâte », du grec *maza* de même sens. Avec la valeur de « maillet », le mot dérive du latin *mateola*.

MAT n. m. « *Mat de cathène* » (XVe) : très fou. Le syntagme représente le calque linguistique de l'italien *matto da catena*, « fou à lier », *catena* signifiant « chaîne ». Dans le jeu de tarot, le *Mat (il Matto)* est l'arcane non nombré : « *(...) Il se place donc hors jeu, c'est-à-dire hors de la cité des hommes, hors les murs. Il marche, appuyé sur un bâton d'or, le chef orné d'un bonnet de même couleur, semblable à celui d'une marotte, son pantalon est déchiré et, sans qu'il semble s'en soucier, un chien, derrière lui, agrippe l'étoffe, dévoilant la fesse nue. C'est un fou, conclura l'observateur (...)* » (J. Chevalier et A. Gheerbrant). *Mât de cathène* est sortie d'usage depuis la fin du XVIe siècle.

Étym. : XIe, d'origine obscure. Peut-être du latin vulgaire *matus*, *mattus* « ivre » ou de l'arabe *mat(a)* « mort » menant à l'emploi du mot au jeu d'échecs.

MATHURIN n. pr. « *Avoir des tranchées (de) saint Mathurin* » (XVIIe) : avoir des accès de folie. *Tranchées* a ici le sens ancien de « colique aiguë ». On disait également « *avoir une colique (de) saint Mathurin* ». Le syntagme *pèlerin saint Mathurin* a désigné un insensé, tandis que « *souffrir du mal (de) saint Mathurin* » a signifié « être fou ». « *Envoyer à Saint-Mathurin* », c'était « faire passer qqn pour mentalement dérangé ». Ces expressions sont toutes sorties d'usage. Elles évoquent le célèbre pèlerinage thaumaturge de Saint-Mathurin de Larchant, organisé pour les fous et les possédés au Moyen Âge et à la Renaissance (comme à Saint-Hildevert de Gournay, à Besançon ou à Gheel). Né à Larchant à la fin du IIIe siècle, Mathurin se fit prêtre. Il avait le don de guérir les *possédés*. Une légende raconte que l'empereur Maximilien l'appela auprès de lui pour guérir sa fille Théodora qui était tourmentée par le démon *(spiritu immundo)*. Le thaumaturge mourut à Rome au IVe siècle. Ses compagnons, suivant son désir, ramenèrent ses restes à Larchant et les déposèrent dans une petite chapelle. De tous les environs on vint prier le saint. Ce fut la naissance d'un pèlerinage qui prit, au Moyen Âge, une importance de plus en plus grande. Pendant plusieurs siècles, des pèlerins venus de tout l'Occident — certains en route vers Saint-Jacques de Compostelle — se rendirent auprès du tombeau de saint Mathurin. On y amenait « *les possédés, les fous et tous les dévoyés d'esprit* » (Source : Ass. culturelle de Larchant). Le pèlerinage est resté célèbre jusqu'au XVIIe siècle. On y exposait les reliques du saint et on pratiquait l'exorcisme des possédés. Les dimensions de l'église du village de Larchant (Seine-et-Marne) disent assez l'affluence de pèlerins, possédés et leurs parents. Les pratiques d'exorcisme ont aujourd'hui disparu, mais le pèlerinage — bien que tombé en quasi-désuétude — existe toujours. Depuis 1911, il a lieu le lundi de la Pentecôte sur le thème de la guérison intérieure (→ *neuvaine, saint*).

Étym. : nom du saint thaumaturge.

MAXIMUM n. et adj. « *Barjoter/délirer... un maximum* » (XXe), fam. : délirer beaucoup, énormément. L'expression est souvent employée par hyperbole. « *Un maximum* » fait suite à la locution adv. « *au maximum* », signifiant « au dernier degré » (→ *degré*). L'abrègement fam. « *un max* » est courant.

Étym. : déb. XVIIIe, du latin *maximum*, de *maximus* « le plus grand ».

MAZIBLÉ, ÉE adj. « *Être complètement maziblé* » (XXe), fam. : être mentalement très dérangé. Le mot est régional (Angers). Il évoque l'étourderie et, par extension, la confusion des idées.

Étym. : d'origine obscure, peut-être de *mazette* « personne maladroite », mot sans doute issu du dialectal *mesette* « mésange ».

MÉCHANT, E   adj. « *Il est fou, mais il n'est pas méchant* » (XXᵉ), fam. : il est mentalement dérangé, mais inoffensif. Le mot a le sens courant de « mauvais », « qui se plaît à nuire, à faire du mal ». Son emploi dans le registre de la folie illustre la crainte qu'a toujours inspirée le comportement de l'*insensé*, ce dernier ayant souvent été ramené au rang de l'animal dont on se méfie parce qu'il est supposé être dangereux (→ *danger, enragé, furieux*).

Étym. : XIIᵉ *(mescheant)*, p. prés. adj. de l'ancien v. *meschoir* « tomber mal », forme ancienne de *choir*.

MÉGALOMANIE   n. f. (XIXᵉ), psych. : surestimation pathologique de soi ou de ses possibilités, pouvant aller jusqu'au délire. On parle de *délire/folie des grandeurs* (→ *grandeur*). Dans le langage courant, le mot s'applique au goût de qqn pour la réalisation de projets grandioses, mirifiques ou à son désir immodéré de gloire et de puissance. « *Il est atteint d'une mégalomanie galopante.* » • ***Mégalomane*** ou ***mégalomaniaque*** lui correspond dans tous ses emplois comme adj. et nom. « *C'est un mégalomane* », « *quel mégalomane !* ». • L'abrègement fam. ***mégalo*** est très répandu. « *Lui, c'est le vrai mégalo* », « *arrête ton char, tu es complètement mégalo !* ».

Étym. : XIXᵉ, des éléments *mégalo-* (du grec *megas, megalou* « grand ») et *-manie* (→ *manie*).

MÉLANCOLIE   n. f. (déb. XIXᵉ), psych. : dépression grave de l'humeur avec douleur morale, sentiment de pessimisme généralisé, culpabilité, confinant à des idées délirantes d'indignité, d'auto-accusation et s'accompagnant d'une inhibition profonde allant parfois jusqu'à la stupeur. Le terme est ancien. Selon la théorie hippocratique dite des *quatre humeurs* (bile jaune, bile noire, sang, pituite), à l'origine des tempéraments correspondants (colérique, mélancolique, sanguin, lymphatique), la *mélancolie* est d'abord considérée comme une maladie provoquée par un excès de *bile noire* *(froide*, « calme », ou *chaude*, « délirante »). Aristote traite de son lien avec le génie. Au fil des siècles, on en fait un état mental morbide plus ou moins bien défini, mais qui associe toujours les notions de crainte irraisonnée et de tristesse foncière accablant le sujet qui en est victime. Se mêleront aussi les thèmes d'habitation et de possession par les démons (→ *lycanthropie)*. Cependant, au Moyen Âge et à la Renaissance, le problème de la mélancolie n'est pas seulement médical, mais aussi philosophique (scolastique), religieux, astrologique (Saturne), artistique. À l'époque classique, l'ancien concept de « bile noire » éclate en entités distinctes : *mélancolie* se répand dans la langue usuelle au sens atténué de « vague à l'âme », qui sera un thème romantique. Cette valeur persiste aujourd'hui dans l'usage courant, en concurrence avec *spleen*. D'autre part, le terme *atrabile* s'applique à la « mauvaise humeur », c'est-à-dire à l'irascibilité (→ *atrabile)*, tandis que l'inquiétude s'exprime isolément dans la locution **« *se faire de la bile* »**. Au XVIIIe siècle, la *mélancolie* est définie en médecine comme *« (...) un délire continuel qui diffère de la manie en deux choses, la première en ce que le délire mélancolique est borné à un seul objet qu'on appelle "point mélancolique", la seconde en ce que le délire est gai ou sérieux, mais toujours pacifique »* (Doublet). En contraste avec la *manie* — expansion de l'humeur susceptible, à l'inverse, d'entraîner des états d'agitation extrême (→ *manie)* — la *mélancolie* est nommée *lypémanie* par l'aliéniste Esquirol, au milieu du siècle dernier (→ *lypémanie)*. Des formes mixtes sont décrites, et le couple *manie-mélancolie* se nomme « *folie à éclipse/alterne/à double forme/circulaire/intermittente/maniaque dépressive/périodique/rémittente* », avant d'être intégré dans la *psychose maniaco-dépressive*, nommée également de nos jours *maladie bipolaire* (→ *bipolaire)*. • ***Mélancolique*** lui correspond comme adj. et nom. En psychiatrie, il qualifie un état dépressif sévère et désigne le patient atteint de *mélancolie*. « ***Un accès/une dépression mélancolique*** », « ***un mélancolique*** ». • ***Mélancolo*** (ou *mélanco*) est l'abrègement très fam. de *mélancolique*, sur le modèle de *alcoolo* pour *alcoolique*, *hystéro* pour *hystérique*, ou *parano* pour *paranoïaque*.

Étym. : XIIe, du latin *melancholia*, transcription du grec *melagkholia* « bile, humeur noire ».

MELON n. m. « *Travailler du melon* » (XXᵉ), fam. : être (un peu) fou. L'expression est une variante de « *travailler du chapeau* », par référence au *chapeau melon* (→ *chapeau, travailler*). Par ailleurs, depuis le siècle dernier, **melon** se dit en argot de la tête par métaphore du fruit de forme ronde (→ *tête*). L'usage du mot est répandu avec l'idée de sottise ou de fatuité (« avoir la tête qui enfle »), comme dans la locution « *avoir le melon* ».

Étym. : XIIIᵉ, du latin *melonem*, de *melo, melonis*.

MENTAL, E adj. « *C'est au niveau mental qu'il est le plus touché !* » (XXᵉ), fam. : il présente surtout des troubles de la raison. Le mot s'applique à tout ce qui s'exécute dans l'esprit ou qui est en rapport avec le fonctionnement psychique. La notion de « trouble de l'esprit » est exprimée notamment par les syntagmes *aliénation mentale, confusion mentale, malade/maladie mental(e), pathologie mentale, trouble mental*. En matière de prévention ou de traitement dans ce domaine, on parle d'*hygiène mentale* et de *santé mentale* (→ *hygiène, santé*). Substantivé au masculin, *mental* désigne l'ensemble des facultés psychiques. Il s'emploie fam. ou arg. en ce sens dans de nombreuses expressions : « *avoir le mental atteint/déglingué/dépareillé/détraqué/disjoncté/perturbé/touché...* ». • L'adv. *mentalement* lui correspond. Dans le registre de la folie, il est d'emploi courant dans les locutions du type : « *être mentalement (très) atteint/dérangé/perturbé/touché...* ».

Étym. : XVᵉ, du latin *mentalis*, dérivé de *mens, mentis* « esprit ».

MERCURE n. m. « *Avoir du mercure dans la tête* » (XVIIᵉ), fam. : être un peu fou. Le mot est introduit en alchimie pour désigner le métal jusque-là dénommé *vif-argent*, sans doute par analogie entre sa mobilité et celle de *Mercure*, messager des dieux. Pour les alchimistes, le *mercure* est capable de fournir la *pierre philosophale* ou *pierre des Sages*, d'où sans doute son autre appellation de *fou du grand œuvre*. « *Avoir du mercure dans la tête* » procède peut-être de ces notions, mais la métaphore semble surtout celle de la mobilité extrême des idées pour traduire au fig.

le désordre mental. L'expression prolonge « *avoir du vif-argent dans la tête* » qui s'est dit avec un sens identique (→ *vif-argent*). Toutes deux sont aujourd'hui sorties d'usage.

Étym. : XVe, du nom de la planète *Mercure*, du latin *Mercurius*, dieu protecteur des marchands, des poètes et messager des dieux.

MÈRE n. f. « *Mère de psychotique* » (XXe), psych., péj. : mauvaise mère. Répandu dans les années soixante-dix, le syntagme exprime alors en milieu psychiatrique la relation pathologique typique que certaines mères entretiendraient avec leur enfant malade, marquée notamment par la toute-puissance et la fusion. Si la qualité des relations et des investissements des parents envers leur enfant s'avère déterminante pour assurer un développement harmonieux du sujet, il n'en demeure pas moins que le recours à un tel syntagme tendait à identifier abusivement la mère comme responsable de l'autisme ou de la psychose présenté par son enfant.

Étym. : m. XIe, du latin *mater*.

MICKEY ou MIQUET n. m. « *Être remonté comme un mickey* » (XXe), arg., fam. : être énervé, agité, exalté. L'expression fig. signifie « être monté sur ressorts » (→ *remonté, ressort*), par allusion à la souplesse et à la vivacité d'une souris.

Étym. : XXe, du nom propre *Mickey*, célèbre souris de bandes dessinées créée par le dessinateur américain Walt Disney.

MIE n. f. « *Avoir une mie de pain dans la timbale* » (XIXe), arg. : être un peu fou. La locution est une variante de « *avoir un pépin dans sa timbale* », exprimant par métaphore la présence dans l'esprit d'une idée fixe perturbatrice (→ *pépin*).

Étym. : XIIe, du latin *mica* « parcelle, miette ».

MINARET n. m. « *Être lézardé du minaret* » (XXe), arg. : être fou. La locution, où *minaret* désigne la tête par métaphore de la tour de mosquée (→ *tête*), exprime la fissure mentale propre à la folie (→ *lézarde*).

Étym. : m. XVIIᵉ, de l'arabe *manàra* « phare ».

MIROIR n. m. « *Passer de l'autre côté du miroir* » (XXᵉ), fam. : sombrer dans la folie. L'expression est sans doute empruntée au titre d'une œuvre de Lewis Carroll *(De l'autre côté du miroir)*. Répandue dans l'usage courant, elle signale par métaphore le franchissement des limites propres du sujet et le basculement dans l'inconnu, le chaos mental. Elle correspond en psychiatrie à la notion de perte de la relation d'une personne à son double, telle qu'on l'a retrouve dans certaines maladies mentales (→ *dédoublement, spéculaire*). On parle de **signe du miroir** à propos du comportement d'un sujet passant de longues heures devant un miroir parce qu'il ne reconnaît plus sa propre image. Ce signe peut révéler une psychose *schizophrénique*. En psychanalyse, Jacques Lacan a été à l'origine du concept de **stade du miroir** (1936), s'appliquant à la période située entre les six et dix-huit premiers mois de la vie au cours de laquelle l'enfant peut se reconnaître comme « Je ».

Étym. : XIIIᵉ, du v. *mirer*, du latin *mirari*, lui-même de *mirus*.

MOINEAU n. m. « *Avoir des moineaux dans la tête* » (XXᵉ), fam. : être un peu fou. L'expression fig. évoque l'étourdissement mental et le désordre de la pensée. L'image est celle du déplacement en tous sens de petites masses sombres figurant les idées, à laquelle est associée la notion de bruits parasites intempestifs *(cui-cui)*. Il est également question de volatiles perturbateurs dans les locutions concurrentes « *avoir une chauve-souris/hirondelle dans le beffroi/le soliveau* » (→ *chauve-souris, hirondelle*). Toutes ces formes doivent être rapprochées des nombreuses expressions métaphoriques exploitant le thème de la présence parasite d'animaux dans la tête (→ *araignée*).

Étym. : XIIIᵉ, peut-être de *moine* (d'après la couleur de la bure), du latin *monachus*, lui-même du grec *monakhos*.

MOITIÉ n. f. « *Être à moitié barjo/fou...* » (XXᵉ), fam. : être mentalement dérangé. Dans le registre de la folie, la locution adv. « *à moitié* » ne s'applique pas seulement à une personne dont le comportement ou l'état ne dénote qu'une *part* de déraison. Elle présente souvent, au contraire, une valeur intensive, comme c'est aussi le cas pour « *à demi* » (➙ *demi*). Quand on dit de qqn qu'il est *à moitié fou*, on suggère qu'une part trop importante de lui-même a basculé dans l'égarement mental. « *À moitié* » se situe néanmoins entre *un peu* et *complètement*. « *Il est devenu à moitié fou* », « *je suis tombé sur un type à moitié fou* », « *il m'a rendu à moitié branque* ».

Étym. : XVIᵉ, du latin *medietas, -atis* « milieu, moitié ».

MOLOTER v. « *Moloter du badoufle* » (XXᵉ), arg. : perdre la tête. L'expression, où *badoufle* désigne la tête par métonymie (➙ *tête*), représente probablement une variante de « *y aller doucement du chapeau* » (➙ *chapeau*). Par figure, elle traduit le ralentissement idéopsychique attribué à la déraison ou au gâtisme.

Étym. : XXᵉ, d'origine incertaine, peut-être de l'adv. pop. *molo*, variante graphique de *mollo* « doucement ».

MÔMO n. (XXᵉ), fam. : fou, fada. Le mot est régional (Provence). Il s'est répandu dans l'usage courant à la suite de la parution de l'ouvrage d'Antonin Artaud, intitulé *Artaud, le Mômo* (1947). Le terme est d'abord un argotisme marseillais qui exprime l'infantilisme. Il s'applique à l'*innocent*, au *simple d'esprit*, puis — comme *fada* — au « gentil fou ». Antonin Artaud se surnomme ainsi après avoir quitté l'asile de Rodez où il était interné. Pour P. Thévenin, le choix de ce surnom par l'auteur évoquerait, outre l'innocence, le dieu grec *Mômos*, dieu de la raillerie et fils du Sommeil et de la Nuit selon Hésiode.

Étym. : XIXᵉ, de *môme*, d'origine inconnue.

MONOMANIE n. f. (déb. XIXᵉ, Esquirol), psych. : délire partiel. « *(...) Le terme de monomanie apparaît dans la nosologie psychiatrique (...) pour séparer de ce qu'on appelait* *alors le délire général des délires partiels dans lesquels le malade ne déraisonne que sur un thème, conservant pour le reste sa lucidité globale et ses facultés (...)* » (A. Porot et coll.). Aujourd'hui obsolète en emploi didact., le mot persiste dans le langage courant au sens d'« idée fixe », d'« obsession ». « *Son esprit tourne/vire à la monomanie totale.* » • ***Monomane*** (ou ***monomaniaque***) lui correspond comme adj. et nom. Il est aujourd'hui désuet dans tous ses emplois.

Étym. : déb. XIXe, de *mono-* (du grec *monos* « seul ») et de *-manie* (→ *manie*).

MONOPOLAIRE adj. (XXe), psych. : qui présente soit des épisodes de type maniaque, soit des phases de dépression mélancolique, au cours d'une psychose maniaco-dépressive (→ *manie*). Le terme est l'opposé de *bipolaire* (→ *bipolaire*). On dit aussi *unipolaire*.

Étym. : m. XIXe, de *mono-* et *-polaire* (du latin *polaris*, dérivé de *polus* « pôle »).

MONTER v. « *Ça lui monte au cerveau/ciboulot...* » (XIXe), fam. : il déraisonne. Le thème du mouvement ascensionnel d'organes ou de substances du corps en direction du cerveau est très ancien : ainsi, la médecine hippocratique attribuait les symptômes de l'*hystérie* à la migration de l'utérus vers la tête (→ *hystérie*). Pendant des siècles, on rend la circulation des humeurs et ce qui s'en dégage, responsables des pires effets sur l'entendement. Sur le modèle des vapeurs d'alcool qui font tourner la tête lorsqu'on les inhale, certaines substances diffusant dans le corps sont accusées de perturber l'entendement. Cette façon de concevoir les choses aboutira même à une théorie, celle dite « *des vapeurs* », au XVIe siècle : des exhalaisons néfastes sont supposées s'élever du sang jusqu'au cerveau (→ *alambic*, *vapeur*). Dès le Moyen Âge, « *monter en la teste* » se dit pour « enivrer ». En procède, par figure, « *monter à la tête* » qui s'emploie, depuis l'époque classique, à propos des effets de l'ivresse, de la folie ou de l'emportement colérique. La locution de référence exploite cette notion qui demeure très vivante et connaît de nombreuses déclinaisons régionales (→ *porter, transport*). Par ailleurs, avec la valeur de « mettre à un niveau plus élevé », le verbe *monter* s'emploie à la forme pronominale dans l'expression « *se monter la tête, l'imagination* » qui signifie, par figure, « s'exalter, se faire des idées, des illusions ». Variante fam. : « *se monter le bobéchon/bourrichon* » (→ *bobèche, bourrichon*). En argot asilaire, *monter* s'emploie au sujet d'un patient dont la tension, l'opposition ou l'agitation vont croissant, laissant prévoir une crise : « *Qu'est-ce qu'il monte ! Il va falloir appeler l'interne de garde !* »

Étym. : X[e], du bas latin *montare*, dérivé de *mons, montis* « mont ».

MOQUETTE n. f. « *Fumer la moquette* » (f. XXe), fam. (argot scolaire) : déraisonner, faire n'importe quoi (→ *fumer*).

Étym. : XVIIe, d'origine incertaine, peut-être de *moche* « écheveau ».

MORAL, E adj. « *Folie morale* » (XIXe), psych. : dégénérescence mentale. Le syntagme aujourd'hui sorti d'usage correspondait au concept de perversion constitutionnelle d'un sujet vis-à-vis des mœurs, des règles de conduite de la société. Due à l'aliéniste Morel, la *théorie de la dégénérescence* supposait l'existence de *dégénérés supérieurs* ou *fous moraux*, inadaptés aux contraintes sociales (→ *dégénéré, pervers*). Au sens de « qui est relatif à l'esprit, au mental », l'adj. *moral* a été employé dans le syntagme *traitement moral* qui désignait une approche thérapeutique préconisée par les premiers aliénistes, à la fin du XVIIIe siècle. Celle-ci était fondée sur la bienveillance, la douceur et la persuasion (→ *traitement*). « *Le traitement moral des aliénés.* »

Étym. : XIIIe, du latin *moralis*, de *mores* « mœurs ».

MORCELÉ, ÉE adj. « *L'expérience psychotique du corps morcelé* » (XXe), psych. : altération de l'image du corps caractéristique de certaines psychoses, en particulier dissociatives (→ *schizophrénie*). L'expression s'emploie en psychiatrie à propos du vécu angoissant qu'éprouvent certains

sujets psychotiques et qui traduit la rupture de leur unité psychique et corporelle. Le malade se vit éclaté, fragmenté, ressent des impressions de transformations corporelles, ne reconnaît plus son image dans un miroir, etc. (→ *miroir*).
• On parle d'*angoisse de morcellement* pour rendre compte de la sensation douloureuse ressentie par le sujet psychotique qui ne se vit plus comme un « tout » autonome et unifié (→ *désagrégation, dissociation, schizophrénie*).

Étym. : p. p. du v. *morceler* (XVIe), de l'ancien français *morcel* « morceau ».

MORFLER v. « *Avoir méchamment morflé* » (XXe), arg. fam. : être fou ou stupide. L'expression elliptique évoque, par figure, une récolte de coups, ce qui permet d'exploiter le sémantisme de la commotion cérébrale (→ *coup*). Elle peut également se rapporter à une généreuse attribution de tares génétiques (→ *ramassé, taré*).

Étym. : déb. XXe, de *morfiler* « manger », par changement de sens.

MORIA n. f. (déb. XXe), psych. : état d'excitation psychique se manifestant par une jovialité expansive mais niaise, alternant avec des phases d'apathie. Ce trouble a été décrit à l'origine dans certaines atteintes des lobes frontaux du cerveau *(syndrome frontal)*. • L'adj. *moriatique* sert parfois à qualifier, par analogie, certains états maniaques particulièrement exubérants (→ *manie*). « *C'est une exaltation moriatique.* »

Étym. : déb. XXe, du grec *môria* « folie ».

MOUCHE n. f. « *Quelle mouche l'a piqué ?* » (déb. XVIIe), fam. : qu'est-ce qui lui prend ? L'expression « *quelle mouche le point ?* » précède « *quelle mouche le pique ?* », celles-ci s'employant d'abord à propos d'un mouvement d'humeur brutal, d'un accès d'emportement, par analogie à la réaction du bétail après une piqûre de taon. Par extension, « *quelle mouche l'a piqué ?* » se dit au sujet de qqn dont le comportement soudain et inexplicable apparaît comme déraisonnable (→ *piqué*).

Étym. : XIIe, du latin *musca*.

MOUCHERON n. m. « *Avoir des moucherons en tête* » (XVIIᵉ) : être un peu fou. L'expression appartient à l'abondante phraséologie exploitant, dans le registre de la folie, le thème de la présence parasite d'insectes dans la tête (→ *abeille, araignée*). Elle figure également l'étourdissement, l'éblouissement mental, par analogie avec les petites taches visuelles appelées phosphènes, observées lors d'un choc ou à la suite de la compression des globes oculaires.

Étym. : XIVᵉ, diminutif de *mouche*.

MOURE adj. « *Celui-là, il est moure !* » (XIXᵉ), fam. : il est un peu fou, frappé d'une idée fixe. Le mot est régional (Médoc). Emprunté à l'anglais, il a connu une évolution sémantique menant de la sottise vers l'extravagance, la déraison (→ *badaud*).

Étym. : XIXᵉ, déformation pop. de l'anglais *moron* « arriéré », « idiot ».

MOUSTIQUE n. m. « *Avoir un moustique dans la boîte à sel* » (XIXᵉ), fam. : être un peu fou. La métaphore est celle de la présence parasite d'un insecte dans la tête (→ *abeille*), *boîte à sel* désignant l'esprit (→ *boîte*). Le dérangement mental est rendu par allusion au comportement du *moustique* enfermé dans un lieu clos (vol en tous sens, bruit continu), l'insecte diptère étant par ailleurs responsable de piqûres (→ *piqué*).

Étym. : XVIIᵉ, de l'espagnol *mosquito*, de *mosca* « mouche », lui-même du latin *musca*.

MOXA n. m. (XIXᵉ), psych. : procédé tiré de la médecine chinoise, consistant en l'application de bâtonnets d'armoise brûlés au contact de la peau en certains points précis (cou, sommet de la tête), à titre d'« irritants » censés stimuler le système nerveux de certains aliénés (→ *abcès, choc*). Les applications de *sétons* et de *moxas* sont sorties d'usage en psychiatrie, au début du siècle.

Étym. : XVIIᵉ, du japonais *mogusa*.

MULE   n. f. « *Il ressemble à la mule du pape, il ne boit qu'à ses heures* » (XVIIe) : il est fantasque. L'expression est un jeu polysémique entre le nom de l'animal (symbole de l'entêtement borné) et le syntagme *mule du pape* qui désigne la pantoufle blanche du pape, ornée d'une croix.

Étym. : XIe, du latin *mula* « mule » ou de *mulleus (calceus)*, XIVe, « soulier rouge » (de *mullus* « rouget »), selon le sens.

MYSTIQUE   adj. et n. « *Folie mystique* » (XIXe), psych. : nom donné à un délire chronique passionnel empruntant ses thèmes à la religion, associant souvent mégalomanie, manichéisme et vécu persécutif. « ***Des illuminés mystiques.*** » « *(...) Le mysticisme délirant ne peut être confondu avec la croyance religieuse ordinaire, du fait de la place que se reconnaît le délirant dans son système religieux. Le délirant mystique est convaincu d'être investi lui-même d'une mission divine, d'être en communication directe avec Dieu ou ses saints, d'être, à son époque, l'élu, le sauveur ; il a reçu personnellement une révélation, à lui seul destinée. Lorsqu'il a la conviction d'être le messie, il est probable que le délirant ne puisse entraîner personne d'autre que lui dans sa croyance ; ce type de délire peut être à l'origine de troubles du comportement, d'attitudes bizarres, qui contribuent à l'exclusion de ce malade dérangeant* » (J.-P. Olié et C. Spadone). Les phénomènes d'*extase mystique*, accompagnés ou non de manifestations corporelles (stigmates...), et de thèmes de *possession* peuvent s'observer dans certaines formes d'*hystérie* (→ *démonomanie*). Ce registre donne parfois lieu à des interprétations divergentes, selon que l'on se place dans une perspective religieuse ou strictement clinique, les frontières entre le « normal » et le « pathologique » pouvant d'ailleurs être particulièrement difficiles à établir. • *Mysticisme* lui correspond dans ses emplois religieux et psychiatriques.

Étym. : XIVe, du latin *mysticus*, lui-même du grec *mustikos* « relatif aux mystères ».

MYTHOMANIE   n. f.   (déb. XXe, Dupré), psych. : tendance pathologique au mensonge, à la fabulation ou à la simulation. En psychiatrie, cette propension constitue un trait de caractère *hystérique* (→ *hystérie*). On parle également de **mythomanie** à propos des remaniements conscients et délibérés de la vérité que l'on observe chez certains *pervers* et *psychopathes* (→ *pervers, psychopathie*). Le terme est passé dans l'usage courant pour désigner la tendance à mentir. • **Mythomane** (ou ***mythomaniaque***) qualifie et désigne « qui est atteint de mythomanie ». Le langage usuel l'emploie par extension pour « menteur, affabulateur » : « *il est un peu mythomane* », « ***quel mythomane !*** ». • L'abrègement fam. ***mytho*** est répandu. « ***C'est un vrai mytho !*** »

Étym. : déb. XXe, de *mytho-*, élément tiré du grec *muthos* « récit, fable », et de *-manie* (→ *manie*).

NASE ou NAZE adj. et n. « *Ce mec est complètement nase !* » (XXᵉ), arg. puis fam. : il est ivre, très fatigué ou mentalement dérangé. L'argotisme s'emploie d'abord pour « syphilitique », par allusion à l'écoulement urétral purulent que peut provoquer une maladie vénérienne, rappelant la morve des chevaux. Par extension péj. et sur le modèle de *avarié* qui s'est dit d'une personne atteinte de la syphilis, *nase* signifie « foutu, gâté, pourri ». Dans le registre de la folie, le mot renvoie sans doute aux troubles neuro-psychiques de la série démentielle provoqués par la syphilis *(paralysie générale)*, comme *plombé* qui contribue à le renforcer en ce sens (→ *paralysie, plombé*). *Nase* est substantivé depuis peu pour désigner spécialement un fou, avec une nuance de nullité. « *C'est un vrai nase !* » • *Nazebroque* (ou *naz-broque*) lui correspond dans tous ses emplois. Dans le domaine de la déraison, la finale arg. évoque l'idée de cassure, de fêlure, exprimée par l'anglais *break, broke, broken*, comme dans *chibroque*. « *Ce type est complètement nazebroque* », « *va faire un petit tour chez les nazebroques* ».

Étym. : déb. XXᵉ, de *(faux) nase* « maladie des chevaux (morve) et des moutons », du latin *nasus* « nez ».

NAZAIRE (→ *mal, saint*).

NEF n. f. « *Nef des fous* » (xve) : syntagme littéraire issu du *Narrenschiff* (composition de Sébastien Brant), repris à la fin du xve siècle par le peintre flamand Jérôme Bosch dans son célèbre tableau dit *La Nef des fous*. Embarqués à bord d'un vaisseau semblable à une coque de noix, un groupe d'insensés boit, chante et mange avec démesure, se livrant à toutes sortes d'extravagances qui témoignent de la perte de leur raison. Cette représentation allégorique de la folie, comme celle de la mort, est typique de cette époque. Le « bateau ivre » figure l'emportement de l'esprit vers des contrées imaginaires ou obscures, l'errance et la divagation mentales. L'allégorie prend peut-être sa source dans une coutume médiévale surtout fréquente en Allemagne : les villes chassaient les fous en les laissant courir dans des campagnes éloignées ou en les confiant à des bateliers pour s'en débarrasser. Il est difficile d'évaluer l'importance réelle de ces pratiques que M. Foucault a su repérer et dont il évoque la portée symbolique au début de son ouvrage *Histoire de la folie à l'âge classique*.

Étym. : m. xie, du latin *navis* « navire ».

NÉGATION n. f. « *Délire de négation* » (déb. xxe), psych. : trouble mental observé dans certaines formes délirantes de mélancolie, consistant à dénier les fondements mêmes de toute existence, notamment celle de ses propres organes. Dans sa forme majeure, cette activité délirante associe aux sentiments de négation ou de transformation des organes, des idées d'immortalité et de damnation éternelle, l'ensemble réalisant le *syndrome de Cotard* (→ *lypémanie, mélancolie*).

Étym. : xiie, du latin *negatio, -onis*, dérivé de *negatum*, lui-même de *negare* « nier ».

NÉGATIVISME n. m. (déb. xxe), psych. : comportement pathologique caractérisé par des gestes ou des attitudes inverses de ce qui est attendu ou sollicité par autrui. Chez l'adulte, ce trouble s'observe dans certaines psychoses, notamment la *schizophrénie*. • **Négativiste** qualifie l'attitude ou le patient correspondant. « **Des attitudes négativistes.** »

Étym. : XIXᵉ, de *négatif*, du latin *negativus* « qui nie ».

NÉOLOGISME n. m. (déb. XXᵉ), psych. : mot nouvellement créé ou mot existant auquel est attribuée une autre acception (paralogisme). Une telle activité infiltre le discours de certains malades mentaux délirants, rendant parfois totalement incompréhensibles les propos tenus. On parle alors, à l'extrême, de *schizophasie*. Les mots sont déformés, substitués les uns aux autres ou entièrement créés. Bien que leur sens échappe le plus souvent à l'interlocuteur, ils expriment — notamment dans la *schizophrénie* — des formes de logique propres à la pensée psychotique. « ***J'ai la cerve dérailliénante de celui qui croit en l'œil profixique.*** »

Étym. : XVIIIᵉ, de *néologie*, formé des éléments *néo-* « nouveau » (du grec *neos* « récent ») et *-logie* (de *logia* « théorie »).

NERF n. m. « ***Être malade des nerfs*** » (XXᵉ), fam. : faire une dépression ou être mentalement dérangé, par euphémisme. L'acception anatomique et médicale du mot date du haut Moyen Âge. À partir du siècle des Lumières, le pluriel ***nerfs*** s'applique également, par figure, à tout ce qui traduit les tensions internes. On parle de ***maladie de nerfs***, d'***attaque/ébranlement de nerfs***, puis de ***crise de nerfs***. Aujourd'hui, le langage usuel a très souvent recours au terme, jugé moins infamant que d'autres, pour désigner les troubles mentaux. ***Nerfs*** appartient à une abondante phraséologie qui exploite les thèmes de l'énervement, de la colère, de l'abattement moral ou de la folie. Concernant ce dernier domaine, il est très répandu dans les locutions suivantes : « ***ses nerfs ont craqué/lâché*** », « ***les nerfs l'ont pris*** », « ***avoir les nerfs détraqués/fragiles/malades...*** », « ***ne pas/plus contrôler ses nerfs*** », « ***c'est les nerfs !*** », « ***se faire soigner (pour) les nerfs*** », « ***prendre des médicaments pour les nerfs*** », etc. (→ *énervé*). • **Nerveux** lui correspond comme adj. et nom. Dans l'usage courant, il s'applique à une personne irritable, excité ou s'emportant facilement :

« *C'est un grand nerveux.* » « *Un nerveux* » a désigné péj. un malade mental : « ***Les furieux, les nerveux, les convulsionnaires sont tous bons à enfermer.*** » Le syntagme ***maladie nerveuse*** se dit spécialement de troubles dits fonctionnels, c'est-à-dire sans lésion organique connue. ***Dépression nerveuse*** s'emploie souvent par euphémisme pour maladie mentale (→ *dépression*). ***Grossesse nerveuse*** s'applique, chez une femme, à la croyance erronée d'être enceinte, accompagnée ou non des signes correspondants (nausées, arrêt des règles...). « *C'est nerveux !* » se dit pour « c'est psychique » (→ *psychique*). • ***Nervosisme*** est un terme médical désuet, employé à propos de troubles vagues attribués à la tension nerveuse. • ***Nervosité*** signifie « irritabilité » ou « fébrilité excessive ».

Étym. : XIe, du latin *nervus* « ligament, tendon ».

NET, NETTE adj. « *Il n'est vraiment pas net* » (XXe), fam. : il est bizarre, tordu ou peu sain d'esprit. L'expression négative traduit, par figure, le flou dans le comportement ou la pensée de qqn, avec une connotation inquiétante. À rapprocher de « *il n'est pas tout à fait nickel* » (→ *nickel*).

Étym. : XIIe, du latin *nitidus* « brillant ».

NEUNEU ou NEU-NEU adj. et n. « *Être un peu neuneu* » (XXe), fam. : être un peu niais ou, par extension, un peu fou. Le mot est sans rapport avec la *fête à Neuneu* qui désigne une fête populaire de Neuilly-sur-Seine. Son emploi dans le registre de la folie est sans doute influencé par *nerveux* ou *neuro*. « *Vise ce neuneu, il a un pet au citron !* », « *ça y est, les neuneus sont de sortie* ». Variante attestée dans plusieurs régions : ***nono***.

Étym. : XXe, d'origine incertaine, peut-être par redoublement expressif issu de *niais* ou de *nigaud*. Influence possible de « *tête de nœud* » « imbécile ».

NEUR(O) : élément savant entrant dans la composition de nombreux mots médicaux relatifs au système nerveux.

Étym. : du grec *neuron* « tendon » puis « nerf ».

NEURASTHÉNIE n. f. (f. XIXᵉ), psych. : terme vieilli désignant un état durable d'asthénie physique et mentale accompagnée d'un sentiment d'intense fatigue, d'anxiété et de plaintes somatiques diverses, l'ensemble évoluant généralement sur un fond dépressif permanent. Sorti d'usage en psychiatrie, le mot est en revanche resté actif dans le langage courant, notamment dans l'expression « *faire de la neurasthénie* » qui signifie « être triste, broyer du noir ». • *Neurasthénique* lui correspond comme adj. et nom, dans tous ses emplois. « *Devenir/être neurasthénique* », « *la maison des neurasthéniques* ».

Étym. : f. XIXᵉ, de l'élément *neur(o)-* et de *asthénie* « sans force », probablement d'après l'anglais *neurasthenia*.

NEUROLEPTIQUE n. m. (m. XXᵉ, Delay et Deniker), psych. : médicament psychotrope utilisé dans le traitement des états délirants et hallucinatoires. On dit aussi *antipsychotique* ou *tranquillisant majeur*. Apparue dans les années cinquante, cette classe pharmacologique a radicalement modifié l'approche tant de l'urgence en psychiatrie que du traitement au long cours des *psychoses*. Dans ces domaines, elle représente un progrès indéniable dans l'apaisement de l'angoisse et de la souffrance psychique. « *Mettre qqn sous neuroleptiques* » signifie « lui administrer des neuroleptiques ». L'existence de formes galéniques à action prolongée (N.A.P.) conduit à l'emploi courant du composé *neuroleptique-retard* (→ *injection*). Dans l'opinion publique, *neuroleptique* revêt souvent, comme *électrochoc*, une nuance péj. et asilaire, sur le thème de la *camisole chimique* : « *être abruti/assommé/matraqué/sulfaté par les neuroleptiques* » (→ *psychotrope*).

Étym. : m. XXᵉ, des éléments *neuro-* et *-leptique* « qui affecte en calmant » (du grec *lêptikos* « qui prend »).

NEUROLOGUE n. « *Aller voir un neurologue* » (XXᵉ), fam. : consulter ce spécialiste ou, par euphémisme, un psychiatre. La locution est parfois employée par ignorance des spécificités de chaque discipline (→ *psychiatrie*). Plus souvent, elle relève d'une volonté délibérée d'éviter le terme de *psy-*

chiatre, jugé trop « marqué » par la folie. En outre, certains espèrent trouver auprès du *neurologue* — spécialisé dans les maladies nerveuses d'origine organique — une cause physique aux troubles présentés. • L'abrègement *neuro* est courant, désignant le spécialiste ou la spécialité : « *un neuro* », « *la neuro* ». On utilise aussi le composé *neuropsy* (→ *psychiatre*). *Neuro* se dit quelquefois pour « psychique » : « *C'est neuro.* » Le mot s'applique également à une personne « malade des nerfs » : « *c'est un neuro* », « *il est complètement neuro* ».

Étym. : déb. XXe, anciennement *neurologiste*, de *neurologie*, formé de *neuro-* et *-logie*.

NEURONE n. m. « *Être dépolarisé des neurones* », « *avoir les neurones déprogrammés* » (XXe), fam. : être (un peu) fou. Le mot est d'abord didact., désignant chaque cellule du système nerveux, dont le prolongement le plus long (axone) contribue à former un nerf. Les locutions fig. de référence exploitent le thème du dysfonctionnement de l'électricité ou de l'électronique cérébrale (→ *disjoncter, puce*). Par ailleurs, la représentation du désordre mental sous la forme de fibres nerveuses entrelacées, nouées, conduit à l'expression fam. « *avoir les neurones qui font des nœuds* » (→ *nœud*).

Étym. : f. XIXe, du grec *neuron* « nerf, fibre, tendon ».

NEUROPSY, NEUROPSYCHIATRE, NEUROPSYCHIATRIE (→ *psychiatre, psychiatrie*).

NEUTRON n. m. « *Plafonner du neutron* » (XXe), arg. : être un peu fou (→ *plafonner*). La locution emprunte au vocabulaire de la physique nucléaire, le mot *neutron* désignant sans doute ici, par métaphore, une particule élémentaire de pensée. L'influence phonétique du terme *neurone* est probable. L'idée exprimée est celle de l'immobilisation des facultés mentales, *plafonner* ayant le sens d'« atteindre un niveau qu'on ne peut dépasser ».

Étym. : déb. XXe, de l'anglais *neutr(al)* « neutre » et *-on*, de (*électr*)*on*.

NEUVAINE n. f. « *Neuvaine des fous* » (XIIIᵉ) : suite de rites cultuels effectuée pendant une période de neuf jours consécutifs, dans le cadre d'un pèlerinage thaumaturge ayant pour objectif de guérir les insensés (→ *saint*). Au Moyen Âge, le pèlerinage thérapeutique pour les fous, représente une pratique courante. On invoque les saints guérisseurs de la folie et certains sanctuaires ont une réputation telle, qu'on y vient de toute l'Europe (→ *Mathurin*). « *(...) Les fous agités et les possédés arrivent au sanctuaire solidement attachés et bien gardés. Ils y sont souvent placés dans des logements spéciaux (...). La durée de séjour, variable aux XIᵉ et XIIᵉ s., s'uniformise au XIIIᵉ s. (neuvaine). Elle se déroule partout selon un rituel précis et symbolique. Les messes et les veillées de prières créent un climat de ferveur et d'excitation. Les cérémonies d'exorcisme, précédées de bastonnades administrées par les passants aux possédés, ont pour but de chasser les démons (...). Les malades peuvent avoir recours aux bienfaits d'une fontaine ou d'une source réputée miraculeuse : l'hydrothérapie et les rites de purification cumulent leurs effets. Mais le moment fort du séjour est celui où le malade "touche" les reliques du saint, et doit pour cela réussir une épreuve de passage plus ou moins difficile (...). Tous ces rites ont pour objectif de permettre au malade de rompre avec sa folie et de renaître (...)* » (J. Postel et C. Quétel).

Étym. : f. XIIIᵉ *(nofaine)*, du numéral *neuf*.

NÉVR(O) : élément savant constituant une variante de *neur(o)-*.

Étym. : du grec *neuron* « tendon » puis « nerf ».

NÉVROPATHIE n. f. (m. XIXᵉ), méd. : ensemble flou de troubles fonctionnels à expression physique et de troubles psychiques modérés, attribués à un dérèglement du système nerveux. Le terme est aujourd'hui sorti d'usage en médecine et en psychiatrie. Il correspond, en grande partie, à des traits décrits dans les *névroses*, sans atteinte majeure de la personnalité. • *Névropathe* lui correspond comme adj. et nom. Le mot est curieusement répandu dans le langage courant, aux sens de « malade des nerfs », « original », voire « un peu fou ». « *C'est un grand névropathe* », « *quel névropathe !* ». • **Névropathique** s'est dit à propos d'un tempérament, d'un caractère « nerveux », « original » : « *Il a de nettes tendances névropathiques.* »

Étym. : XIXe, des éléments *névro-* et *-pathie* (du grec *-patheia*, *-pathês*, de *pathos* « ce qu'on éprouve »).

NÉVROSE n. f. (XXe), psych. : affection psychique à l'origine de symptômes plus ou moins invalidants, dont le sujet a une conscience douloureuse et qui préserve un rapport normal à la réalité. Le terme est introduit en français par l'aliéniste Philippe Pinel, pour restituer l'anglais *neurosis* dû au médecin écossais William Cullen en 1777. Chez ces auteurs, le terme désigne un ensemble hétérogène de manifestations nerveuses se traduisant par des troubles affectant tel ou tel organe, sans que ce dernier ne soit « inflammé » ou « lésé ». Le sens moderne du mot apparaît avec Sigmund Freud, à la fin du siècle dernier. L'auteur fonde la psychanalyse en élaborant sa **théorie des névroses** à partir de l'observation de patients *hystériques*, dans le service parisien du neurologue Jean Martin Charcot. Son œuvre permet de mettre en évidence les mécanismes psychogènes impliqués dans une série d'affections et la place centrale qu'occupe la sexualité dans le fonctionnement psychique inconscient. À la suite de ces travaux, la **névrose** est définie, en psychanalyse, comme étant une « *(...) affection psychogène où les symptômes sont l'expression symbolique d'un conflit psychique trouvant ses racines dans l'histoire infantile du sujet et constituant des compromis entre le désir et la défense (...)* » (J. Laplanche et J.-B. Pontalis). On en distingue plusieurs types, selon la prédominance des symptômes : **névrose d'angoisse, névrose phobique, névrose hystérique, névrose obsessionnelle**. Par extension, le terme est employé dans certains registres spécifiques, nombreux et souvent hétérogènes (**névrose de transfert, névrose post-traumatique**, etc.). Au-delà de l'approche par les symptômes, la **névrose** et sa théorisation psychanalytique rendent compte de la structure de la personnalité ou du sujet. Dans le langage courant — à la différence de *psychose*, rarement rattaché à la folie — *névrose* s'emploie avec *névropathie* comme synonyme pseudo-didactique de *déséquilibre* ou *dérangement mental*. Dans le registre de la déraison, cet emploi pop. situe le terme en deçà de *psychopathie* et d'*aliénation* (également interprétés au sens commun). « *Avoir une solide névrose* », « *c'est pas de la névrose, c'est de la folie pure* ». • *Névrosé* lui correspond comme adj. et nom. Il désigne didact. une personne structurée sur un mode névrotique. Dans la langue usuelle, il équivaut à *déséquilibré, névropathe*. « *Quel grand névrosé !* », « *il est complètement névrosé* ». • *Névrotique* qualifie et désigne également ce qui est relatif à la névrose. Le terme est d'emploi didact. « *Un patient/personnalité névrotique* », « *des symptômes/traits/troubles névrotiques* ».

Étym. : XVIIIe *(neurose)*, du grec *neuron* et du suffixe *-ose*, tiré du grec *-ôsis*.

NICKEL n. m. et adj. « *Il n'est pas tout à fait nickel* » (XXe), fam. : il n'est pas complètement lucide, sain d'esprit. Dans l'usage fam., le mot adjectivé signifie « qui est d'une extrême propreté », par allusion à l'aspect brillant d'une pièce de nickel polie. Équivalente à « *n'être pas net* », l'expression s'applique à une personne jugée douteuse à propos de sa propreté, de sa moralité ou de ses capacités mentales (→ *net*).

Étym. : m. XVIIIe, de l'all. *Kupfernickel*.

NIQUÉ, ÉE adj. « *Il est un peu niqué* » (XXe), arg. : il est un peu fou. Le mot est originaire d'Afrique du Nord. Il figure d'abord dans le registre de la sexualité et connaît les mêmes développements sémantiques que l'adj. *baisé*. Il est devenu courant pour « fichu », « détérioré », d'où son emploi dans le registre de la folie, en parlant de l'état des nerfs (→ *baisé, nase*).

Étym. : p. p. du v. arg. *niquer* (f. XIXe) « posséder sexuellement », emprunté à l'arabe *i-nik*.

NŒUD n. m. « *Avoir du mou dans la corde à nœuds* » (XXᵉ), arg. : être fou. La métaphore est celle du flottement mental, le syntagme *corde à nœuds* figurant ici une voie nerveuse munie de plusieurs synapses. On dit d'ailleurs de manière équivalente « *avoir du mou dans les synapses* » (→ *synapse*). Par ailleurs, la notion d'emmêlement des idées s'exprime dans la locution « *avoir des nœuds dans les boyaux de la tête* », qui traduit la confusion mentale (→ *boyau*).

Étym. : XIIᵉ, du latin *nodus*.

NON-SENS (→ *sens*).

NORD n. m. « *Perdre le nord* » (XIXᵉ), fam. : perdre la tête, devenir fou. La locution exprime l'égarement au propre puis au fig., en référence au point cardinal dont la direction est indiquée par l'étoile polaire. À rapprocher de « *être azimuté* », « *perdre la boussole/la carte/la tramontane* », « *être déboussolé* » (→ *azimuté, boussole, déboussolé, tramontane*).

Étym. : XIIᵉ *(north)*, de l'anglais *north*.

NOTE n. f. « *Jouer les notes sans le clavier* » (f. XXᵉ), fam. : déraisonner. La locution musicale exprime la folie sur le thème de l'absurde (→ *absurde*). De nombreuses variantes existent : « *taper le texte sans le chariot* » (machine à écrire), « *fermer l'application sans sauvegarder* » (informatique), etc.

Étym. : XIIᵉ, du latin *nota*.

NYMPHOMANIE n. f. (XXᵉ), psych. : exacerbation du désir sexuel chez la femme, se traduisant par des attitudes provocantes et séductrices exagérées, visant à faire de nouvelles conquêtes. Autrefois dénommée *fureur utérine*, la **nymphomanie** est aujourd'hui débarrassée en psychiatrie de toute connotation morale négative. Cette tendance pathologique peut notamment s'observer au cours d'un épisode *maniaque*. Chez l'homme, elle correspond au *satyriasis*, terme inconnu du public. **Nymphomanie** est au contraire répandu dans le langage usuel, preuve évidente d'une misogynie tenace au sein de la société. • ***Nymphomane*** qualifie le trouble et désigne le sujet. Dans l'usage courant, le mot est péj., s'employant à propos d'une femme considérée comme outrageusement séductrice. « ***C'est une vraie nymphomane*** », « ***quelle nymphomane !*** ». • L'abrègement fam. ***nympho*** est également très usité. « ***Plus nympho qu'elle, tu meurs !*** »

Étym. : déb. XVIIIe, de l'élément *nympho-* (du grec *numphê* « jeune fille ») et de *-manie* (→ *manie*).

o

OBLITÉRÉ, ÉE adj. « *Être complètement oblitéré* » (f. XXe), fam. : être fou. L'expression pourrait être comprise au sens de « être bouché », ce qui évoquerait l'imbécillité et non la déraison. L'introduction récente du mot dans le registre de la déraison est en faveur d'une autre interprétation : *oblitéré* — s'employant couramment au sens moderne de « tamponné » en parlant d'un timbre-poste — est devenu un synonyme de *timbré* (→ *timbre*). Ainsi, la locution de référence équivaut à « *être marqué du sceau de la folie* » (→ *sceau*).

Étym. : p. p. du v. *oblitérer* (déb. XVIe), du latin *oblitterare*.

OBSÉDÉ, ÉE adj. et n. (XVIIe) : qui est la proie d'une obsession. En relation avec son étymon, le mot évoque l'envahissement de l'esprit par des tourments profonds. Il passe avec cette acception dans la langue usuelle et psychiatrique, en correspondance avec le terme *obsession*. Par extension, *obsédé* s'applique couramment à une personne mentalement focalisée sur une idée fixe. C'est un synonyme pop. de *maniaque* : « *c'est un obsédé de la propreté.* » Il s'emploie spécialement dans le registre sexuel où il sert à former le syntagme *obsédé sexuel* qui se dit de celui ou celle « qui ne pense qu'à çà ». • *Obsédant*, « qui obsède », est utilisé didact. dans *idée obsédante*. • ***Obsession*** désigne, en psychiatrie, toute idée, image ou évocation s'imposant à l'esprit contre la volonté du sujet. Cette intrusion psychique, bien que paraissant absurde au sujet, est incoercible et persistante. Elle est vécue comme provenant du sujet lui-même, non comme imposée du dehors, à la différence des pensées parasites délirantes (→ *automatisme, influence*). Les *obsessions* revêtent souvent un caractère « sacrilège » ou « obscène ». L'*obsédé* cherche à s'en débarrasser en tentant de les ignorer ou de les neutraliser au moyen de pensées ou d'actes ritualisés. Cette contrainte intérieure répétitive et éprouvante se nomme *compulsion* (→ *compulsion*). Dans le langage courant, *obsession* s'emploie le plus souvent avec la valeur atténuée d'« idée fixe » (→ *monomanie*) : « *c'est une obsession, son image me suit partout* », « *il en fait une véritable obsession* ». • ***Obsessionnel*** qualifie le trouble correspondant et désigne la personne qui en souffre. Il s'applique aussi au sujet qui présente les traits psychologiques (ordre, parcimonie, obstination...) liés à la problématique obsessionnelle : « *un caractère/personnalité obsessionnel(le)* », « *un obsessionnel* ». Dans le langage courant, *obsessionnel* se dit d'une personne méticuleuse à l'excès, au sens commun de *maniaque*. « *C'est un véritable obsessionnel !* » Le syntagme didact. *névrose d'obsessions* ou *névrose obsessionnelle* est dû à Sigmund Freud. Ce dernier fait de cette entité clinique, comme des autres névroses, l'expression de désirs refoulés dans leur conflit avec le moi. Il donne à cette névrose une valeur structurale en psychanalyse (→ *névrose*). Le terme est passé dans le vocabulaire psychiatrique, où on dit aussi ***névrose obsessionnelle-compulsive***, expression qui succède à *folie du doute* et *phobie du toucher*. On parle de ***trouble obsessionnel-compulsif*** (abrégé en ***T.O.C.***), pour indiquer l'association d'*obsessions* et de comportements de *compulsion*. En milieu spécialisé, l'abréviation *T.O.C.* est parfois employée comme substantif très fam. pour désigner le sujet souffrant d'un tel trouble. Elle se prononce « toc », évoquant *toctoc, toqué*. « *C'est un T.O.C.* »

Étym. : p. p. du v. *obséder* (déb. XVIIᵉ), *obsession* datant du XVᵉ, tous deux du latin *obsidere* « assiéger ».

OBSIDIONAL, E adj. « *Délire obsidional* » (m. XXᵉ), psych. : sentiment délirant d'être assiégé, contraint, environné par des persécuteurs. Le mot s'est dit en parlant de la peur des habitants d'une ville d'être cernés par des envahisseurs. Son emploi psychopathologique aujourd'hui vieilli, en procède par figure (→ *persécuté*).

Étym. : XVIᵉ, du bas latin *obsidionalis*, de *obsidio, -onis*, dérivé de *obsidere*.

OCCULTE adj. « *Se sentir victime/sous l'emprise... de forces/ influences/puissances occultes* » (XXᵉ) : être confronté à des ennemis invisibles, mystérieux. Le sentiment de subir l'intervention néfaste de forces cachées est un thème délirant fréquent dans certaines *psychoses chroniques* (→ *automatisme, influence*).

Étym. : XIIᵉ, du latin *occultus*, de *occulere* « dissimuler ».

OLIGOPHRÈNE adj. et n. (XXᵉ), didact. : arriéré mental. Le terme est récemment passé dans le langage courant, mais s'emploie parfois dans le registre de la folie, en concurrence avec *débile*. « *Quel oligophrène !* »

Étym. : m. XXᵉ, de *oligophrénie*, formé sur le grec *oligos* « peu » et *phrên, phrenos* « pensée ».

ONDULER v. « *Onduler de la coiffe/de la toiture/de la touffe...* » (XXᵉ), arg. : être fou. Appliqué, par figure, à des synonymes arg. ou fam. de tête, le verbe exprime la fluctuation psychique, le tangage mental. La notion de va-et-vient des idées est exploitée dans d'autres expressions, comme « *dodeliner du cervelet* » (→ *dodeliner*), « *être yoyo* », « *yoyoter des cellules/du grelot/de la coiffe/de la touffe/de la toiture/de la visière* » (→ *dodeliner, yoyo, yoyoter*).

Étym. : m. XVIIIᵉ, de *ondulation*, du bas latin *undula* « petite onde » (de *unda*).

ONIRISME n. m. (déb. XXᵉ), psych. : sorte de rêve éveillé pathologique, constitué de visions et de scènes angoissantes, voire cauchemardesques, auxquelles le sujet adhère, agissant parfois en conséquence. Le mot est d'emploi didact., traduisant les troubles observés dans les états *confusionnels*. Il est notamment caractéristique du *delirium tremens* (→ *delirium*). « *Un onirisme délirant* », « *l'onirisme du delirium* ». • ***Onirique*** lui correspond comme adj. et nom. On parle d'*hallucination onirique*, de *délire onirique*, d'*état confuso-onirique*. Le mot s'est répandu dans la langue usuelle à propos de l'activité du rêve. • ***Oniroïde*** se dit d'« *(...) un état délirant ayant une analogie avec la pensée du rêve sans s'accompagner de confusion mentale (...). Ces délires oniroïdes se distinguent de l'onirisme confusionnel du "delirium" (...) Ce sont des processus "délirants réversibles", des "égarements de l'état de conscience" qui n'entraînent pas une atteinte profonde de la personnalité ni une dissociation mentale, comme le fait la schizophrénie (...)* » (J. Postel et coll.).

Étym. : déb. XXᵉ, formé sur l'élément *oniro-*, du grec *oneiros* « songe ».

OREILLER n. m. « *Signe de l'oreiller psychique* » (XXᵉ), psych. : attitude de maintien figé et durable de la tête qui reste soulevée du lit, comme si elle reposait sur un coussin. Ce trouble s'observe en psychiatrie dans les syndromes *catatoniques* (→ *catatonie*).

Étym. : XIIᵉ, du latin *auricula*.

ORIGINAL, E adj. et n. « *Ne le contrariez surtout pas, c'est un original !* » (XIXᵉ) : laissez-le faire, il est un peu fou ! Depuis l'époque classique, parallèlement à ses autres emplois, le mot se dit pour « bizarre, extravagant », avec une connotation péj. Celle-ci est sans doute liée à la résistance de l'opinion publique vis-à-vis de tout ce qui apparaît unique, donc singulier, c'est-à-dire en dehors de la norme commune, avec une suspicion de folie. « *Un individu plutôt original* », « *c'est une vieille originale* ». • ***Originalité*** connaît le même développement sémantique, ayant la valeur ironique de « bizarrerie ». « *Quelle originalité dans son regard !* »

Étym. : m. XIIIe, du latin *originalis*, dérivé de *origo* « qui existe dès l'origine ».

OUF   adj. « *Être ouf* » (f. XXe), fam. : être fou. « *Il est complètement ouf, ce mec !* »

Étym. : XXe, inversion (verlan) de *fou*.

OUTRÉ, ÉE   adj. « *Être un fou outré* » (XVIIe) : être un grand fou. Le mot signale le dépassement des limites, en l'occurrence mentales (→ *borne, limite*). L'expression est sortie d'usage. La notion d'exagération mène à l'emploi moderne de *outré* pour « indigné, scandalisé ».

Étym. : p. p. adj. du v. *outrer* (XIIe), dérivé de *ultre, outre*, du latin *ultra*.

PACK n. m. (XXᵉ), psych. : traitement psychiatrique consistant en l'enveloppement humide du corps du patient au moyen de linges mouillés. Il s'agit d'une méthode ancienne d'hydrothérapie calmante réintroduite dans les années soixante (→ *douche*). Cette situation place le sujet en position régressive. Pendant ce laps de temps, les soignants sont en relation thérapeutique étroite avec lui. La technique s'applique essentiellement à certains patients *psychotiques*. Elle reste employée aujourd'hui.

> Étym. : XXᵉ, emprunté à l'anglais *pack* « paquet » *(to pack* : « emballer »).

PADELER ou PATELER v. (XIXᵉ), fam. : dire n'importe quoi, parler de manière décousue. Le verbe est dialectal. *« Il est toujours après padeler, ça n'a ni queue ni tête ce qu'il dit »* (J.-C. Potte).

> Étym. : d'origine incertaine, peut-être d'origine onomatopéique, le radical *patt-* exprimant le « marmonnement ».

PALILALIE n. f. (XXᵉ), psych. : répétition pathologique du même mot ou de la même phrase, échappant à la volonté du sujet. Ce trouble du langage s'observe dans certaines maladies neurologiques (Parkinson...), les *démences* et parfois dans la *schizophrénie*.

Étym. : xxe, de l'élément *pali-* et de *-lalie* (du grec *palin* « de nouveau » et *lalein* « parler »).

PALUDOTHÉRAPIE n. f. (déb. xxe), psych. : inoculation à visée thérapeutique de l'agent pathogène responsable du paludisme. Appelée aussi *malariathérapie*, cette méthode repose sur l'observation médicale ancienne selon laquelle les maladies responsables de fièvre provoquent une rémission des troubles chez certains malades mentaux. Elle rejoint en cela l'*abcès de fixation* (→ *abcès*). Au début du siècle, l'impaludation est appliquée au traitement de la *paralysie générale*, manifestation tardive de la syphilis responsable de troubles neuro-psychiques (→ *paralysie générale, P.G.*). La technique consiste à inoculer au patient l'un des agents pathogènes du paludisme, le *Plasmodium vivax*, qui provoque des accès fébriles. La méthode est également utilisée dans certaines psychoses avec des résultats contradictoires. L'indication principale reste la *paralysie générale* jusqu'à ce que l'avènement de la pénicilline et le développement de la *psychopharmacologie* rendent la méthode thérapeutique obsolète à partir des années cinquante (→ *choc*).

Étym. : formé sur l'élément *paludo-* tiré du latin *palus, paludis.*

PANIQUE n. f. « *Avoir/faire une attaque de panique* » (xxe), psych. : avoir une crise d'angoisse (→ *angoisse, attaque*). L'*attaque de panique* se distingue de l'*anxiété chronique*. La crise débute brutalement et dure peu de temps. Elle associe des signes psychiques (sensations de malaise, de danger imminent...), des signes physiques (oppressions thoraciques, palpitations, sueurs...) et des manifestations comportementales (agitation ou sidération). Le syntagme *attaque de panique*, traduction directe de l'anglo-américain *panic attack*, concurrence depuis quelques années celui de **crise d'angoisse aiguë** issu de la nosographie française.

Étym. : XVIᵉ, du grec *panikos* « de Pan », c'est-à-dire « effrayant ».

PANNE   n. f. « *Avoir une panne de secteur dans le transformateur* » (XXᵉ), arg. : être fou. La locution « *être en panne* » signifie être stoppé dans son fonctionnement, sa marche. Transposée dans le domaine de l'électricité, « *avoir une panne* » signale l'interruption du courant. L'expression de référence — où *transformateur* désigne la tête — exploite ainsi plaisamment ce thème pour traduire la folie (→ *disjoncter, transformateur*).

Étym. : XVIᵉ, du latin *penna* « plume ».

PANTOUFLE   n. f. « *Raisonner comme une pantoufle* » (f. XVIIIᵉ), fam. : mal raisonner, dire n'importe quoi (→ *raisonner*).

Étym. : XVᵉ, d'origine obscure, peut-être de *pattoufle* « chaussure de paysan ».

PAPIER   n. m. « *Perdre ses papiers* » (XXᵉ), fam. : perdre la tête. L'expression s'emploie d'abord au sens concret à propos de la perte des documents prouvant son identité. Elle figure ici l'égarement de l'esprit, par allusion aux troubles graves de l'identité caractérisant la folie (→ *psychose*). À rapprocher notamment de « *ne plus savoir qui on est* », « *se prendre pour (qqn d'autre)* », « *avoir son nom écrit dans le dos* » (→ *dos, être, prendre*).

Étym. : XIVᵉ, du latin *papyrus*.

PAPILLON   n. m. « *Avoir des papillons dans le compteur* » (XXᵉ), fam. : être un peu fou. « *Vous avouerez qu'il faut avoir de l'eau dans le gaz et des papillons dans le compteur pour être restée trois ans avec un type pareil !* » L'expression est tirée de cette réplique d'Arletty dans *Le jour se lève* de Marcel Carné (1936, dialogues de J. Prévert), où *compteur* désigne la tête par métaphore (→ *compteur*). La locution suggère l'image de la présence parasite et insolite d'insectes dans la tête pour traduire la folie. Elle appartient à une abondante phraséologie exploitant ce thème : « *avoir des grillons/des moucherons dans la tête* », « *avoir un moustique dans la boîte à sel* », etc. (→ *abeille, araignée*).

Étym. : f. XIIe, d'après *pavillon*.

PARALLÈLE adj. et n. « *Se faire un monde/un univers parallèle* » (XXe) : rêver ou délirer. L'expression suppose l'existence d'un système, d'une organisation parallèles au monde connu, réel. Elle appartient au langage courant, mais prend un relief particulier lorsqu'elle est exprimée par certains patients *psychotiques* à propos de l'expérience d'étrangeté dont ils se sentent l'objet (→ *étrangeté, schizophrénie*).

Étym. : XVIe, du latin *parallelus*, lui-même du grec *parallêlos*.

PARALYSIE n. f. « *Paralysie générale (progressive)* » (déb. XIXe, Bayle), psych. : troubles mentaux associés à des manifestations neurologiques, dus à une méningo-encéphalite diffuse d'origine syphilitique. La *paralysie générale* — *P.G.* par abréviation usuelle (→ *pégé*) — tire son nom de certains de ses signes (paralysie oculaire, tabès...). Cette appellation évoque également l'effondrement neuropsychique du sujet qui en est atteint. Elle reste toutefois impropre, prêtant à confusion avec une paralysie des membres. La maladie se développe sur plusieurs années après qu'un sujet a contracté la syphilis (phase tertiaire). Associant troubles nerveux et troubles psychiques, elle a représenté pour la psychiatrie du siècle dernier une entité qui a servi de caution aux conceptions organogénétiques de la folie. Diverses thérapeutiques ont été utilisées avant l'avènement de la pénicilline, dont la *paludothérapie*. La *paralysie générale* est devenue très rare grâce à la prévention et au traitement précoce de la syphilis.

Étym. : XIIIe, du latin *paralysis*, lui-même du grec *paralusis* « immobilité d'un côté du corps ».

PARANOÏA n. f. (déb. XIXe, Kraepelin), psych. : psychose chronique préservant la clarté de la pensée, l'ordre des idées et dont le délire a une apparence logique et relativement cohérente. Le terme correspond au *délire de persécu-*

tion anciennement appelé *délire d'interprétation* ou *folie raisonnante*. Le délire est dit *systématisé* en raison de son caractère ordonné et pseudo-logique (→ *système*). Son mécanisme est essentiellement interprétatif sur des thèmes de *persécution*, de *grandeur*, de *jalousie*, etc. On distingue classiquement deux grandes formes : les délires passionnels à idée prévalente *(érotomanie, délire de jalousie, délire de revendication)* et les délires d'interprétation s'étendant en réseau *(délire de persécution, délire de relation* ou *paranoïa sensitive)*. *Paranoïa* est passé dans le langage courant pour désigner la personnalité de type *paranoïaque* et la méfiance maladive d'une personne à l'égard de menaces réelles ou imaginaires. « *Il nous fait sa paranoïa.* » • *Paranoïaque* qualifie et désigne la personne atteinte de *paranoïa* ou le caractère pathologique correspondant. Ce dernier est défini essentiellement par l'orgueil, la méfiance, la fausseté du jugement et la psychorigidité. *Paranoïaque* s'emploie dans l'usage courant au sens affaibli de personne (ou caractère) très susceptible et méfiant. « *Un paranoïaque* », « *un caractère paranoïaque* » (→ *psychorigidité*). • Dans l'usage fam. *paranoïa* et *paranoïaque* sont en concurrence avec l'abrègement *parano*, très courant de nos jours au sujet d'une personne exagérément méfiante ou se sentant constamment mise en cause, menacée, objet de persécutions. « *Il est complètement parano* », « *c'est le vrai parano* », « *qu'est-ce qu'il est parano !* », « *il a peur de son ombre, quel parano !* », « *c'est la parano totale* ».

Étym. : XVIIIe, de l'allemand *Paranoia*, du grec *paranoia* « trouble de la raison » (de *para-* « à côté de », « contraire à », et *-noia* pour *noos* « esprit »).

PARANOÏDE adj. et n. (déb. XXe, Kraepelin), psych. : se dit d'un délire flou, incohérent et illogique. Le mot est d'abord attesté dans le syntagme *démence paranoïde* appliqué à une forme délirante de la *démence précoce*, devenue aujourd'hui *schizophrénie paranoïde* (→ *schizophrénie*). On distingue ainsi nettement le terme *paranoïaque*, qui renvoie à la paranoïa, de *paranoïde*, qui y ressemble sans en être. Le mot est substantivé pour désigner la personne atteinte de ce trouble : « *un paranoïde* ».

Étym. : f. XIXe, formé sur *paranoïa* à l'aide de l'élément *-oïde* « semblable à ».

PARAPHILIE (→ *perversion*).

PARAPHRÉNIE n. f. (déb. XXe, Kraepelin), psych. : psychose chronique dont le délire est essentiellement hallucinatoire et imaginatif mais construit de manière assez logique et cohérente. Les thèmes délirants empruntent souvent au domaine du fantastique, avec un aspect fabuleux, luxuriant. L'adaptation à la réalité est paradoxalement conservée dans la plupart des cas. • *Paraphrène*, d'abord « relatif à la paraphrénie », désigne le malade atteint de l'affection correspondante : « *un paraphrène* ». L'expression fam. douteuse (XXe, argot asilaire) « *c'est un paraphrène ou un schizophrène ? En tout cas il ne freine plus beaucoup !* » rappelle la locution « *lâcher les freins* », en jouant phonétiquement sur le second élément du mot (→ *lâcher*).

Étym. : XXe, formé sur le grec *para-* « à côté de » et *phrên*, « esprit ».

PARASITÉ, ÉE adj. « *Être un peu parasité* » (XXe), fam. : être mentalement dérangé. L'un des sens communs du mot *parasite* est aujourd'hui celui de bruit ou image perturbant les communications (radio, télé...). En procède *parasité* au sens de « brouillé », ce qui s'applique ici, par figure, aux troubles du cours de la pensée. • *Parasitage* exploite couramment la même métaphore. L'expression « *parasitage du cours de la pensée* » se dit dans la langue psychiatrique fam. de certains des phénomènes ressentis par un patient atteint d'*automatisme mental* (→ *automatisme*). Par ailleurs, l'acception usuelle de *parasite*, au sens de « qui vit aux crochets de qqn », est un sémantisme souvent exploité pour traduire la folie de manière insolite et plaisante (→ *araignée*).

Étym. : p. p. du v. *parasiter* (XVIe), du grec *parasitein*.

PARLER v. « *Parler aux champignons* » (f. XXᵉ), fam. : délirer. La métaphore champêtre traduit l'incongruité, l'absurdité d'un acte de fou, l'action consistant à s'adresser verbalement à un végétal insolite qui ne peut pas répondre ou s'exprimer. Le choix du mot *champignon* vise probablement à l'obtention d'un effet burlesque lié à l'aspect du végétal formé d'un pied surmonté d'un chapeau et dont une variété se nomme d'ailleurs *bonnet de fou* (→ *bonnet*). À moins qu'il ne s'agisse d'un emprunt à l'argot de la drogue, par allusion aux *champignons hallucinogènes*. Dans un autre domaine, le verbe *parler* est employé à propos des troubles du langage intérieur. Ainsi, en milieu psychiatrique, l'expression « *ça parle dans la/ma tête* » est utilisée par certains malades mentaux victimes d'*hallucinations intrapsychiques* dites aussi *hallucinations psychiques verbales* (→ *hallucination*). Ces personnes ont la sensation que dans leur tête un dialogue ou un commentaire de leurs actes s'impose à eux. Il peut s'agir de voix ou de chuchotements, de pensées parlées... (→ *automatisme, entendre*).

Étym. : Xᵉ, du latin *parabolare*, dérivé de *parabola* « parole du Christ ».

PARPAING n. m. « *Avoir pris/reçu un parpaing sur la tronche* » (XXᵉ), arg. : être devenu fou. En dehors de son emploi en maçonnerie, le mot se dit fam. d'un coup de poing, sous l'influence de l'argot *pain*, « coup ». La locution fig. de référence, où *tronche* désigne fam. la tête (→ *tronche*), a recours au sémantisme de la commotion cérébrale pour traduire la folie. Variantes : « *avoir pris/reçu un coup/un pet sur la tronche* » (→ *coup, pet*).

Étym. : XIIIᵉ, peut-être du latin pop. *perpetaneus*.

PARTIR v. « *Partir du couvercle* » (XIXᵉ), fam. : devenir fou, délirer. L'expression, où *couvercle* désigne la tête par métonymie (→ *couvercle*), exploite le thème de la fuite de l'esprit, avec l'idée de perte, d'abandon, de dépossession d'une partie (capitale) de soi-même (→ *perdre*). Variantes : « *s'en aller du ciboulot/du citron/de la coiffe/de la tête/de la toiture...* » (→ *aller*). • *Parti* s'emploie au fig. à propos de qqn dont l'esprit est ailleurs, surtout sous l'effet de l'excitation, de l'ivresse ou de la drogue. L'idée d'évanouissement mental ou de dissolution psychique conduit à la locution « *être un peu/complètement parti* ».

Étym. : XIIe, du latin *partiri*.

PASSAGER, ÈRE adj. « *Avoir un accès/un coup de folie passager* » (XVIIe) : avoir un bref moment d'égarement. L'adj. s'entend ici au sens temporel de « durée courte » (→ *accès, coup*).

Étym. : f. XIVe, de *passage* (XIe), lui-même du v. *passer*, issu du latin tardif *passare*.

PASSER v. « *Passer de b dur en b mol* » (XVIIe) : perdre un peu la tête (→ *bémol*). Le verbe exprime ici la notion de changement d'état, en l'occurrence le passage de l'état normal à celui de la folie. Le même mouvement d'esprit est rendu par la locution « *passer au dixième (régiment)* » qui signifie « devenir fou » (→ *dixième*). Dans le registre de la déraison, d'autres verbes évoquent la précipitation brutale dans le chaos mental. C'est le cas de *basculer, chavirer, sombrer, tomber*, etc.

Étym. : XIe, du latin tardif *passare* « traverser ».

PASSION n. f. (f. XVIIIe) : courant affectif violent susceptible d'aliéner l'esprit. Depuis l'Antiquité, *passion* et *folie* ont été souvent conjuguées, l'étude de leurs rapports devenant un thème repris par de nombreux philosophes. La médecine a eu recours au terme à propos des *maladies de l'âme* (tristesse, abattement, etc.) puis, plus spécialement, à propos de celles qui aliènent l'esprit par une exaltation affective pathologique ou une idée prévalente morbide traduisant un attachement excessif. • *Passionnel* sert à qualifier de telles formes en psychiatrie. On parle de *délire* et *psychose passionnels*, qui s'apparentent à la *paranoïa* (→ *érotomanie, jalousie, paranoïa*). • *Passionné* s'emploie comme adj. et substantif, à propos de qqn qui est inspiré par la passion morbide, sens aujourd'hui disparu dans le langage courant. Le syntagme *idéaliste passionné* s'applique en psychiatrie à un patient *paranoïaque*, développant un *délire de revendication* vécu avec la conviction inébranlable de détenir la vérité. « *Un passionné* » (↦ *exalté*, *idéaliste*).

Étym. : Xᵉ, du latin *passio*, *-onis*, de *pati* « souffrir ».

PÂTÉ   n. m. « *En avoir un (sacré) pâté* » (XXᵉ), fam. : être mentalement très atteint par la bêtise ou la folie. Par référence à la pièce de charcuterie, la locution fig. exploite le thème du mélange informe des idées pour traduire la confusion des facultés mentales. À rapprocher de « *travailler de la terrine* » (↦ *terrine*).

Étym. : XIIᵉ, du latin *pasta*.

PATENTÉ, ÉE   adj. « *C'est un fou patenté* » (XIXᵉ), fam. : il est vraiment fou. Le mot évoque une qualification, une certification, ici dans un contexte dépréciatif. À rapprocher de « *il est vraiment fadé/signé* » (↦ *fadé*, *signé*).

Étym. : XVIIIᵉ, p. p. du v. *patenter*, dérivé de *patente*, lui-même du latin *patens*, de *patere* « être ouvert ».

PATHO-   : élément signifiant « affection, maladie », entrant dans la composition de termes médicaux, ainsi que dans les domaines de la psychologie et de la psychanalyse.

Étym. : du grec *pathos* « souffrance ».

PATHOGÈNE   adj. « *C'est une famille complètement pathogène* » (XXᵉ), psych., fam. : une famille dont la dynamique produit des effets pathologiques, au niveau d'un ou de plusieurs de ses membres. Le mot s'applique d'abord didact. à ce qui peut causer une maladie *(microbe pathogène)*, puis couramment, par figure, à ce qui est cause d'un trouble mental, d'une attitude anormale.

Étym. : XIXᵉ, formé des éléments *patho-* et *-gène* (tiré du grec *-genês*, de *genos* « naissance, race »).

PATHOLOGIE   n. f. « *À ce stade, c'est plus de la pathologie, c'est du délire total !* » (XXᵉ), fam. : situation ou personne très folle. Le mot s'emploie didact. et couramment au sens de « science des causes, des symptômes et de l'évolution des maladies ». Le modèle médical ayant été transposé dans le champ du psychisme, le mot entre, en psychiatrie, dans la constitution du composé *psychopathologie* et des syntagmes *pathologie psychiatrique*, *pathologie mentale*, qui fournissent l'ellipse courante *pathologie* dont procède l'expression citée en référence. • *Pathologique* se dit fam. pour « anormal », « déséquilibré », en dehors de son emploi didactique. « *Il est complètement pathologique.* » • L'abrègement fam. *patho* est courant.

Étym. : m. XVIe, du grec *pathologia*, formé des éléments *patho-* et *-logia* « théorie ».

PAUMER v. « *Paumer la sorbonne* » (XIXe), fam. : perdre la tête. Le verbe est le synonyme pop. de *perdre*, *égarer*, ce dont procède l'expression de référence, où *sorbonne* désigne la tête par métaphore (→ *sorbonne*). « *Paumer ses boulons* » est une locution concurrente aujourd'hui très vivante (→ *boulon*). • *Paumé* s'emploie fam. et fig. au sens de « désorienté », valeur exploitée dans « *être complètement paumé* » qui signifie « ne plus savoir où on en est ».

Étym. : f. XIIIe, de *paume*, du latin *palma* « creux de la main ».

PAUVRE adj. et n. « *Pauvre fou !* » (XVIIe) : personne pitoyable, irrécupérable dans sa folie. Le mot s'applique au propre et au fig. à l'indigence, avec une nuance attendrissante ou, au contraire, nettement dépréciative. L'usage courant l'emploie avec ironie dans l'expression « *c'est pas la tête, docteur, ce sont ces pauvres mains !* » à propos de tremblements liés à la prise d'alcool. On dit aussi « *c'est sa pauvre tête* », en parlant de qqn qui paraît mentalement dérangé. Substantivé, *pauvre* figure également dans l'expression biblique « *pauvre d'esprit* » ou « *pauvre en esprit* » qui est passée dans la langue usuelle pour désigner un imbécile.

Étym. : m. XIe, du latin *pauper, -eris*.

PAVILLON n. m. « *Être/rester bouclé au pavillon* » (XXᵉ), fam. (argot asilaire) : être interné. Au siècle dernier, la configuration des asiles — constitués d'un bâtiment administratif central et de bâtiments annexes destinés à l'hospitalisation des malades — a conduit aux syntagmes *pavillon des aliénés*, *pavillon des furieux*... au sens d'unités spécifiques pour telle ou telle catégorie de malades mentaux (→ *enfermer*). Débarrassé aujourd'hui de telles qualifications, le terme *pavillon* reste néanmoins usuel en milieu spécialisé. On parle encore de *pavillon ouvert* ou de *pavillon fermé*, selon que les personnes hospitalisées sont autorisées ou non d'y aller ou d'en venir librement. Il en est de même du syntagme *pavillon d'admission*. Par contre, *pavillon de chroniques* (→ *chronique*) s'emploie avec une connotation péj. Par ailleurs, en argot du siècle dernier, *pavillon* s'est dit d'« *un évaporé, tête folle* », d'« *un cerveau versatile qui tourne à tous les vents* » (H. France). Cette valeur aujourd'hui disparue évoque peut-être le *papillon* (et son vol en apparence désordonné), à moins qu'il ne s'agisse, par métaphore, d'une allusion au *pavillon* d'un navire battant à tous les vents. • L'argotisme *pavillonnage* a signifié « folie », sans doute à partir des mêmes développements. • De même, le v. arg. *pavillonner* s'est dit pour « être/devenir fou », « faire/dire des folies » (→ *pavois*).

Étym. : XIIᵉ, du latin *papilio, -onem* « papillon ».

PAVOIS n. m. « *Être pavois* » (XIXᵉ), arg. : être fou ou ivre. « *(...) Pavois désigne un grand bouclier ovale ou rectangulaire dont on garnissait le bord supérieur des navires pour former un rempart à l'abri duquel on combattait (...). Par extension, le mot a pris (...) le sens de grandes pièces de toile tendues sur le bord supérieur des navires et destinées à cacher l'équipage à l'ennemi (...)* » (A. Rey). De là, procède l'emploi du mot pour désigner un ensemble de pavillons hissés sur un navire en certaines occasions. On parle de *grand* et de *petit pavois*. Repris en argot, le mot est employé dans le registre des troubles de l'esprit. Selon Hector France, il renvoie à l'« *agitation* (de l'esprit) *par mille pensées confuses et diverses comme les pavillons multiples* *et multicolores dont se pavoise un navire à certaines fêtes. Ces jours-là, il y a généralement ripaille à bord et les matelots sont pavoisés comme leur vaisseau (...). »* **Pavois** est aujourd'hui sorti d'usage en ce sens (→ *pavillon).*

Étym. : XIVe, de l'italien *pavese* « de Pavie », ville d'Italie où l'on fabriquait des boucliers.

PEC ou PECQUE n. (XXe), fam. : imbécile, un peu fou ou rêveur. Le mot est régional (Sud-Ouest). Il est également attesté sous la forme ***pègue***. *« Faire le pec »* signifie d'abord faire l'idiot et ***Jean le Pec*** s'emploie comme épithète à l'adresse d'un niais. À l'instar de *fada* ou d'autres mots régionaux (→ *ahuri, badaud), pec* a glissé vers le registre de la folie douce, ***pec de la lune*** étant synonyme de *doux dingue.* Au féminin, ***pecque*** s'est dit d'une femme sotte et prétentieuse.

Étym. : XIIIe, de l'ancien provençal *pec* « sot, stupide », du latin *pecus, -udis* « tête de bétail ».

PÉCULE n. m. *« Toucher son pécule de sortie »* (XXe), fam. (argot asilaire) : sortir de l'hôpital psychiatrique. En milieu spécialisé, le mot s'est dit de la rémunération du travail thérapeutique des malades mentaux. Depuis les années soixante, le ***pécule de sortie***, auquel fait référence l'expression, n'existe plus. Il a fait place à un *fonds de solidarité.*

Étym. : XIIIe, du latin *peculium*.

PÉDALE n. f. *« Perdre (carrément) les pédales »* (XXe), fam. : dérailler, ne plus savoir ce que l'on fait (→ *déjanter, dérailler).* L'expression fig. est issue de l'argot du cyclisme, d'abord apparue sous la forme *« perdre la pédale ».* Elle signifie « ne plus être en mesure de suivre le peloton dans une course ». Transposée dans le registre mental, elle traduit le fonctionnement à vide des rouages cérébraux, l'incapacité de contrôler la bonne « marche » de son raisonnement et de suivre le fil de sa pensée. Une même métaphore conduit à l'expression arg. concurrente *« faire roue libre »* (→ *roue).* Par ailleurs, les locutions *« se mélanger/s'emmêler les pédales »* expriment la confusion, le désordre. Elles représentent des variantes de « *se mélanger/s'emmêler les pinceaux* ». • *Pédaler* est très utilisé dans le domaine du dérangement de l'esprit. On dit ainsi « *pédaler à vide* » pour « être fou », l'argot du cyclisme permettant d'exploiter d'autres thèmes, comme ceux développés par « *rouler sur la jante/sur la toile* » (→ *jante*) ou « *avoir un petit vélo dans la tête* » (→ *vélo*). De même, « *pédaler à côté de son vélo* » est synonyme de « *marcher à côté de ses lattes/de ses pompes* » (→ *marcher*), la métaphore étant celle du décalage, de la mise hors de soi vis-à-vis de ses propres marques (→ *côté*, *dédoublement*). Enfin, *pédaler* figure dans les locutions fam. « *pédaler dans la choucroute/le potage/la semoule/le yaourt...* » qui signifient « être inefficace » ou « déraisonner ». Le complément désigne généralement une substance alimentaire épaisse, collante ou gluante, pour rendre, par figure, la notion d'embourbement de la pensée et apporter une note incongrue plaisante. De nombreuses variantes sont obtenues à l'aide d'autres verbes : « *patauger dans la semoule* », « *arpenter dans le goudron* », etc.

Étym. : XVIe, de l'italien *pedale*, lui-même du latin *pedalis*, dérivé de *pes*, *pedis*.

PÉDALO n. m. « *Avoir un pédalo dans le ciboulot* » (XXe), fam. : être un peu fou. L'expression, où *ciboulot* désigne la tête (→ *ciboulot*), permet un jeu de consonance sur le « *o* » des deux mots référents. Elle représente une variante expressive de « *avoir un petit vélo dans la tête* » (→ *vélo*), tout en exploitant le thème du pédalage mental (→ *pédale*).

Étym. : XXe, nom d'une marque déposée, formée sur *pédale*.

PÉGÉ n. « *Être tapé comme un pégé* » (XXe), fam. (argot asilaire) : être fou, confus. L'expression a recours à *tapé* comme synonyme de *cinglé* (→ *tapé*). Elle fait allusion aux troubles neuropsychiques de la *paralysie générale* (→ *paralysie*). D'autres termes arg. renvoient à cette maladie : *hérédo*, *nase*, *plombé*.

Étym. : déb. XXe, graphie phonétique de *P.G.*, abréviation de *paralysie générale*.

PEINE n. f. « *Sa tête lui donne bien de la peine* » (m. XVIIe) : il est mentalement dérangé. Le mot signifie « effort », « travail », mais s'emploie ici avec la valeur fig. de « tracas ». L'expression reste vivante aujourd'hui, le plus souvent sous forme dialectale.

Étym. : XIe, du latin *poena*, lui même du grec *poinê*.

PÈLERIN n. m. « *Pèlerin saint Mathurin* » (XVIIe) : fou. Cette dénomination aujourd'hui disparue fait référence au célèbre pèlerinage de Saint-Mathurin de Larchant, organisé pour les fous et les possédés au Moyen Âge et à la Renaissance (→ *Mathurin*).

Étym. : du latin *peregrinus*.

PENDULE n. f. « *Être remonté comme une pendule* » (XXe), fam. : être agité, tendu ou exalté. La métaphore est celle de la tension excessive des ressorts cérébraux, par analogie avec ceux d'un mécanisme d'horlogerie (→ *remonté*).

Étym. : m. XVIIe, du latin *funependulus*, d'après *pendulus* « qui est suspendu » (de *pendere* « pendre »).

PENSARDE n. f. « *Béquiller/boquiller/déménager... de la pensarde* » (XXe), arg. : perdre la raison (→ *béquiller, boquiller, déménager*). Le mot est un néologisme plaisant qui, par sa construction, évoque le siège de la pensée, interprété comme la partie la plus élevée d'une habitation (→ *mansarde*).

Étym. : XXe, formé sur *pensée*, d'après *mansarde*.

PENSÉE n. f. « *Avoir des troubles du cours de la pensée* » (XXe), psych. : être l'objet d'une altération de l'association, de l'enchaînement des idées. En psychiatrie, le syntagme *cours de la pensée* s'applique, par figure, à la fluidité des opérations et représentations mentales, par analogie avec un cours d'eau. Son rythme ou son organisation peuvent être perturbés. Ainsi, la *bradypsychie* correspond au ralentissement des associations mentales ; la *tachypsychie* ou *fuite des idées*, à leur accélération (→ *manie*). La désorganisation du *cours de la pensée* s'observe notamment dans la *schizophrénie* (→ *barrage*) : on parle du *cours de la pensée* chaotique du schizophrène. Dans le langage courant, on a recours aux expressions « *désordre de la pensée* » ou « *écarts de la pensée* ». On dit aussi « *avoir une/des pensée(s) diffuse(s)/errante(s)/extravagante(s)/ incertaine(s)/incohérente(s)/manquant de clarté/obsédante(s)/obscure(s)/peu sûre(s)/vagabonde(s)* ».

Étym. : XIᵉ, substantivation du p. p. du v. *penser* (au féminin), issu du latin *pensare*, de *pendere*.

PENSION n. f. « *Toucher la pension d'invalidité* » (XXᵉ), fam. (euphémisme) : être malade des nerfs, c'est-à-dire en l'occurrence relever d'une incapacité permanente de travail, partielle ou totale, pour troubles mentaux (→ *allocation*). • *Pensionnaire* désigne couramment toute personne logée et nourrie dans un établissement public (hospice, hôpital, prison). Il s'emploie parfois avec une note ironique ou péj., comme dans la locution « *les pensionnaires de l'asile* » qui s'applique fam. aux « internés ».

Étym. : XIIIᵉ, du latin *pensio, -onis*.

PÉPIN n. m. « *Avoir un pépin dans sa timbale* » (XIXᵉ), arg. : être un peu fou. Variante : « *avoir une mie de pain dans la timbale* » (→ *mie*). Ces expressions fig., où *timbale* désigne la tête (→ *timbale*), suggèrent l'existence d'un élément perturbateur dans le cerveau (par ailleurs dépourvu de tout autre contenu). Une telle variation sur le thème de l'« idée fixe » est rendue par la métaphore du bruit mental parasite, par allusion au tintement que produirait une graine ou une miette agitée dans un gobelet métallique. On retrouve une notion similaire dans la locution « *raisonner comme une chaudière à grelots* » (→ *raisonner, tintinnabuler*). Traitées sur un mode restrictif, les locutions de référence exprimeraient la bêtise, sur le modèle de « *avoir un pois chiche à la place du cerveau* ».

Étym. : XIIe, d'origine incertaine, peut-être d'un radical *pep-* exprimant la petitesse.

PÉQUATRE adj. « *S'être fait réformer péquatre* » (XXe) : n'avoir pas fait son service militaire pour problème psychiatrique. Ce motif d'exemption ou de réforme est très connu du public. « *Aux trois jours, ils l'ont réformé péquatre.* » À rapprocher de « *passer au dixième* » (→ *dixième*).

Étym. : XXe, transcription phonétique de *P4*, terme correspondant dans l'armée à la codification médicale de troubles mentaux accentués.

PERCUTÉ, ÉE adj. « *Celui-là, il est sacrément percuté !* » (f. XXe), arg. : il est très fou. Le mot est un synonyme courant de *frappé, tapé*. Dans le registre de la folie, ces termes exploitent, par figure, le sémantisme du coup sur la tête (→ *coup*). L'expression de référence peut s'accompagner du geste consistant à frapper l'index sur le front ou la tempe, pour désigner la personne mentalement dérangée (→ *tempe*).

Étym. : p. p. du v. *percuter* (X^e), du latin *percutere* « frapper ».

PERDRE v. « *Perdre la raison* » (m. XVIe) : devenir fou. « *Perdre le sens* » précède « *perdre l'entendement/la raison/la tête* » (→ *sens*). La folie s'exprime ainsi par la perte de ce qui fonde le sens commun *(entendement, esprit, raison, sens)* ou par la privation du siège de la pensée lui-même *(boule, tête)*. Ces expressions connaissent de nombreuses formes métaphoriques qui exploitent surtout le thème de la désorientation. On dit notamment : « *perdre la boule/la boussole/la carte/le nord/la tramontane* ». Quant aux locutions « *perdre les pédales* » et « *perdre ses bas* », elles renvoient essentiellement à la perte du contrôle de soi, avec l'idée d'inefficience ou d'inadaptation attribuée à la déraison. L'ellipse arg. « *la perdre* » pour « être/devenir fou » s'est dite au début du siècle. Synonyme arg. : *paumer*.

• *Perte* peut se substituer au verbe, comme dans « *perte de l'entendement/de l'esprit...* » • *Perdu* s'emploie au fig. pour « égaré, désorienté », sous-entendu dans ses pensées, dans sa tête. « *Sa tête est perdue* », « *il est perdu dans sa tête* ». Substantivé, le mot désigne une personne atteinte de démence : « *un perdu* ». Les expressions « *crier/courir/hurler/rire... comme un perdu* » signifient « se comporter comme un fou ».

Étym. : IXe, du latin *perdere*.

PÉRIODIQUE   adj. « *Folie périodique* » (XIXe), psych. : dénomination aujourd'hui obsolète de la *psychose maniaco-dépressive* (→ *manie*). Le mot s'applique à ce qui revient à intervalles plus ou moins réguliers, en l'occurrence à la survenue d'épisodes récurrents de troubles majeurs de l'humeur.

Étym. : XVIIe, du latin *periodus*, lui-même du grec *periodikos*.

PERSÉCUTÉ, ÉE   adj. et n.   (déb. XXe), psych. : personne ayant la conviction morbide et erronée d'être l'objet d'attaques, de menaces, de préjudices divers. « *C'est un vrai parano, il se sent constamment persécuté* », « *un persécuté* ». Le composé *persécuté-persécuteur* désigne le sujet atteint de tels troubles, persécutant en retour ceux qu'il considère très souvent, à tort, comme ses ennemis (→ *paranoïaque*). • *Persécution* s'emploie en psychiatrie dans les syntagmes *folie de la persécution*, *délire de persécution*. Ceux-ci correspondent au délire dans lequel une personne pense être victime de complots, de malveillance, de la part de personnages réels ou imaginaires. Le sujet se sent suivi, épié, surveillé. Il est convaincu que des individus malintentionnés infiltrent sa vie privée. Le thème de la *persécution* est très fréquent dans les *psychoses chroniques*. Il peut avoir un caractère plausible dans les délires pseudo-logiques de type paranoïaque ou, au contraire, sembler absurde, incohérent, notamment lorsqu'il s'accompagne d'hallucinations. Dans le langage courant, l'expression « *il a la maladie de la persécution* » s'emploie à propos d'un sujet qui se pose en victime, sans raison.

Étym. : p. p. du v. *persécuter* (XIVe), du latin *persecutor*, *persecutio*.

PERSONNALITÉ   n. f. « *Avoir des troubles graves de la personnalité* » (XXe), psych. : être atteint de troubles mentaux. Le mot s'applique aux processus psychiques par lesquels une personne accède à la conscience de soi dans son individualité et sa permanence. Il se distingue du « caractère », qui désigne le « *style de réactivité* » d'un sujet (H. Ey). En psychiatrie, la notion de *troubles (graves) de la personnalité* ou de *personnalité pathologique* renvoie — comme le rappellent A. Porot et coll. — à l'atteinte du *développement* ou de la *continuité* psychique (arriération, dissociation...), aux ruptures de l'*unité* psychique (dédoublement, dépersonnalisation...), aux troubles de l'*identité* (délires de négation, de filiation, de transformation...), à tout ce qui perturbe gravement les *relations* avec le monde extérieur (détachement, repli). Les *troubles de la personnalité*, structurels, s'opposent aux symptômes, cliniquement objectivables. Cette notion est, pour l'essentiel, due à la psychiatrie anglo-américaine (→ *D.S.M.III*).

Étym. : XVe, du dérivé latin *personalitas*, lui-même de *persona*.

PERTURBÉ, ÉE   adj. « *Être/avoir l'air (très/un peu) perturbé* » (XXe), fam. : être mentalement dérangé. Le mot exprime le désordre, le dérèglement dans le fonctionnement d'un mécanisme, d'un système. Appliqué au fig. dans le registre mental, il est aujourd'hui très courant comme synonyme de *dérangé, détraqué, malade, troublé*. « *Qu'est-ce qu'il est perturbé !* » • *Perturbation* s'emploie couramment pour « trouble », notamment dans le domaine moral, psychique ou comportemental. On parle de *perturbation mentale* et de *perturbation du comportement*.

Étym. : p. p. du v. *perturber* (XIIIe), du latin *perturbare*.

PERVERS, E   adj. et n. (déb. XXe), psych. : qui témoigne d'une tendance pathologique à accomplir sciemment des actes dans le but de nuire *(perversité)* ou à obtenir une satisfaction sexuelle autrement que par l'accouplement dit « normal » *(perversion)*. La psychanalyse a recours au syntagme *pervers polymorphe* en parlant de l'enfant très jeune qui, à l'état normal, n'a pas encore fixé ses objets et ses mouvements pulsionnels. Dans la langue courante d'aujourd'hui, l'adj. est substantivé et représente un synonyme de *désaxé, tordu, vicieux* : « *c'est un vrai pervers* », « *un pervers pépère* ». • **Perversion** désigne didact. toute déviation recherchant le plaisir sexuel en dehors du coït avec un individu adulte de même espèce et du sexe opposé. Comme l'indique son étymologie, le mot désigne d'abord un renversement négatif de tendance, c'est-à-dire la corruption morale, le vice, etc. D'emblée, il se situe sur le terrain de la *norme* et de la *morale*. Au siècle dernier, les aliénistes font entrer le terme dans le champ de la compétence médicale, fournissant un véritable catalogue descriptif d'actes de *perversion*, envisagés comme des déviations d'instincts et étendus au « sens moral », au « sens social », etc. Appelées aujourd'hui *paraphilies*, les perversions (sexuelles) incluent principalement : la *pédophilie* (activité sexuelle avec des enfants prépubères), la *zoophilie* ou *bestialité* (attachement érotique ou activité sexuelle avec un animal), le *frotteurisme* (frottements contre une personne non consentante), le *fétichisme* (attachement érotique à certains objets ou parures vestimentaires, à des sous-vêtements), le *masochisme* et le *sadisme* (voir ces mots), le *travestisme* (adoption de l'habitus vestimentaire et social du sexe opposé) d'abord décrit chez l'homme *(éonisme)*, l'*exhibitionnisme* (exposition de ses organes génitaux à la vue du public), et le *voyeurisme* (observation à l'insu de l'autre de son intimité). La psychanalyse n'envisage pas seulement la **perversion** dans le champ des conduites sexuelles, la considérant comme une des trois structures fondamentales du sujet, avec la structure *névrotique* et la structure *psychotique*. • **Perversité** s'applique à la tendance à faire du mal intentionnellement, à manipuler délibérément autrui ou à commettre des actes immoraux en toute connaissance de cause. Le mot désigne d'abord le vice, le goût pour le mal, en particulier une action nuisible. En psychiatrie, « *(...) est reconnue pathologique la perversité constitutionnelle, qui est caractérisée par l'amoralité, l'inaffectivité, l'indignité, l'impulsivité, la cruauté et l'inadaptabilité (...)* » (J. Postel et coll.).

Étym. : XIIe, du latin *pervertere* « mettre sens dessus dessous », « renverser de fond en comble ».

PET n. m. « *Avoir un pet au casque* » (XXe), arg., puis fam. : être un peu fou. En liaison avec *péter*, *pet* est synonyme de *coup* en argot *(« prendre un pet »* : « prendre un coup »), acception aujourd'hui très courante. En procède l'expression de référence qui exploite le sémantisme de la commotion cérébrale (→ *coup)*, *casque* figurant la tête par métonymie (→ *casque)*. La locution est très répandue, de même que l'ellipse « *avoir un pet* » pour « être mentalement dérangé ». Variantes : « *avoir un pet au compteur/au transfo* » (→ *compteur, transformateur)*. • *Péter* est un synonyme fam. de *casser*. Le verbe occupe aujourd'hui une place importante dans le vocabulaire de la folie. Appliqué par métaphore à la tête, aux circuits mentaux ou à la mécanique cérébrale, *péter* exprime l'idée de cassure ou de rupture de la pensée. Citons notamment : « *péter les boulons/les câbles/la carafe/les courroies/sa crémaillère/une durite/les fusibles/les plombs/un ressort/une soudure/une synapse...* ». Les formes au pluriel sont également attestées au singulier, sur le modèle de « *péter un plomb* » (→ *plomb)*. La variante « *péter un lobe* » est d'introduction récente (→ *lobe)*. • *Pété* se dit fam. pour « fou » ou « ivre ». « *Il est complètement pété.* »

Étym. : XIIe, du latin *peditum*.

PETITES-MAISONS n. pr. « *À mettre (envoyer) aux Petites-Maisons* » (m. XVIIe) : fou. L'expression fait référence à la *maison de force* où étaient notamment enfermés — comme à *Bicêtre* et à *la Salpêtrière* — les insensés et les fous furieux aux XVIIe et XVIIIe siècles. Dans le langage courant, l'établissement est devenu une sorte d'adresse imaginaire où l'on dit vouloir enfermer les personnes taxées de folie. On dit aussi « *un échappé des Petites-Maisons* » (→ *échappé)*. Ces expressions sont aujourd'hui oubliées, tandis que celles faisant allusion à l'établissement de *Charenton* demeurent vivantes (→ *Bicêtre, Charenton, Salpêtrière)*.

Étym. : nom donné à l'ancienne maladrerie de Saint-Germain, du fait de sa configuration (plusieurs petites constructions). Converti en hôpital au milieu du XVIe s., l'établissement aujourd'hui disparu était destiné aux fous et aux vénériens.

PEU adv. « *Être un peu barjo/fou/timbré...* » (XXe), fam. : être mentalement dérangé. La forme *un peu* signifie habituellement « en petite quantité ». Dans le registre de la folie, les locutions de référence peuvent l'employer en ce sens pour « être modérément fou ». Par antiphrase, elles peuvent vouloir dire « être nettement fou ». *Un peu* prend une valeur intensive dans la litote *un peu beaucoup* : « *Il est un peu beaucoup frappé.* » Il en est de même dans certaines tournures du type : « *un peu, qu'il est barjo ce mec !* », « *tu ne serais pas un peu dérangé, non ?* ».

Étym. : XIIe, du latin pop. *paucum*, de *paucus, pauci*.

PFUITT-PFUITT adj. « *Être pfuitt-pfuitt* » (f. XXe), fam. : être fou. L'expression traduit, par figure, la fuite des idées. Elle s'accompagne souvent d'un geste rotatif de la main en regard de la tempe, à l'adresse de la personne désignée comme folle (→ *tempe*). La locution verbale peut être remplacée par un sifflotement à deux tons accompagné du même geste.

Étym. : redoublement de l'onomatopée *pfuitt* exprimant la soudaine disparition.

-PHILE, -PHILIE : suffixes entrant dans la composition de nombreux termes savants, notamment en psychiatrie ou en psychologie où ils revêtent la valeur spéciale de « goût (anormal) pour », « tendance (pathologique) à ». Ex. : ***clinophilie, pédophilie, spasmophilie, toxicophilie, zoophilie***, etc.

Étym. : du grec *philos* « ami ».

-PHOBE, -PHOBIE : seconds éléments de composés savants désignant, soit la peur morbide de l'objet que désigne le premier élément du mot, soit l'aversion déraisonnable. En psychiatrie, les composés formés expriment une dimension pathologique de sévérité variable. Ex. : *agoraphobie*, *claustrophobie*, *dysmorphophobie*, etc.

Étym. : du grec *phobos* « effroi ».

PHOBIE n. f. XIXe, psych. : crainte ou répulsion anxieuse à l'égard d'un objet, d'un être vivant ou d'une situation déterminée ne présentant pas, en eux-mêmes, de danger véritable. La peur morbide de certains animaux (insectes, araignées, chauves-souris, rats...) se désigne par le terme *zoophobie*. Celle des espaces découverts se nomme *agoraphobie*. La *claustrophobie* renvoie à la crainte irraisonnée d'être enfermé dans un lieu clos (pièce, ascenseur...). Ces troubles sont à l'origine de conduites d'évitement invalidant parfois la vie quotidienne du sujet. La *phobie d'impulsion* n'appartient pas à ce registre. Elle représente la peur d'accomplir un passage à l'acte destructeur pour le sujet ou pour autrui. • *Phobique* se rapporte au trouble correspondant. Le syntagme *névrose phobique* correspond à ce que Freud nomme *hystérie d'angoisse*, à propos d'une névrose dont le symptôme central est la *phobie*. Elle s'exprime par la survenue de crises d'angoisse devant l'élément phobogène (→ *panique*), entraînant des attitudes d'évitement ou de réassurance, vis-à-vis de lui : les *conduites phobiques*. *Phobique* est substantivé pour désigner la personne souffrant de ce trouble. « *C'est un grand phobique.* »

Étym. : du grec *phobos*.

PIBLOKTO ou PIBLOKTOQ n. m. (XXe), psych. : folie ou hystérie arctique. Le mot s'applique d'abord au comportement anormal des chiens de traîneau. Par extension, il désigne une crise d'agitation observée chez les Esquimaux à la suite d'une vive émotion. Elle consiste en diverses manifestations spectaculaires (gesticulation et déambulation furieuse, dénudation, bain de neige, imitation de cris d'animaux...).

Étym. : f. XIXe, de l'inuit.

PICHIATRE ou PCHICHIATRE (→ *chichiatre*).

PIERRE n. f. « *Pierre de (la) folie* » (XVIIᵉ) : concrétion cérébrale, jadis supposée être à l'origine des troubles mentaux. Étroitement liées à la localisation intracrânienne de l'esprit et de ses égarements, diverses thérapeutiques chirurgicales sont recommandées au Moyen Âge, notamment dans les cas rebelles aux traitements médicinaux. C'est ainsi qu'après avoir rasé la tête du malade, on conseille d'appliquer un cautère au sommet du crâne, d'inciser la peau en forme de croix et, le cas échéant, de perforer le crâne, pour que « la matière sorte à l'extérieur ». Il est difficile d'apprécier si cette psychochirurgie « optimiste » — allant du simple cautère à la trépanation — est réellement mise en œuvre de manière habituelle. Quoi qu'il en soit, on assiste au développement d'une superstition au cours des XVᵉ et XVIᵉ siècles : la croyance en l'existence, dans le cerveau des fous, d'une *pierre* à laquelle est attribuée le trouble de leur raison. La notion de concrétion cérébrale repose peut-être sur une analogie faite avec la *maladie de la pierre* qui désigne la colique néphrétique (calculs rénaux). Des charlatans proposent à des patients crédules — ou contraints par leurs proches — des « opérations », fort heureusement en partie simulées : le praticien dispose de quelque concrétion calcaire qu'il fait surgir au bon moment du crâne du malade, par un tour de passe-passe. Un tableau de Jérôme Bosch représente la scène d'une de ces prétendues excisions : « *(...) Le charlatan besogne sur un homme assis tandis que l'assistance, médusée, considère une pierre de la taille d'une cerise, exhibée par un témoin, qui provient apparemment du crâne d'un précédent opéré à qui l'on est en train de bander la tête (...)* » (J. Rousselot). Citons encore les tableaux de Jan Sanders Van Hemessen, de Pierre Bruegel dit l'Ancien, traitant de ce thème, ainsi que celui d'un anonyme hollandais (musée du Prado, Madrid) montrant le charlatan exciseur coiffé d'un entonnoir (→ *entonnoir*).

Étym. : XIIᵉ, du latin *petra*.

PIGNE n. f. « *Avoir pris une tuile sur la pigne* » (XXᵉ), fam. : être un peu fou. Le mot désigne la pomme de pin, d'où —

dans l'argot marseillais — la tête, par métaphore et analogie de forme. L'expression est régionale (Midi). Elle exploite au fig. le sémantisme de la commotion cérébrale (→ *coup*). « *Il est jobastre, il a dû recevoir un coup sur la pigne quand il était petit* » (R. Bouvier).

Étym. : XVIe, du provençal *pinha* « pomme de pin », du latin *pinea*, de *pinus*.

PINPIN ou PIMPIN adj. et n. m. « *Celui-ci, il est complètement pinpin* » (XXe), fam. : il est fou. Le mot est très courant dans la région de Toulouse. « *Il est devenu un peu pinpin* », « *on va quand même pas l'envoyer chez les pinpins !* ».

Étym. : d'origine obscure, peut-être formé sur le radical *pimp-* retrouvé dans l'ancien provençal *pimpar* « parer, attifer ». Un emprunt à *perlinpinpin* est également envisageable.

PIN-PON interj. « *Pin-pon, pin-pon !* » (XXe), fam. : au fou ! Par plaisanterie, l'interj. redoublée s'adresse fam. à une personne dont le comportement suggère l'inconscience, le délire, la folie dangereuse et donc qui nécessite une intervention rapide (→ *gyrophare*). L'allusion aux pompiers permet d'évoquer le caractère enflammé de l'atteinte mentale (→ *brûlé*). À rapprocher des expressions fam. « *appelez l'ambulance !* » (→ *ambulance*), « *au fou !* » (→ *fou*), « *lâchez les chiens !* » (→ *lâcher*), « *au secours !* » (→ *secours*).

Étym. : XXe, d'origine onomatopéique, avec influence de *pompier*.

PIQUE n. f. « *C'est bien rentré de picques vertes* » (XVIe) : c'est un discours absurde, hors de propos. L'expression fait référence à la couleur *pique* du jeu de cartes, évoquant la rentrée en main de mauvaises cartes. De l'idée de « mauvaise donne », on passe à celle de digression stérile et inadaptée. La locution est aujourd'hui sortie d'usage.

Étym. : XIVe, du moyen néerlandais *pike* « lance ».

PIQUÉ, ÉE adj. « *Être complètement/un peu piqué* » (f. XIXe), fam. : être mentalement dérangé. L'expression est très répandue dans le registre de la folie. *Piqué* suggère, par métaphore, l'altération du cerveau par la moisissure ou les vers (→ *ver*). On retrouve un thème analogue dans la locution « *n'être pas piqué des vers* » qui signifie d'abord « être excellent » puis, par ironie, « sortir de l'ordinaire », voire « sembler très curieux, bizarre ». « *Celui-là, il n'est vraiment pas piqué des vers !* » Le sémantisme de la piqûre qui rend fou est une autre voie d'interprétation possible de la locution de référence. On dit « *quelle mouche le pique ?* » pour « qu'est-ce qui lui prend ? », en parlant de l'incongruité du comportement de qqn. ou de ses volte-face incompréhensibles. L'expression « *être piqué de la tarentule* » a signifié « être fou » (→ *araignée, tarentule*). La notion de « piqûre au cerveau » est également implicite dans les expressions « *avoir une abeille dans le bonnet* », « *avoir un frelon sous (dans) le képi* », « *avoir un burgaud sous la casquette* », « *avoir un taon en tête* », « *avoir un moustique dans la boîte à sel* ». Enfin, *piqué* s'est employé au sens de « frappé vivement », notamment à propos d'une cloche heurtée d'un seul côté avec le battant. On est alors dans le champ sémantique du coup sur la tête commun à de nombreux autres synonymes : *fêlé, frappé, marteau, sonné* et *timbré*, etc. (→ *coup*). • Le composé *attaché-piqué* se dit en argot asilaire pour « fou à lier » (→ *attaché*). • *Piqûre* figure en bonne place dans le vocabulaire de la déraison, sur le thème ironique de la situation urgente imposant une sédation. « *Avoir besoin d'une (bonne) piqûre (de calmant)* » (→ *calmant*). Variante arg. : *piquouse* ou *piqouze*. « *Faites-lui une bonne piquouse, il ne se tient plus !* »

Étym. : av. f. XVIIᵉ, p. p. du v. *piquer* (XIVᵉ), issu du latin pop. *pikkare*.

PISSER v. « *Qui chante à table, qui pisse au lit, signe de folie !* » (XXᵉ), fam. : donner des signes de perte de l'entendement. Sans doute plus ancienne, l'expression est d'origine bretonne. Si chanter à tout propos ou à tue-tête peut évoquer le dérangement mental (→ *chanter*), l'incontinence urinaire à l'âge adulte signale, quant à elle, la régression ou la perte totale du contrôle de soi. • *Pissette* a désigné — chez les soignants de psychiatrie — l'action de verser des gouttes (de neuroleptique) dans le verre du malade, non au moyen du doseur prévu à cet effet, mais à l'aide d'un flacon de plastique souple que l'on presse pour faire couler le liquide. La dose était ainsi administrée de manière excessive, « au juger », non conforme à la quantité prescrite (→ *goutte*). En procède l'argotisme asilaire obsolète « *être bon pour la pissette* » pour « avoir besoin d'être calmé ». Le mode d'administration thérapeutique dit « de la pissette » est, fort heureusement, considéré comme rédhibitoire par la très grande majorité des soignants.

Étym. : XIIe, du latin *pissiare*.

PITHIATISME n. m. (déb. XXe, J. Babinski), psych. : terme regroupant certains troubles sans support organique susceptibles d'être traités par la persuasion. Le concept de *pithiatisme* reposait sur le caractère « simulé » de la pathologie dite *hystérique*, doctrine qui n'a pas résisté à la psychanalyse (→ *hystérie*). • *Pithiatique* s'est dit du trouble ou du patient concerné. Le terme vieilli est parfois employé à tort comme synonyme péj. de *hystérique*. « *Tous ces pithiatiques encombrent les hôpitaux avec leurs maux imaginaires.* »

Étym. : formé du radical grec *pith-* (de *peithein* « persuader »), et de *iatos* « guérissable ».

PLACER v. « *Il s'est fait placer* » (XXe), fam. : il a été interné. En relation avec *placement*, le verbe s'applique ici à l'action de mettre qqn en institution psychiatrique. • *Placement* figure dans les syntagmes *placement d'office* et *placement volontaire*. Selon la loi du 30 juin 1838 (appliquée jusqu'en juin 1990), le *placement d'office* *(P.O.)* désigne l'internement d'un malade mental dangereux pour lui-même ou pour les autres, à la demande de l'autorité publique (maire, commissaire de police). La loi du 27 juin 1990 a remplacé le terme par celui d'*hospitalisation d'office* *(H.O.)*. Le *placement volontaire (P.V.)* est un internement effectué à la demande de l'entourage. Depuis juin 1990, cette mesure s'appelle *hospitalisation à la demande d'un tiers (H.D.T.)*. Elle nécessite la rédaction non plus d'un seul, mais de deux certificats médicaux circonstanciés et concordants, établis par deux médecins différents. Par extension, *placement libre (P.L.)* se dit d'une hospitalisation faite avec l'accord du malade (→ *internement*).

Étym. : XVIe, déverbal de *place* (XIe), d'un latin pop., lui-même emprunté au grec *plateia*.

PLAFOND n. m. « *Avoir une araignée/un hanneton/des trichines au (dans le) plafond* » (XIXe), arg. puis fam. : être un peu fou (→ *araignée, hanneton, trichine*). Le mot désigne la tête par métaphore (→ *tête*). L'expression « *être bas de plafond* » s'est dit, par figure, pour « être stupide, abruti ». « *Se crever/se défoncer/se faire sauter le plafond* » s'emploient en argot au sens de « se suicider d'un coup de feu dans la tête ». *Plafond* est à l'origine des dérivés arg. *plafonnard, plafonnier*. « *Avoir une lézarde au plafonnier* » signifie « être mentalement dérangé ». À rapprocher de « *être lézardé du minaret* » (→ *lézarde*). • *Plafonner* — avec sa valeur fig. courante d'« atteindre un plafond » — est employé par les malades mentaux à propos de certains effets secondaires des neuroleptiques. Il s'agit de contractions des muscles de l'œil entraînant une élévation forcée du regard : « *Docteur, je plafonne, il me faut un correcteur !* » (→ *correcteur*). Le verbe s'emploie également au sens d'atteindre son maximum, ne plus progresser. L'idée d'immobilisation des facultés mentales est exploitée dans la locution arg. « *plafonner du neutron* » qui signifie « être un peu fou » (→ *neutron*). • De *plafonner* est issu le v. préfixé *déplafonner*, dont le p. p. appartient au vocabulaire de la folie (→ *déplafonné*).

Étym. : m. XVIe, de *plat* et *fond*, proprement « fond plat ».

PLAINE n. f. « *Battre la plaine* » (XVIIIe) : délirer, divaguer. L'expression est une variante de « *battre la campagne* » (→ *battre, campagne*). Elle est aujourd'hui sortie d'usage.

Étym. : XIIe, du latin *plana* (*planus* « plat, uni »).

PLANÈTE n. f. « *Être sur une autre planète* » (XXᵉ), fam. : être hors de la réalité. Variante : « *être tombé d'une autre planète* ». Ces locutions exploitent le sémantisme du détachement terrestre de l'esprit, thème qui ne renvoie d'ailleurs pas nécessairement à la folie (→ *ailleurs*). On trouve aussi « *être dans le cosmos* », « *ne pas/ne plus avoir les pieds sur terre* », etc.

Étym. : XIIᵉ, du latin *planeta*, lui-même du grec *planêtes*, pl. de *planês, -êtos* (de *planasthai* « errer çà et là »).

PLAQUE n. f. « *Être (complètement) à côté de la plaque* » (m. XXᵉ), fam. : être en dehors de la réalité ou à côté de la question, de la situation. Le mot désigne ici une cible de tir, en argot militaire. L'expression signifie d'abord « ne pas atteindre son objectif » au propre et au fig. : « *(...) le Général de Gaulle l'a diffusée en déclarant "j'ai mis à côté de la plaque", après son discours du 24 mai 1968 qui n'avait pas produit l'effet escompté (...)* » (A. Rey). Elle est aujourd'hui très courante au sens de « hors sujet » et s'emploie dans le registre de la folie pour traduire le décalage mental. Elle est souvent comprise comme une variante concurrente de « *être à côté de ses baskets/de ses lattes/de ses pompes* » (→ *côté*). « *Il ne sait plus ce qu'il fait, il a l'air complètement à côté de la plaque.* »

Étym. : XVᵉ, déverbal de *plaquer*, du moyen néerlandais *placken*.

PLOMB n. m. « *Craquer/fondre/péter/sauter un/les plomb(s)* » (XXᵉ), fam. : devenir fou. La métaphore est celle du court-circuit cérébral, le cerveau étant assimilé à une centrale électrique. ***Plomb*** s'emploie le plus souvent au pluriel. Il représente l'ellipse de ***plomb de sûreté*** ou ***plomb fusible***. Les locutions de référence font toutes allusion à la fonte de ce dispositif de sécurité électrique. Les variantes utilisant le terme *fusible* sont également courantes dans le registre de la folie. De ces expressions, procèdent ellipt. les adj. *pété, fondu, sauté* au sens de « fou » (→ *disjoncter*). « *Avoir un plomb de sauté dans le bureau du directeur* » constitue une forme fam. particulièrement expressive (→ *bureau*). L'argotisme « *se faire sauter les plombs* » signifie

« s'enivrer », « se droguer » ou « se suicider ». • *Plombé* s'est dit en argot du siècle dernier d'une personne syphilitique ou d'un individu mentalement dérangé. Cette dernière acception est peut-être liée aux manifestations neuro-psychiques de la *paralysie générale*, compliquant l'évolution d'une syphilis (→ *nase, nazebroque, paralysie, pégé*). À moins qu'il ne s'agisse du sémantisme de la commotion cérébrale, l'argotisme *plombé* ayant également signifié « frappé », « sonné » par un coup (→ *frappé, sonné*). • Le p. p. adj. préfixé *déplombé* qualifie également une personne un peu folle (→ *déplombé*).

Étym. : XIIe, du latin *plumbum*.

POMPE n. f. « *Être/marcher à côté de ses pompes* » (XIXe), fam. : être dans un état anormal, d'inadaptation complète. Le mot désigne en argot une chaussure, par allusion au bruit de succion fait lors de la marche sur un sol mouillé, avec des souliers dont la semelle est en mauvais état. Les locutions « *marcher à côté de ses pompes* » puis « *être à côté de ses pompes* » signifient « être troublé, égaré », avec l'idée de décalage, de mise hors de soi par rapport à ses propres marques (→ *hors, marcher*). Variantes : « *être/marcher à côté de ses baskets* », « *être/marcher à côté de ses lattes* » (→ *latte*), « *pédaler à côté de son vélo* » (→ *pédaler*). La compréhension pop. de ces expressions les rapproche de « *être à côté de la plaque* » qui procède à l'origine d'un sémantisme différent (→ *plaque*).

Étym. : m. XVe, probablement d'un mot néerlandais, d'origine onomatopéique.

PONTOISE n. pr. « *(Avoir l'air de) revenir/venir de Pontoise* » (XIXe), fam. : avoir l'air ahuri, confus ou troublé. L'expression ironique est d'origine parisienne. Elle s'applique d'abord à une personne qui semble niaise puis, par extension, qui est considérée comme mentalement dérangée. Comme dans le cas de *Chaillot*, elle exploite le thème du lieu éloigné, perdu (pour les Parisiens), peut-être sous l'influence de *toise*, « longueur », mot interprété par dérision au sens de « grande distance ».

Étym. : chef-lieu du Val-d'Oise, situé à 27 km au Nord-Ouest de Paris.

POP-CORN n. m. « *Pédaler dans le pop-corn* » (XXe), fam. : déraisonner. L'expression est une variante de « *pédaler dans la choucroute/la semoule/le yaourt...* » (→ *pédaler*). Par métaphore, elle figure l'inefficacité et la légèreté de la pensée, tandis que l'image de grains de maïs éclatant et sautant brusquement sous l'effet de la chaleur, ajoute une note fantasque plaisante à la représentation.

Étym. : f. XIXe, de l'anglo-américain *popcorn* repris en français pour désigner la friandise (sucrée ou salée) faite à partir de grains de maïs éclatés.

PORTER v. « *Ça lui porte au cerveau/à la cervelle/à la tête* » (XVIIIe) : il est mentalement perturbé par l'ivresse ou la folie. Le verbe évoque l'effet à distance produit sur l'esprit par quelque substance perturbatrice (humeur, vapeur) se répandant dans l'organisme (→ *humeur, transport, vapeur*). L'expression suggère également la notion de coup assené sur le crâne (→ *coup*). On dit aussi « *ça lui porte à la cafetière/à la casquette/au ciboulot/au cigare/au citron...* ».

Étym. : X^e, du latin *portare*.

POSSÉDER v. « *Ne pas/ne plus se posséder* » (m. XVIIe) : perdre la raison. L'expression équivaut à « *être aliéné* » au sens de « devenir étranger à soi-même » (→ *aliéné*). La forme pronominale « *se posséder* » signifie « rester maître de soi », « pouvoir se contenir », c'est-à-dire « jouir de toutes ses facultés » (→ *jouir*). *Posséder* avec la valeur de « détenir » mène à l'expression « *ne plus posséder toutes ses facultés (mentales)* » (→ *faculté*). • *Possédé* exprime d'abord l'emprise démoniaque dans le domaine religieux. Par extension, il se dit d'une personne victime d'une puissance occulte, surnaturelle (→ *ensorcelé*). La notion de « soumission à une force irrépressible » est exploitée, par figure, à propos d'une idée, d'un sentiment accaparant totalement l'esprit. *Possédé* désigne ainsi une personne violente ayant perdu la raison : « *crier/hurler/s'agiter... comme un possédé* ». • *Possession* appartient à l'origine au vocabulaire ecclésiastique, en parlant de la domination de qqn par les forces du Mal (→ *démonomanie*). En psychiatrie, « *avoir/faire un délire de possession* » signifie « avoir la conviction d'être habité par une force étrangère, surnaturelle et néfaste ». Ce thème s'observe dans deux grandes catégories de troubles psychiques : d'une part, dans les manifestations délirantes de la *mélancolie* (→ *lypémanie*) ou d'autres *psychoses* (→ *automatisme, influence*) et, d'autre part, dans l'*hystérie* lorsqu'elle s'exprime par des manifestations pseudo-mystiques (→ *mysticisme*). Dans le langage usuel, *possession* — au sens d'action de posséder — s'emploie couramment dans les expressions « *ne plus être en possession de toutes ses facultés/de tous ses moyens* ».

Étym. : XIIe *(purseider)*, du latin *possidere*.

POSTCURE n. f. « *Être suivi en postcure* » (XXe) : être traité pour troubles psychiques. Le mot désigne spécialement la période qui suit une hospitalisation en psychiatrie et, par extension, toutes les modalités de prise en charge extra-hospitalières destinées à poursuivre les soins et à éviter la rechute (dispensaire, foyer de réadaptation...). La notion même de *postcure* implique l'existence de troubles mentaux chroniques (psychose, alcoolisme, etc.).

Étym. : m. XXe, de *post-* « après » (du latin *post)*, et de *cure* (du latin *cura* « soin, traitement »).

POT n. m. « *Barjoter/délirer plein pot* » (XXe), fam. : être complètement fou (→ *barjo, délire*). Le mot est l'ellipse de *pot d'échappement*, tiré du vocabulaire de l'automobile. La locution « *plein pot* » s'applique à la conduite à pleine puissance d'un véhicule, c'est-à-dire à l'accélération, comme dans « *plein gaz* ». Par extension fig., elle signifie « beaucoup, énormément » et sert à qualifier, en l'occurrence, l'intensité des troubles de l'esprit. Synonyme : « *à plein tube* » (→ *tube*).

Étym. : XIIe, probablement d'un radical *pott-*.

POULIE n. f. « *Être poulie contre poulie* » (XXᵉ), arg. : être complètement fou. L'expression est issue de la marine où elle signifie littéralement « tirer le cordage d'un palan jusqu'au blocage de ses deux poulies ». La métaphore est celle de la surtension cérébrale paralysant toute activité mentale. Elle signale ainsi le dépassement des limites psychiques. Dans une perspective « mécanique », elle exprime également l'idée d'une transmission inefficiente, d'une friction intempestive des rouages mentaux. La locution arg. concurrente « *avoir le cerveau qui fait la poulie folle* » renvoie, par figure, à l'image d'une pensée tournant à vide. À rapprocher de « *péter la crémaillère* » (→ *crémaillère*).

Étym. : XIIᵉ, du latin *polidium*, lui-même du grec *polidion*, dérivé de *polos* « pivot ».

PREMIÈRE adj. « *C'est un allumé/barjo/fou... de première* » (XXᵉ), fam. : il est complètement fou. L'expression « *de première* » est la forme elliptique de « *de première distinction* », marquant ici l'importance, l'intensité, avec une valeur ironique ou péj.

Étym. : XIᵉ, du latin *primarius*, dérivé de *primus*.

PRENDRE v. « *Se prendre pour Jules César/Napoléon/ l'Empereur d'Autriche...* » (XIXᵉ), fam. : s'imaginer être qqn d'autre, en l'occurrence un personnage illustre. Ces locutions exploitent pop. le thème du *délire d'imagination*, interprété comme une conviction erronée et particulièrement farfelue. « *Se prendre pour...* » constitue d'ailleurs le ressort comique de nombreuses *histoires de fous* (→ *histoire*), qu'il s'agisse d'un personnage célèbre (Jules César, Napoléon...), d'un animal considéré comme grotesque ou idiot (poule...) ou d'un objet insolite (brosse à dents...). Les représentations picturales ou graphiques d'une confusion aussi essentielle de l'esprit sont fréquentes. Citons, par exemple, *La Maison des fous* de Francisco Goya (Academia San Fernando, Madrid) où, parmi différents « types » de fous, on peut observer un homme muni de deux cornes se prenant pour un taureau, d'autres coiffés de couronne, etc. « *(...) S'ils ont écrit de politique, c'était* *comme pour régler un hôpital de fous, et s'ils ont fait semblant d'en parler comme d'une grande chose, c'est qu'ils savaient que les fous à qui ils parlaient, pensaient être rois et empereurs (...) »* (Pascal). Par ailleurs, l'expression « *qu'est-ce qui lui prend ?* » marque l'étonnement devant un comportement bizarre, absurde, une réaction imprévue. On dit aussi « *ça te prend souvent ?* » à l'adresse de qqn qui parle ou agit de manière déraisonnable (→ *reprendre*).

Étym. : IXe, du latin *praehendere*.

PRODUCTIF, IVE adj. « *Un délire productif* », « *une psychose productive* » (XXe), psych. : activité mentale pathologique intense (délire, hallucinations...). En psychiatrie, on distingue classiquement deux grandes variétés de *psychoses* : l'une *déficitaire*, l'autre *productive* (→ *déficitaire, fécond*). Cette distinction « *(...) ne correspond pas toujours à la réalité : les aspects cliniques des psychoses chroniques sont nombreux. Bien des schizophrènes sont à la fois déficitaires et productifs, ils ont perdu leur vivacité intellectuelle et affective, tout en développant les potentialités imaginatives et déductives qui conduisent au délire (...) »* (J.-P. Olié, C. Spadone).

Étym. : m. XVe, dérivé savant du latin *producere*.

PSY adj. et n. « *Un patient psy* », « *être complètement psy* », « *être psy quelque chose* » (XXe), fam. : ellipses de « psychiquement atteint, malade ». Le mot est une abréviation courante qui s'emploie comme adj. pour « psychologique », « psychique » et, comme nom commun, en parlant fam. des sciences psychologiques (psychologie, psychiatrie) ainsi que des professions correspondantes, surtout à visée thérapeutique (psychiatre, psychologue, psychothérapeute). Ainsi, à propos du champ d'étude considéré, on dit *la psy*, tandis que les praticiens et thérapeutes se nomment indifféremment *les psy*. « *Être envoyé en psy* » signifie « être adressé à une institution psychiatrique ». « *Aller chez/voir son psy* », c'est « se rendre chez son thérapeute ». « *Prendre un psy* », « se décider à consulter le professionnel correspondant ». « *Se prendre pour un psy* », « *faire le psy* » se dit pour « tout analyser ». « *Parles-en à ton psy !* » est une formule ironique destinée à mettre en exergue la dépendance supposée, l'assujettissement d'une personne à son thérapeute. Les expressions « *moins on voit les psy, mieux on se porte* », « *quand on commence à avoir affaire à la psy, mauvais temps !* » illustrent le rejet ou l'inquiétude que suscite la psychiatrie.

Étym. : xxe, d'après l'anglo-américain *psy*, abrègement de *psycho*.

PSYCH(O)- : premier élément entrant dans la composition de nombreux mots mythologiques ou scientifiques.

Étym. : du grec *psukh(o)-*, lui-même de *psukhê* « souffle ».

PSYCHANALYSE n. f. « *Avoir besoin d'une bonne (psych)analyse* » (xxe), fam. : être perturbé, relever de la psychanalyse. Le mot est d'abord didactique. Il désigne la méthode de traitement et la théorie élaborées par S. Freud, fondées sur l'investigation des processus psychiques inconscients, au moyen de la parole, dans un dispositif particulier. Le langage courant en fait, à tort, un synonyme de *traitement psy* — souvent avec dérision — confondant toutes les techniques de prise en charge en un même vocable à connotation péj., « *la psy* » (→ *psy*). • *Psychanalytique*, relatif à la psychanalyse, s'emploie notamment dans le syntagme *cure psychanalytique* (→ *cure*). • *Psychanalyste*, d'abord *psycho-analyste*, désigne le professionnel correspondant. « *Aller chez/voir son psychanalyste.* » • *Psychanalyser* lui correspond. « *Être bon à se faire psychanalyser* » s'emploie fam. et péj. pour « être mentalement dérangé », « relever d'un traitement psy ». Dans l'usage courant (surtout oral), tous les mots de cette série sont concurrencés par une forme simple sans *psych-* : *analyse, analytique, analyste, analyser.*

Étym. : f. xixe, contraction de *psycho-analyse*, puis *psychoanalyse* (déb. xxe). De l'all. *Psychoanalyse*, formé par Sigmund Freud à partir de l'élément *psycho-* et de *Analyse* (du grec *analusis*).

PSYCHASTHÉNIE n. f. (f. XIXe, Janet), psych. : névrose caractérisée par un état anxio-dépressif chronique, avec inhibition, doute permanent, sentiments d'étrangeté du monde extérieur et de sa propre personne, ruminations et obsessions. Le terme exprime la notion d'abaissement de la *tension psychologique* considérée par Janet comme nécessaire à la vie psychique (décision, résolution volontaire, croyance et attention). Avec l'avènement de la psychanalyse, le mot et son concept sont sortis d'usage, au profit de *névrose obsessionnelle* (→ *obsessionnel*). • *Psychasthénique* et son dérivé *psychasthène* — également substantivé — ont été employés à propos du trouble correspondant. *Psychasthène* demeure actif en parlant de certains sujets obsessionnels et abouliques. « *C'est un grand psychasthène.* »

Étym. : de *psych-* et de *-asthénie* « sans force ».

PSYCHÉDÉLIQUE adj. (XXe) : qualifie une expérience de prise de drogues hallucinogènes. Le mot signifie proprement « qui rend l'âme visible ». Il se répand dans les années soixante, en parlant du L.S.D., de la mescaline... et de leurs effets : l'*expérience psychédélique*, une *drogue psychédélique*. Par extension, le mot se dit de musiques « délirantes » ou de couleurs kaléidoscopiques rappelant les effets des hallucinogènes. La notion d'éclatement, de morcellement psychiques conduit à l'usage d'expressions fam. Ainsi, « *ce mec est complètement psychédélique* » s'emploie d'un individu ayant une pensée ou un comportement d'apparence décousue, fantasque.

Étym. : XXe, de l'anglais *psychedelic*, mot formé à partir du grec *psukhê* (→ *psych-*) et de *dêlos* « visible, manifeste ».

PSYCHIATRE n. « *Les psychiatres sont plus fous que leurs malades* » (XXe), fam. : ceux qui s'occupent des fous sont encore plus fous. Cette formule ironique courante résume, à elle seule, l'aversion pop. pour la psychiatrie et ses représentants. Elle illustre aussi l'idée fausse selon laquelle la folie se transmettrait comme une maladie contagieuse ou par mimétisme : « *À force de travailler avec des fous, on* *devient fou soi-même.* » Le mot désigne le médecin spécialiste des maladies mentales, appelé autrefois *médecin des fous/des aliénés* ou *aliéniste* (→ *aliéner*). Il est considéré comme très « marqué » : l'opinion publique pense que le *psychiatre* ne soigne que les fous. Le syntagme *médecin psychiatre* représente un pléonasme souvent employé dans le langage usuel. • *Neuropsychiatre* désigne le praticien diplômé avant 1968, la *neurologie* et la *psychiatrie* ayant appartenu jusqu'à cette date à la même spécialité. Le public a souvent recours à ce terme, perçu comme moins péj. du fait de la présence du radical *neuro-* : se faire soigner pour une « maladie des nerfs » est, en effet, jugé moins infamant (→ *neuropsychiatre*). • Un *pédopsychiatre* est un psychiatre spécialisé dans la prise en charge des enfants et des adolescents. • Le terme *ethnopsychiatre* s'applique au psychiatre qui étudie les composantes ethnologiques et culturelles de la psychiatrie. • Le néologisme *chimiatre* — formé d'après *chimie* — s'emploie péj. à propos d'un psychiatre considéré comme un prescripteur excessif de médicaments psychotropes (→ *chimiatre*).

Étym. : XIXe, formé de l'élément *psych-* et de *-iatre*, du grec *iatros* « médecin ».

PSYCHIATRIE n. f. « *Être bon pour la psychiatrie* » (XXe), fam., péj. : être fou. Le mot désigne la spécialité médicale consacrée à la prévention, à l'étude et au traitement des maladies mentales, appelée *médecine aliéniste* au siècle dernier. Cette branche particulière de la médecine apparaît en tant que telle à la fin du siècle des Lumières. Son champ est d'abord délimité par les sujets dont elle s'occupe, les *fous*, qui ont en commun de se distinguer au point de ne plus être tolérés par le groupe social (→ *enfermer*). La *médecine aliéniste* vise à placer de tels sujets dans une institution spécifique, l'*asile*, pour les *observer*, les *classer* en fonction de leurs troubles et tenter de les *traiter*. Le *fou* est devenu l'« objet » de l'approche médicale. Tantôt attirée par l'évolution des sciences et des techniques dont bénéficie le reste de la médecine, tantôt retranchée dans une position à part, voire engagée dans des contradictions et conflits internes, la *psychiatrie* est souvent oscillante au cours du XXᵉ siècle. Elle doit prendre en considération trois aspects essentiels : la complexité des troubles psychiques en eux-mêmes, les limites de son champ d'application en regard d'autres domaines et le rôle que la société entend lui donner. Actuellement, la *psychiatrie* repose sur trois grands modèles explicatifs des maladies mentales : le modèle *psychanalytique*, le modèle *neurobiologique* et le modèle *psychosociologique*. Ceux-ci sont à l'origine de traitements spécifiques pouvant éventuellement associer plusieurs modalités thérapeutiques (psychanalyse, psychothérapie, chimiothérapie, thérapie cognitivo-comportementale, familiale...). L'image publique de la *psychiatrie* reste marquée par les réalités ou fantasmes *asilaires* (enfermement, camisole chimique...) et la peur de la folie. Depuis les années quatre-vingt, on assiste cependant à une plus grande diffusion du concept de « souffrance psychique » au sein de la population. • L'adj. *psychiatrique* s'applique couramment à tout ce qui est relatif à la psychiatrie. • Le v. **psychiatriser** est d'emploi souvent péj., en relation avec ***dépsychiatriser*** qui renvoie aux modalités de prise en charge alternatives à l'hospitalisation. • Les dérivés ***ethnopsychiatrie***, ***neuropsychiatrie*** et ***pédopsychiatrie*** correspondent à *ethnopsychiatre, neuropsychiatre* et *pédopsychiatre* (→ *psychiatre*). • **Antipsychiatrie** se rapporte à un courant développé dans les années soixante-dix contestant la psychiatrie traditionnelle (→ *antipsychiatrie*).

Étym. : XIXᵉ, peut-être emprunté à l'allemand *Psychiatrie*, d'abord *psychiaterie*, du grec *psukhê* (→ *psych-*) et *iatreia* « médecine ».

PSYCHIQUE adj. « *Il est bloqué, c'est psychique !* » (XXᵉ), fam., péj. : son trouble est une vue de l'esprit, il ne correspond à rien de réel. Le mot s'applique à ce qui concerne l'esprit, la pensée : *le psychique, l'état psychique*. Dans le langage courant, il revêt souvent une connotation péj., s'employant à propos de maux physiques considérés comme imaginaires parce que « relevant de la tête » *(« c'est psychique ! »)*. • **Psychisme** désigne didact. et couramment l'ensemble des phénomènes psychiques. « *Avoir le psychisme fragile...* »

Étym. : m. XVIe, du latin *psychicus*, lui-même du grec *psukhikos*, dérivé de *psukhê* « âme ».

PSYCHOCHIRURGIE   (→ *lobotomie*).

PSYCHODYSLEPTIQUE   adj. et n. m.   (m. XXe), psych. : qui perturbe l'activité mentale, induisant des troubles rappelant ceux des psychoses. Le mot s'applique à certaines drogues provoquant des effets hallucinogènes ou onirogènes (L.S.D., peyotl, mescaline...).

Étym. : XXe, des éléments *psycho-*, *dys-* (du grec *dus* « difficulté ») et *-leptique* (du grec *lêptikos* « qui prend »).

PSYCHOLOGUE   n. et adj. « *Avoir (bien) besoin d'aller voir un psychologue* » (XXe), fam. : relever de soins psychiques. Le mot se dit d'abord de toute personne ayant une certaine connaissance de l'âme humaine *(« être fin psychologue »).* En relation avec *psychologie*, terme qui a développé le sens moderne d'« étude scientifique des phénomènes de l'esprit, de la pensée, de la vie mentale », le mot désigne le professionnel (non médecin) qui exerce cette spécialité des sciences humaines : « *un psychologue* ». • L'abrègement *psycho*, d'usage fam., est très répandu. « *Faire psycho* », « *avoir une licence de psycho* ». « *Le psycho m'a fait passer des tests.* » Dans le langage courant, on confond souvent *psychologue* et *psychiatre* sous l'appellation générique de *psy* (→ *psy*). Moins marqué par la maladie mentale, le terme est employé fréquemment, par euphémisme et à tort, pour « psychiatre ». • *Psychologiser*, v. dérivé de *psychologie*, reste vivant au p. prés. : *psychologisant* est parfois d'emploi péj. en milieu psychiatrique.

Étym. : XVIIIe, du latin, lui-même du grec *psukho-* et *logos* « science ».

PSYCHOPATHIE   n. f.   (XXe), psych. : personnalité pathologique située hors de la névrose et de la psychose, marquée par des troubles du caractère et du comportement rendant l'adaptation au milieu difficile, voire inadaptée. La *psychopathie* est caractérisée par l'impulsivité, l'instabilité, l'intolérance aux frustrations. La propension aux passages à l'acte et aux conduites antisociales, sans culpabilité, est responsable de déviances relevant de la justice (viol, rixe...). Le terme a ainsi en psychiatrie un sens spécial que n'exprime pas l'étymon. On dit aussi *déséquilibre psychique*, *personnalité psychopathique* ou *personnalité antisociale* (→ *déséquilibre*). Ces termes remplacent ceux de *folie morale*, de *dégénérescence-déséquilibre* et de *perversion instinctive* employés au XIXe siècle, connotés de manière très négative (→ *dégénérescence, morale*). • *Psychopathe*, également substantivé, s'emploie pour *déséquilibré*. Dans le langage courant, le mot est interprété littéralement d'après l'étymon : on l'emploie pour « malade mental » : « *un tueur psychopathe* », « *c'est un vrai psychopathe* ». En psychiatrie, le mot est didactique et s'applique à un patient présentant une *personnalité psychopathique*.

Étym. : XIXe, de *psycho-* et *-pathie*, du grec *-patheia, -pathês* (de *pathos* « ce qu'on éprouve »).

PSYCHORIGIDITÉ n. f. (XXe), psych. : trait de caractère paranoïaque qui se manifeste par une absence de souplesse mentale entraînant un entêtement inébranlable. • L'adj. *psychorigide* est assez courant. « *Une personnalité psychorigide* » (→ *paranoïa*).

Étym. : XXe, de *psycho-* et *rigidité*, du latin *rigiditas, -atis* « raideur, inflexibilité ».

PSYCHOSE n. f. (XXe), psych. : terme générique désignant des maladies mentales qui atteignent l'ensemble de la personnalité, bouleversent le rapport à la réalité et dont les modalités d'expression ne sont pas reconnues — le plus souvent — comme morbides par les sujets qui en souffrent. Le terme est didactique, correspondant à l'all. *Psychosis*, introduit au siècle dernier à propos d'une *maladie de l'esprit* en général. Il remplace le mot *vésanie* et devient, en psychiatrie, synonyme de *folie*, d'*aliénation mentale*. Le concept de *psychose* se distingue de celui de *névrose* à partir des travaux de S. Freud (→ *névrose*). Aujourd'hui, le terme s'applique à un ensemble hétérogène de manifestations pathologiques dont le *délire* peut être l'expression et le témoin (→ *délire*). On le qualifie pour préciser son mode d'évolution, sa cause ou la nature des troubles : *psychose délirante aiguë, psychose réactionnelle, psychose chronique, psychose hallucinatoire chronique, psychose maniaco-dépressive, psychose infantile, psychose post-traumatique, psychose puerpérale...* Toute *psychose* se caractérise par la gravité des symptômes, les difficultés ou l'incapacité d'adaptation sociale, la perturbation de la faculté de communication et du lien interhumain, l'absence de conscience de l'état pathologique, la perte du contact avec la réalité et la tendance au repli sur soi. La genèse de tels troubles demeure aujourd'hui obscure. Diverses approches tentent d'en identifier les fondements ou les mécanismes, selon des voies complémentaires (biologie, psychopathologie, psychanalyse...). Curieusement, dans le langage usuel, *psychose* ne revêt souvent pas la notion de *folie*. Le terme se dit couramment d'une obsession collective *(psychose collective)* ou d'une peur irraisonnée *(la psychose de la guerre/de l'attentat...)*. • De ces sens communs procède le verbe récent *psychoter* ou *psycoter* (argot scolaire) qui signifie « avoir une idée fixe ». • *Psychosé* est d'emploi assez rare. • *Psychotique* s'est d'abord employé au sens restrictif de « qui a rapport à la psychose ». « *Un état psychotique.* » Il s'utilise également aujourd'hui pour qualifier et désigner un malade atteint de psychose : « *un patient psychotique* », « *un psychotique* ». Le mot est passé dans l'usage courant avec la valeur hyperbolique de « choquant, bizarre » : « *C'est franchement psychotique !* » • Il en est de même du dérivé *psychotisant* : « *C'est complètement psychotisant !* » • *Prépsychotique* qualifie certains troubles présentés par un enfant, dont on pense qu'ils peuvent évoluer vers une psychose à l'adolescence ou l'âge adulte. Le mot désigne également le sujet. « *Un enfant prépsychotique* », « *des troubles prépsychotiques* », « *un prépsychotique* ».

Étym. : m. XIXe (E. Feuchtersleben), de l'allemand *Psychosis*, lui-même formé du grec *psukhê* et *-osis* (d'après *neurôsis* → *névrose*).

PSYCHOSOMATIQUE   adj. et n. f. « *C'est psychosomatique !* » (XXe), fam. : d'origine psychique, en parlant de troubles physiques. Le mot est didact. Il se dit de ce qui concerne à la fois le corps et l'esprit, notamment au sujet de troubles organiques ou fonctionnels liés à des facteurs psychiques (émotionnels et affectifs). De tels troubles — considérés comme des *somatisations* — sont aujourd'hui distingués des phénomènes de *conversion hystérique* (→ *conversion*). Leur étude et leur traitement appartiennent à la *médecine psychosomatique*. **Psychosomatique** s'est répandu dans l'usage courant, mais souvent avec une connotation péj. à propos de maux physiques dont l'origine (psychique) est interprétée comme imaginaire (→ *psychique*).

Étym. : XXe, de *psycho-* et *somatique* (du grec *sômatikos* « corporel », dérivé de *sôma* « corps »).

PSYCHOTHÉRAPIE   n. f. « *Avoir besoin d'une (bonne) psychothérapie* » (XXe), fam. : relever de soins psychiques. Le mot est d'abord didactique. Il s'applique à toute technique de traitement psychologique d'un trouble mental, d'une souffrance psychique... Il existe différentes méthodes, s'appuyant sur des modèles théoriques divers dont la *psychanalyse (psychothérapie d'inspiration analytique)*. On distingue notamment les *psychothérapies individuelles, de groupe* ou *familiales*, les *psychothérapies directives, semi-directives* ou *non directives*. La *psychothérapie* dite *de soutien* est en général une technique directive, faisant appel à la suggestion, à la persuasion, au raisonnement. Les *psychothérapies comportementales* et *cognitives* reposent sur des techniques de déconditionnement, de désensibilisation. Les *thérapies corporelles* (relaxation, gestalt-thérapie, bio-feedback...) ont recours à la médiation du corps. **Psychothérapie** est couramment abrégé en *thérapie*, comme *thérapeute* qui désigne l'opérateur *(psychothérapeute)*.

Étym. : f. XIXe, de *psycho-* et *thérapie* (du grec *therapeia* « soin »).

PSYCHOTROPE n. m. (m. XXe, J. Delay), psych. : substance agissant sur l'activité mentale. On distingue classiquement les médicaments *psycholeptiques* (hypnotiques, tranquillisants mineurs, neuroleptiques, thymorégulateurs), les médicaments *psycho-analeptiques* (stimulants, antidépresseurs) et les substances *psychodysleptiques* (hallucinogènes, stupéfiants, alcool...), ces dernières n'étant pas employées à des fins thérapeutiques. La seconde moitié du XXe siècle connaît un développement considérable de la *psychopharmacologie* rendant caducs la plupart des *traitements de choc* employés jusque-là en psychiatrie (→ *choc*). L'efficacité des *neuroleptiques* sur les troubles psychotiques, des *anxiolytiques* sur l'angoisse, des *antidépresseurs* et *thymorégulateurs* sur les syndromes anxio-dépressifs et les dépressions récurrentes, ont contribué à l'amélioration spectaculaire des modalités de traitement. Cet aspect est source d'attitudes contrastées dans l'opinion publique : certains l'admettent, d'autres dénoncent la mise sous *camisole chimique* qui annihile la volonté de l'individu ; d'autres enfin parlent de « faiblesse » à propos de ceux qui auraient recours aux *drogues* à la moindre contrariété. Des positions extrêmes défendues par certains détracteurs ou thuriféraires sont exagérées et simplistes. D'un point de vue psychiatrique, les acquis psychopharmacologiques représentent un progrès indéniable dans le traitement des maladies mentales et des troubles psychiques.

Étym. : de *psycho-* et *-trope* (du grec *tropos* « tour, direction »).

PUCE n. f. « *Déconner de la puce* », « *avoir la puce déconnante* » (f. XXe), fam. : déraisonner. Le mot fait référence à la tablette de silicium de quelques millimètres carrés utilisée en électronique et en informatique (microprocesseur). La métaphore est celle du dysfonctionnement de l'informatique cérébrale, le cerveau étant envisagé comme un ordinateur. Après l'électricité (→ *disjoncter*), le champ de l'informatique commence à être exploité dans le registre de la folie, donnant naissance à une nouvelle génération de locutions. Citons par exemple : « *avoir les données compilées* », « *avoir mangé la carte centrale* », « *avoir perdu la souris* », « *avoir un bug* », « *avoir été mal sauvegardé* », « *avoir les neurones déprogrammés* », etc.

Étym. : XIIe, du latin *pulex, pulicis* désignant le petit insecte.

PUERPÉRAL, E   adj. « *Psychose puerpérale* » (XXe), psych. : psychose subaiguë survenant chez une femme peu de temps après son accouchement. Les troubles psychiques associent des signes confuso-oniriques, d'amples fluctuations de l'humeur, une angoisse profonde et des idées délirantes centrées sur le nouveau-né. De tels signes peuvent révéler une *schizophrénie*.

Étym. : f. XVIIIe, de l'anglais *puerperal*, du latin *puerpera*.

PULPE   n. f. « *Avoir la pulpe qui a décollé du fond* » (f. XXe), fam. : être fou. La métaphore est celle de l'agitation mentale, *pulpe* désignant ici la substance cérébrale. L'expression est tirée des slogans publicitaires relatifs à la marque déposée *Orangina* ®, qui concerne une boisson gazéifiée à la pulpe d'orange *(« secouez-moi ! secouez-moi ! »*, « *bien agiter pour mélanger la pulpe* »). La variante « *être secoué comme un Orangina* » est courante (→ *secoué*). Par antiphrase, on dit aussi « *avoir la pulpe qui est restée au fond* ».

Étym. : déb. XVIe, l'ancien français *polpe*, lui-même du latin *pulpa*.

PULSION   n. f. « *Avoir des pulsions* » (XXe), fam. : avoir des envies brusques d'actions incontrôlées. Le mot est introduit avec la valeur générale d'« action de pousser ». Repris en psychanalyse, il traduit l'all. *Trieb*, concept que S. Freud applique à une force inconsciente d'origine biologique, douée d'une charge énergétique importante qui — pour résoudre la tension ainsi née — orienterait le sujet vers un certain objet susceptible de lui donner satisfaction. On parle de *pulsions de vie, de mort, d'agression, de destruction*... Le mot s'est répandu dans l'usage courant avec l'idée de force plus ou moins incoercible conduisant au passage à l'acte, surtout dans le domaine sexuel. • L'adj. ***pulsionnel*** lui correspond. « *Une décharge pulsionnelle.* »

Étym. : XVIe, du latin *pulsio*, de *pulsum*, supin de *pellere*.

PUR, E   adj. « ***C'est de la folie pure !*** » (XXe) : c'est parfaitement insensé ! Le mot exprime l'absence de mélange d'où, par figure, le caractère entier, complet. L'expression « ***c'est pure folie !*** » précède la forme de référence. La locution « ***pur et simple*** » est également courante dans le registre de la déraison : « ***C'est de la dinguerie pure et simple !*** »

Étym. : Xe, du latin *purus*.

PYROMANIE   n. f. (XIXe), psych. : impulsion pathologique et obsédante à mettre le feu. Un grand nombre d'incendies de forêt est chaque année dû à ce grave trouble du comportement. • ***Pyromane*** qualifie le passage à l'acte correspondant et désigne son auteur. « ***C'est un pyromane bien connu des services de police.*** » Il n'existe pas de profil psychologique « type » de l'*incendiaire*, ce qui impose l'expertise psychiatrique du sujet.

Étym. : XIXe, de l'élément *pyro-* tiré du grec *pur*, *puros* « feu » et de *manie*.

QUART n. m. « *Avoir son quart d'heure de folie* » (XVIIIe), fam. : avoir un moment de folie (→ *heure*). L'expression évoque une courte période, mais signale en même temps par sa précision que le phénomène a tendance à se répéter avec une certaine régularité. Par ailleurs, l'argotisme du siècle dernier « *battre un quart* » s'est dit pour « déraisonner ». Cette locution s'est d'abord employée au sens de « faire le trottoir », en parlant d'une prostituée. Elle fait sans doute allusion à une période de veille *(être de quart*, c'est-à-dire sur le pont) ou renvoie à la surface parcourue *(quart de lieue)*. De l'idée d'allées et venues on est passé, par figure, à celle d'errance mentale. Synonymes : « *battre l'antiffe* », « *battre la campagne* » (→ *battre)*.

Étym. : XIe, du latin *quartum*, de *quartus* « quatrième » (de *quattuor)*.

QUEBRAN adj. et n. « *Ce mec est un quebran total* » (XXe), arg. : il est complètement fou (→ *branque)*.

Étym. : XXe, de *branque*, par inversion (verlan).

QUÉRULENCE n. f. (XXe), psych. : tendance pathologique à la revendication revêtant parfois une forme processive. Lorsque cette tendance s'avère délirante, elle rejoint le *délire de revendication* (→ *paranoïa*). • ***Quérulent*** lui correspond comme adj. et nom. « *Une attitude quérulente* », « *un quérulent processif* ».

Étym. : xxe, du latin *quere(l)la* « plainte ».

QUEUE n. f. « ***N'avoir ni queue ni tête*** » (xixe) : être incohérent. Le mot est employé ici au sens fig. d'« extrémité », de « fin ». « ***Sans queue ni tête*** » se dit d'un récit, d'un discours sans début ni fin compréhensibles, logiques. « *Ce qu'il dit n'a ni queue ni tête.* »

Étym. : xiie *(keue)*, du latin *coda*, variante de *cauda*.

QUINTE n. f. « ***Avoir ses quintes*** », « ***être sujet à la quinte*** » (xviie) : être fantasque, un peu fou ou être irascible. Comme *fantasque* ou *lunatique*, le mot a pu désigner qqn. d'extravagant, un peu fou, mais l'usage a surtout retenu l'idée d'humeur changeante. Le mot a le sens de l'étymon dans les syntagmes *fièvre quinte* et *quinte de toux* qui renvoient à la périodicité des troubles (tous les cinq jours, toutes les cinq heures). « ***Avoir ses quintes*** » signifie « avoir ses accès », tandis que « ***être sujet à la quinte*** » se dit pour « s'emporter facilement ». On dit couramment aujourd'hui « ***piquer une quinte*** » et « ***avoir la quinte*** » pour « être en colère ». • ***Quinteux*** lui correspond dans tous ses emplois.

Étym. : du latin *quintus* « cinquième » (de *quinctos, quinque*).

QUOI pron. « ***Dire/faire/raconter n'importe quoi*** » (xviiie), fam. : tenir des propos ou avoir des agissements absurdes, peu sérieux, faux. Les locutions expriment l'indétermination au plus haut degré, traduisant l'idée que tout est possible (→ *importer, déconner*).

Étym. : xie, forme tonique du latin *quid*.

r

RADJAÏDJAH n. pr. (XXᵉ, Hergé) : nom propre imaginé par l'auteur des « Aventures de Tintin » (in *Les Cigares du pharaon)*, à propos de l'inoculation d'une substance qui fait perdre la raison à ceux qui en sont victimes. « *(...) Cette fléchette est empoisonnée au suc de Radjaïdjah, le poison qui rend fou (...)* ».

Étym. : XXᵉ, néologisme d'origine obscure. Il s'agit d'un mot « indianisé », formé peut-être de *radjah* (ou *rajah)* « souverain brahmanique » et de l'argot *jaja* « vin rouge » (source d'ivresse ou de folie). La finale permet aussi d'évoquer un emprunt à *trabadja*, du refrain sabir « *trabadja la moukère, trabadja bono* » popularisé en Europe francophone par les Français d'Algérie.

RADOTER v. (XIIIᵉ) : tenir des propos dépourvus de sens. Le verbe s'emploie aujourd'hui avec la valeur affaiblie de « rabâcher », notamment à propos d'une personne sénile *(« il commence à radoter »).* • *Radoteur* et *radotage* sont d'usage courant en ce sens.

Étym. : XIIIᵉ, réfection de l'ancien français *redoter*, peut-être du néerlandais *doten*.

RAGE n. f. « *Être fou de rage* » (XVIIᵉ) : être hors de soi, perdre la tête. L'expression est probablement plus ancienne. Elle évoque d'abord au sens fort un accès de fureur agitée, d'après les effets de la maladie observés chez l'animal. Elle est encore aujourd'hui très vivante, avec une valeur hyperbolique, s'appliquant exclusivement à l'emportement colérique (→ *enragé*).

Étym. : XIe, du latin *rabies*, de *rabere* « être enragé ».

RAIDE   adj. « *Être (un) fou raide* » (XIXe), fam. : être complètement fou. Le mot exprime d'abord l'absence de souplesse. Il développe de nombreuses valeurs abstraites, parmi lesquelles « de façon ferme », « intangible ». Sur le modèle de « *tomber raide mort* » qui signifie « mourir brutalement », on dit couramment aujourd'hui « *devenir raide dingue* » (→ *dingue*).

Étym. : XIIe, de *reit*, *roit*, du latin *rigidus*.

RAISON   n. f. « *Perdre la raison* » (m. XVIe) : devenir fou. Le mot s'applique à la faculté qu'a l'esprit de juger, de réfléchir ainsi qu'à toutes les opérations mentales qui en sont le témoin. Dans l'opinion publique, « *perdre la raison* », c'est devenir incapable de distinguer le vrai du faux, ne plus reconnaître les principes qui fondent le sens commun, et, par voie de conséquence, c'est quitter la norme en franchissant les limites du compréhensible et de l'acceptable par tous. Comme « *devenir fou* » ou « *basculer/sombrer/tomber dans la folie* », l'expression de référence repose sur deux aspects fondamentaux : d'une part, les capacités de discernement du sujet étaient auparavant efficientes, ce qui distingue la déraison de l'idiotie ; d'autre part, le changement d'état mental est brutal, considéré souvent comme imprévisible. De plus, on admet généralement que la folie peut être passagère ou réversible, ce qu'attestent les locutions « *recouvrer la raison* » et « *revenir à la raison* ». Une abondante phraséologie exploite le thème de la perte de la raison : « *avoir la raison qui chancelle/s'égare/s'altère/s'obscurcit/vacille...* », « *ne plus avoir (toute) sa raison* », « *avoir la raison trouée* », « *ne plus entendre raison* », « *s'écarter de la raison* », « *sa raison s'en est allée* », « *parler sans rime ni raison* », « *agir contre toute raison* », etc. • *Raisonner* entre dans la locution « *mal raisonner* » et surtout dans les nombreuses déclinaisons de la forme « *raisonner comme...* », jouant sur l'homophonie avec le verbe *résonner* : « *raisonner comme une chaudière à grelots/un tambour mouillé* » expriment la dissonance mentale, « *raisonner comme un coffre* », celle de vacuité cérébrale. Quant à « *raisonner comme une pantoufle* », elle renvoie à l'insignifiance et à la bêtise. • Dans le registre de la folie, *raisonnement* s'emploie surtout à propos d'un excès d'interprétations ou d'une déviation de l'esprit, traduisant la fausseté ou la perversion du jugement. « *Avoir un raisonnement alambiqué/bancal/paranoïaque/tordu...* », etc. • *Raisonnant* s'est utilisé en psychiatrie dans *folie raisonnante*, syntagme dû aux aliénistes français P. Sérieux et J. Capgras, s'appliquant à la pseudo-logique du *délire d'interprétation* (→ *paranoïa*). • L'antonyme *déraison* est à l'origine du verbe *déraisonner* (→ *déraison*). • *Déraisonnable* et *irraisonnable* sont courants (→ *déraisonnable, irraisonnable*).

Étym. : X[e], du latin *rationem*, accusatif de *ratio, -onis*.

RAMASSER v. « *Avoir ramassé* » (XXe), fam. : être fou ou stupide. L'expression elliptique évoque, par figure, une récolte de coups, ce qui permet d'exploiter le sémantisme de la commotion cérébrale (→ *coup*). Elle peut également se rapporter à une généreuse attribution de tares génétiques (→ *taré*). « *Celui-là, il a vraiment ramassé !* »

Étym. : XIIIe, de *masse* (→ *masse*).

RAMONÉ, ÉE adj. « *Être complètement ramoné* » (XXe), fam. : être fou. La métaphore est celle du ramonage des canalisations cérébrales, pour exprimer la vacuité mentale, c'est-à-dire la conséquence d'un lavage de cerveau. L'influence de *siphonné* est vraisemblable.

Étym. : p. p. du verbe *ramoner* (XIVe), de *ramon*, de l'ancien français *ram, raim* « rameau ».

RAPPEL n. m. « *Battre le rappel* » (XXe), fam. : déraisonner. Le mot désigne le signal appelant les soldats à sortir du rang pour se rassembler. On passe, par figure, de l'idée de désordre qui en résulte à celle de dérangement mental, faisant de « *battre le rappel* » une locution synonyme de « *battre la breloque* » (→ *battre, breloque*). « *Il a pété les plombs, il bat le rappel.* »

Étym. : XIIIe, déverbal de *rappeler*, dérivé préfixé de *appeler*, du latin *appellare*.

RAPTUS n. m. (déb. XXe), psych. : impulsion irrésistible et brutale poussant un sujet à commettre des actes aux conséquences parfois tragiques (meurtre, suicide). « *Avoir un raptus (anxio-dépressif).* »

Étym. : XVIIIe, du latin *raptus*, de *rapere* « enlever ».

RAT n. m. « *Avoir un (des) rat(s) dans le grenier/la contrebasse* » (XIXe), fam. : être un peu fou (→ *grenier, contrebasse*). Une abondante phraséologie a recours au mot *rat*, témoignant de l'importance qu'a eu ce petit mammifère venu d'Asie, dans l'histoire des hommes. Objet de craintes réelles ou supposées, l'animal appartient très tôt au bestiaire de la folie. Les caractéristiques du rongeur (couleur sombre, rapidité, petitesse, prédilection pour les coins et recoins) le rapproche, dans ce domaine, de l'*araignée*, du *cafard*, de la *chauve-souris*, des *papillons noirs* (→ *araignée*). Dans le cas du *rat* — bien connu pour ses effets dévastateurs — s'ajoute la notion de détérioration de l'entendement, également exploitée avec le *ver* (→ *trichine, ver*). La présence fig. d'un animal inquiétant dans la tête permet en tout cas de traduire le dérangement psychique, le parasitage de la pensée, voire fournit une représentation de l'idée fixe. La locution « *avoir un (des) rat(s) dans la tête* » s'est d'ailleurs dite au XVIIIe siècle pour « avoir des lubies, des idées saugrenues ». Enfin, l'expression « *avoir un rat dans la serrure* » s'est employée pour « être mentalement dérangé » (→ *serrure*).

Étym. : XIIe, d'origine obscure, peut-être de l'élément *ratt-* qui évoque le bruit que fait l'animal en grignotant.

RATE-PÉNATE ou RATEPENADE, RATEPIGNATE n. f.
« *Avoir la rate-pénate* » (XXᵉ), fam. : être fou. Dans le Midi de la France, le mot désigne la chauve-souris. L'expression régionale emprunte au bestiaire de la folie cette métaphore elliptique *(« avoir une chauve-souris dans la tête »)*, variante de « *avoir une/des chauve(s)-souris dans le beffroi* », correspondant elle-même à l'anglais « *to have bats in the belfry* » (→ *chauve-souris).*

Étym. : mot composé de *rate* (de l'espagnol *rato* ou de l'ancien provençal *rata* « rat » ou « souris ») et de *penade* ou *pignate* « (petite tête) rase ». La forme *pénate* ajoute peut-être l'idée de « demeure, foyer domestique », site que l'animal est susceptible de fréquenter.

RATIONALISME n. m. « *Rationalisme morbide* » (déb. XXᵉ, E. Minkowski), psych. : raisonnement pseudo-logique détaché du réel, désaffectivé et poussé jusqu'à l'absurde, caractéristique de la *schizophrénie.* Il s'agit d'un système de pensée clos, fait d'abstractions et de déductions dont le sens et les liens échappent à toute compréhension immédiate (hermétisme).

Étym. : XIXᵉ, du latin *rationalis* « fondé sur la raison », de *ratio* (→ *raison).*

RAVAGÉ, ÉE adj. « *Être complètement ravagé* » (m. XXᵉ), fam. : être très fou. L'expression elliptique évoque, par figure, la détérioration de l'entendement, faisant allusion aux conséquences d'un incendie, avec l'idée d'inflammation mentale (→ *brûlé, fondu).* • Le créole *estravagé*, « un peu fou, bizarre », est une déformation de *extravaguer*, d'après *ravagé.*

Étym. : p. p. du verbe *ravager* (déb. XIVᵉ), dérivé de *ravage*, lui-même de *ravir* (→ *ravi).*

RAVI, E adj. et n. « *Ma parole, c'est le ravi, lui !* » (XXᵉ), fam. : il est un peu fou ou niais. Cette acception est régionale (Midi). Elle exprime la béatitude d'une personne toujours contente, c'est-à-dire simple d'esprit. « *Regarde-moi-le, il est toujours content, té, vé, on dirait le Ravi* » (R.

Bouvier). Au sens général, le mot a eu le sens d'« exalté » dans un contexte mystique *(« être ravi en extase »)*, avant de développer sa valeur habituelle.

Étym. : XIIIe, p. p. de *ravir*, d'un latin pop. *rapire*, altération de *rapere* « enlever (de force) ».

RÉACTIONNEL, ELLE adj. *« Dépression réactionnelle »* (XXe), psych. : dépression dont la cause est attribuée à une situation ou à des facteurs externes. Le mot est passé dans l'usage courant, en parlant de toute attitude ou émotion imputable à un événement particulier : *« C'est réactionnel ! »*

Étym. : XIXe, de *réaction*, du latin *reactio* (formé sur *actio* « façon d'agir »).

RÉALITÉ n. f. *« Perdre (totalement) contact avec la réalité »* (XXe) : délirer, déraisonner. Le mot s'applique à ce qui existe de façon effective, certaine, par opposition à ce qui n'existe que dans l'esprit, en imagination ou en rêve. *« Prendre ses désirs pour des réalités »* signifie « se faire des illusions ». L'expression *« perdre contact avec la réalité »* signale le détachement mental par rapport au monde tangible (→ *psychose*). La notion psychanalytique de *réalité psychique* désigne « (...) ce qui, dans le psychisme d'un sujet, présente une cohérence et une résistance comparables à celles de la réalité matérielle (...) » (J. Laplanche et J.-B. Pontalis). Le syntagme freudien *principe de réalité* s'applique à l'un des deux principes régissant le fonctionnement mental, formant un couple avec le *principe de plaisir* dont il modifie les exigences en fonction des conditions imposées par le monde extérieur.

Étym. : m. XVIe, du latin *realitas, -atis* (dérivé de *realis*, lui-même de *res* « chose »).

RECONNAISSANCE (→ *faux*).

REDESCENDU, E adj. *« Ne pas être redescendu »* (XXe), arg., fam. : planer et, par extension, être fou. Dans l'argot de la drogue, le verbe ainsi que les mots *descente* et *redescente* s'appliquent, par figure, à la reprise de contact avec la réalité *(une mauvaise descente d'acide, redescendre d'un trip)*. « *Ne pas être redescendu* » exprime le maintien en « état de survol », la persistance du « délire ». « *Celui-là, t'as vu sa tronche... Il est pas (tout à fait) redescendu !* » À rapprocher de « *rester collé/scotché au plafond* » (→ *scotché*).

Étym. : p. p. de *redescendre*, préfixé verbal dérivé de *descendre*, du latin *descendere*.

REMONTÉ, ÉE adj. « *Être remonté à bloc/comme un coucou/comme une pendule* » (XXᵉ), fam. : être énervé, agité, exalté. Ces locutions font allusion à l'action de tendre à nouveau les ressorts d'un mécanisme d'horlogerie. Par figure, elles expriment un état de surtension nerveuse, un excès de vigueur susceptible de se relâcher brutalement. On disait d'ailleurs autrefois « *fol à grand ressort* » (→ *ressort*). En argot asilaire, elles s'emploient très fam. à propos d'un patient en excitation *maniaque*. Variante : « *être remonté comme un mickey* » (→ *mickey*).

Étym. : p. p. du v. *remonter* (XIIᵉ), formé de *re-* et *monter*, du bas latin *montare*, dérivé de *mons* « mont ».

RENDRE v. « *Rendre fou* » (XVIᵉ) : faire devenir fou. L'expression, encore aujourd'hui très active, se décline sous de nombreuses formes : « *rendre barjo/dingue...* ». Ce type de locution attribue à la folie des causes externes. Celles-ci sont nombreuses, qu'il s'agisse de personnes *(« elle l'a rendu fou », « c'est contagieux !... »)*, de substances toxiques *(« l'alcool/le poison/la drogue... qui rend fou »)*, de piqûre *(« être piqué de la tarentule... »)*, de commotion cérébrale *(« avoir pris un coup de bambou... »)*, ou encore de fièvre *(« la fièvre l'a rendu fou »)*, etc.

Étym. : Xᵉ, du latin pop. *rendere*.

RENFERMEMENT (→ *enfermer*).

RENVERSÉ, ÉE adj. « *Avoir la cervelle/le cerveau/l'esprit... renversé(e)* » (XVIIᵉ) : être un peu fou. Ces locutions fig. traduisent la folie en exploitant le thème du retournement de la pensée. Le même sémantisme est exprimé dans « *avoir la cervelle/la tête/l'esprit... à l'envers* » (→ *envers*). D'autres expressions ont recours au chavirement mental : « *basculer dans la folie* », « *avoir capoté* » (→ *basculer, capoté*).

Étym. : déb. XIVe, p. p. adj. du v. *renverser* formé de *re-* et de l'ancien v. *enverser*, de *envers*.

REPRENDRE v. « *Ça y est, ça le reprend !* » (XXe), fam. : il manifeste de nouveau un comportement déraisonnable (→ *prendre*). L'expression sous-entend que les troubles se sont déjà produits. Leur résurgence signale ainsi l'aspect cyclique des accès, ce qui renvoie au thème de la folie passagère (→ *accès, crise, heure*). Par anticipation, lorsque l'on craint un nouvel épisode d'agitation dangereuse chez qqn, on dit couramment : « *Mieux vaut partir avant que ça ne le reprenne !* »

Étym. : XIIe, du latin *reprendere*.

RÉSEAU n. m. « *Délire en réseau* » (déb. XXe, de Clérambault), psych. : délire qui se structure en s'étendant selon une logique pseudo-raisonnante, chaque nouvel élément (interprétation, illusion...) étant intégré dans ce maillage et venant confirmer la conviction centrale, l'ensemble envahissant peu à peu toutes les activités mentales. Ce type de délire — essentiellement interprétatif — s'observe dans la *paranoïa* (→ *paranoïa, système*).

Étym. : déb. XIVe, de *rets*, du latin *rete, -is* « filet ».

RESSORT n. m. « *Fol à grand ressort* » (XVIIe) : très fou. La locution fig. exprime la brusquerie et l'impétuosité dans la détente des gestes et dans la précipitation verbale du fou. À cela s'ajoutent les notions d'imprévisibilité et d'extravagance, avec l'idée de rebondissement fantasque. Comme c'est le cas pour le sémantisme de la commotion cérébrale (→ *choc*), la représentation de la folie sur le thème de la surtension des « ressorts mentaux » a conduit à des pratiques thérapeutiques visant à soigner le mal par le mal. C'est ainsi que le *fauteuil à ressort*, ou *trémoussoir*, s'est employé aux XVIIe et XVIIIe siècles dans le traitement des troubles nerveux et psychiques. Aujourd'hui oubliée, « *fol à grand ressort* » trouve sa correspondance moderne dans « *être remonté à bloc/comme un coucou/un mickey/une pendule* » (→ *remonté*). Par ailleurs, l'expression arg. « *péter un ressort* » pour « devenir fou » est courante (→ *péter*).

Étym. : XIIIe, déverbal de *ressortir*, formé de *re-* et *sortir*.

RETARD (→ *injection, neuroleptique*).

RETOURNER v. « *Avoir retourné l'enseigne* » (XXe), fam. : être fou (→ *enseigne, tourner*).

Étym. : X^e, de *tourner*, avec le préfixe *re-*.

REVENDICATION n. f. « *Délire de revendication* » (déb. XXe), psych. : délire par lequel le sujet recherche réparation d'un préjudice réel ou imaginaire. Un tel trouble s'observe dans la *paranoïa* (→ *paranoïa, quérulence*). « *(...) Le point de départ est souvent issu d'un préjudice minime ou non, mais qui prend aux yeux du sujet une importance démesurée (déception sentimentale, affaire manquée, échec à un concours, thérapeutique inefficace...). Il le dénonce comme une infamie, un scandale (...) ; les déductions qu'il en tire ne choquent pas ouvertement la logique dans leur développement, elles heurtent le bon sens dans leurs conclusions (...)* » (A. Porot *et al.*). • *Revendicateur* s'applique au sujet considéré. « *C'est un revendicateur passionnel.* »

Étym. : déb. XVIe, du latin juridique *rei vindicatio*.

REVENIR v. « *(Avoir l'air de) revenir/venir de Pontoise* » (XIXe), fam. : avoir l'air ahuri, confus ou troublé (→ *Pontoise*).

Étym. : X^e, du latin *revenire*.

RÊVER v. (XVIIe) : délirer, dire des choses extravagantes, déraisonnables. Ces valeurs sorties d'usage sont liées à la notion fig. de vagabondage telle qu'elle est exprimée par l'étymon. Le verbe s'applique aujourd'hui à l'activité mentale produite pendant le sommeil. L'idée d'absurdité persiste dans des emplois tels que « *on croit rêver !* », qui signifie « c'est invraisemblable », « *mais je rêve !* », « *tu rêves !* », etc. Avant d'acquérir leurs valeurs modernes, tous les dérivés du verbe ont appartenu au registre de la déraison. Ces emplois ne sont plus du tout ressentis aujourd'hui. • *Rêve*, apparu à l'époque classique, s'est d'abord dit des visions des malades de l'esprit. • *Rêverie* a signifié « délire, fureur », spécialement en relation avec la fièvre. • *Rêveur* a désigné une personne délirante. • Enfin, le dérivé péj. *rêvasser* a eu le sens de « divaguer », « radoter ».

Étym. : XIIe, d'origine incertaine. Selon Wartburg, d'un ancien v. *esver* « vagabonder » rattaché au gallo-roman *esvo* « vagabond » (lequel proviendrait du latin *exvagus*). Selon Guiraud, d'un v. *raver* « délirer ».

RÉVOLIN ou RÉVOLLIN   n. m. « *Avoir une cervelle de révolin* » (XVIIe) : être changeant, fantasque, lunatique. Le mot est d'usage régional, désignant un tourbillon venteux. Le sémantisme est celui de la girouette exposée à tous les vents (→ *vent*). Variante : *rivolin*.

Étym. : m. XVe, de l'ancien provençal *revolim* « tourbillon ».

RIDEAU   n. m. « *Avoir le cerveau/la cervelle... en rideau* » (XXe), fam. : être mentalement dérangé. L'expression figure l'arrêt des « représentations mentales », par allusion à la tombée de rideau mettant fin à un spectacle. Par ailleurs, l'expression arg. « *être fou à grimper aux rideaux* » est courante (→ *grimper*).

Étym. : m. XIVe, dérivé du v. *rider* « plisser ».

RIME   n. f. « *N'avoir ni rime ni raison* » (m. XIVe), fam. : être absurde, incohérent. L'expression illustre un aspect de rhétorique ancienne. Comme le rappellent A. Rey et S. Chantreau, elle est fondée sur l'opposition entre la forme poétique *(la rime)* et le contenu conceptuel ou narratif d'un discours, d'un texte... *(la raison*, correspondant au latin *ratio)*. En procède « *agir/parler sans rime ni raison* », c'est-à-dire de façon aberrante. • *Rimer*, « faire des vers », est employé dans la locution fam. « *ne rimer à rien* » qui exprime la même idée d'incohérence.

Étym. : XIIe, d'origine discutée, peut-être du francique *rîm*.

RIPER   v. « *Avoir (complètement) ripé* » (f. XXe), fam. : être devenu fou. Il s'agit d'un emploi récent du verbe *riper* au sens de « déraper », dont il emprunte au fig. le sémantisme (→ *déraper, dévisser*).

Étym. : XIVe, du moyen néerlandais *rippen* « tirer avec force ».

RIRE   n. m. « *Avoir un rire fou* » (XVIIe) : donner des signes de folie. L'expression reste vivante, appliquée à une personne dont le rire semble traduire un désordre mental. Dans ce même registre, « *avoir des rires immotivés* » s'emploie spécialement en psychiatrie, à propos d'accès de rire impulsif de nature discordante (→ *immotivé)*. La locution « *avoir le fou rire* » pour « rire qu'on ne peut maîtriser » procède de la locution de référence, la notion de folie n'étant plus ressentie.

Étym. : XIe, du latin *ridere*.

RITE   n. m. « *Avoir des rites obsessionnels* » (XXe), psych. : agir ou penser selon un véritable rituel conjuratoire, pour lutter contre l'angoisse. Ce type de tendance s'observe sous une forme complète dans la *névrose obsessionnelle* (→ *obsédé)*. L'importance du rituel peut être telle que la vie quotidienne du sujet en est fortement invalidée (lavages des mains multiples, vérifications itératives, etc.).

Étym. : XVIIe, du latin *ritus*.

ROI   n. m. « *Roi de la fève/du pois* » (XVe), fam. : roi des fous. La construction « *le roi de...* » fonctionne comme intensif ironique avec de nombreux substantifs à valeur dépréciative. Aujourd'hui, ces expressions ont surtout trait à l'imbécillité *(« roi des cons* », « *roi des imbéciles* », etc.). On dit couramment « *alors lui, c'est vraiment le roi !* », sous-entendant que l'individu dont on parle a la position la plus élevée dans son genre. Les syntagmes *roi de la fève* et *roi du pois* sont répandus au Moyen Âge. Ils traduisent l'insignifiance et marquent spécialement la folie. D'ailleurs, dans la tradition médiévale — notamment dans les farces ou jeux comiques — le fou ne se nourrit pas comme les autres. On lui attribue volontiers, par dérision, une alimentation constituée de fromage et de purée de pois (→ *fève*). Ultérieurement, les formes *roi de la scène*, *roi de théâtre*, *roi en peinture*, se sont dites à propos d'un monarque de pacotille et, par extension, d'une personne niaise ou mentalement dérangée. Le syntagme *fou du roi* date du XVIᵉ siècle. Il correspond « *(...) au nom donné à un personnage grotesque, bossu ou bancal, mais spirituel, qui, de Charles V à Louis XIV, était attaché à la personne des rois. Le fou était habillé de vêtements extravagants. Sous le masque de la bouffonnerie, il avait liberté de dire à tous, et même au maître, tout ce que bon lui semblait, même de sévères vérités. Les plus célèbres de ces fous royaux furent Triboulet, bouffon de François Iᵉʳ, Brusquet, fou d'Henri II, Sibilot et Chicot, fous d'Henri III, Angoulevent, fou d'Henri IV, etc. Le dernier fut l'Angely, sous Louis XIV (...)* » (*Dict. Encycl. Quillet*). Appelé également *bouffon du roi* et *fou de cour*, le *fou du roi*, coiffé d'un *coqueluchon* aux deux longues oreilles pendantes, tenait à la main son attribut, la *marotte*, sceptre devenu depuis symbole de la folie (→ *bouffon, marotte*). L'expression « *cet homme est fou ou le roi n'est pas noble* » est attestée dès l'époque classique (A. Furetière). Il équivaut à « *si ce type n'est pas fou, moi je suis roi d'Angleterre* ». L'expression joue sur l'opposition de la « noblesse » de l'esprit, de la raison, avec l'apparente « simplicité » de la déraison.

Étym. : XIIᵉ, du latin *regem*, accusatif de *rex, regis* « monarque ».

ROND, E adj. « *Ne pas tourner rond* » (déb. XXᵉ), fam. : présenter des troubles (mentaux). L'expression fig. emprunte au vocabulaire de l'automobile, l'idée d'« à-coups », en parlant d'un moteur qui connaît des variations anormales de régime. Dans le registre de la folie, l'image est celle de rouages cérébraux ne fonctionnant plus correctement : « *ça* *ne tourne vraiment plus rond (dans sa tête)* » (→ *bien, tourner*).

Étym. : XIVe, du latin pop. *retundus*, altér. de *rotundus* « qui a la forme d'une roue ».

RORSCHACH n. pr. « *Faire passer un Rorschach* » (XXe), psych. : évaluer la structure de personnalité de qqn au moyen d'un test projectif. Créé par le psychiatre suisse Hermann Rorschach, le psychodiagnostic (prononcé « rorchar ») est un test de personnalité composé de dix planches standardisées. Chacune d'elles comporte une tache complexe obtenue par pliage du papier sur des encres, donnant un effet de symétrie. Certaines sont noires, d'autres de couleur. Les « formes » suggérées sont soumises à l'interprétation libre de la personne testée. Les réponses fournies font l'objet d'une cotation précise et d'une analyse de contenu établies par le psychologue examinateur. En milieu spécialisé, l'expression fam. « *il a un mauvais Rorschach* » s'applique à un patient pour qui les résultats du test indiquent l'existence de troubles graves de la personnalité (→ *test*).

Étym. : m. XXe, du nom de l'auteur.

ROSE adj. « *Voir des éléphants roses* » (XXe), fam. : être l'objet d'hallucinations visuelles (→ *éléphant*).

Étym. : XIIe, du latin *rosa*.

ROUE n. f. « *Faire roue libre* » (XXe), fam. : divaguer, laisser aller son imagination. L'expression est empruntée au cyclisme, où elle signifie proprement « rouler sans actionner les pédales du vélo ». Par métaphore, elle évoque l'image de rouages cérébraux fonctionnant pour leur propre compte, sans contrôle ni limites. Avec « *avoir un petit vélo dans la tête* », la locution appartient à une série issue de l'argot du cyclisme (→ *rouler, vélo*).

Étym. : XIVe, du latin *rota* « roue ».

ROULER v. « *Rouler sur la jante/sur la toile* » (XXe), arg. : perdre la raison. Ces expressions sont issues de l'argot du cyclisme. Elles évoquent de sérieux problèmes de pneumatiques, d'où, par figure, des difficultés à maintenir sa route. Dans le registre de la folie, ces locutions expriment la perte des moyens mentaux et le déraillement de l'esprit, *rouler* ayant ici la valeur de « fonctionner » sur le plan psychique (→ *déjanter, dérailler*).

Étym. : XIVe, de *rouelle* « petite roue ».

RUE n. f. « *Courir les rues* » (m. XVIe) : être fou. La locution exprime l'idée d'allées et venues en tous sens d'où, par figure, l'errance mentale : « *être fou à courir les rues* ». Il s'agit d'une forme citadine de « *battre la campagne* » et de ses variantes champêtres (→ *battre, courir*). On a dit aussi « *battre les rues* ». L'expression de référence est sortie d'usage en ce sens. Elle ne s'emploie aujourd'hui que sur le thème de la banalité, la rue étant un lieu de passage très fréquenté.

Étym. : XIe, du latin *ruga*.

RUPTURE n. f. « *Être en rupture* » (déb. XXe), fam. : déraisonner, faire n'importe quoi. L'expression signale la fracture intérieure avec soi et la perte de contact avec la réalité, la norme communément admise. Elle évoque la dislocation mentale, idée rendue par une phraséologie abondante : « *avoir un coup de hache* », « *être fêlé* », « *avoir une fissure* », etc. Il est intéressant de noter que de telles représentations pop. de la folie correspondent au concept didact. de *dissociation mentale* employé en psychiatrie à propos de la *schizophrénie* (→ *dissociation*). L'expression dénote parallèlement un éloignement, une coupure du lien social commun, une marginalisation.

Étym. : XIVe, du latin *ruptura*, de *rumpere*.

SADISME n. m. (f. XIXe, R. von Krafft-Ebing), psych. : perversion sexuelle où la jouissance ne peut résulter que de la souffrance et de l'humiliation infligées à qqn. Le terme s'applique, par atténuation, au plaisir né de la douleur physique ou morale faite à autrui, même en dehors de toute satisfaction génitale. Le *sadisme* est souvent associé à la tendance contraire nommée *masochisme*. On parle alors de *sadomasochisme*, fam. abrégé en *sadomaso* (→ *masochisme*). « (...) *L'agressivité du sujet qui s'exerce à la fois contre autrui et contre soi, révèle, selon la psychanalyse, la bipolarité de la vie pulsionnelle qui caractérise tout être humain et qui se rattache à l'opposition fondamentale de l'activité et de la passivité (...)* » (L.-M. Morfaux). L'usage courant emploie *sadisme* au sens de « goût pervers à faire souffrir autrui », puis, plus généralement, de « méchanceté à l'égard des autres ». • *Sadique* lui correspond. En psychanalyse, il entre dans la composition des termes *sadique-anal*, *sadique-oral*, qui s'appliquent à des stades spécifiques du développement de l'enfant : le stade *sadique-anal* allie pulsion sadique (contrôle sphinctérien) et érotisme anal, le stade *sadique-oral*, libido et agressivité à l'égard du même objet. Dans le langage courant, *sadique* se rapporte à une personne aimant voir ou faire souffrir autrui. Par extension, il est synonyme de *détraqué*. « *Le* *crime d'un sadique* », « *des plaisirs sadiques* ». Le mot est fam. abrégé en *sado*, en relation avec *maso*.

Étym. : XIXe, du nom du marquis de *Sade* (1740-1814), écrivain dont l'œuvre traite de manière extrême de l'érotisme, de la violence, des transgressions et des perversions.

SAIGNÉE n. f. (XIVe), méd. : soustraction de sang à des fins thérapeutiques. Jusqu'au XIXe siècle, les affections mentales n'échappent pas à ce mode de traitement connu depuis la plus haute antiquité. Dans la *manie* et la *frénésie*, il est question de « dégorger » le cerveau « en tirant le sang à la tête » (artère temporale, veine jugulaire). La *mélancolie*, l'*hystérie* et l'*hypocondrie* font également l'objet de cette vigoureuse thérapeutique, dont les modalités vont de l'incision chirurgicale à l'application de sangsues (→ *choc*). « *Il lui faudrait une bonne saignée !* »

Étym. : XIVe, du v. *saigner*, lui-même du latin *sanguinare* (de *sanguis, sanguinis* « sang qui coule »).

SAILLIE n. f. « *Avoir des saillies* » (XVIIe) : avoir des moments de folie. Le mot exprime la « sortie » brusque, au propre ou au fig. « *Les saillies d'une imagination débridée.* » Cet usage est aujourd'hui obsolète, au profit de « trait d'esprit ».

Étym. : XIIe, du verbe *saillir*, lui-même du latin *salire* « sauter, jaillir ».

SAIN, E adj. « *Ne pas être (très) sain d'esprit* » (XVIIe) : être (un peu) fou. Le mot s'emploie aussi bien dans le domaine physique que mental. Il est cependant très tôt spécialisé à propos de l'état psychique satisfaisant d'une personne, ce dont procèdent « *être sain de l'entendement* » puis « *être sain d'esprit* ».

Étym. : m. XIe, du latin *sanus* « bien portant », d'origine inconnue.

SAINT n. m. « *Mal saint avertin/saint Mathurin* » (XVIIe) : folie, extravagance. On dit aussi *mal (de) saint Mathelin, mal de saint Nazaire, mal de saint Victor* (→ *mal*). En dehors d'*avertin* qui fait allusion à la nature même des troubles de l'esprit (→ *avertin*), les noms propres employés dans ces locutions sont ceux de saints patrons, réputés dans la guérison de la folie. Au Moyen Âge, le langage pop. retient leur nom pour désigner la perte de l'entendement : *mal (de) saint Mathurin* (Gâtinais), *mal de saint Victor* (Midi), *mal de saint Nazaire* (Ouest). On relève aussi *saint Antoine* et *saint Hermès*, dans le Nord, *saint Blaise* près de Chartres, *saint Menoux* dans le Bourbonnais. Il faudrait encore citer des dizaines de saints guérisseurs de la folie, de *saint Grat* à *saint Hildevert*, en passant par *saint Colomban*. On dénombre ainsi trente-cinq saints spécialisés dans le traitement de la folie et environ soixante-dix autres qui guérissent les affections mentales au milieu d'autres maladies. De célèbres pèlerinages thaumaturges ont été organisés sur les lieux de leur sépulture (→ *Blaise, Mathurin, pèlerinage*).

Étym. : m. XIe, du latin *sanctus*.

SAINTE-ANNE   n. pr.   « *Devoir aller à Sainte-Anne* » (XIXe), fam. : relever de la psychiatrie. « *Avoir l'air de sortir de Sainte-Anne* » signifie « donner des signes de dérangement mental ». Les « *extravagances de Sainte-Anne* » (Zola) s'appliquent à un état d'agitation délirante (éthylique) (→ *extravagance*). Ces expressions font allusion à l'établissement psychiatrique parisien. Elles sont en concurrence avec celles qui évoquent *Charenton* (→ *Bedlam, Bicêtre, Charenton, Salpêtrière*).

Étym. : nom du célèbre établissement spécialisé ouvert en 1867, situé rue Cabanis à Paris.

SAINT-GUY   n. pr.   « *Avoir la danse de Saint-Guy* » (XVIe), fam. : présenter des mouvements anormaux, à type de contorsions évoquant une danse. La *danse de Saint-Guy* correspond à la *Chorea Sancti Witti* rhénane, du nom de saint Witt (saint Willibrord), appelé en France saint Guy. Elle recouvre d'abord de façon floue diverses affections neurologiques (épilepsie, tics, chorées, etc.) et psychiatriques (hystérie, certains comportements psychotiques). Au

Moyen Âge, surtout en Allemagne, des processions dansantes sont organisées pour les insensés atteints du *mal de saint Witt*. Au XVIIe siècle, Sydenham identifie la maladie comme étant une chorée *(chorée de Sydenham)*, c'est-à-dire une maladie neurologique de l'enfance provoquant des mouvements anormaux et s'accompagnant parfois de manifestations psychiatriques (troubles du caractère, activité subdélirante).

Étym. : du nom du saint français correspondant à saint Willibrord.

SAINT-MAURICE n. pr. « *Prendre une/sa correspondance pour Saint-Maurice* » (XXe), fam. : boire, commander un verre d'absinthe ou devenir fou (→ *correspondance*). L'expression évoque la localité où se trouve le célèbre établissement psychiatrique de *Charenton* (→ *Charenton*).

Étym. : nom de la commune du Val-de-Marne où se trouve l'*hôpital Esquirol*, autrefois « asile de Charenton ».

SAKEL n. pr. « *Cure de Sakel* » (XXe), psych. : chocs insuliniques répétés, utilisés autrefois dans le traitement des psychoses (en particulier la schizophrénie). Également appelée *insulinothérapie*, cette thérapeutique de choc est souvent employée dans le traitement de la schizophrénie jusque dans les années soixante. Elle consiste à provoquer chez le malade une série de comas hypoglycémiques, par administration d'insuline à doses croissantes, avec l'idée que le réveil progressif par administration de glucose permettrait au sujet de se restructurer (→ *choc*). Depuis l'avènement des neuroleptiques, elle est devenue pratiquement obsolète. Subsiste encore une variante parfois utilisée : la technique dite des *chocs humides*, ceux-ci induisant des états hypoglycémiques moins sévères.

Étym. : XXe, du nom du psychiatre viennois Manfred Sakel à l'origine de la méthode.

SALPÊTRIÈRE n. pr. « *Une échappée/une folle de la Salpêtrière* » (XIXe), fam. : une folle (à lier). Au XVIIe siècle, l'établissement de *la Salpêtrière* est mis à la disposition de

Vincent de Paul. L'*Hôpital général de Paris* est créé en 1656, pour recevoir les indigents, les vénériens et les insensés (→ *enfermer, hôpital*). Il regroupe primitivement *la Pitié, Bicêtre* et *Scipion,* formant les *Grandes Maisons.* On y associe rapidement les *Petites-Maisons,* ainsi que d'autres institutions parisiennes. *Bicêtre* est réservé aux hommes, *la Pitié* aux petits garçons, *Scipion* aux femmes enceintes, *la Salpêtrière* aux filles et aux femmes. Sous l'Ancien Régime, les *insensées incurables* y sont détenues dans des conditions particulièrement insalubres, à l'instar des hommes à *Bicêtre.* On rapporte que lors des crues de la Seine, les *basses-loges de la Salpêtrière* étaient envahies par les rats qui attaquaient les malheureuses privées de raison. Il faudra attendre la fin du XVIIIe siècle et la naissance de l'*aliénisme* avec Philippe Pinel et ses successeurs, pour que changent ces pratiques de détention des insensés (→ *Bedlam, Bicêtre, Charenton, Petites-Maisons*).

Étym. : du nom de la fabrique de poudre parisienne *(Petit Arsenal-Salpêtrière)* qui s'élevait autrefois sur son emplacement.

SANTÉ n. f. « *Être bon à mettre en maison de santé* » (XXe), fam. : relever de la psychiatrie. Le syntagme **maison de santé**, en concurrence avec *clinique,* désigne spécialement aujourd'hui, par euphémisme, un établissement psychiatrique privé (→ *maison*). Par ailleurs, le terme **santé mentale** se rapporte au psychisme d'une personne, impliquant — à l'état normal — les notions d'harmonie, d'équilibre et de capacités adaptatives (→ *mental*). On dit « *jouir ou ne plus jouir d'une bonne santé mentale* » ou « *avoir ou ne plus avoir toute sa santé mentale* ». Ces formes sont synonymes de « *avoir ou ne plus avoir toutes ses facultés* » (→ *faculté*).

Étym. : XIIe, du latin *sanitatem,* accusatif de *sanitas, -atis.*

SATYRE n. m. « *Alors lui, c'est le vrai satyre, il est pervers comme pas deux !* » (XXe), fam. : quel obsédé sexuel ! Le mot est un synonyme courant de *désaxé, détraqué, pervers, tordu,* mais uniquement dans le registre des déviances sexuelles (→ *pervers*). • **Satyriasis**, aujourd'hui obsolète, s'est employé en psychiatrie à propos de l'exagération pathologique des désirs sexuels chez l'homme, correspondant à la *nymphomanie* féminine (→ *nymphomanie*).

Étym. : m. xvie, du latin *Satyrus*, lui-même du grec *Saturos*.

SAUGRENU, E adj. « *Avoir des idées saugrenues* » (xviiie) : avoir des idées bizarres, absurdes et un peu ridicules (→ *bizarre, farfelu*). Le mot s'emploie d'abord dans le registre de la bêtise, sous l'influence de *sot* et de *grenu* qui évoque au fig. la petitesse d'esprit. L'évolution sémantique est probablement liée à celle de *grain* (→ *grain*).

Étym. : déb. xviie, altération de *saugreneux*, de *sau*, forme de sel, d'après *grenu*, du radical *gren-*, de *grain*.

SAUT n. m. « *N'aller que par sauts et par bonds* » (xixe), fam. : parler de façon décousue, être fantasque. La locution fig. évoque le jaillissement et la fuite des idées, l'incapacité à suivre un raisonnement en ligne droite (→ *fuite*). À rapprocher de « *passer/sauter du coq à l'âne* » (→ *coq*).

Étym. : xiie, du latin *saltus*, de *saltum*, supin de *salire* « sauter ».

SAUTER v. « *Sauter les fusibles/les plombs* » (xxe), fam. : devenir fou. La métaphore est celle de l'interruption brutale de l'électricité cérébrale, la locution représentant une variante de « *fondre/péter les fusibles/les plombs* » (→ *péter, plomb*). Le verbe *sauter* a ici le sens de « voler en éclats », « exploser » (→ *explosé, voler*). • *Sauté* se dit par ellipse pour « fou », comme dans l'expression, très courante au Québec, « *c'est un vrai sauté* ». • *Sauterelle*, insecte sauteur, s'emploie fam. dans les expressions « *avoir une sauterelle dans la guitare/dans la vitrine* » qui signifient « avoir l'esprit dérangé ». *Guitare* et *vitrine* y figurent la tête par métaphore. L'intruse, connue pour ses effets dévastateurs, ajoute au thème du parasitage de la pensée (→ *araignée*), l'idée de « ravage psychique », tandis que les caractéristiques bondissantes de l'insecte permettent de rendre l'imprévisibilité mentale, le jaillissement de la pensée, le saut et la fuite des idées. À rapprocher de « *n'aller que par sauts et par bonds* » (→ *saut*).

Étym. : XIIe, du latin *saltare*, itératif intensif de *salire* « sauter ».

SAUVEGARDE n. f. « *Sauvegarde de justice* » (XXe), jur., psych. : mesure d'urgence de protection des biens d'un incapable majeur. Elle s'applique à une personne dans l'incapacité de se prendre en charge dans les actes de la vie civile. Il s'agit d'une mesure provisoire, susceptible d'être annulée, renouvelée ou transformée en *curatelle* ou *tutelle*.
• *Sauvegarder*, employé aujourd'hui dans le domaine de l'informatique pour « mettre les données à l'abri en les enregistrant », est exploité dans la locution fam. « *avoir été mal sauvegardé* » qui signifie « être mentalement dérangé » (→ *puce*).

Étym. : m. XIVe, composé du féminin de *sauf* et de *garde*, pour exprimer l'idée de « protection et de garantie ».

SAVOIR v. « *Ne pas/plus savoir ce qu'on dit/fait* » (f. XVIIIe) : perdre la tête. L'expression traduit l'absence de raison, de jugement. « *Ne pas/plus savoir qui on est/où on habite* » en représente une variante courante, l'accent étant alors mis sur la notion de perte de l'identité (→ *connaître*).

Étym. : XIIe, du latin *sapere*.

SCEAU n. m. « *Être marqué du sceau de la folie* » (XXe) : être fou. La locution révèle la position d'« objet » du fou, marqué en quelque sorte comme on marque le bétail. On le montre du doigt, parce que les signes (actes, paroles) par lesquels le fou indique être hors de la norme commune permettent précisément aux « non-fous » de s'assurer ou de se réassurer au sujet de leur propre positionnement (→ *histoire*). À rapprocher de « *être oblitéré/timbré/signé* » (→ *signé*, *timbré*).

Étym. : XIIIe (*seel*), du latin pop. *sigellum*, de *signum* « marque, signe ».

SCHIZO- : élément savant entrant, en psychiatrie, dans la composition de termes destinés à évoquer la dissociation mentale, l'incohérence entre les pensées et leurs expressions. Ex. : *schizophrénie, schizoïdie, schizophasie, schizothymie*, etc.

Étym. : du grec *skhizein* « fendre, séparer ».

SCHIZOPHRÉNIE n. f. (déb. XXe, E. Bleuler), psych. : maladie mentale appartenant au registre des psychoses, caractérisée par la rupture de l'unité psychique, la dissociation des fonctions mentales (→ *dissociation*). Auparavant désignée *folie simple, démence précoce (dementia praecox* de Kraepelin), la **schizophrénie** — ou plutôt le « groupe des schizophrénies » — est une affection psychique grave survenant généralement en fin d'adolescence. Il s'agit d'une psychose chronique essentiellement marquée par la *désagrégation* psychique (discordance et ambivalence affectives, conduites paradoxales) et la perte du contact avec la réalité, susceptible de s'accompagner d'une activité délirante incohérente (→ *délire, psychose*). Le concept même de la maladie repose sur la notion de *dislocation* de la pensée, génératrice d'incohérence dans la vie mentale et le comportement. En quelque sorte, coupé de lui-même, le malade se coupe du monde extérieur pour se replier dans son univers morbide et paralogique (→ *autisme*). Le diagnostic clinique de cette maladie mentale s'établit à partir d'un trépied fondamental : *discordance, ambivalence, autisme*. On distingue classiquement quatre formes de *schizophrénie* : *paranoïde, catatonique, hébéphrénique* et *simple*, c'est-à-dire où n'existent que les signes fondamentaux (→ *catatonie, hébéphrénie, paranoïde*). Depuis les années 50-60, l'évolution des thérapeutiques (neuroleptiques, soins institutionnels ou psychothérapiques) a bouleversé le devenir de ces patients. Comme l'indique l'appellation initiale de « démence précoce », l'évolution des psychoses schizophréniques était auparavant toujours défavorable, allant vers un pseudo-délabrement des facultés psychiques. Dans l'usage courant, *schizophrénie* renvoie à tort à l'idée de dédoublement de la personnalité, supposant deux facettes d'une même personne, l'une maîtrisée, l'autre monstrueuse *(Docteur Jekyll et Mister Hyde)*. En réalité, le malade n'a ni la maîtrise ni la capacité d'utiliser la « fracture mentale » dont il souffre. • *Schizophrène* qualifie et désigne le malade atteint de l'affection correspondante. « *Un schizophrène* », « *il est schizophrène* ». Le mot est passé dans le langage courant comme synonyme de *fou*. « *Il est un peu schizophrène.* » Par extension abusive, *schizophrène* s'applique à des concepts plus généraux exprimant une cassure (avec opposition), une séparation : « *un monde schizophrène* ». • L'abrègement fam. *schizo* est répandu, en particulier en milieu spécialisé. « *Un schizo* », « *il est schizo* », « *un vrai schizo* ». • D'autres dérivés didact. sont attestés : *schizophrénique*, « relatif à la schizophrénie », *schizophréniforme*, « qui rappelle la schizophrénie », le verbe *schizophréniser*, « devenir, rendre schizophrène ». • *Schizoïde* (Kretschmer) est un dérivé didact. formé d'après le suffixe *-oïde*, « qui ressemble à ». Le terme s'applique à une structure mentale dominée par l'introversion, la rêverie, le repli sur soi, voire l'isolement et la mise à distance de la réalité extérieure. Souvent considérée comme propice au développement de la *schizophrénie*, cette constitution psychique peut rester en deçà du pathologique. « *Un schizoïde* », « *être (un peu) schizoïde* ». • *Schizoïdie* désigne la constitution correspondante.

Étym. : déb. XXe, de l'all. *Schizophrenie*, formé à partir du grec *skhizein* (→ *schizo-*) et *phrên*, *phrenos* « esprit ».

SCHNOCK ou SCHNOQUE, CHNOQUE adj. et n. « *Quel vieux schnock !* » (XIXe), pop. : c'est un vieil imbécile ou un vieux qui agit d'une manière déraisonnable. Le mot est d'emploi péj., à propos d'une personne âgée considérée comme gênante, radoteuse. La forme *du schnoque* (ou *duschnok*) représente un appellatif injurieux, synonyme de *ducon* ou *mécouille*.

Étym. : XIXe, d'origine incertaine, peut-être de l'alsacien.

SCOTCHÉ, ÉE adj. « *Être/rester scotché au plafond* » (f. XXe), fam. : planer et, par extension, être fou. L'expression signifie littéralement « être collé au plafond », par allusion à la marque déposée d'un adhésif. La métaphore est issue de l'argot de la drogue, pour traduire l'effet de certains toxiques modifiant le rapport du sujet à la réalité. Une phraséologie abondante exploite le thème fig. du « survol psychique » : « *décoller (du sol)* », « *planer à dix-mille pieds* », « *s'envoyer en l'air* », « *être dans les vapes* », etc. L'expression de référence traduit, par exagération, l'idée de maintien en l'air. La forme elliptique « *il est (complètement) scotché* » est aujourd'hui très courante pour « fou » (région parisienne). On dit aussi « *ne pas être (tout à fait) redescendu de son trip* » (→ *trip*).

Étym. : XXe, p. p. du verbe *scotcher* « coller », de *Scotch*, nom d'une marque déposée.

SECOUÉ, ÉE   adj. « *Être vraiment secoué* » (XXe), fam. : être fou. Par figure, on passe de l'idée d'agitation en tous sens, à celle de dérangement mental. « *Ce gars-là est vraiment secoué.* » On dit couramment *s'coué*. La variante récente « *être secoué comme un Orangina* ® », fait suite aux campagnes publicitaires de cette marque de soda, comme sa concurrente « *avoir la pulpe qui a décollé du fond* » (→ *pulpe*). L'ellipse *secoué* traduit aussi l'ébranlement par une commotion morale : « *Il a été un peu secoué par cette mauvaise nouvelle.* »

Étym. : XVIe, de l'ancien français *secorre*, du latin *succutere*.

SECOURS   n. m. « *Au secours !* » (f. XVIIe), fam. : au fou ! Il s'agit de l'ellipse de « *appeler (qqn) à son secours* », exprimant l'appel à l'aide. Avec l'idée implicite de dangerosité, d'urgence, appliquée au fou, l'exclamation ironique est synonyme de « *pin-pon pin-pon !* », « *appelez l'ambulance !* », « *lâchez les chiens !* » (→ *ambulance, lâcher, pinpon*).

Étym. : f. XIIe, de l'ancien français *secorre, secourre*, du latin *succurrere*.

SECTEUR   n. m. « *Être suivi par son secteur* » (XXe), fam. : bénéficier de soins psychiatriques à (proximité de) son domicile. Le mot désigne une zone géographique délimitée. C'est avec cette valeur qu'il entre dans le syntagme *secteur psychiatrique* (ou *secteur de psychiatrie*), abrégé en *secteur*. Instaurée par une circulaire ministérielle de mars 1960, mais réellement mise en place dans les années soixante-dix, la *sectorisation* définit le *secteur* comme l'aire géographique correspondant à un service déterminé de l'hôpital psychiatrique. Le territoire national est ainsi subdivisé en zones géo-démographiques d'environ 70 000 habitants chacune. Tout malade hospitalisé est admis — dans la mesure du possible — dans le service prenant en charge le *secteur* de son domicile. On dit que le sujet est *sectorisé*. Dans le cas contraire, il est dit *hors secteur*. Parfois, et en accord avec le service concerné, le patient peut être admis dans une autre unité de soins. On parle alors d'admission en *libre choix*. Outre ses activités hospitalières proprement dites, l'équipe soignante d'un secteur a la charge d'un certain nombre de structures publiques situées hors de l'hôpital sur l'aire géographique qui lui est attribuée *(dispensaire d'hygiène mentale* ou *centre médico-psychologique, hôpital de jour/nuit, foyer de postcure, atelier protégé, centre de crise, appartement thérapeutique)*. Elle peut également suivre à domicile certains patients *(équipe/visites de secteur)*. L'expression « *faire du secteur* » signifie, pour un soignant, « travailler en milieu extra-hospitalier (au sein de la zone correspondante) ». La prise en charge des moins de 16 ans repose sur une structure administrative particulière, appelée *intersecteur (infanto-juvénile)*. Chaque *intersecteur* correspond à trois *secteurs* de psychiatrie d'adultes, c'est-à-dire à une zone d'environ 200 000 habitants. Le milieu pénitentiaire est également pourvu de *secteurs de psychiatrie*. La *politique de secteur* vise à assurer prévention, soins et suivi en santé mentale. Elle fait parfois l'objet de critiques, notamment du fait d'une certaine rigidité du système ou des modalités — dans certains cas, peu logiques — du *découpage sectoriel*. Dans un autre registre, le mot *secteur* s'applique, par figure, à un mode d'organisation du délire observé chez certains *paranoïaques*, en particulier les *érotomanes* (voir *érotomanie*). Il s'agit du *délire en secteur*, qui — par opposition au *délire en réseau* (→ *réseau*) — n'envahit pas toute l'activité psychique du sujet. Il ne concerne qu'un « secteur d'activité », avec une exaltation passionnelle fixée sur le thème du délire. En dehors de ce dernier, le malade ne présente pas de signe pathologique évident, ce qui peut rendre « plausible » le délire auprès de l'entourage. Enfin, dans un tout autre domaine, le mot *secteur* désigne la subdivision d'un réseau de distribution d'électricité, d'où par métonymie, le courant distribué. De cet emploi spécifique, découle l'expression arg. « *avoir une panne de secteur dans le transformateur* » pour « être fou » (→ *panne*).

Étym. : m. XVIe, du latin *sector*, dérivé de *sectum*, supin de *secare* « diviser, couper ».

SÉDATIF, IVE adj. et n. m. « *Avoir besoin d'un (bon) sédatif* » (XXe), fam. : être agité au point de devoir être calmé et, par hyperbole, être fou. Le mot, substantivé, désigne un médicament calmant (la douleur ou l'excitation). Dans le langage courant, il est d'emploi rare au profit de ses synonymes *calmant* et *tranquillisant*. On dit : « *avoir besoin de calmants* », « *à calmer !* », « *à mettre sous tranquillisants* » (→ *calmer, psychotrope, tranquillisant*).

Étym. : f. XVe, de l'adj. *sédatif*, issu du latin médiéval *sedativus* « calmant » (dérivé de *sedatum*, lui-même de *sedare*).

SEMOULE n. f. « *Pédaler dans la semoule* » (XXe), fam. : être inefficace ou déraisonner (→ *pédaler*). Le mot désigne la substance alimentaire dont les propriétés sont exploitées, par figure, dans le registre de l'esprit pour rendre les notions d'embourbement de la pensée, de glissement des idées, de patinage des rouages cérébraux. On dit aussi « *pédaler dans le popcorn/la choucroute/le potage/le yahourt* » (→ *choucroute, popcorn, potage, yahourt*).

Étym. : m. XVIIe, de l'italien *semola*, lui-même du bas latin *simola*, altération de *simila*.

SÉNILE adj. et n. « *Être devenu complètement sénile* » (XXe), fam. : être gâteux ou, par extension, être fou. Le mot s'applique à l'altération des facultés psychiques, due à la vieillesse. En psychiatrie, on parle de *démence présénile* et de *démence sénile* pour désigner cette détérioration mentale progressive. Dans le langage courant, à l'instar de *gaga* ou de *dément*, *sénile* se dit abusivement d'une personne considérée comme folle. « *Il est sénile, ma parole !* », « *c'est un sénile* » (→ *dément, gaga*). • **Sénilité**, lui correspond. L'expression fam. « *être atteint de sénilité précoce* » s'emploie pour « être mentalement dérangé ».

Étym. : XVe, du latin *senilis*, dérivé de *senex* « vieux ».

SENS n. m. « *Perdre le sens* », « *être hors du sens* » (XIIe) : devenir fou. On a dit aussi « *avoir le sens aliéné* ». Le mot recouvre un champ complexe. Dans le domaine de l'esprit, il se situe au carrefour de la sensation, de la raison et de la représentation symbolique que l'on se fait des choses. Dans le registre de la folie, *sens* évoque une direction virtuelle correspondant à la norme commune, dont le fou s'écarte de manière plus ou moins accentuée, en actes et en paroles. Le degré de tolérance de la société à son sujet est souvent proportionnel à l'importance de sa déviance. La situation « hors du sens » du fou fait de lui, en tout cas, un *égaré*, un *insensé* ou un *forcené* (→ *forcené, insensé*). L'expression « *être mal sensé* » s'est dite au Moyen Âge pour « être absurde, déraisonnable », mais « *être insensé* » s'est imposée dans l'usage. Les locutions de référence sont aujourd'hui inusitées. En revanche, « *ça n'a pas de sens* » reste courante à propos d'actes ou de paroles illogiques, absurdes. Il en est de même du syntagme *bon sens* qui désigne le jugement, c'est-à-dire la faculté de penser, de discriminer avec justesse. « *Ne plus être en/dans son bon sens* » précède « *ne plus avoir tout son bon sens* » pour « ne plus jouir de toutes ses facultés mentales ». « *Raisonner en dépit du bon sens* » signifie « raisonner n'importe comment ». Par ailleurs, avant d'être repris avec l'acception de l'anglais *nonsense*, le composé *non-sens* s'est dit pour « déraison, sottise ». La locution « *être (tout) sens dessus dessous* » signifie « être bouleversé », exprimant le retournement de la pensée ou des sentiments. Enfin, la notion de « perception par les sens » est exploitée dans *illusion des sens* qui confine à l'*hallucination psycho-sensorielle* (→ *hallucination*).

Étym. : XIᵉ, du latin *sensus*, formé sur *sensum*, supin de *sentire* « sentir, percevoir » et du germanique *sinno* « direction ».

SENSITIF, IVE adj. et n. (XIXᵉ, Kretschmer), psych. : caractère ou structure paranoïaque d'un genre particulier, marqué par l'asthénie, l'introversion et l'hypersensibilité aux jugements d'autrui. Le *délire de relation des sensitifs* (ou *délire des sensitifs*) s'applique à « *(...) un délire se développant de façon concentrique par rapport à un événement primaire, le sujet ayant la conviction que son entourage est malveillant à son égard (...)* » (M. Godfryd). Il s'agit d'un délire « *en secteur* » (→ *secteur*). On dit également *délire de relation, délire sensitif de relation, délire d'interprétation sensitif*. Le mot est employé comme adj. et comme nom. « *Une paranoïa sensitive* », « *un sensitif* ». En milieu spécialisé, on utilise également le synonyme *kretschmérien*, fait d'après le nom de l'auteur ayant décrit cette forme clinique. « *C'est une vraie kretschmérienne !* »

Étym. : déb. XXᵉ, réemprunté à l'allemand, XIIIᵉ, du latin médiéval *sensitivus*, dérivé de *sensus*.

SENTIR v. « *Calmez-le ! il ne se sent plus* » (XXᵉ), fam. : il est hors de lui (colère, folie). « *Se sentir* » s'emploie pour « rester maître de soi », « connaître et contrôler ses capacités ». Cette valeur ne persiste aujourd'hui que sous la forme négative « *ne pas/ne plus se sentir* », c'est-à-dire « ne plus être en mesure de se contrôler ».

Étym. : XIIᵉ, du latin *sentire*.

SÉQUELLE (→ *trace*).

SÉRIEUX, EUSE adj. « *C'est un cas sérieux !* » (f. XXᵉ), fam. : il est très atteint. La locution exprime la gravité de l'état d'une personne. Selon le contexte, elle s'emploie ironiquement à propos de qqn considéré comme fou, abruti ou idiot. Sur le modèle de *grave*, on dit aussi « *il est sérieux !* ». •

Sérieusement est courant dans les formes « *être sérieusement atteint/perturbé/touché...* » (→ *atteint, cas, grave, malade, touché*).

Étym. : XIVe, du latin médiéval *seriosus*, de *serius* « sérieux ».

SERRURE   n. f. « *Avoir la serrure brouillée* » (f. XVIIe), fam. : avoir l'esprit dérangé. *Serrure* désigne l'esprit par métaphore, avec l'idée de mécanisme à clé, susceptible d'être endommagé par déformation. L'expression est tirée, par figure, de « *brouiller une serrure* » qui signifie concrètement « en fausser le mécanisme » (→ *brouillé*). À rapprocher de « *avoir l'esprit faussé* » (→ *faux*). Variante : « *avoir un rat dans la serrure* » (→ *rat*).

Étym. : f. XIe, du v. *serrer*, lui-même du latin *serare* de sens identique.

SERVICE   n. m. « *Être admis en service libre* » (XXe), psych. : être hospitalisé de plein gré dans un établissement psychiatrique. Cette modalité d'hospitalisation en milieu spécialisé s'oppose à l'*hospitalisation à la demande d'un tiers* et à l'*hospitalisation d'office* qui se pratiquent sans le consentement du sujet (→ *internement, placement*).

Étym. : XIIe, du latin *servitium*.

SÉTON   n. m. « *Appliquer les sétons (à qqn)* » (XIXe), psych. : traitement physique aujourd'hui obsolète, destiné à entretenir un exutoire chez certains aliénés. Employée comme méthode de drainage en chirurgie, cette technique a été introduite au siècle dernier dans les asiles. Le plus souvent appliquée à la nuque du malade, une longue mèche de linge ou de crin était passée sous la peau par deux incisions. Elle avait pour but d'entretenir une suppuration destinée à la dérivation des « mauvaises humeurs » (→ *abcès*). Elle était généralement associée à l'administration interne ou externe d'irritants visant à « décongestionner le cerveau » (→ *drogue*). Leur emploi est sorti d'usage en psychiatrie dans les années vingt (→ *moxa*).

Étym. : déb. XVIe, du latin médiéval *seto*, lui-même de l'ancien provençal *sedon*, du latin *saeta* « soie, crin ».

SEVRAGE   n. m. « *Cure de sevrage* » (XXe) : traitement d'une dépendance à l'égard de toxiques (alcool, drogues...), visant à désintoxiquer le sujet en milieu spécialisé. On dit aussi *cure de désintoxication*.

Étym. : m. XVIIIe, du v. *sevrer*, du latin pop. *seperare*, lui-même de *separare*.

SHOOTER   v. « *Shooter dans les boîtes* » (XXe), arg. : divaguer. L'expression signifie littéralement « taper du pied dans les boîtes de conserve ». Elle évoque l'errance (déambulations désœuvrées dans les rues) d'où, par figure, l'égarement mental, à l'instar de « *courir les rues* » (→ *courir*). Elle exprime aussi la bizarrerie, le sujet bottant tout ce qu'il trouve sur son chemin. « *Celui-là, il shoote dans les boîtes !* » L'argot anglo-américain de la drogue conduit à une autre acception du verbe, surtout au pronominal : *se shooter* se dit couramment pour « se faire une injection de stupéfiant », d'où par extension « absorber des drogues ». « *Se shooter aux tranquillisants* », « *il picole ou il se shoote ? il a toujours l'air défoncé* ». L'expression « *avoir l'air shooté* » s'emploie au fig. pour « être hagard, abruti ou un peu fou ».

Étym. : déb. XXe, anglicisme, de *shot* « coup » et spécialt. en anglo-américain « injection (de stupéfiant) », dérivé de *to shoot* « tirer, lancer ».

SHUNTÉ, ÉE   adj. « *Être complètement shunté* » (f. XXe), fam. : être mentalement dérangé. Dans le registre de la folie, le mot est employé comme synonyme de *court-circuité*, évoquant au fig. le dysfonctionnement de l'électricité cérébrale (→ *court-circuité*).

Étym. : XXe, anglicisme, de *to shunt* « dériver ».

SIFFLOTER   v. « *Siffloter de la bouilloire* » (XXe), arg. : être un peu fou. Le verbe évoque ici le sifflement produit par la vapeur se dégageant d'un récipient où bout un liquide. Par analogie de forme et de fonction, *bouilloire* s'emploie métaphoriquement pour tête (→ *tête*). La locution traduit l'agitation mentale, le bouillonnement, l'effervescence des idées. Elle est à rapprocher de « *avoir la cervelle en ébullition* » ou « *ça bout là-dedans !* », « *ça chauffe dans sa tête/là-dessous* » (→ *chauffer*). L'idée de production musicale ajoute une note ironique ou plaisante, comme dans la variante « *chantonner de la soupière* » (→ *chanter*).

Étym. : m. XIXe, de *siffler*, lui-même du bas latin *sifilare*, variante de *sibilare*.

SIGNE   n. m.   « *Donner des signes de dérangement mental* » (XXe) : manifester des troubles psychiques. Le mot est employé avec la valeur d'« élément, indice ». « *Il recommence à délirer plein pot, c'est mauvais signe* » (→ *sceau, symptôme*).

Étym. : f. X^e, doublet de la forme pop. *seing*, du latin *signum* « marque ».

SIGNÉ, ÉE   adj.   « *Il est signé !* » (XIXe), fam. : il se distingue nettement (folie, imbécillité...). Le mot exprime l'identification immédiate, évidente (→ *fadé, sceau*).

Étym. : p. p. du v. *signer* (XIVe), réfection d'après *signe*, de l'ancien *seignier*, du latin *signare*.

SINGULIER, ÈRE   adj.   « *C'est un bien singulier personnage* » (XVIIe) : il est bizarre, excentrique. Le mot signifie « unique en son genre », d'où « étonnant, extraordinaire ». L'idée d'originalité conduit à son emploi dans le registre de l'extravagance, avec une connotation péj. « *Il est vraiment singulier, quel personnage !* » (→ *original*).

Étym. : f. XIIIe, du latin *singularis*.

SINOQUE ou SINOC   (→ *cinoque*).

SIPHONNÉ, ÉE   adj.   « *Être (complètement/vraiment) siphonné* » (XXe), fam. : être fou. À partir de la fonction concrète du siphon, *siphonné* exprime, par figure, le vidage du contenu cérébral. La représentation du siphon sanitaire recourbé en « S », contribue sans doute à rendre l'idée de tortuosité de la pensée. On dit aussi « *être siphonné du ciboulot/de la coiffe/de la toiture...* ».

Étym. : XXᵉ, p. p. du v. *siphonner* (XIXᵉ) « transvaser à l'aide d'un siphon », de *siphon*, lui-même du latin *sipho, siphonis*, emprunté au grec *siphôn*.

SISMO, SISMOTHÉRAPIE (→ *électrochoc*).

SISTRA ou SISTRADE   n. f. (XXᵉ), fam. : extravagance. Le mot est régional (Velay). Il semble évoquer, par figure, le *sistre* (instrument de musique à percussion). Une analogie avec *timbre*, à l'origine de *timbré* pour « un peu fou », est possible, avec le sémantisme de la percussion cérébrale (→ *coup*). L'étymon — qui mène également à *séisme* — permet de traduire l'idée d'agitation, de secousses mentales. « *Quelle sistrade !* »

Étym. : d'origine incertaine, peut-être de *sistre*, du latin *sistrum*, lui-même du grec *seistron*.

SITIOPHOBIE   n. f.   (XIXᵉ), psych. : attitude d'opposition majeure concernant l'alimentation, le plus souvent de nature délirante. Le trouble, parfaitement distinct de l'*anorexie*, s'observe dans les formes graves de la *mélancolie*, ainsi que dans certaines *psychoses chroniques*. L'élément *-phobie* entrant dans la composition du mot a ici le sens d'« aversion morbide ».

Étym. : XIXᵉ, de l'élément *sitio-* (du grec *sition* « aliment »), et de *-phobie*.

SOIGNER   v. « *Avoir besoin de se faire soigner* » (XXᵉ), fam. : être mentalement atteint. L'expression est l'ellipse de « *avoir besoin de se faire soigner pour les nerfs* ». Les formes « *il faut te faire soigner !* », « *va te faire soigner !* », « *ça se soigne !* », sont courantes. À rapprocher de « *être (complètement) malade* », « *c'est un vrai malade* », « *t'es pas un peu malade ?* », « *quel malade !* », « *comme un malade !* » (→ *malade*).

Étym. : XIIᵉ, du latin médiéval *soniare*, lui-même du francique *sunnjôn* « s'occuper de ».

SOLIVEAU   n. m. « *Avoir une hirondelle dans le soliveau* » (XIXe), fam. : être un peu fou (→ *hirondelle*). Le mot désigne ici la tête par métaphore et analogie avec *plafond* (→ *tête*). L'expression représente une variante plaisante de « *avoir une araignée dans le plafond* » (→ *araignée*).

Étym. : XIVe, diminutif de *solive*, lui-même de *sole*, du latin *solea*.

SOMBRER   v. « *Sombrer dans la folie* » (m. XIXe) : devenir fou. Le verbe signifie « chavirer », en parlant d'un navire. Appliqué spécialement à la pensée, il traduit, par figure, son naufrage, avec l'idée de précipitation brutale dans le chaos mental. « *Sombrer dans la démence/la schizophrénie* », « *sombrer dans l'aberration la plus totale* », « *sa raison a sombré* » (→ *basculer, chanceler, tomber*).

Étym. : m. XVIIe, de l'ancien verbe *soussoubrer*, de l'espagnol *zozobrar* ou du portugais *sossobrar* « se renverser ».

SOMMEIL   n. m. « *Avoir (bien) besoin d'une cure de sommeil* » (XXe), fam. : relever d'un traitement en psychiatrie (→ *cure*).

Étym. : XIVe, du bas latin *somniculus*, de *somnus*.

SONNER   v. « *Sonner le fêlé* » (XIXe), fam. : donner des signes de dérangement mental. L'expression rappelle « *avoir la cloche/le timbre fêlé(e)* », exploitant le sémantisme du coup sur la tête, la notion de dissonance mentale (→ *cloche, coup, timbre*). • *Sonné* s'emploie spécialement à propos des effets d'une commotion cérébrale, au propre et au fig. « *Être un peu/à moitié/complètement sonné* » se dit couramment aujourd'hui pour « être mentalement dérangé » (→ *fêlé, frappé, marteau, piqué, timbré*).

Étym. : XIIIe, du latin *sonare*, dérivé de *sonus* « son, bruit ».

SORBONNE   n. f. « *Paumer la sorbonne* » (XIXe), arg. : devenir fou. L'expression signifie littéralement « perdre la tête » (→ *paumer, perdre*). Inusitée aujourd'hui, elle repose sur l'emploi de *sorbonne* comme nom commun arg. pour « tête, esprit », par allusion plaisante à la célèbre faculté parisienne (→ *faculté*).

Étym. : déb. XIXᵉ, par métaphore, du nom propre *la Sorbonne*, collège de théologie fondé par Robert de Sorbon (1201-1274), devenu une université parisienne de grande renommée.

SORTIR v. « *Avoir l'air de sortir de Sainte-Anne/Charenton/Maison-Blanche...* » (XXᵉ), fam. : sembler fou. L'expression est faite à partir du nom d'un établissement psychiatrique. Dans la locution « *sortir de dépression* » le verbe signifie, par figure, « quitter un état antérieur » : « *Il vient de reprendre son travail, il sort tout juste d'une grave dépression.* » • *Sortie* s'emploie en psychiatrie dans le syntagme *sortie d'essai* qui s'applique à une mesure provisoire éventuellement suspensive, par opposition à *sortie définitive*. « *Il est en sortie d'essai.* »

Étym. : XIIᵉ, du latin *sortiri* « tirer au sort », dérivé de *sors, sortis* « sort ».

SOSIE n. m. « *Illusion des sosies* » (déb. XXᵉ, J. Capgras et J. Reboul-Lachaux), psych. : croyance délirante dans laquelle le sujet tient les personnes qu'il connaît, non pour elles-mêmes, mais pour leur sosie. On dit aussi *illusion des doubles*. Il s'agit d'un trouble grave s'observant surtout dans certaines *psychoses chroniques*.

Étym. : XVIIᵉ, du nom propre *Sosie*.

SOT, SOTTE adj. « *Tourner sot* » (XXᵉ), fam. : devenir fou. L'expression régionale (Nord) est parfois entendue en milieu rural. Elle procède du sens médiéval de *sot* qui s'est dit pour « fou », avec l'idée d'absence de jugement, de discernement. Le mot s'applique aujourd'hui exclusivement à la bêtise, au ridicule (d'une chose, d'une situation ou d'une personne). • *Assoter*, « devenir, rendre sot », mène au composé *rassoter*, dont le p. p. *rassoté*, « rendu fou, abruti », s'entend encore dans les campagnes.

Étym. : XIIᵉ, d'origine inconnue. P. Guiraud le rattache au latin *sopire* « engourdir ».

SOUDURE n. f. « *Péter une soudure* » (XXᵉ), fam. : devenir fou. La métaphore est celle de la désolidarisation brutale des idées et de la rupture de la continuité psychique, *péter* signifiant « casser ». L'expression représente une variante de « *péter un/les câble(s)/une courroie/une durite, etc.* » (→ *péter*).

Étym. : XIIIᵉ, réfection de *sodure* « joint », dériver du v. *souder*, lui-même du latin *solidare* « affermir ».

SOUPENTE n. f. « *Être charançonné de la soupente* » (XXᵉ), arg. : être fou (→ *charançonné*). Le mot désigne la tête, en argot, par une métaphore commune à d'autres noms de lieu aménagé dans la hauteur d'une habitation (→ *tête*). La locution est une variante expressive de « *avoir des vers dans la tête* » (→ *ver*).

Étym. : m. XVIᵉ, d'après *pente*, réfection de *souspendre*, du latin *suspendere*.

SOUPIÈRE n. f. « *Dreliner de la soupière* » (XXᵉ), arg. : donner des signes de dérangement mental (→ *dreling-dreling*). Le mot désigne la tête par métaphore du récipient (→ *tête*). La métaphore est celle du couvercle tressautant sous l'effet de la vapeur, pour traduire l'effervescence mentale, le bouillonnement des idées. Variante : « *chantonner de la soupière* » (→ *chanter*).

Étym. : déb. XVIIIᵉ, de *soupe*, du latin *suppa*.

SPÉCIAL, E adj. « *Être (très) spécial* » (XXᵉ), fam. : être bizarre. Le mot exprime ici la singularité, la particularité d'où, par extension, l'originalité, avec une connotation péj. « *C'est un mec vraiment très spécial* », « *il est gentil, mais un peu spécial* ». Par dérision, l'ancienne forme *espécial* est parfois employée. • La valeur didact. de *spécial* conduit au v. dérivé *spécialiser*, dont le p. p. est exploité en psychiatrie dans les syntagmes *centre hospitalier spécialisé* (→ *hôpital*) et *milieu spécialisé*. Ce dernier réalise un euphémisme, pour « institution psychiatrique ». « *Se faire admettre/hospitaliser/interner en milieu spécialisé.* » • *Spécialiste* désigne couramment un médecin se consacrant à une branche particulière de la médecine, notamment un psychiatre. « *Il a complètement disjoncté, il devrait aller voir un spécialiste.* » À l'instar de *spécialité*, le mot s'emploie aussi fam., par figure, à propos de qqn qui se montre coutumier d'un comportement donné. « *Côté barjoterie, c'est un spécialiste !* », « *sa spécialité, c'est de délirer à plein tube dès qu'il a un peu bu/fumé !* ».

Étym. : f. XIIe, du latin *specialis*, lui-même de *species* « aspect ».

SPÉCULAIRE adj. « *Hallucination spéculaire* » (m. XXe), psych. : trouble dans lequel le sujet hallucine sa propre image devant lui, sans toujours s'y reconnaître. Cette expérience de dédoublement de soi — comme à travers un miroir — traduit un trouble profond de l'unité et de l'identité psychiques. Elle s'observe surtout dans les états confuso-oniriques. Au début du siècle, elle a d'abord été appelée *hallucination autoscopique*, puis *héautoscopie* (→ *dédoublement, miroir, sosie*).

Étym. : m. XVIe, du latin *specularis*, de *speculum* « miroir ».

SPIRALE n. f. « *Avoir la spirale (au-dessus de la tête)* » (f. XXe), fam. : être fou. L'expression traduit le tournoiement des idées, le vertige mental, d'où l'égarement de l'esprit. Elle s'inspire du graphisme des bandes dessinées, en particulier dans « Les Aventures de Tintin » (Hergé, XXe), où les personnages devenus fous dansent et chantent des ritournelles, la tête surmontée d'une boucle hélicoïdale (→ *vertigo*).

Étym. : f. XVIIe, de l'adj. *spiral*, du latin *spiralis*, dérivé de *spira* « spirale », lui-même du grec *speira*.

STÉRÉOTYPIE n. f. (déb. XXe), psych. : répétition à l'identique de paroles, de gestes ou d'attitudes, de manière inadaptée ou indépendante des circonstances extérieures. Le mot est emprunté au vocabulaire des typographes, où il désigne une représentation figée. Il entre en psychiatrie avec les notions de répétition indéfinie et de conservation de l'attitude. On parle de **stéréotypies verbales**, **gestuelles** ou **d'attitude**. Dans ce dernier cas, on peut observer un

« maintien figé » confinant à la *catatonie*. De tels troubles s'observent dans certaines psychoses chroniques ou dans les états démentiels.

Étym. : f. XVIII\ :sup:`e`, de *stéréotype*, terme formé sur *-type*, avec l'élément *stéréo-* tiré du grec *stereos* « solide ».

STUPEUR n. f. (XVIIIe), méd. : suspension de l'activité physique ou psychique. Le mot s'applique d'abord à un étonnement profond suspendant toute réaction. Les notions de sidération et d'inertie mènent à son emploi en psychiatrie à propos de formes particulièrement graves d'inhibition. On parle notamment de ***stupeur catatonique*** et de ***stupeur mélancolique*** (→ *catatonie, mélancolie*).

Étym. : XIVe, du latin *stupor* « engourdissement », dérivé de *stupere*.

SUICIDE n. m. (XVIIIe) : acte de se donner soi-même la mort. Bien qu'un tel comportement désespéré puisse concerner des personnes ne souffrant pas de troubles psychiques avérés, les malades mentaux constituent une population particulièrement exposée à un acte de cette nature *(mélancoliques* ou *dépressifs* profonds, *psychotiques...*). • Le verbe *se suicider*, qui correspond à l'action de se donner la mort, peut être considéré comme mal formé, l'élément *sui* équivalant à *se*. • Son p. p. *suicidé* est substantivé pour désigner la personne décédée par suicide. • **Suicidant** s'applique au rescapé d'une ***tentative de suicide***. Ce syntagme, couramment abrégé en ***T.S.***, est parfois improprement nommé ***parasuicide*** (de l'anglais *parasuicide*). • **Suicidaire** figure dans « ***acte/comportement suicidaire*** ». Substantivé, il mérite d'être réservé à une personne qui pense à se suicider. L'usage courant en fait un simple synonyme d'adepte de conduites à risque, sans distinguer s'il y a recherche délibérée ou non de se donner la mort. Le terme *autolyse*, introduit en médecine pour « suicide », doit être considéré comme impropre dans cet emploi (→ *autolyse*).

Étym. : XVIIIe, du génitif latin *sui* « soi », et de *-cide*, de *caedere* « tuer » (d'après *homicide*).

SUIVRE   v. « *Il s'est fait suivre un temps par son secteur* » (XXᵉ), fam. : il a bénéficié de soins mentaux, sous-entendu, il n'est pas tout à fait guéri. L'expression fait allusion aux dispositifs de secteur psychiatrique (→ *secteur*). • *Suivi* est substantivé au masculin, prolongeant « *suivre un malade* » dans son emploi médical. « *Le suivi d'un patient difficile.* »

Étym. : XIIIᵉ, du bas latin *sequere*, dérivé de *sequi* « accompagner qqn ».

SUPER-   : élément utilisé comme préfixe de renforcement, pour marquer un haut degré. Dans le registre de la folie, il entre dans la composition de mots récents tels que *superfou*, *superbarjo*, *superbranque*, etc.

Étym. : du latin *super* « au-dessus » et par extension « au-delà ».

SURCHAUFFÉ, ÉE   adj. « *Avoir la cervelle/l'imagination surchauffée* » (XIXᵉ), fam. : être exalté. Le mot traduit, par figure, l'échauffement de l'esprit (au-delà du raisonnable), d'où l'agitation, l'exaltation mentales (→ *chauffer*, *exalté*).

Étym. : XIXᵉ, p. p. du v. *surchauffer*, formé de *sur-* « en haut » (du latin *super*, *supra*) et de *chauffer*.

SUREXCITÉ, ÉE   adj. « *Quel surexcité !* » (XXᵉ), fam. : quel exalté ! quel agité ! Le mot exprime l'excès d'énergie, s'appliquant ici à l'état nerveux (→ *agité*, *exalté*, *excité*). • *Surexcitation* lui correspond, s'employant à propos d'un état d'excitation ou d'exaltation extrême. « *Avoir une crise de surexcitation poussée jusqu'au délire.* »

Étym. : m. XIXᵉ, p. p. du v. *surexciter*, formé de *sur-* « en haut » et de *exciter*.

SYMPTÔME   n. m. « *Avoir tous les symptômes du dérangement mental* » (XXᵉ), fam. : présenter des signes évidents de folie. Le mot est passé dans le langage courant avec le sens médical de « signe d'une maladie » (→ *signe*). En psychanalyse, il s'emploie avec la valeur spéciale d'expression d'un conflit intrapsychique (inconscient) comme dans *symptôme de conversion hystérique* (→ *conversion*).

Étym. : XVIᵉ, du latin *symptoma,* lui-même du grec *sumptôma, - matos.*

SYNAPSE   n. f. « *Péter une synapse* » (f. XXᵉ), fam. : devenir fou. L'expression représente l'une des nombreuses variantes de « *péter un/les plombs* » (→ *péter).* Le mot désigne en neuro-anatomie la zone de contact entre deux neurones. L'usage fam. en fait un synonyme de « fusible », par analogie avec le dispositif placé sur les circuits électriques. L'expression illustre, par métaphore, le thème du court-circuit cérébral (→ *disjoncter).* À partir de la notion de câblage et, par une autre métaphore, les nerfs sont envisagés comme des « cordes à nœuds », chaque *synapse* figurant un nœud. En procède l'expression arg. « *avoir du mou dans les synapses* », variante de « *avoir du mou dans la corde à nœuds* » pour « être mentalement dérangé ».

Étym. : f. XIXᵉ, de l'anglais *synapsis,* lui-même du grec *sunapsis* « liaison ».

SYSTÈME   n. m. « *Avoir le système nerveux particulièrement dérangé/déréglé/fragile, etc.* » (XXᵉ), fam. : présenter des troubles nerveux ou mentaux (→ *nerf).* Le mot a le sens général d'« ensemble ordonné, cohérent », auquel s'ajoute la notion d'unité de fonction des éléments qui le composent. En anatomie, *système nerveux (central/périphérique)* désigne les voies et centres nerveux. L'usage courant fait de l'ellipse *système* un synonyme de *nerfs,* d'où « *courir/taper sur le système* » pour « énerver, irriter ». La locution « *il vit dans son système* » fait référence à une construction de l'esprit s'écartant du réel, avec une nuance péj. • *Systématisé* s'applique spécialement au délire paranoïaque *(délire systématisé),* pour traduire son caractère bien ordonné, construit, logique, érigé en système s'étendant en réseau (→ *paranoïa).* Ce type de délire s'oppose au *délire paranoïde,* flou et incohérent.

Étym. : m. XVIᵉ, du bas latin *systema,* lui-même du grec *sustêma.*

t

TABANAR adj. (XXᵉ), fam. : fou. Le mot est régional (Limousin). C'est un synonyme de *secoué*, dont il emprunte le sens fig. « *C'est la famille tabanar* » : « C'est la famille barjo. »

Étym. : altération de l'occitan *tabastar* « frapper, secouer », d'un radical expressif *tabb-* exprimant l'idée de « coup ».

TACHYPSYCHIE n. f. (m. XXᵉ), psych. : enchaînement anormalement rapide des idées, par accélération du cours de la pensée. Ce trouble entraîne la *fuite des idées* (→ *fuite*) et s'observe notamment dans l'excitation *maniaque* (→ *manie*).

Étym. : m. XXᵉ, formé de l'élément *tachy-* (du grec *takhus* « rapide »), et de *-psychie* (→ *psych-*).

TAMBOUR n. m. « *Raisonner comme un tambour* » (XIXᵉ), fam. : mal raisonner, d'où déraisonner. Par un jeu de mot avec *résonner*, l'expression renvoie à l'idée de « caisse creuse » en parlant de la tête. La variante « *raisonner comme un tambour mouillé* » exprime la dissonance mentale. Il existe d'autres formes synonymes : « *raisonner comme une chaudière à grelots/comme un coffre/comme une pantoufle* » (→ *raison*).

Étym. : déb. XIVᵉ, d'origine incertaine, peut-être du persan *tabir*.

TAMPONNÉ, ÉE adj. « *Être complètement tamponné* » (XXe), fam. : être très fou. La locution exploite le sémantisme de coup sur la tête, *tamponné* étant ici synonyme de *tapé* (→ *coup, taper*).

Étym. : p. p. du v. *tamponner* (m. XVIe), de *tampon*, lui-même du francique.

TAON n. m. « *Avoir un taon en tête* » (XIXe), fam. : être mentalement dérangé. L'expression est le plus souvent retrouvée sous forme régionale. Elle fait référence à la piqûre du taon réputée provoquer chez les bovins des comportements de furie (→ *piqué, toukouk*). Elle exploite le sémantisme de la présence parasite d'un insecte piqueur dans la tête, représentant une variante de « *avoir une abeille dans le bonnet* » ou « *avoir un moustique dans la boîte à sel* (→ *abeille, moustique*).

Étym. : XIIe, du bas latin *tabonem*, de *tabo, -onis*, altération de *tabanus*.

TAPER v. « *Ça lui a tapé sur le caberlot/le ciboulot/le cigare/le citron/le coqueluchon/la tête...* » (XIXe), fam. : il est devenu fou. Toutes ces formes exploitent le sémantisme de la commotion cérébrale pour traduire la folie (→ *coup*). • *Tapé* se dit dès l'ancien français pour « un peu fou », par le même sémantisme. Cette acception est aujourd'hui encore très vivante. « *En voilà un qui est bien tapé !* », « *c'est un vrai tapé* » (→ *frappé, piqué, sonné, timbré, toqué*).

Étym. : XIIe, d'origine onomatopéique, à partir du radical *tapp-* exprimant « le bruit d'un coup ».

TAPIS n. m. « *Galoper près du tapis* » (XXe), arg. : déraisonner (→ *galoper*).

Étym. : f. XIIe, du grec *tapêtion*, diminutif de *tapês, tapêtos*.

TAQUET n. m. « *Être au taquet* » (XXe), arg. : être fou à bloc. L'expression est régionale (Sud-Ouest). Elle s'emploie dans l'argot des motards, signifiant « jusqu'au blocage », en parlant de la pression faite sur la poignée de l'accélérateur.

Elle est peut-être empruntée au vocabulaire de la marine, où elle se serait appliquée à la tension des cordages sur le *taquet*. Transposée dans le registre de l'esprit, la locution exprime le blocage de la pensée, le serrage des rouages cérébraux ou la tension extrême des idées atteignant leur point de rupture. À rapprocher de « *être poulie contre poulie* » (→ *poulie*).

Étym. : m. XVIIe, de l'ancien normand *estaque*, représentant le francique *stakka* « poteau ».

TARABÉ n. m. « *Quel tarabé !* » (XXe), fam. : quel imbécile ou quel fou (avec une nuance affectueuse). Le mot est régional (Savoie). Il s'est dit spécialement de l'idiot du village.

Étym. : d'origine incertaine, peut-être du provençal *tarabustar*, issu du croisement de *tabustar* « faire du bruit » et *rabasta* « bruit, rabâchage ». Les radicaux onomatopéiques *tar-* et *tabb-* expriment tous deux le « bruit ».

TARABISCOTÉ, ÉE adj. « *Avoir des idées complètement tarabiscotées* » (XXe), fam. : avoir des idées tordues, bizarres. Le mot évoque d'abord la surcharge ornementale, d'où la complication inutile. Par exagération, on passe — dans le registre de l'esprit — à l'idée de tortuosité de la pensée (→ *biscornu, tordu*).

Étym. : m. XIXe, de *tarabiscot*, d'origine inconnue.

TARÉ, ÉE adj. et n. « *Il est carrément taré !* » (XXe), fam. : il est vraiment fou. Le mot qualifie de manière générale ce qui présente un vice, un défaut, en relation avec *tare*. Il s'emploie, par figure, pour « grave handicap physique ou mental », avec l'idée d'hérédité : « *Il s'est ramassé toutes les tares de ses parents* » (→ *génétique*). Il est alors interprété comme synonyme péj. de *dégénéré*. Dans le langage fam. d'aujourd'hui, *taré* reprend ces notions négatives. Il s'emploie au sens courant de *débile, demeuré*, avec l'acception de « crétin » et, par extension, de « fou » (→ *débile, demeuré*). « *C'est un de ces tarés !* », « *quel taré !* » L'expression « *être bon à mettre chez les tarés* » signifie péj. « relever de l'hôpital psychiatrique ».

Étym. : XVIe, de *tare*, de l'italien *tara*, de l'arabe *tarha*.

TARENTULE n. f. « *Être mordu/piqué de la tarentule* » (XVIIIᵉ), fam. : être excité ou être fou. L'expression fig. fait allusion aux troubles nerveux à type d'agitation choréique, attribués à la piqûre d'une grosse araignée. Celle-ci est nommée *tarentule* parce qu'elle est abondante dans la région de Tarente et dans toute l'Italie méridionale. • *Tarentisme* ou *tarentulisme* désigne les troubles correspondants. Au XVIIᵉ siècle, ceux-ci se sont répandus de manière épidémique en Sicile et dans le Sud de l'Italie. Il semble peu probable que les troubles rapportés aient été dus à la piqûre de l'araignée, dont la variété la plus répandue est totalement inoffensive. Les manifestations paraissent devoir être imputées à des phénomènes d'hystérie collective et de possession diabolique (→ *démonomanie)*. En tout cas, le thème de « l'araignée qui rend fou » fait figurer l'animal en bonne place dans le bestiaire de la folie (→ *araignée)* et l'idée de piqûre est couramment exploitée dans le registre de la déraison (→ *piqué)*.

Étym. : XIIIᵉ, puis XVIᵉ, de l'italien *tarantola*, dérivé de *Tarento* « Tarente ».

TAVELÉ, ÉE adj. « *Être complètement tavelé* » (XXᵉ), fam. : être très fou ou être idiot au plus haut point. L'expression est régionale (Velay). Le mot signifie d'abord « tacheté », « moucheté » *(peau tavelée)*. Par extension, il se dit à propos des taches signant l'altération d'une enveloppe, d'une surface, ce qui en fait un synonyme de *piqué*. De là, procède sans doute son emploi dans le registre de l'idiotie ou de la folie. Variante : *tar(a)velé*, peut-être par croisement avec *tarabiscoté*.

Étym. : XIIIᵉ, du latin *tabella* « tablette », diminutif de *tabula*.

TCHALÉ, ÉE adj. « *Il est vraiment tchalé* » (XXᵉ), fam. : il est mentalement dérangé. Le mot est courant dans le parler des Français d'Algérie. « *Être tchalé de qqn* » signifie « s'en amouracher ».

Étym. : de l'espagnol *chalado* « toqué », « entiché de » (de *chalar)*.

TEINT   n. m. « *C'est un schizophrène bon teint* » (XXe), fam. : il est réellement schizophrène. L'expression « *bon teint* » signifie « dont la teinture est correctement fixée, durable et résistante ». Par figure, elle évoque l'idée de permanence, d'authenticité d'une caractéristique ou d'un état.

Étym. : XIe, du latin *tinctus*, de *tingere*.

TEMPE   n. f. (f. XIVe) : cerveau. Cette valeur — aujourd'hui sortie d'usage — est obtenue par métonymie, le mot s'appliquant à la région latérale de la tête, située entre le coin de l'œil et le bord supérieur de l'oreille. Lorsqu'il s'agit de désigner une personne plus ou moins mentalement dérangée, on a recours à un certain nombre de gestes correspondant à un code social parfaitement identifié et identifiable : rotation de l'index sur la *tempe*, mouvements de la main vissant ou dévissant un écrou imaginaire en région temporale, tapotements brefs et répétés de l'index sur la *tempe*, etc. Le geste peut être accompagné d'un sifflotement à deux tons (→ *pfuitt-pfuitt*).

Étym. : XIe *(temple)*, du latin pop. *tempula*, lui-même de *tempora*, pluriel neutre de *tempus, -oris* « tempe ».

TENIR   v. « *Tenir de la lune/de l'évent* » (XVIe), fam. : être insensé ou fantasque (→ *évent, lune*). Comme son étymon, le verbe développe une riche polysémie. « *Tenir un quartier de lune* » s'est dit pour « être fou », au sens fig. de « détenir qqch d'inaccessible ». Les expressions « *en tenir une bien bonne* » (une « cuite »), « *en tenir une (sacrée) couche* » (d'imbécillité), mènent à « *qu'est-ce qu'il tient !* » qui s'emploie parfois dans le registre de la folie. L'ellipse classique « *en tenir* » a signifié spécialement « être fou ». Elle persiste sous la forme « *ça le tient !* ». L'expression « *ne plus se tenir* » équivaut à « ne plus se posséder », tandis que « *ça le tient !* » peut renvoyer à l'habitation, la possession par la folie. « *Ne plus pouvoir le tenir* », c'est-à-dire « le maîtriser », suggère — par hyperbole — l'agitation mentale : « *On ne le tient plus !* » La représentation de l'équilibre par le maintien stable sur les jambes, conduit par figure à « *ça ne tient pas debout !* » pour « c'est absurde, illogique ! » (→ *debout*). ***Tenir***, au sens de « parler », est exploité dans « ***tenir des propos absurdes/déments/extravagants/incohérents/dénués de sens/dépourvus de raison, etc.*** » (→ *propos*). « ***Avoir de qui tenir !*** » établit un lien de parenté, d'analogie, comme dans « ***tenir de la lune/de l'évent*** » ou « ***tenir de l'entonnoir*** » (→ *entonnoir*).

Étym. : XIe *(tener)*, d'un latin pop. *tenire*, peut-être du latin classique *tenere*.

TERRINE n. f. « ***Travailler de la terrine*** » (XXe), fam. : être un peu fou. L'expression est une variante de « ***travailler du chapeau*** » (→ *travailler*). ***Terrine*** désigne la tête par métaphore et analogie de forme avec le récipient (→ *tête*). L'idée d'un contenu culinaire informe (ragoût et surtout pâté) renforce sans doute cet emploi pop. du mot dans le registre de la folie (→ *pâté*).

Étym. : m. XVIe, de *terrin* « de terre », du latin pop. *terrinus*, dérivé de *terra*.

TEST n. m. « ***Il faut lui faire passer des tests*** » (XXe), fam. : son état mental est inquiétant (par ironie). L'expression fait allusion aux ***tests psychologiques***, épreuves définies, codifiées, impliquant une tâche à accomplir et destinées à évaluer tel ou tel aspect du fonctionnement mental d'un sujet. Les tests dits *de personnalité*, ou ***tests projectifs***, tendent à objectiver les réactions verbales et non-verbales d'un sujet face à une représentation donnée, la technique visant à préciser sa structure mentale et ses modes de défense (→ *Rorschach*).

Étym. : f. XIXe, de l'anglais *test*, abréviation de *mental test* « épreuve psychologique », de l'ancien français *test*, du latin *testum*.

TÊTE n. f. « ***Perdre la tête*** » (XVIIe) : devenir fou, déraisonner. L'expression est en réalité très ancienne, précédée dès le bas Moyen Âge par « ***perdre le sens*** », à l'origine de *insensé* (→ *sens*). Par évidence, dans le registre de la folie, une phraséologie particulièrement abondante a recours au mot *tête*. On dit ainsi : « *avoir la tête fêlée/mal faite* », « *avoir une araignée/un cafard... dans la tête* », « *être tombé sur la tête* », « *avoir la tête qui déménage/s'égare/se dérange...* », « *ne plus avoir toute sa tête* », « *ne plus avoir sa tête (à soi)* », « *déménager (de) la tête* », « *être malade dans sa tête* », « *marcher sur la tête* », etc. Un certain nombre de formules fam. sont également courantes : « *où avais/ai-je la tête ?* », « *ça va pas (dans) la tête !* », « *t'es pas bien dans ta tête !* », « *c'est la tête, Docteur !* », « *tête folle, va !* », etc. L'absence d'équilibre mental et les difficultés de raisonnement sont exprimées par : « *ne plus avoir la (sa) tête sur les épaules* », « *avoir la tête à l'envers/à l'évent/vide* », « *avoir pris un coup sur la tête* ». Déprimer ou angoisser, c'est « *être mal dans sa tête* ». Être exalté ou s'emporter facilement correspond à : « *être une (vraie) tête brûlée/chaude* », « *monter/porter à la tête* ». « *Se prendre la tête* », c'est « être obséder par qqch », tandis que « *c'est (tout) dans la tête* » signifie « c'est d'origine psychique ». Dans l'expression « *dire/faire des choses sans queue ni tête* » pour « dire/faire n'importe quoi », *tête* a le sens particulier de « début », « commencement logique » (→ *queue*). « *Avoir de drôles d'idées derrière la tête* » signifie « être bizarre, imprévisible, tordu », les « coulisses » de l'esprit — c'est-à-dire l'incontrôlé, l'inavouable — s'opposant à l'« avant-scène », siège de la conscience claire, raisonnée. En ce qui concerne les acceptions du mot *tête*, on distingue trois plans distincts : le terme désigne d'abord la boîte crânienne (contenant), puis le siège de la pensée (contenu) et enfin le visage. Dans le registre de la folie, seuls les deux premiers niveaux sont exploités ; certains termes se chevauchent cependant. Dès le latin *testa* (« coquille »), l'idée de fragilité du crâne est implicite. Le fait que l'enveloppe crânienne puisse être ébréchée ou fêlée, rend — par métonymie — l'idée de « brisure mentale ». C'est ce que réalisent « *avoir la coquille fêlée* » et ses variantes « *avoir la cervelle/le coco/le crâne/la tête... fêlé(e)* » (→ *fêlé*), « *avoir la cabosse ébréchée* » (→ *ébréché*), etc. Le sémantisme du coup sur la tête constitue certainement l'une des plus vieilles représentations fig. de la déraison (→ *coup*). De nombreux synonymes de *tête* sont empruntés par métaphore à des noms de récipient, pour exprimer la fragilité du contenant (terre, verre), établir une analogie de forme (rondeur) et évoquer la fluidité plus ou moins grande du contenu. Ce dernier concerne le siège de l'activité mentale (pensée, idées, jugement, états affectifs, bon sens, entendement, esprit, raison), ainsi subdivisée à l'âge classique. Selon la nature du fluide qui le symbolise, des indications implicites sont fournies sur les modalités du fonctionnement psychique. Son aspect ou sa consistance évoquent en effet l'état mental correspondant, qu'il s'agisse de l'« insignifiance » (eau, air), de la « viscosité » (huile, potage), de l'« exubérance » (vin, spiritueux) ou de l'« effervescence » (liquides portés à ébullition). D'autre part, il existe des récipients qui expriment l'idée dominante de bêtise *(burette, carafe, carafon, cruche, fiole, gourde)*, d'autres, plus spécifiquement celle de folie, d'extravagance *(bocal, bouilloire, bouillotte, cafetière, cocotte, soupière, théière)*. Le thème de la mise en ébullition et du dégagement de vapeur permet d'y associer *chaudière*. Certains contenants renvoient à un contenu particulièrement expressif. C'est le cas de *boîte au (à) sel, boîte à idées, boîte noire, bourriche, bourrichon, boussole, caisson, terrine, tirelire, urne*, etc. Avec le thème de l'habitation de la pensée, on passe à la notion d'espace circonscrit : *abri, boutique, bureau du directeur, cabanon, chambre, logis, vitrine*, etc. L'idée de dispositif cérébral mène à l'emploi de termes empruntés à la mécanique, l'électricité ou l'informatique *(centrale, compteur, ordinateur, moulin, transformateur*, etc.). Le croisement de *tête* et de *chef* (« sommet ») permet d'introduire la notion de « lieu élevé » au sens propre *(beffroi, cap, là-haut, minaret, promontoire, tour...)* et fig. *(sorbonne)*. La désignation d'une pièce haut située dans une habitation fournit *combles, grenier, mansarde* (d'où le néologisme *pensarde), soupente*. Dans un autre registre, l'analogie de forme (ronde) est exploitée pour désigner plus ou moins spécifiquement le crâne, le cerveau ou le visage. On distingue les noms de fruit, de plante ou de légume : *bulbe, cassis, cerise, chou, ciboule* (→ *ciboulard, ciboulot), citron, citrouille, coco, coloquinte, fraise, melon, quetsche, pigne, poire, pomme, potiron...* ; ceux d'objets : *balle, bille, bobine* (→ *bobèche, bobéchon*), *boule, cadran, caillou, tourte, tronche, toupie, vol-au-vent*, etc. Par ailleurs, certains termes évoquent la flamme, la lumière de l'esprit (*bougie, calbombe, lampe...*) ; d'autres, à la fois la rondeur, le creux et la résonance : *calebasse, cloche, contrebasse, grelot, guitare, timbale, timbre*, etc. Par métonymie, tout objet de coiffure ou couvre-chef peut désigner fam. ou en argot la tête. On trouve ainsi : *bigoudi, bonnet, canotier, casque, casquette, chapeau, chignon, coqueluchon, képi, touffe, visière*, etc. Par extension, tout objet servant à couvrir est également susceptible d'être employé : *couvercle, chapiteau, charpente, plafond, soliveau, toit, toiture*, etc. Une telle liste n'est évidemment pas exhaustive, tant les développements métaphoriques peuvent être nombreux.

Étym. : m. XIe *(teste)*, du latin *testa* « coquille ».

THÉATRALISME   n. m.   (m. XXe), psych. : tendance aux manifestations émotionnelles et affectives démonstratives, exagérées et dépourvues de naturel. Il s'agit d'un trait caractérisant classiquement la personnalité *hystérique*.

Étym. : XXe, de *théâtral*, du latin *theatralis*.

THÉRAPEUTE, THÉRAPIE   (→ *psychothérapie*).

THYMIE   n. f.   « *Avoir une thymie dépressive/expansive* » (XXe), psych. : être d'humeur dépressive ou euphorique. Le mot est d'emploi didactique, désignant l'humeur en tant que disposition affective fondamentale. • *Thymique* lui correspond comme adj. *État thymique, troubles thymiques*. • *Normothymie* signifie « humeur normale », *hyperthymie*, « exaltation euphorique » (→ *manie*), *hypothymie*, « abattement de l'humeur » (→ *dépression, mélancolie*), *cyclothymie*, « humeur fluctuante de façon cyclique ». Seul ce dernier composé est repris dans le langage courant (→ *cyclothymie*). • *Athymie*, « perte de l'affectivité », est sorti d'usage. • *Athymhormie* s'applique spécialement à la perte de l'élan vital, à l'apparente indifférence affective, observées dans certaines formes de schizophrénie. • Tous ces mots donnent naissance aux adjectifs correspondants : *nor-mothymique*, *hyperthymique*, *hypothymique*, *cyclothymi-que*, etc. • Dans le domaine des médicaments psychotropes, on trouve *thymo-analeptique* pour « antidépresseur » (→ *psychotrope*), et *thymorégulateur* qui désigne un médicament destiné à limiter les fluctuations excessives de l'humeur (→ *lithium*).

Étym. : xxe, du grec *-thumia*, tiré de *thumos* « cœur, affectivité ».

TILTER v. « *Il a complètement tilté* » (xxe), fam. : il a perdu la raison. Le verbe est emprunté au vocabulaire des amateurs de billard électrique (« flipper »). Il s'applique au dispositif stoppant la partie, en cas de secousse trop brutale (« tilt »). L'idée d'interruption électrique brusque est exploitée, par figure, dans le registre de la folie.

Étym. : xxe, anglicisme, de *tilt* « action de basculer ».

TIMBALE n. f. « *Avoir un pépin dans sa timbale* » (xixe), arg. : être un peu fou » (→ *pépin*). On dit aussi « *avoir une mie de pain dans la timbale* » (→ *mie*). *Timbale* désigne la tête par métaphore, d'après la forme de l'objet et sa capacité de résonance, jouant sur l'homophonie résoner/raisonner (→ *tête*). Les expressions fig. de référence suggèrent l'existence d'un élément perturbateur dans le cerveau. Une telle variation sur le thème de l'« idée fixe » est rendue par la métaphore du bruit mental parasite, par allusion au tintement que produirait une graine ou une miette agitée dans un gobelet métallique. À rapprocher de « *dreliner de la soupière* », « *raisonner comme une chaudière à grelots* », « *tintinnabuler du grelot* » (→ *dreliner, raisonner, tintinnabuler*).

Étym. : f. xve, altération, d'après *cymbale*, de *tamballe* « tambourin », de l'espagnol *atabal*, tiré de l'arabe.

TIMBRE n. m. « *Avoir le timbre fêlé* » (déb. xviie), fam. : être dérangé mentalement. Le mot désigne la tête par métaphore de la cloche frappée avec un marteau (→ *tête*). D'emblée, on se situe dans le registre de la commotion cérébrale avec, pour corollaire, l'idée de dissonance mentale propre à la fêlure (→ *coup, fêlé*). On a d'ailleurs dit, de manière équivalente, « *avoir la cloche fêlée* » (→ *cloche*). Ces expressions sont aujourd'hui sorties d'usage. • *Timbré* s'est d'abord employé dans l'expression « *avoir une tête mal timbrée* » pour « être déséquilibré ». Par métonymie, le mot demeure très courant pour qualifier puis désigner une personne un peu folle. « *Il est complètement timbré* », « *c'est un vrai timbré* » (→ *piqué, sonné*). La compréhension pop. moderne de *timbré* au sens de « revêtu d'un timbre-poste » (en parlant d'un pli, d'une lettre) conduit à des variantes très éloignées du sémantisme initial. C'est le cas des expressions fam. récentes « *être mal cacheté* », « *être complètement oblitéré* » (→ *oblitéré*).

Étym. : m. XIIe, du grec byzantin *timbanon*, altération de *tumpanon* « tambourin ».

TINGO adj. et n. « *Quel tingo !* » (XXe), arg. : c'est un grand fou. Dérivé de *louftingue* dont il emprunte le sens, le mot évoque l'onomatopée *ting* qui exprime le bruit d'une clochette, renvoyant au sémantisme du tintement mental et de la dissonance psychique, commun à *sonné* et *timbré*. « *C'est un vrai tingo.* »

Étym. : XXe, par aphérèse de *louftingue*, et influence de *dingo*.

TINTINNABULER v. « *Tintinnabuler du grelot* » (XXe), fam. : être fou, déraisonner. La métaphore est celle du tintement mental, *grelot* désignant ici la tête par analogie de forme et allusion plaisante aux grelots de la *marotte* du fou (→ *grelot, marotte*). Sur le même thème, on trouve la variante « *dreliner de la soupière* » (→ *dreling-dreling*). •*Tintinnabulé* s'emploie dans la locution équivalente « *être tintinnabulé du grelot* ». Le mot est un synonyme expressif de *sonné* ou *timbré*.

Étym. : XIXe, du latin *tintinnabulum* « clochette », de *tintinnare*, lui-même de *tinnire* « tinter ».

TIRELIRE n. f. « *Avoir un cafard dans la tirelire* » (XIXe), fam. : être un peu fou. L'expression est une variante de « *avoir une araignée dans le plafond* » (→ *araignée,* *cafard*). ***Tirelire*** désigne la tête par métaphore du récipient percé d'une fente, destiné à recueillir des pièces de monnaie (→ *tête*). Cette acception plaisante, suggère — par figure — non seulement l'existence d'une brèche mentale permanente (→ *brèche*), mais également le tintement des idées sous l'effet de l'agitation. L'expression concurrente « *avoir reçu un coup sur la tirelire* » procède du sémantisme de la commotion cérébrale (→ *coup*).

Étym. : XIIIe *(tire-lire)*, d'origine onomatopéique.

TIROIR   n. m.   « *Il lui manque un tiroir (à sa commode)* » (XXe), fam. : il est un peu fou. L'expression est une variante de « *il lui manque une case* » (→ *case*). La métaphore est celle de la perte de l'un des éléments d'un ensemble cohérent et ordonné, en l'occurrence le cerveau, pour exprimer le désordre, le dérangement mental (→ *manquer*).

Étym. : m. XIVe, dérivé du v. *tirer*, d'origine obscure.

TOCBOMBE   adj.   (XXe), arg. : déséquilibré, un peu fou. La forme même du mot est particulièrement expressive, évoquant le choc mental et l'explosion des idées (→ *calbombe*). « *C'est une maison qui reçoit les gens fatigués, des nerveux, des mélancoliques, des anxieux. Sur le prospectus, il y a écrit : ni aliénés, ni contagieux. On a compris. Le directeur, un médecin psychiatre, est un chouïa tocbombe, comme tous les psychiatres* » (A. Paraz, *Le Gala des vaches*, cité par J. Cellard et A. Rey).

Étym. : déb. XXe, d'après l'argot *calbombe* « tête », reformé avec le radical *toc-* emprunté à *toctoc*, *toqué*.

TOCTOC ou TOC-TOC   adj.   (f. XIXe), fam. : un peu fou. Le mot se dit d'abord du petit bruit sec fait par qqn frappant à la porte, pour s'annoncer. Dans le registre de la folie, son sens fam. procède, par transposition fig., du sémantisme du coup sur la tête, comme *frappé, tapé, sonné*... (→ *toqué*). La désignation d'une personne mentalement dérangée par des expressions du type « *vise un peu celui-là, il a l'air toctoc !* » s'effectue souvent geste à l'appui, notamment par des tapotements répétés de l'index sur la tempe (→ *tempe*). Variante créole : ***toktok***.

Étym. : av. XVIIe, redoublement de *toc* évoquant « un choc », d'un radical onomatopéique *tokk-*.

TOILE n. f. « ***Rouler sur la toile*** » (XXe), arg. : perdre la raison (→ *rouler*). L'expression est empruntée à l'argot du cyclisme, *toile* faisant allusion à la trame de la chambre à air. Elle exprime d'abord l'usure d'où, par figure, l'épuisement. Transposée dans le registre mental, elle traduit le dysfonctionnement de l'esprit, en concurrence avec « ***rouler sur la jante*** » (→ *jante*).

Étym. : XIIe, du latin *tela*.

TOITURE n. f. « ***Onduler/travailler/yoyoter... de la toiture*** » (XXe), fam. : être un peu fou. Le cerveau étant envisagé comme le lieu d'habitation de la pensée (→ *habiter*), *toiture* désigne la tête par métonymie (→ *tête*). Dans le registre de la folie, les expressions ayant recours au mot exploitent essentiellement le thème de la déformation mentale (→ *onduler*, *travailler*, *yoyoter*). On trouve aussi « ***être dévissé de la toiture*** » qui équivaut à « ***partir du couvercle*** », c'est-à-dire « perdre la tête » (→ *dévisser*).

Étym. : f. XVIe, de *toit* (XIIe), du latin *tectum*, dérivé de *tegere* « couvrir ».

TOMAHAWK n. m. « ***Avoir reçu un coup de tomahawk*** » (XXe), fam. : être un peu fou. Le mot a désigné une hache de guerre chez les Indiens d'Amérique du Nord. L'expression elliptique représente une variante exotique rare de « ***avoir un coup de hache (à la tête)*** » (→ *hache*).

Étym. : m. XVIIIe, de l'anglais, lui-même tiré de l'algonquin.

TOMBER v. « ***Tomber fou*** » (XVIIe), fam. : devenir fou. Par figure, l'idée de chute traduit le passage brutal d'un état antérieurement sain à un état pathologique. Appliqué à l'esprit, *tomber* exprime également les notions de déséquilibre, de basculement (→ *basculer*, *sombrer*). On dit aussi « ***tomber dans la folie*** » et, souvent par euphémisme,

« *tomber en dépression nerveuse* ». Par ailleurs, l'expression fig. « *être tombé sur la tête* », c'est-à-dire « être devenu fou », a recours au sémantisme de la commotion cérébrale (→ *coup*). « *T'es pas un peu tombé sur la tête, non, des fois ?* »

Étym. : XIIe, d'un radical onomatopéique *tumb-* exprimant « une « chute », un « saut », avec influence de l'ancien v. *tumer* « danser, culbuter ».

TONNEAU n. m. « *Il lui manque un cercle à son tonneau* » (XXe), fam. : il est un peu fou. La métaphore est celle de la perte de l'un des éléments d'un ensemble cohérent et ordonné, en l'occurrence le cerveau (→ *manquer*). La locution exprime la dislocation mentale, la fuite des idées, la tête étant assimilée ici à une barrique présentant un défaut de cerclage. En alsacien, l'expression de tonnelier « *üsser Ràand u(n) Bàand si(nn)* » (« être hors du bord et du cercle ») se dit pour « être fou furieux » (→ *hors*).

Étym. : XIVe, diminutif de *tonne*, du latin médiéval *tunna* « grand tonneau ».

TOQUÉ, ÉE adj. « *Être toqué* » (XVIIe), fam. : être un peu fou. Le mot signifie « heurté », « frappé », exprimant ici, de manière elliptique et par figure, le sémantisme du coup sur la tête (→ *toctoc*). Son emploi dans le registre des troubles de l'esprit est probablement renforcé par croisement métonymique avec *toque*, « coiffe ». *Toqué* est un synonyme courant de *sonné, tapé, timbré*. Il est substantivé depuis le siècle dernier. « *Il est complètement toqué, ce mec-là !* », « *quel toqué !* ». La forme « *être toqué de...* » procède de *se toquer* qui signifie, par hyperbole, « s'enticher de (qqch ou qqn) ». • De nombreux dérivés dialectaux exprimant l'idée de sottise ou de folie, sont tirés de *toqué* : *tocagne, tocaille, tocasse, toqua, toquelet*, etc. • *Toquade* s'emploie pour « engouement passager, caprice », avec l'idée de bizarrerie et de brusquerie. « *Une toquade de cerveau dérangé* » s'est dit d'une idée fixe particulièrement obsédante (→ *lubie, manie*).

Étym. : XVIIᵉ, p. p. adj. du v. *toquer* (XVᵉ), formé sur le radical onomatopéique *tokk-*.

TORDU, E   adj. et n. « *Être tordu comme c'est pas permis* » (XXᵉ), fam. : être un peu fou. Appliqué elliptiquement à l'esprit, le mot figure le gauchissement de la pensée, faussant l'entendement (→ *cintré, tourné, vrillé*). « *Il est vraiment tordu* », « *quel tordu !* ». Le terme exprime la perte de la rectitude mentale d'où, par un autre développement, l'absence de droiture, c'est-à-dire la perversité (→ *pervers*). « *Avoir l'esprit tordu* » signifie ainsi « être bizarre » ou « avoir l'esprit mal tourné ». • Un croisement avec *tortueux* fournit le dérivé arg. *tortibac* « tordu, pervers ».

Étym. : f. XVIIᵉ, p. p. adj. du v. *tordre* (XIIᵉ), du latin *torquere* « tourner ».

TORPILLÉ, ÉE   adj. « *Voilà un mec complètement torpillé !* » (XXᵉ), arg., fam. : il est très fou. Le mot fait référence à l'engin de guerre rempli d'explosifs, utilisé dans la marine, nommé *torpille*. Appliqué elliptiquement à l'esprit, il est synonyme de *explosé*, la métaphore étant celle de l'éclatement de la raison. À rapprocher de *atteint, flingué, fusillé, pété, touché*.

Étym. : XIXᵉ, p. p. du v. *torpiller*, de torpille, trad. de l'anglais *torpedo*, lui-même du latin *torpedo*.

TOTAL, E   adj. « *Lui, c'est le branque total !* » (XXᵉ), fam. : il est complètement fou. Le mot qualifie ce qui est complet, ici dans un contexte dépréciatif. « *Le barjo/le fou... total.* » • **Totalement** lui correspond, en concurrence avec *complètement*. Dans le registre de la folie, ces adverbes de quantité sont couramment utilisés pour intensifier le degré des troubles.

Étym. : XIVᵉ, du latin *totalis*, de *totus* « tout ».

TOUCHER   v. « *Il s'est fait toucher quand il était petit* » (XXᵉ), fam. : il garde des séquelles mentales d'un traumatisme sexuel infantile. Dans cet emploi, le verbe renvoie spécialement aux attouchements sexuels. La forme pronominale *se toucher* mène, dans le même registre, à l'expression péj. très fam. « *s'il se touchait moins, il serait moins abruti* », qui illustre la thèse pop. tenace selon laquelle certains troubles mentaux seraient dus à la masturbation. Il est vrai qu'au XVIIIe et au début du XIXe siècle, la médecine préconisait le recours aux corsets anti-masturbatoires ou à diverses autres méthodes privatives chez les grands nerveux et tous ceux que l'on estimait fragiles au niveau des fonctions intellectuelles. • *Touché*, synonyme de *atteint*, s'emploie fam. pour « fou », elliptiquement d'après « *touché au cerveau* » (→ *atteint*). Ellipse de « *touché au cerveau* », le mot exprime, par figure, le sémantisme de la commotion ou du dommage cérébral (→ *coup*). « *Il est salement touché.* » • Le verbe est substantivé pour désigner le sens du tact *(le toucher)*. En psychiatrie, l'expression « *folie du toucher* » s'est dit de la *névrose obsessionnelle* (→ *obsessionnel*).

Étym. : XIIe, sans doute d'un latin pop. *toccare* « faire toc », d'origine onomatopéique (→ *toctoc, toqué*).

TOUFFE n. f. « *Travailler/yoyoter... de la touffe* » (XXe), fam. : être un peu fou (→ *travailler, yoyoter*). L'argot *touffe*, tête, procède par métonymie du mot désignant la chevelure (→ *tête*).

Étym. : XIIIe, d'origine incertaine, peut-être de l'ancien alémanique *topf* « bout ». On évoque aussi un croisement avec le bas latin *tufa* « huppe ».

TOUKOUK n. m. (XXe), fam. : lubie ou accès de folie. Le mot est courant dans le parler fam. des Français d'Algérie. « *D'un seul coup, ça lui a pris le toukouk de manger ses olives avec les noyaux.* »

Étym. : de l'arabe *t'ekkek* « courir de manière désordonnée » (en parlant de bovins piqués par une mouche ou un taon).

TOUR n. m. « *Avoir un tour dans la bobèche* » (XXe), fam. : ne pas être sain d'esprit. Par figure, le mot exprime l'enroulement exagéré de la pensée, avec la notion d'emmêlement des idées. La métaphore repose sur l'image de la « bobine cérébrale », pour traduire l'altération du dévidage de la pensée (→ *décoconner, détrancané*). On dit aussi « *avoir un tour en moins/un tour en trop* » ou « *avoir des tours dans les câbles* ». Par ailleurs, *tour* désigne également une action réalisée avec habileté (spécialement au détriment de qqn). En procède l'expression fig. « *son esprit lui joue des tours* » pour « il n'a plus toute sa raison » (→ *tourner*).

Étym. : XIIe, déverbal de *tourner*.

TOURMENTÉ, ÉE adj. « *C'est un esprit particulièrement tourmenté* » (XIXe) : une personne compliquée, envahie d'obsessions, d'angoisses. Le mot exprime la torture et l'agitation mentales. Par extension, il développe la notion d'irrégularité, ce qui le fait entrer dans le champ de la bizarrerie, de l'extravagance. « *C'est un grand tourmenté* » (→ *travailler*).

Étym. : XIIIe, p. p. adj. du v. *tourmenter* (XIIe), de *tourment*, issu du latin *tormentum*, lui-même de *torquere* « tordre ».

TOURNEBOULER v. « *Tournebouler de la pensarde* » (XXe), arg. : être mentalement perturbé. Éloigné du sens de son étymon, le verbe est ressenti comme particulièrement expressif — par influence des verbes *tourner* et *bouler* — pour traduire le vertige mental, le chamboulement des idées ou des sentiments. • *Tourneboulage* s'emploie fam. depuis la fin du siècle dernier pour « trouble de l'esprit ». « *On est en plein tourneboulage !* » signifie « on est en plein délire ! ».

Étym. : XVIe, de l'ancien français *torneboele*, composé de *tourner* et de *boele* « boyau ».

TOURNER v. « *Ne pas tourner rond* » (déb. XXe), fam. : présenter des troubles mentaux. L'expression signifie « fonctionner avec des à-coups », en parlant d'un moteur. Transposée par métaphore aux « rouages cérébraux », elle permet de traduire le dysfonctionnement psychique. La notion de « mouvement tournant » appliquée à l'esprit a été exploitée bien avant l'invention du moteur à explosion. Elle a introduit le thème de la légèreté mentale, par analogie aux rotations de la girouette soumise à tous les vents, ce qu'illustre « *le cerveau tourne* » pour « on est étourdi » (→ *étourdi, évent*). Elle a concerné le vertige : « *avoir la tête qui tourne* » est aujourd'hui répandue au sens de « être ivre ou nauséeux ». L'idée de brusque pivotement ou de renversement mental conduit, par métaphore, à « *tourner du chapeau* » et « *tourner la carte* » qui signifient fam. « devenir fou » (→ *envers*). Il en est de même de la variante régionale (Auvergne) « *tourner casquette* », que l'on trouve ailleurs sous la forme « *avoir tourné la casquette* ». • *Tourné* s'emploie dans l'expression « *avoir la cervelle/l'esprit tourné(e)* » pour « être/devenir fou ».

Étym. : Xᵉ, du latin *tornare* « façonner au tour », de *tornus*, lui-même du grec *tornos*.

TOURTE n. f. « *Avoir une araignée/une écrevisse dans la tourte* » (XIXᵉ), fam. : être un peu fou (→ *araignée, écrevisse*). Le mot désigne la tête par métaphore et analogie de forme avec le pain ou le gâteau rond (→ *tête*). Les locutions de référence représentent des variantes expressives de « *avoir une araignée dans le plafond* » (→ *araignée*).

Étym. : XIIIᵉ, du bas latin *torta*.

TOUT adj., adv. « *Ne pas avoir tout* » (XXᵉ), fam. : être un peu dérangé mentalement. L'expression elliptique signale l'atteinte de l'intégrité psychique. Elle renvoie au manque ou à la perte d'un ou plusieurs éléments de l'ensemble mental. On dit de manière équivalente « *avoir qqch en moins* », « *ne pas être fini* ». Le même thème est exploité dans les locutions du type : « *il lui manque un barreau (à sa chaise)/un boulon/une case/un cercle/une cosse/un clou (à son armet)/un fagot/une feuille/un jour de la semaine* », etc. (→ *manquer, perdre*). Les formes « *ne pas avoir toute sa santé mentale/toutes ses facultés...* » sont courantes.

Étym. : f. XIᵉ, du bas latin *tottus*, altération de *totus* « intégral ».

TOUTFOU (→ *fou*).

TRACE n. f. « *En garder de sacrées traces* » (XXᵉ), fam. : être imbécile ou mentalement dérangé (→ *fadé, signé*). L'expression ironique fait allusion aux conséquences psychiques d'une hypothétique atteinte cérébrale (tare, commotion...). On dit de manière équivalente « *en avoir/en garder de sacrées séquelles* ». Au sens d'« empreinte », *trace* figure dans la locution arg. « *avoir des traces de ski dans le yaourt* » qui signifie « être fou » (→ *yaourt*).

Étym. : XIIᵉ, déverbal de *tracer*, issu d'un latin pop. *tractiare*, dérivé de *tractus*.

TRAITEMENT n. m. « *Avoir besoin d'un (bon) traitement* » (XXᵉ), fam. : relever d'une thérapeutique (sous-entendue « pour les nerfs »). De nos jours, *traitement* s'emploie en psychiatrie, aussi bien dans le contexte chimiothérapique que psychothérapique. Dans le langage courant, il figure dans le syntagme *traitement pour les nerfs*, qui reste associé à la prise de psychotropes, avec parfois une connotation péj. (→ *drogue*). Au siècle dernier, *traitement moral* s'est dit spécialement en médecine aliéniste (Ph. Pinel) d'une méthode thérapeutique fondée sur la bienveillance, la douceur et la persuasion. Ce dernier aspect tenait souvent plus d'une véritable (ré)éducation du malade que d'un soin relationnel proprement dit. « *Le traitement moral des aliénés/de la folie.* » Le syntagme *traitement de choc* s'est dit d'un moyen thérapeutique destiné à rétablir l'équilibre mental d'un sujet en provoquant une crise émotionnelle, fébrile, convulsive, comateuse, etc. (→ *choc*).

Étym. : XIIIᵉ, dérivé du v. *traiter*, issu du latin *tractare*, lui-même de *tractum*, supin de *trahere* « tirer ».

TRAMONTANE n. f. « *Perdre la tramontane* » (XVIIᵉ) : perdre le jugement, la raison, être désorienté. L'expression fait allusion à l'Étoile polaire servant de repère, notamment aux navigateurs. Par figure, elle exprime la désorientation mentale. La locution est sortie d'usage au profit d'expressions synonymes telles que « *être azimuté/déboussolé* », « *perdre la boussole/la carte/le nord* », etc. Le mot *tra-*

montane s'applique aujourd'hui à un vent du nord soufflant dans le Languedoc et le Roussillon.

Étym. : XIIIe, de l'italien *transmontana (stella)*, littér. « étoile au-delà des monts », c'est-à-dire « Étoile polaire ».

TRANCHÉE   n. f. « *Avoir des tranchées (de) saint Mathurin* » (XVIIe) : avoir des coups de folie. Le mot a ici — au pluriel — le sens aujourd'hui oublié de « colique aiguë » (→ *colique*). L'expression fait allusion au célèbre pèlerinage thaumaturge de Saint-Mathurin de Larchant, organisé pour les fous et les possédés au Moyen Âge et à la Renaissance (→ *Mathurin*).

Étym. : XIIe, fém. du p. p. du v. *trancher*, probablement dérivé d'un latin pop. *trinicare* « couper en trois ».

TRANQUILLISANT   n. m. (XXe), psych. : substance psychotrope induisant une sédation. En psychiatrie, on parle de *tranquillisants majeurs* (→ *neuroleptiques*) et de *tranquillisants mineurs*. Ces derniers sont souvent regroupés sous le terme générique d'*anxiolytiques*. Ils exercent deux types d'action prévalente : anti-anxiété et sédatif. On distingue essentiellement deux grandes classes chimiques : les *benzodiazépines* et apparentés, d'une part, et les *carbamates*, d'autre part. Le mot *benzodiazépine* est couramment employé et fam. abrégé en *benzo* : « *prendre des benzos* », « *donner une benzo* ». Synonymes : *calmant, sédatif*.

Étym. : de l'adj. *tranquillisant*, dérivé (XVIIIe) du v. *tranquilliser*, lui-même de *tranquille* (du latin *tranquillus* « calme, serein »).

TRANS-   : préfixe entrant dans la composition de mots qui expriment le passage ou le changement. Ex. : *transe, transformateur, transitivisme, transport*.

Étym. : du latin *trans* « au-delà, par-delà de ».

TRANSE   n. f. « *Entrer en transe* » (XVIIIe) : être exalté, transporté hors de soi. Le mot désigne d'abord la mort. De l'immobilité éternelle, on passe — par figure — au saisissement d'effroi, d'où « *être dans les transes* » pour « avoir une grande peur », menant à « *être mis en transes* », « trembler de peur ». Ces valeurs ont disparu au profit de « transport hors de soi-même ». En procède l'emploi du mot à propos d'une modification oniroïde de l'état de conscience (hypnose, cérémonie cultuelle, hystérie, etc.).

Étym. : XIe, déverbal de *transir*, du latin *transire*, proprement « aller au-delà ».

TRANSFORMATEUR n. m. « *Avoir une panne de secteur dans le transformateur* » (XXe), arg. : être fou (→ *panne*). Le mot désigne la tête par métaphore du dispositif électrique transformant la tension, l'intensité ou la forme du courant (→ *tête*). L'abrègement fam. courant *transfo* s'emploie parfois dans le registre de la folie : « *avoir un pet au transfo* » (→ *pet*).

Étym. : XVIe (repris au XIXe), de *transformer*, issu du latin *transformare*.

TRANSPORT n. m. « *Avoir un transport au cerveau* » (XVIIe) : être victime d'un coup de sang ou d'humeur au cerveau. L'expression revêt aujourd'hui un sens strictement neurologique, correspondant à l'*accident vasculaire cérébral* (*A.V.C.*). La notion ancienne d'afflux de sang dans le cerveau s'est appliquée à ce trouble, mais s'est aussi employée dans le registre de la folie à propos du déplacement des humeurs vers la tête. À rapprocher de « *monter/porter à la tête/au cerveau/à la cervelle* » (→ *monter, porter*). Par ailleurs, *transport* s'est dit à l'époque classique d'une vive émotion (→ *exaltation, passion*).

Étym. : déb. XIVe, déverbal de *transporter*, du latin *transportare*.

TRANTAILLER v. (XXe), fam. : divaguer. Le mot est régional (Languedoc). Il signifie « errer çà et là », « aller et venir », valeur dont procède son emploi fig. dans le domaine de l'esprit. À rapprocher de *battre* ou *courir* dans leur acception abstraite.

Étym. : de l'occitan *trantalhar*, probablement formé d'après *trans-* « à travers », du latin *trans* « par-delà ».

TRAPÈZE n. m. « *Avoir un trapèze dans le salon* » (XIXᵉ), fam. : être un peu fou. L'expression représente une variante pittoresque de « *avoir une araignée dans le plafond* » (→ *araignée*). *Trapèze* désigne ici l'équipement de gymnastique ou de cirque, constitué d'une barre horizontale suspendue par deux cordes. Par métaphore, la présence d'un tel objet dans une pièce d'habitation, où l'on reçoit et où l'on cause, suggère le dérangement de l'esprit. Au caractère insolite et burlesque de cette représentation *(c'est du cirque !)* s'ajoute la notion implicite de balancement qui évoque le va-et-vient des idées. D'origine incertaine, l'expression pourrait faire allusion au comportement d'Élisabeth d'Autriche, devenue à Vienne, au siècle dernier, l'« impératrice fantasque, anarchiste » plus connue sous le nom de *Sissi*. Également surnommée *Rose de Bavière* et *Mouette Noire*, cette dernière avait la réputation d'être une grande originale. En dehors de ses options politiques, elle était connue pour avoir une monomanie d'un genre particulier : chaque jour, elle effectuait des exercices poussés de gymnastique pour maintenir sa taille de guêpe. Aujourd'hui, la visite de ses appartements de la Hofburg permet encore de découvrir la présence incongrue d'un trapèze et d'un espalier dans sa salle de bains.

Étym. : m. XVIᵉ, du bas latin *trapezium*, lui-même du grec *trapezion*, dérivé de *trapeza* « objet à quatre pieds ».

TRAQUE adj. « *Il n'est pas méchant, mais il est un peu traque* » (XXᵉ) : il est un peu fou. Le mot est régional (Lyonnais). Il dérive de *trac* qui désigne d'abord la piste d'un animal, puis s'emploie dans l'expression « *tout à trac* » qui évoque la brusquerie, l'imprévisibilité. L'influence de *braque* est possible (→ *braque*). • *Traquoire* désigne une fille écervelée, un peu folle. « *Faut l'excuser, c'est une traquoire.* »

Étym. : d'un radical onomatopéique *trakk-*, ou du latin *tracticus*.

TRA-TRA adj. « *Il est complètement tra-tra* » (XXᵉ), fam. : il est délirant. Le mot est régional (Nord).

Étym. : d'origine inconnue, peut-être par redoublement de *trac* « fait d'être secoué » ou de *tracassé, travaillé, travers...* Une forme dialectale de *tran-tran* « routine », est très peu vraisemblable.

TRAVAILLER   v. « *Travailler du chapeau* »   (XXᵉ), fam. : être (un peu) fou. « *(...) Le verbe s'est (...) employé pour "agiter (l'eau d'un fleuve, etc.)" (v. 1270), d'où l'intransitif "travailler" pour "être agité" (v. 1709), encore représenté avec une valeur abstraite, familièrement dans "travailler du chapeau", aujourd'hui compris au sens moderne (...)* » (A. Rey). On dit aussi « *avoir l'imagination/la tête... qui travaille* ». Dans le registre de la folie, *travailler* exprime actuellement l'idée de déformation mentale (→ *cintré, tordu, vrillé*), de fermentation psychique (→ *fermenter, fromage*). L'expression de référence, où *chapeau* désigne la tête par métonymie, connaît de nombreuses formes. La notion de couvre-chef conduit à « *travailler du canotier/de la coiffe/du melon/de la visière...* », celle de coiffure est exploitée dans « *travailler du bigoudi/de la touffe...* » et celle de toiture mène à « *travailler du couvercle/de la toiture...* ». D'autres synonymes de « tête » sont employés : « *travailler de la cafetière/du chou/du ciboulot/de la terrine...* » (→ *tête*). À rapprocher de « *agité du bocal* » (→ *agité*), « *fermenter du couvercle/de la calbombe* », « *onduler/yoyoter de la coiffe...* » (→ *onduler, yoyoter*). • *Travaillé* s'emploie pour « agité, tourmenté ». « *Un esprit travaillé* », « *qu'est-ce qu'il est travaillé !* ».

Étym. : XIᵉ, d'un latin pop. *tripaliare*, du bas latin *trepalium* désignant un « instrument de torture fait de trois pieux ».

TRÉMOUSSOIR   (→ *ressort*).

TRENTE-SIX   adj. num. « *Être fou comme trente-six grillons/lapins* » (XXᵉ), fam. : être très fou. L'expression est une variante intensive de « *être fou comme un grillon/lapin* » (→ *grillon, lapin*). Le nombre *trente-six* indique fam. une quantité qui dépasse l'entendement. Ce multiple de douze développe sa valeur fig. à partir de deux registres. D'une part, celui des unités de poids : l'once (d'or) étant divisée en vingt-quatre parties, « *vingt-quatre carats* » signifie « complètement », « *vingt-trois carats* » correspond à « un haut degré » et « *trente-six carats* » se dit pour « au-delà du possible ». En procède « *fol à vingt-quatre/trente-six carats* » (→ *carat*). D'autre part, le registre de la temporalité, où *trente-six* traduit le dépassement du nombre des jours d'un mois, d'où l'« impossible » *(« tous les trente-six du mois »).* Enfin, notons que l'expression « *en voir trente-six chandelles* » signale l'éblouissement provoqué par un coup sur la tête, faisant allusion à la multitude de points lumineux parasitant alors la vision.

Étym. : composé de *trente* (du latin pop. *trinta*) et de *six* (du latin *sex*).

TRICHINE n. f. « *Avoir des trichines au plafond* » (XIXe), fam. : déraisonner, être un peu fou. L'expression est une variante de « *avoir une araignée dans le plafond* » (→ *araignée*). Elle est apparue au siècle dernier, peu après la découverte d'une parasitose affectant la viande de porc et due à un ver filiforme appelé *trichine*. Aujourd'hui oubliée, la locution exploite le thème fig. du « ver dans la tête » (→ *ver*), pour exprimer la métaphore du cerveau parasité par un hôte dérangeant et destructeur. Variante : « *avoir une trichine dans le jambonneau* » (→ *jambonneau*).

Étym. : m. XIXe, du latin *trichina*, lui-même du grec *trikhinos* « de poils ».

TRICYCLIQUE n. m. (m. XXe, R. Kuhn), psych. : psychotrope antidépresseur, tirant son nom de sa structure chimique (trois cycles). L'*imipramine* est la première molécule synthétisée d'une série constituant les ***antidépresseurs tricycliques***, utilisés dans le traitement de la *dépression majeure*. Ces dernières décennies, de nombreuses autres substances antidépressives non tricycliques ont été élaborées, pour pallier notamment les effets indésirables des *imipraminiques*. Leur efficacité dans le traitement des troubles de l'humeur, est toujours comparée à celle des *tricycliques* (→ *antidépresseur, psychotrope*).

Étym. : m. XXᵉ, de *tri-* « trois » et de *cyclique*, du latin *cyclicus*, lui-même dérivé du grec *kuklos* « roue, cercle ».

TRIP   n. m. « *Ne pas être redescendu de son trip* » (XXᵉ), arg. : planer et, par extension, être fou. Dans l'argot de la drogue, le mot s'emploie à propos d'un voyage mental effectué sous hallucinogènes. L'expression est équivalente à « *être/rester scotché au plafond* » (→ *scotché*).

Étym. : XXᵉ, de l'anglais *trip* « voyage » (XVIIᵉ), dérivé de *to trip* « marcher ».

TRIPLE   adj. « *Un triple fou* » (XVIIᵉ) : un grand fou. Le mot signifie « trois fois plus grand », d'où son emploi fig. pour marquer l'importance, l'excès, notamment devant des termes dépréciatifs *(fou, idiot, imbécile,* etc.). Variante : « *un fou à triple étage* » (→ *étage*).

Étym. : XIVᵉ, du latin *triplus*, dérivé de *triplex*.

TROMBA   n. « *Quel tromba !* » (XXᵉ), fam. : quel fou ! quel agité ! Le mot est employé en créole, la métaphore étant celle du cyclone mental.

Étym. : de l'italien *tromba (di acqua)* « cyclone tropical ».

TRONCHE   n. f. « *Avoir pris un coup/un parpaing/un pet sur la tronche* » (XXᵉ), fam. : être fou (→ *coup*). Le mot désigne la tête par métaphore, probablement par rapprochement avec un billot de bois (forme et dureté). L'expression « *travailler de la tronche* » est une des nombreuses variantes de « *travailler du chapeau* » (→ *travailler*).

Étym. : XIXᵉ, de *tronc*, dérivé du latin *truncus* « tronc ».

TROP   adv. « *Être trop* » (f. XXᵉ), fam. : être bizarre, farfelu. L'adverbe exprime l'excès et s'emploie ici avec une valeur quasi adjective. « *Il est vraiment trop !* » Variante par anglicisme : « *être too much* ». À rapprocher de « *être cacalouche* » (→ *cacalouche*).

Étym. : m. XIᵉ, d'un francique *thorp* « village », par métathèse.

TROUBLÉ, ÉE   adj. « *Être troublé mentalement* » (XXᵉ) : être fou. Le mot est synonyme de *perturbé*. Il s'emploie à propos de l'altération de l'entendement ou d'un bouleversement émotionnel : « *être particulièrement troublé* » (→ *perturbé*). • *Trouble* dénote en général ce qui n'est pas limpide, ce qui empêche ou perturbe, ainsi que les tourments, les affects de l'amour. En psychiatrie, on parle de *trouble mental/psychique*, de *trouble du comportement*, souvent au pluriel. Le terme exprime le désordre, la perturbation. Cette acception négative est reprise par le *Manuel diagnostique et statistique des troubles mentaux* qui définit le concept de *trouble mental* à partir de l'anglo-américain *mental disorder* : il désigne « *un ensemble cliniquement significatif, comportemental ou psychologique, exprimant un dysfonctionnement du sujet, associé à un désarroi actuel (symptôme de souffrance), à une incapacité (handicap), ou à une exposition morbide* » (→ *D.S.M.*). Dans le langage courant, l'acception psychologique du mot est reprise dans l'expression « *avoir des troubles* » pour « ne pas être bien mentalement » (→ *bien*). « *Celui-là, je me demande s'il est vraiment bien d'équerre, il a l'air d'avoir des troubles* » (→ *équerre*).

Étym. : f. XIVᵉ, p. p. du v. *troubler*, du latin pop. *turbulare*, dérivé de *turbulus*.

TRUC   n. m. « *Avoir un truc* » (f. XXᵉ), fam. : être bizarre, un peu fou. Le mot est particulièrement polysémique. Depuis la fin du siècle dernier, il sert à désigner qqch ou qqn, qu'on ne peut ou ne veut nommer. Dans le registre de la folie, l'expression de référence est l'ellipse de « *avoir un truc qui ne tourne pas rond (dans la tête)* », où *truc* évoque, par figure, un vice caché, un élément mécanique grippant les rouages cérébraux.

Étym. : XIIIᵉ, de l'ancien provençal *truc*, dérivé de *trucar* « cogner », lui-même du latin pop. *trudicare*.

TUBE   n. m. « *Délirer (à) plein tube* » (XXᵉ), fam. : être complètement fou. L'expression « *à plein tube* » fait allusion au pot d'échappement d'un véhicule à moteur, libérant plus de gaz lors d'une accélération. De là, la locution prend le sens de « à toute vitesse » (à pleine puissance) et, par extension, signifie au fig. « beaucoup, énormément ». Faite d'après « *déconner à plein tube* », la locution de référence est synonyme de « *délirer (à) plein pot* » (→ *pot*).

Étym. : m. XVᵉ, du latin *tubus* « tuyau », d'origine incertaine.

TUILE   (→ *pigne*).

TURLUTAINE   n. f. « *Quel monomaniaque, avec ses turlutaines !* » (XXᵉ), fam. : il rabâche autour d'une idée fixe (→ *monomanie*). Le mot désigne des propos répétés sans cesse. Il a été synonyme de *marotte* ou *manie*, au sens commun.

Étym. : déb. XIXᵉ, d'après *turlututu*, de *ture lure*, composé onomatopéique.

TUTELLE   n. f. (XXᵉ), jur., psych. : mesure de protection des biens, destinée aux *incapables majeurs*. La disposition s'applique à toute personne dans l'impossibilité d'exprimer sa volonté, d'exercer ses facultés de discernement et d'effectuer seule les actes de la vie civile. Un tiers, nommé par le juge, représente le sujet dans la gestion de ses biens et dans la vie civile. Il existe trois régimes de protection : la *sauvegarde de justice* (mesure transitoire d'urgence), la *curatelle* (mesure d'incapacité partielle) et la *tutelle* (mesure d'incapacité totale). Dans l'usage courant, cette dernière a la valeur péj. d'« état de dépendance de qqn soumis à une surveillance gênante » (→ *curatelle, sauvegarde de justice*).

Étym. : XIVᵉ, du latin *tutela* « pouvoir de prendre soin de qqn », de *tueri*.

TWIST   n. m. « *Être un peu twist* » (f. XXᵉ), fam. : être un peu fou, excentrique. Le mot est employé comme adj. *Twist* s'est répandu en français dans les années soixante, pour désigner la danse d'origine américaine. Par extension et par figure, il s'emploie dans le registre de la folie, avec l'idée de torsion, de vrille cérébrale. L'influence de la locution anglaise fam. « *round the twist* » (« mentalement dérangé ») n'y est probablement pas étrangère. • ***Twister***, « danser le twist », se dit fam. pour « déraisonner ». « ***Il twiste complètement.*** » L'expression s'accompagne souvent d'un geste consistant à animer deux doigts en un mouvement alternatif sur la tempe (→ *tempe*). À rapprocher de « *avoir un coup de giblet* », « *être vrillé de la calebasse* » (→ *giblet, vrillé*).

Étym. : XXe, anglicisme, de *to twist* « tordre, tourner, vriller ».

UNIPOLAIRE (→ *monopolaire*).

URSULINE (→ *démonomanie, possession*).

VACILLER v. « *Avoir la raison qui vacille* » (XIXᵉ) : ne plus avoir toutes ses facultés mentales. L'expression fig. traduit le déséquilibre et évoque une menace d'extinction cérébrale, par analogie avec la flamme d'une bougie faiblissante. La forme « *vaciller de...* » se décline avec des synonymes fam. ou arg. de tête, comme dans « *vaciller du caberlot/de la pensarde...* ». Le verbe *chanceler* fournit la variante « *avoir la raison qui chancelle* » (→ *chanceler*).

Étym. : XIIᵉ, du latin *vacillare* « chanceler », peut-être dérivé de *vacuus* « vide ».

VAGABOND, E adj. « *Avoir des pensées/l'imagination vagabonde(s)* » (XVIIᵉ) : être mentalement instable, désordonné. Très tôt, le mot traduit l'errance au propre et au figuré (→ *errance*). Dans le registre de la folie, ce thème ainsi que celui de la désorientation sont souvent exploités (→ *battre, courir, vaguer*). • *Vagabonder* s'emploie également dans le domaine de l'esprit, pour « avoir des pensées fluctuantes ». • *Vagabondage* est utilisé dans le même registre. On parle de « *vagabondage de l'esprit/de l'imagination* » à propos de pensées errantes, d'écart mental.

Étym. : XIVᵉ, du latin *vagabundus*, lui-même de *vagus* « errant ».

VAGUER v. (XVIᵉ) : ne pas se fixer, en parlant des pensées, de l'imagination. Le verbe a d'abord le sens de l'étymon, avec l'idée d'errance, d'abord au propre, puis au fig. Dans le registre de la folie, *vaguer* s'emploie surtout aujourd'hui dans des formes régionales. « *Il est toujours à vaguer* » (→ *divaguer, extravagant, extravaguer, rêver*).

Étym. : XIVᵉ, du latin *vagari* « errer », dérivé de *vagus* « errant ».

VAPEURS n. f. pl. (déb. XVIIᵉ), méd. : hystérie, hypocondrie. En médecine, la *théorie des vapeurs* de Daniel Sennert succède à celle *des humeurs* (→ *humeur*) et de la migration d'organe, à laquelle on attribuait certaines maladies (→ *hystérie*). La théorie repose sur la croyance en l'effet nocif sur le cerveau de diverses exhalaisons provenant du sang ou des humeurs. *Les vapeurs* désignent l'*hystérie* féminine ou l'*hypocondrie* masculine, ces affections étant attribuées aux effluves partant de la matrice ou des hypocondres et atteignant le cerveau (→ *monter*). Par extension, le mot se dit de tout ce qui peut perturber le fonctionnement mental (ivresse, colère, orgueil...). Il s'applique couramment à des malaises divers (étourdissements, vertiges, migraines...). « *Avoir ses vapeurs* » reste employée aujourd'hui pour « se sentir incommodé », notamment au féminin pour désigner des troubles liés à la grossesse ou à la ménopause. L'abrègement arg. puis pop. *vape* date du début du siècle. Il s'est d'abord dit d'un bain de vapeur menant, par figure, à « *être dans les vapes* » pour « être hébété », « rêvasser » et « *tomber dans les vapes* », « s'évanouir ». « *Il n'écoute rien, il est complètement dans les vapes.* »

Étym. : XIIIᵉ, du latin *vapor, -oris*.

VARIER v. (XIVᵉ) : déraisonner. La variabilité de la pensée s'exprime d'abord dans la locution « *varier ses pensements* », qui s'est dit pour « être ambivalent ». *Varier* s'est également employé au sens de « dire n'importe quoi », avec l'idée de contradiction. Ces emplois sont aujourd'hui obsolètes, sauf régionalement. • ***Dévarier***, « rendre fou, troubler » ou « égarer », est d'usage courant dans le Sud de la France (→ *dévarier*).

Étym. : XIIe, du latin *variare*.

VATICINER   v. (XVe) : prédire l'avenir à la manière d'un illuminé. Le mot est d'emploi péj., soulignant l'extravagance et la fatuité de certains discours prophétiques. Il est aujourd'hui d'emploi littéraire ou faussement précieux. « ***Il vaticine jusqu'à l'aube à y perdre son latin.*** »

Étym. : XVe, du latin *vaticinare*.

VÉLO   n. m. « *Avoir un petit vélo (dans la tête)* » (XXe), fam. : être un peu fou. La locution est une variante expressive de « *avoir une araignée dans le plafond* » (→ *araignée*). Le thème est celui d'une présence parasite à l'intérieur de la tête. Le caractère incongru de l'objet est à la base du ressort comique de l'expression, qui a une tonalité gentiment ironique. La métaphore met en parallèle les engrenages cérébraux et les rouages de la bicyclette, avec l'idée de découplage. Chaque mécanisme fonctionne pour son propre compte, ce qui est une manière de rendre la dissociation mentale. À cela s'ajoute la notion même de pédalage qui évoque abstraitement une activité répétitive stérile, inefficace. L'argot du cyclisme fournit de nombreuses variantes : « *pédaler à côté de son vélo* », « *perdre les pédales* », « *pédaler à vide* » (→ *pédale*), « *faire roue libre* » (→ *roue*), « *rouler sur la jante/sur la toile* » (→ *rouler*). À rapprocher de « *pédaler dans la choucroute/le pop-corn/la semoule/le yaourt* » (→ *pédaler*). Variante expressive : « *avoir un pédalo dans le ciboulot* » (→ *pédalo*).

Étym. : XIXe, abréviation de *véloce*, lui-même de *vélocipède*, formé de l'élément *véloci-* (du latin *velox, velocis* « rapide ») et de *-pède* (dérivé de *pes, pedis* « pied »).

VENT   n. m. « *Battre vent* » (f. XIVe) : dire des insanités. Très tôt, le thème du courant d'air est exploité par métaphore pour rendre la notion de vide, d'absence, d'insignifiance, dans différents domaines. L'exposition de la cervelle à tous les vents constitue une représentation privilégiée de l'idiotie, de la légèreté d'esprit et, parfois, de la folie. D'ailleurs, l'étymon latin de *fou* désigne d'abord un ballon gonflé d'air (→ *fou*). La locution « *à tous les vents* » exprime l'idée de girouette mentale (→ *cap*), tandis que « *avoir une cervelle de révolin* » — du nom donné à un vent tourbillonnant — signifie « être changeant, fantasque, lunatique » (→ *révolin*). Les syntagmes *tête au vent* et *tête à l'évent* s'appliquent à une personne étourdie ou un peu folle (→ *évent*). Avec beaucoup de poésie, « *être de ceux qui voient le vent* » se dit dans le Berry pour « être un peu simple d'esprit ». Dans la marine, « *être vent dedans* » précède « *avoir du vent dans les voiles* » pour « être ivre » et, par extension, « un peu dérangé mentalement ». Enfin, le thème du « vent qui rend fou » est exploité dans de nombreuses régions de France. « *Sa raison s'en est allée, il a pris le vent qui rend fou.* »

Étym. : XIe, du latin *ventus*.

VER n. m. « *Quel ver lui a piqué la cervelle ?* » (XVIIe), fam. : il est fou. Le parasite filiforme symbolise très tôt la détérioration, avec l'idée de développement insidieux, occulte. *Le ver* correspond au propre et au fig. à ce qui ronge dans l'ombre, de l'intérieur. On n'en mesure les dégâts véritables que lors de l'effondrement brutal de ce qu'il parasitait. L'expression « *piqué des vers* » s'applique d'abord à l'attaque du bois, menant, par figure, à « *n'être pas piqué des vers* » qui signifie « être excellent » d'où, par exagération, « être singulier en son genre ». La locution de référence croise deux sens du verbe *piquer* : « détériorer, ronger » et « planter un dard ». Cette dernière acception renvoie à la piqûre d'un insecte qui rend fou, comme dans « *être piqué de la tarentule* » (→ *piqué*). Aux XVIIe et XVIIIe siècles, un grand nombre de maladies sont attribuées à la présence de prétendus vers. Le domaine de l'esprit n'échappe pas à ces croyances : « *avoir des vers dans la tête* » évoque la folie, ce d'autant plus que certains patients délirants s'emparent eux-mêmes volontiers d'une telle représentation pour s'expliquer les sentiments d'intrusion psychique dont ils se sentent l'objet. « *(...) À mon avis, les vers qui sont entrés dans ma tête sont de la même famille que les vers à soie. Seulement, ils ne grandissent pas aussi vite, sinon ils auraient déjà avalé tous mes neurones, depuis le temps qu'ils vivent là (...)* » (J. Malzac). En médecine ancienne, le lien établi entre *ver* et *folie* conduit à des thérapeutiques spécifiques (vermifuges, émétiques, purgatifs...). L'idée est encore entretenue par quelques aliénistes du siècle dernier : on parle de cas de folie guéris par l'expulsion du ténia ou d'autres entozoaires. Ce registre est totalement abandonné au début du siècle. Par ailleurs, le mot savant *encéphale* est introduit au début du XVIIIe siècle pour qualifier et désigner des vers parasites censés se former dans la tête. L'acception est vite abandonnée au profit de la valeur moderne du terme qui désigne exclusivement le système nerveux central (→ *encéphale*). Dans le langage courant, le mot *trichine* (ver parasite du porc) s'est employé fam. au XIXe siècle, dans les locutions « *avoir une trichine dans le jambonneau* » et « *avoir les trichines au plafond* », qui signifient « être un peu fou » (→ *trichine*). • *Ver-coquin* est un mot composé où *coquin* signifie « malfaisant » ou « espiègle ». Il désigne d'abord une larve parasite de la vigne *(ver de vigne)*. En relation avec l'idée du ver qui ronge les esprits, il a signifié au fig. « fantaisie, caprice ». Cette valeur mène à l'expression aujourd'hui sortie d'usage « *avoir son ver-coquin* », « être dérangé mentalement, fantasque ». Par extension, le mot s'est dit d'un ver supposé se former dans la tête et provoquer des vertiges, d'où l'emploi de *ver-coquin* à propos du tournis du mouton.

Étym. : XIVe, du latin *vermis* « ver ».

VERBIGÉRATION n. f. (déb. XXe), psych. : discours incohérent et continu, composé de mots, phrases et néologismes exprimés sans ordre logique ni conceptuel. Ce trouble, qui aboutit à une véritable « bouillie verbale », se manifeste chez certains psychotiques et chez les déments en phase terminale.

Étym. : déb. XXe, du latin *verbigerare* « se quereller ».

VERROU n. m. « *Avoir baisé le verrou de saint Thibéry* » (XVIIᵉ) : être fou. L'expression régionale (Agde, Pézenas) est aujourd'hui oubliée. Elle fait allusion au lieu de pèlerinage thaumaturge où les insensés étaient conduits dans l'espoir d'obtenir leur guérison. Ces derniers devaient se soumettre à certains rites : ils devaient embrasser les fers de la châsse contenant les reliques et boire un verre d'eau où avait préalablement trempé une dent du saint. À rapprocher de « *avoir été mis dans le berceau de saint Blaise* » (→ *Blaise*). Voir *neuvaine, saint*.

Étym. : XVIIᵉ, du latin *vericulum* et *veruculum*, diminutifs de *veru* « broche ».

VERTIGO n. m. « *Avoir/prendre son vertigo* » (XVIIᵉ) : être lunatique, fantasque. Le mot désigne une maladie nerveuse du cheval, caractérisée par l'agitation et le désordre des mouvements. Par figure, il s'applique, chez l'homme, au tournoiement des idées, à la variabilité de la pensée ou de l'humeur (→ *avertin*). Ces acceptions ont vieilli, *vertigo* étant surtout employé aujourd'hui au sens de « vertige », « tournis ». « *Il me donne le vertigo.* » Variante arg. : ***vertingot***.

Étym. : XVᵉ, du latin *vertigo, vertiginis* « tournoiement », « étourdissement ».

VÉSANIE n. f. (f. XVIIIᵉ), méd. : folie, dérèglement de l'esprit. Le terme s'applique aux troubles mentaux non accompagnés de fièvre. L'aliéniste Philippe Pinel réunit sous ce terme la *manie*, la *mélancolie*, la *démence* et l'*idiotisme*, classification ultérieurement démantelée. À partir du milieu du XIXᵉ siècle, le mot est progressivement remplacé par *psychose*. *Vésanie* passe dans la langue littéraire au sens de *folie* ou *maladie mentale*. Il est aujourd'hui sorti d'usage. « *Sa vésanie l'emportait, il ne se maîtrisait plus.* »
• ***Vésanique*** qualifie, au siècle dernier, les psychoses chroniques que l'on supposait dues à un désordre purement mental *(démences vésaniques)*, par opposition aux *démences organiques*. Il s'applique ensuite à « *(...) certains états d'affaiblissement psychique ou d'asilisme*

apparaissant dans la période tardive de l'évolution des psychoses chroniques (...) » (J. Postel et coll.).

Étym. : XVIᵉ puis f. XVIIIᵉ, du latin *vesania* « folie », dérivé de *vesanus* « insensé ».

VEZON n. m. « *Avoir le petit vezon* » (XXᵉ), fam. : être un peu fou, extravagant. Le mot est régional (Centre). Il se dit du bourdonnement champêtre des insectes, sans doute par analogie avec le bruit continu produit au moyen de l'instrument à vent nommé *vèze*. Par figure, l'expression évoque le bourdonnement des idées, comme « *être bzzz-bzzz* », « *avoir un moustique dans la boîte à sel* », « *avoir un taon en tête* », etc. (→ *abeille*).

Étym. : du dialectal *vèze* (ou *veze*) « cornemuse ».

VIDE adj. « *Avoir des chambres vides dans le cerveau/la tête...* » (XVIIᵉ), fam. : être un peu fou. On dit aussi « *avoir des places vides dans la tête* », « *avoir une case (de) vide* » (→ *case*). L'idiotie, la légèreté d'esprit ou la folie sont couramment rendues à partir du thème de la vacuité cérébrale. Au Moyen Âge, *chief vuit*, *teste vuide*, précèdent *tête vide* pour désigner une personne irréfléchie. Cette notion se retrouve également dans *tête en l'air/à l'évent* (→ *vent*). Le registre du vide mental est souvent exploité par la métaphore du siège de l'esprit devenu vacant, ce dont procèdent *s'en aller*, *déménager*, au sens de « déraisonner » (→ *déménager*). Enfin, la locution adv. « *à vide* » s'emploie, par figure, à propos du caractère inopérant du fonctionnement mental, comme dans « *pédaler/tourner à vide* » (→ *pédaler*).

Étym. : XIVᵉ, du latin *vacuus* « vide ».

VIF-ARGENT n. m. « *Avoir du vif-argent dans la tête* » (XVIIᵉ) : être un peu fou, extravagant. L'expression est une variante synonyme de « *avoir du mercure dans la tête* » (→ *mercure*). Elle prolonge « *avoir du vif-argent dans les veines* » qui s'est dit pour « être remuant », par référence à l'extrême mobilité du mercure.

Étym. : XIVᵉ, du latin *argentum vivum* « argent vivant ».

VINGT-SIX adj. num. et n. m. « *Prendre le vingt-six* » (XXᵉ), fam. : être fou. L'expression s'emploie à Bordeaux, par allusion au numéro de la ligne de bus desservant l'hôpital psychiatrique Charles-Perrens (→ *cinquante-quatre, correspondance, voiture*).

Étym. : du latin *vinti* et *sex*.

VIRER v. « *Virer à la dinguerie/folie... (la plus totale)* » (XXᵉ), fam. : devenir fou. La locution exprime le changement brutal d'état mental, avec l'idée de retournement de l'entendement (→ *envers, tourner*). Dans le registre de la folie, d'autres verbes traduisent la précipitation brusque dans le chaos mental. C'est le cas de *basculer, chavirer, sombrer, tomber*. • *Viré* est d'emploi régional (Bas-Maine) pour « fantasque, un peu fou ». « *Ce type est complètement viré !* » • *Virage* s'emploie spécialement en psychiatrie dans le syntagme *virage maniaque* qui désigne l'inversion brutale de l'humeur chez un patient dépressif. Ce phénomène indésirable peut s'observer dans les jours suivants l'instauration d'un traitement antidépresseur.

Étym. : XIIᵉ, probablement du latin pop. *virare*, altération de *vibrare*.

VIS n. f. « *Avoir paumé/perdu une vis* » (XXᵉ), fam. : perdre la tête, devenir fou. L'expression est une variante de « *paumer/perdre un/ses boulon(s)* » (→ *boulon*). Ces locutions fig. font allusion à la mécanique cérébrale, sur le thème de la désolidarisation des constituants de l'unité psychique, pour exprimer le désassemblage de la pensée (→ *dévisser*). L'expression est également courante en anglais, avec un sens identique (« *to have a screw loose* »). En alsacien, on dit « *bi em isch e Schrüwe luck* », « chez lui une vis est desserrée ».

Étym. : f. XIᵉ, du latin *vitis* « vrille de la vigne ».

VISIÈRE n. f. « *Travailler de la visière* » (XXᵉ), fam. : être (un peu) fou. L'expression est une variante plaisante de « *travailler du chapeau* » (→ *travailler*). *Visière* désigne la tête, par métonymie de la pièce d'une casquette (→ *tête*).

Étym. : m. XIIIᵉ, de l'ancien français *vis* « visage », du latin *visus*.

VISION n. f. « *Avoir des visions* » (XXᵉ), fam. : halluciner ou, par extension, déraisonner. Le mot est ici synonyme de *hallucination visuelle* (➥ *hallucination*). Par extension, il désigne toute vue de l'esprit. • *Avision* est un dérivé régional (Lorraine) de même sens : « *avoir des avisions* ». • *Visionnaire* s'applique d'abord à qqn qui a des visions, des révélations surnaturelles ou des idées extravagantes, bizarres (➥ *halluciné, illuminé, songe-creux*). « **Les prédictions farfelues d'un visionnaire** », « **un illuminé visionnaire** ». Aujourd'hui, le mot est employé par atténuation, à propos de qqn capable d'anticipation.

Étym. : XIIᵉ, du latin *visio*.

VITRINE n. f. « *Avoir une sauterelle dans la vitrine* » (XXᵉ), arg. : avoir l'esprit dérangé (➥ *sauterelle*). Le mot désigne ici la tête, par métaphore de la devanture vitrée d'un magasin. L'expression représente une variante cocasse de « *avoir une araignée dans le plafond* » (➥ *araignée*). À l'idée de présence parasite et dérangeante d'un insecte dans la tête s'ajoute celle de l'évidence du dérangement mental qui se donne à voir.

Étym. : XIXᵉ, d'après *vitre*, du latin *vitrum*.

VOIR v. « *Voir des éléphants roses* » (XXᵉ), fam. : avoir des visions (➥ *éléphant*). La notion de perception visuelle erronée correspond, en psychiatrie, à l'*hallucination visuelle* (➥ *hallucination, zoopsie*). Dans un autre registre, l'emploi de *voir* avec la valeur d'« aller consulter » mène à l'expression fam. courante « *avoir besoin d'aller voir un psy/psychiatre...* » pour « relever de la psychiatrie ».

Étym. : XVIIᵉ, du latin *videre*.

VOITURE n. f. « *Faut-il faire venir la voiture jaune ?* » (XIXᵉ), fam. : est-il fou ? L'expression est régionale (Angoulême). Elle fait allusion à la couleur d'une voiture à cheval qui assurait autrefois le service de l'établissement psychiatrique de La Couronne, près d'Angoulême (→ *cinquante-quatre, correspondance, vingt-six*).

Étym. : déb. XIIIe, du latin *vectura*, de *vectum*.

VOIX   n. f. « *Entendre des voix* » (f. XVIIe) : avoir des hallucinations auditives et, par extension, être fou (→ *entendre*). Le syntagme *voix intérieure* signifie d'abord « inspiration divine », puis « inspiration ». En psychiatrie, il renvoie spécialement à la notion d'*hallucination psychique* (→ *hallucination*).

Étym. : XIIIe, du latin *vox, vocis*.

VOL-AU-VENT   n. m. « *Avoir une écrevisse dans le vol-au-vent* » (XIXe), fam. : être un peu fou. On dit aussi « *avoir une écrevisse dans la tourte* » (→ *écrevisse*). En argot du siècle dernier, le mot désigne la tête par métaphore et analogie de forme avec l'entrée culinaire à base de pâte feuilletée (→ *tête*). Dans le registre de la folie, *vol-au-vent* fait une allusion plaisante à *tête au vent*, variante de *tête à l'évent*, sur le thème de la légèreté psychique (→ *vent*).

Étym. : déb. XIXe, de *vol*, déverbal de *voler* (du latin *volare*) et de *vent*.

VOLER   v. « *Avoir la raison qui vole en éclats* » (XVIIe) : déraisonner (→ *raison*). L'expression s'applique ici, par abstraction, à l'éparpillement, l'éclatement de la pensée. Elle traduit la perte brutale de l'unité psychique (→ *éclaté, explosé, péter*).

Étym. : X^e, du latin *volare*.

VOYAGE   n. m. « *Faire un voyage pathologique* » (XXe), psych. : avoir un comportement d'errance pathologique. Il s'agit de déplacements souvent impulsifs, parfois effectués sur de longues distances, le sujet étant dans l'incapacité d'expliquer les raisons de son périple. Ce phénomène peut s'observer dans certains états crépusculaires de conscience ou chez des sujets psychotiques fuyant des persécutions délirantes ou voulant remplir une « mission » dictée par les hallucinations. ***Voyage*** est par ailleurs employé, par figure, dans l'argot de la drogue comme synonyme de *trip*, en parlant d'une « expérience » vécue sous hallucinogène. Par extension, « ***ne pas être revenu/redescendu de son voyage*** » se dit pour « planer » ou « continuer à délirer » (→ *redescendu*).

Étym. : XIe, du latin *viaticum*.

VOYEURISME   (→ *perversion*).

VRAC   n. m. « ***Il est complètement en vrac*** » (f. XXe), fam. : il est mentalement dérangé, confus. L'expression fig. évoque la mise en désordre de la pensée. Elle peut correspondre à un désordre passager (fatigue, toxique). Elle est tirée par ellipse de « ***avoir les idées en vrac*** », c'est-à-dire « mal ficelées ».

Étym. : XVIIIe, du néerlandais *wrac* « mauvais ».

VRAI, E   adj. « ***Ne pas être vrai*** » (f. XXe), fam. : être incroyable dans son genre (d'imbécillité ou de folie). Postérieure à « ***c'est pas vrai !*** » qui marque l'étonnement réprobateur, l'expression représente un développement récent de « ***ne pas être croyable*** » au sens d'« être invraisemblable ». « ***Il est pas vrai ce mec !*** » Par ailleurs, *vrai* fonctionne comme intensif dans l'expression « ***un vrai fou*** », où il a la valeur de « complet », à l'instar de son synonyme *franc* (→ *franc*). La locution arg. « ***un vrai de vrai*** », d'abord employée pour « un homme, un vrai », se dit péj. d'un idiot ou d'un fou. « ***Alors lui, avec ses conneries, c'en est un vrai de vrai !*** »
• ***Vraiment*** est en concurrence avec *complètement* et *totalement*, dans le registre de la folie : « ***il est vraiment fou/pété...*** » (→ *complet*).

Étym. : XIe, du latin *veracus* « vrai », dérivé de *verax, veracis*.

VRILLE   n. f. « ***Partir en vrille totale*** » (f. XXe), fam. : déraisonner, perdre la tête. D'introduction récente, la locution fig. fait allusion à la chute tourbillonnante d'un avion en perdition. Elle exploite également le thème de la torsion des idées. •***Vrillé*** s'emploie dans l'expression fam. « ***être vrillé***

de la calebasse » qui s'est dite, au siècle dernier, pour « être fou ». Elle est à rapprocher de « *dévisser du couvercle* » ou « *être dévissé de la toiture* », « *être un peu twist* » (→ *dévisser, twist*). Toutes ces formes ajoutent à l'idée de distorsion mentale, celle d'effraction psychique, liée à l'action de la *vrille*. Elles prolongent ainsi « *avoir un coup de giblet (à la tête)* », où *giblet* désigne l'instrument servant à percer les barriques pour leur donner de l'air (→ *giblet*). Que ces expressions soient ou non sorties d'usage, le geste fam. consistant à tourner l'index sur la tempe pour désigner un fou, demeure très répandu (→ *tempe*).

Étym. : XIVᵉ, du latin *viticula*, de *vitis* « vrille de la vigne ».

WAGON   n. m. « *Décrocher les wagons* » (XXᵉ), arg. : perdre la tête (→ *décrocher*).

Étym. : XIXᵉ, de l'anglais *wag(g)on*, lui-même du néerlandais *wag(h)en*.

XÉNOPATHIE   n. f. (m. XXᵉ), psych. : phénomènes mentaux pathologiques (hallucinations...) ressentis par certains malades délirants comme étant dus à une influence étrangère (→ *automatisme mental, influence*). • *Xénopathique* qualifie les troubles correspondants. « *Une pensée xénopathique.* »

Étym. : m. XXᵉ, composé de l'élément *xéno-* (du grec *xenos* « étranger ») et de *-pathie*.

YAOURT   n. m. « *Pédaler dans le yaourt* » (XXᵉ), fam. : être inefficace ou déraisonner (→ *pédaler*). On dit aussi « *arpenter/débattre... dans le yaourt* ». La métaphore est celle de l'embourbement des idées dans la viscosité mentale. À rapprocher de « *pédaler dans la choucroute/le potage/ la semoule* » (→ *patauger*), « *arpenter dans le goudron* » (→ *arpenter*). Par ailleurs, la notion d'altération de la substance blanche cérébrale pour traduire la folie est exploitée dans la locution arg. expressive « *avoir des traces de ski dans le yaourt* » (→ *ski*).

Étym. : XVᵉ, du bulgare *yugurt, yaurt*.

YO-YO ou YOYO   n. m. « *Être un peu yoyo* » (XXᵉ), fam. : être fou. Le mot désigne le jouet formé d'un disque évidé que l'on fait monter et descendre le long d'un fil enroulé autour de son axe. Par analogie avec le mouvement de va-et-vient de l'objet, l'expression de référence traduit au fig. la fluctuation de la pensée et l'errance mentale dues aux allées et venues des idées. « *On l'a bien connu avant qu'il ne devienne complètement yoyo.* » • *Yoyoter* précède l'emploi de *yoyo* dans le registre de la folie. Le verbe est d'ailleurs né de la mode du *Yo-yo*, dans les années trente. On l'applique fam. à de nombreux synonymes de « tête », « esprit » (→ *tête*). Parmi les expressions les plus connues, citons « *yoyoter de la touffe/de la toiture/de la visière* » et les déclinaisons « *yoyoter des cellules/du grelot/de la mansarde* ». À rapprocher de « *dodeliner du cervelet* » (→ *dodeliner*), « *onduler de la coiffe/de la toiture/de la visière* » (→ *onduler*).

Étym. : XXᵉ, de *Yo-yo*, nom déposé d'origine asiatique désignant le jouet.

ZAPPER v. « *Avoir zappé* » (f. xxᵉ), fam. : être devenu fou. Le verbe est emprunté au vocabulaire de la télévision, où il signifie « passer d'une chaîne à l'autre, au moyen d'une télécommande ». Par figure, il exprime la notion de changement brutal de programme cérébral. « ***D'un seul coup, il s'est mis à complètement zapper*** » (→ *tourner).*

Étym. : f. xxᵉ, de l'anglo-américain *to zap*, « bouger rapidement ou brutalement ».

ZÂUNÉ, ÉE adj. « *Il est vraiment zaûné* » (xxᵉ), fam. : il est fou ou ivre. Le mot est régional (Lorraine).

Étym. : d'origine obscure, peut-être par altération de *sonné*, ou, de façon moins compréhensible, de *zoné*.

ZINZIN adj. et n. « *Être un peu/complètement zinzin* » (xxᵉ), fam. : être fou. Le mot apparaît au sens d'« engin bruyant », dans l'argot des « poilus » de la guerre de 1914-1918. Par extension, il se dit de tout bruit dérangeant *(« arrête avec ton zinzin »).* Aujourd'hui courant dans le registre de la folie, *zinzin* exprime le bourdonnement mental, avec l'idée de parasitage de la pensée. La forme même du mot renforce le caractère répétitif, donc « obsédant » des troubles. Le mot est également substantivé : « ***un zin-***

zin ». D'autres dérivés onomatopéiques exploitent la métaphore du bruit parasite ou dissonant pour traduire le dérangement mental : *bzzz-bzzz, dingue, cling-cling, dreling-dreling* et *toctoc*. Variante : *zonzon*. « **Quel zonzon !** »

Étym. : déb. XXe, d'origine onomatopéique, par répétition de *zin* qui évoque un « bourdonnement ».

ZOO- : élément entrant dans la composition de termes techniques ou scientifiques ayant trait aux animaux. En psychiatrie, les mots *zoopathie*, *zoophobie* et *zoopsie* évoquent spécialement des animaux répugnants ou terrifiants. De ces représentations ou visions, procède d'ailleurs en grande partie le bestiaire de la folie (→ *araignée, chauve-souris, rat, ver*).

Étym. : du grec *zôon* « être vivant ».

ZOOPATHIE n. f. (m. XXe), psych. : délire fantastique ou de possession dans lequel le sujet se croit habité par un animal. Il s'agit souvent d'animaux qui — outre leur aspect — terrifient par leur aptitude supposée à détruire, à ronger l'intérieur du corps ou de la tête : crabe, rat, ver, etc. À l'extrême, la *lycanthropie* représente une forme ancienne spéciale de possession animale, où la personne pense être transformée en loup (→ *lycanthropie*).

Étym. : m. XXe, de *zoo-* et *-pathie*.

ZOOPHILIE n. f. (XXe), psych. : perversion désignant le commerce sexuel contre nature avec un animal. Le terme signifie d'abord « amour des animaux ». En psychiatrie, il est équivalent à *bestialité*, mot en usage avec son sens pathologique depuis l'époque classique. • **Zoophile** s'applique au comportement correspondant ou à la personne qui s'y livre (→ *perversion*).

Étym. : f. XIXe, de *zoo-* et *-philie*.

ZOOPSIE n. f. (f. XIXe), psych. : hallucination visuelle cauchemardesque, constituée de visions d'animaux répugnants ou terrifiants. Caractéristiques de l'onirisme confusionnel toxique (spécialement le *delirium tremens*), les **zoopsies** mettent en scène des animaux que l'on retrouve dans le bestiaire de la folie *(araignée, chauve-souris, rat, ver, etc.)*. Ces derniers figurent également dans certaines *phobies*, appelées *zoophobies* (→ *phobie*).

Étym. : f. XIXe, de *zoo-* et du grec *opsis* « vue ».

ZOZO n. m. et adj. « ***Quel zozo !*** » (XXe), fam. : il est imbécile ou un peu fou. « ***Un zozo*** », « ***c'est un drôle de zozo*** », « ***il est un peu zozo, ma parole !*** ». Le mot fait sans doute allusion aux capacités mentales limitées couramment attribuées aux volatiles, comme dans « ***tête de piaf/de linotte...*** ». Dans le registre de la folie, l'influence de *zinzin* est probable. Le féminin *zozote* est attesté mais d'emploi rare.

Étym. : f. XIXe, peut-être de *oiseau*, par redoublement de la seconde syllabe.

Champs sémantiques

AGITATION, DANGEROSITÉ

affoler, foler, affolir, afolir, affolé(e)
agité(e)
amok : « *être en proie à l'amok* »
avertin
bocal : « *être agité du bocal* »
bradassé(e) : « *être bradassé* »
braque
calme : « *il y a les fous calmes et les fous agités* », « *à calmer !* »
camisole : « *être bon pour la camisole (de force)* »
crier : « *crier comme un fou* »
danger : « *danger public* », dangereux, dangerosité
déchaîné(e), déchaînement
douche : « *être bon pour la douche* », « *à doucher !* », « *à la douche !* », etc.
énergumène
énervé(e)
enragé(e)
estrambord
évaltonné(e)
excité(e), excitation
extrême, extrémisme, extrémiste, extrémité

forcené(e)
foualé(e)
foutraque, foutraud
frénésie, frénétique
fureur
furieux(se) : « *fou furieux* »
grimper : « *(être branque/fou... à) grimper aux arbres/ aux rideaux* »
inconscience, inconscient
isolement : « *être bon pour la cellule d'isolement* »
jeté(e) : « *être bien jeté* »
lier : « *fou à lier* »
méchant(e) : « *il est fou, mais il n'est pas méchant* »
mercure : « *avoir du mercure dans la tête* »
pulpe : « *avoir la pulpe qui a décollé du fond* »
rage : « *être fou de rage* »
remonté(e) : « *être remonté à bloc/comme un coucou/ comme une pendule* »
Saint-Guy : « *avoir la danse de Saint-Guy* »
secoué(e) : « *être complètement secoué* »
sistra (ou sistrade)
surexcité(e), surexcitation
tapis : « *galoper près du tapis* »
tromba
vif-argent : « *avoir du vif-argent dans la tête* »

ASILE, ENFERMEMENT

anneau : « *aller s'acheter un anneau* »
asile : « *être bon pour l'asile (d'aliénés)* », « *être un malade asilaire* »
attaché(e)-piqué(e) : « *être un vrai attaché-piqué* »
Bedlam : « *être un échappé de Bedlam* »
bibi : « *être bibi* »
Bicêtre : « *être un échappé de Bicêtre* »
Biscaye (ou Biscaille)
bon(ne) : « *être bon à enfermer/mettre en cage...* »
boucler : « *à boucler !* »
cabanon : « *être bon pour le (à mettre au) cabanon* »

cage : « *être bon à mettre en cage* »
camisole : « *être bon pour la camisole (de force)* »
capitonné(e) : « *être bon pour la cellule capitonnée* »
cathène : « *mât de cathène* »
Charenton : « *sortir de Charenton* », « *être un échappé de Charenton* », etc.
chien : « *lâchez les chiens !* »
cinetoque : « *cinetoque's office* »
cinquante-quatre : « *être bon pour le cinquante-quatre* »
clinique : « *avoir (bien) besoin de faire un petit séjour en clinique* »
coucou : « *ici, c'est Vol au-dessus d'un nid de coucou !* »
déménagerie : « *c'est une vraie déménagerie !* »(→ déménager)
échappé(e) : « *un cheval échappé* », « *un échappé de l'asile* », etc.
enfermer : « *à enfermer !* », etc.
Esquirol : « *aller à/venir (d')Esquirol* »
gardien de fous
gayolle
hôpital : « *être bon pour l'hôpital psychiatrique/l'H.P./l'hôpital des fous...* », etc.
hospice : « *être bon pour l'hospice* »
interner : « *à interner !* », etc.
lier : « *être fou à lier* »
loge : « *être fou à mettre en loge* »
maison : « *devoir aller faire un petit séjour en maison de santé* », « *une maison de fous* », etc.
pavillon : « *rester bouclé au pavillon* »
pécule : « *toucher son pécule de sortie* »
Petites-Maisons : « *mettre (envoyer) aux Petites-Maisons* », etc.
Saint-Maurice : « *prendre une/sa correspondance pour Saint-Maurice* »
Sainte-Anne : « *devoir aller à Sainte-Anne* », « *avoir l'air de sortir de Sainte-Anne* », etc.
Salpêtrière : « *être une échappée/une folle de la Salpêtrière* »
vingt-six : « *prendre le vingt-six* »
voiture jaune : « *faire venir la voiture jaune* »

ATTRIBUTS DE LA FOLIE

alambic
entonnoir
grelot : « *tenir du grelot* »
marotte : « *porter la marotte* », « *un fol à marotte* », etc.
tonsure (→ croix)
pois : « *roi du pois* » (→ fève)

COMMOTION CÉRÉBRALE

atteint(e) : « *être atteint* »
bambou : « *avoir le coup de bambou* »
caberlot : « *taper sur le caberlot* »
cafetière : « *prendre/recevoir un coup sur la cafetière* », « *avoir un pet à la cafetière* »
caillou : « *avoir un pet au caillou* »
calebasse : « *prendre un coup sur la calebasse* »
caramélisé(e) : « *être caramélisé* »
casque : « *avoir un pet au casque* »
cassis : « *avoir le cassis plombé* »
castagné(e) : « *être castagné* »
castamé(e) : « *être castamé* »
chiqué(e) : « *être chiqué* »
choc : « *avoir un traitement de choc* »
chtar : « *avoir pris un chtar* », « *être chtarbé* »
cigare : « *avoir pris un coup sur le cigare* »
citron : « *avoir un pet au citron* »
citrouille : « *avoir pris un coup/un pet sur la citrouille* »
cinglé(e) : « *être cinglé* »
cloche : « *avoir un coup de cloche* »
cogné(e) : « *être cogné* » (→ **cogner**)
coloquinte : « *ça lui a tapé sur la coloquinte* »
compteur : « *avoir un pet au compteur* »
coqueluchon : « *ça lui a tapé sur le coqueluchon* »
coup : « *avoir pris un coup sur la tête* », etc.
défoncé(e) : « *être défoncé* »
foualé(e) : « *être foualé* »
fouetté(e) : « *être fouetté* »

fracassé(e) : « *être fracassé* »
frappadingue, frappa
frappé(e) : « *être frappé* »
gaufré(e) : « *être gaufré* »
giflé(e) : « *être giflé* »
maillet : « *être maillet* », *mailloché(e)*
maqué(e)
marbré(e) : « *être marbré* »
marteau : « *être marteau* », « *avoir un coup de marteau* »
masse : « *être à la masse* »
morfler : « *avoir morflé* »
parpaing : « *avoir pris/reçu un parpaing sur la tronche* »
percuté(e) : « *être percuté* »
pet : « *avoir un pet* », « *être pété* »
pigne : « *avoir pris une tuile sur la pigne* »
ramasser : « *avoir ramassé* »
sonné(e) : « *être sonné* » (→ **sonner**)
tamponné(e) : « *être complètement tamponné* »
tapé(e) : « *être tapé* » (→ **taper**)
timbré(e) : « *être timbré* » (→ **timbre**)
tirelire : « *avoir reçu un coup sur la tirelire* »
tocbombe
toctoc (ou toc-toc) : « *être toctoc* »
toqué(e) : « *être toqué* », « *avoir une toquade* »
touché(e) : « *être touché* » (→ **toucher**)
transfo : « *avoir un pet au transfo* » (→ **transformateur**)
tronche : « *avoir pris un coup/un parpaing/un pet sur la tronche* », etc.

DÉCALAGE

décalé(e) : « *être décalé* »
décalqué(e)
latte : « *être/marcher à côté de ses lattes* »
marcher : « *marcher à côté de ses lattes/de ses pompes* »
plaque : « *être à côté de la plaque* »
pompes : « *être/marcher à côté de ses pompes* »

DÉPASSEMENT DES LIMITES

borne : « *dépasser les bornes* », etc.
dépasser : « *dépasser l'entendement/l'imagination/la mesure...* »
extrême : « *un état de fureur extrême* », extrêmement, extrémité
hors : « *être hors de gamme/hors des gonds (de la raison)/hors de propos/hors de sens* », etc.
limite : « *être hors les limites de la raison* », etc.
mesure : « *être sans bornes ni mesure* » (→ **borne**)
outré(e) : « *être un fou outré* »
trop : « *être trop* »

DÉSORDRE, EMMÊLEMENT DES IDÉES

boyau : « *avoir des nœuds dans les boyaux de la tête* »
breloque : « *battre la breloque* »
chaos, chaotique
confus(e) : « *tourner, virer comme un confus* »
dérangé(e) : « *être (mentalement) dérangé* », « *avoir le cerveau en dérangement* »
incohérence, incohérent(e)
neurone : « *avoir les neurones qui font des nœuds* », etc.
pâté : « *en avoir un (sacré) pâté !* »
pédale : « *perdre (carrément) les pédales* », pédaler
perturbé(e), perturbation
queue : « *n'avoir ni queue ni tête* »
rappel : « *battre le rappel* »
rime : « *n'avoir ni rime ni raison* »
vrac : « *être en vrac* »

DÉTACHEMENT TERRESTRE

ailleurs : « *être ailleurs* »
cosmos : « *être dans le cosmos* », cosmique, mystico-cosmique
plafonner : « *plafonner du neutron* »

planète : « *être sur (tombé d') une autre planète* »
réalité : « *être en dehors de la réalité* », etc.
redescendu(e) : « *ne pas être redescendu* »
rêver : « *il ne faut pas rêver* », etc., rêveur, rêve
scotché(e) : « *être/rester scotché au plafond* »

DISSONANCE MENTALE

absurde, absurdité
chaudière : « *raisonner comme une chaudière à grelots* »
clavier : « *jouer les notes sans le clavier* »
cling-cling : « *être cling-cling* »
cloche : « *avoir la cloche fêlée* »
coffre : « *raisonner comme un coffre* » (→ **raison**)
dingue, dinguerie, etc.
grelot : « *avoir droit au grelot* », « *bien mériter le grelot* », « *avoir le grelot fêlé* », etc.
pantoufle : « *raisonner comme une pantoufle* »
sonner : « *sonner le fêlé* »
tambour : « *raisonner comme un tambour (mouillé)* »
timbre : « *avoir le timbre/la cloche fêlé(e)* », « *être timbré* »
tintinnabuler : « *tintinnabuler du grelot* », « *être tintinnabulé du grelot* »

DYSFONCTIONNEMENT ÉLECTRIQUE CÉRÉBRAL

Par coupure du courant :

bakélite : « *fondre la plaque de bakélite* »
bureau : « *avoir un plomb de sauté dans le bureau du directeur* »
compteur : « *avoir un pet au compteur* »
court-circuité(e) : « *être court-circuité* »
court-jus : « *être en court-jus total* »
craquer : « *craquer un plomb* »
déconnecter : « *déconnecter complètement* », « *être déconnecté* »

déphasé(e) : « *être déphasé* »
déplombé(e) : « *être déplombé* »
dépolarisé(e) : « *être dépolarisé des neurones* » (↛ **neurone**)
disjoncter : « *disjoncter complètement* », « *avoir disjoncté* », « *être disjoncté* »
fil : « *avoir les fils qui se touchent* »
fondu(e) : « *être fondu* » (↛ **fondre**)
fusibles : « *fondre/péter/sauter les fusibles* »
masse : « *être à la masse* »
lumière : « *ne pas avoir la lumière à tous les étages/dans toutes les pièces* »
panne : « *avoir une panne de secteur dans le transformateur* »
pété(e) : « *être pété* » (↛ **pet**)
plomb : « *péter/fondre/sauter (un/les) plomb(s)* », etc.
sauté(e) : « *être sauté* » (↛ **sauter**)
shunté(e) : « *être complètement shunté* »
synapse : « *péter une synapse* »
tilter : « *avoir tilté* »
transfo : « *avoir un pet au transfo* » (↛ **transformateur**)

Par variation d'intensité :

allumé(e) : « *être allumé* »
alternatif : « *avoir un coin du ciboulot branché sur l'alternatif* »
fading
éclipse : « *avoir un cerveau à éclipses* »
illuminé(e) : « *être illuminé* »
lucide : « *ne plus être tout à fait lucide* », « *ne plus avoir toute sa lucidité* »

Par anomalie de transmission :

parasité(e), parasitage

DYSFONCTIONNEMENT INFORMATIQUE CÉRÉBRAL

bug : « *avoir/faire un bug* »
déprogrammé(e) : « *avoir les neurones déprogrammés* »

donnée : « *avoir les données compilées* » (↪ **puce**)
puce : « *déconner de la puce* », « *avoir la puce déconnante* »
sauvegarder : « *avoir été mal sauvegardé* » (↪ **sauvegarde**)
souris : « *avoir perdu la souris* » (↪ **puce**)

DYSFONCTIONNEMENT MÉCANIQUE CÉRÉBRAL

boulon : « *péter les boulons* », « *paumer/perdre un boulon* »
câble : « *péter un câble* »
courroie : « *péter une/les courroie (s)* »
crémaillère : « *péter sa/la crémaillère* »
croix : « *avoir le cerveau/le moteur en croix* »
débloquer, déblocage, débloqueur,
déboulonné(e) : « *être déboulonné* »
déchenillé(e) : « *être déchenillé* »
déclaveté(e) : « *être déclaveté* »
déjanter, déjanté
démonté(e) : « *avoir la cervelle démontée* »
dérangé(e) : « *être dérangé* », « *avoir le cerveau en dérangement* »
déréglé(e), dérèglement, déréglage,
détrancané(e) : « *être détrancané* »
détraquer, détraqué, détraquement, détraquage
dévisser, dévissé
durite : « *péter une durite* »
frein : « *lâcher les freins* », « *une imagination sans frein* »
lâcher : « *lâcher sa courroie de ventilo* », « *lâcher les élastiques* »
manuel : « *avoir mis sur manuel* »
panne : « *avoir le cerveau en panne* »
paumer : « *paumer ses boulons* »
pédale : « *perdre (carrément) les pédales* », pédaler
pendule : « *être remonté comme une pendule* »
perturbé(e), perturbation
pot : « *délirer (à) plein pot* »
poulie : « *être poulie contre poulie* »

remonté(e) : « *être remonté à bloc/comme un coucou/ comme une pendule* »
ressort : « *péter un ressort* »
rideau : « *avoir le cerveau/la cervelle en rideau* »,
rond : « *ne pas tourner rond* »
roue : « *faire roue libre* »
rouler : « *rouler sur la jante/sur la toile* »
serrure : « *avoir la serrure brouillée* »
soudure : « *péter une soudure* »
surchauffé(e)
taquet : « *être au taquet* »
tour : « *avoir un tour en moins/un tour en trop* », etc.
truc : « *avoir un truc* », etc.
tube : « *délirer (à) plein tube* »
vis : « *avoir paumé/perdu une vis* »

ÉCART MENTAL

En termes de mise hors de la voie :

déjanter : « *déjanter totalement* », « *être déjanté* »
délire : « *être en plein délire* », « *délirer plein pot* », etc.
dérailler : « *dérailler complètement* »
déraisonner : « *déraisonner complètement* » (→ déraison)
déraper : « *déraper gravement* »
détraqué(e) : « *être détraqué* »
déviant(e), déviance
dévoyer, dévoyé
divaguer : « *divaguer complètement* », « *les divagations de l'esprit* »
écarter : « *s'écarter de la raison* », « *les écarts de l'imagination/de la raison...* »
extravagant(e), extravagance, extravaguer
sens : « *perdre le sens* », « *être hors du sens* », etc.

En termes de mise hors de la norme :

aberration, aberrant, aberrer
anormal(e) : « *être anormal* »

aplomb : « *perdre l'aplomb* »
atypique : « *être atypique* »
baroque : « *être baroque* »
biais : « *avoir la tronche en biais* »
biscornu(e)
bizarre, bizarrerie
cintré(e) : « *être cintré* »
déparler
déplombé(e) : « *être déplombé* »
déraison, déraisonner, déraisonnement, déraisonneur
déraisonnable, déraisonnablement
déréglé(e) : « *avoir le cerveau/l'esprit déréglé* », « *le dérèglement de l'esprit* »
désaxé(e) : « *être désaxé* »
descadraner
dévarier
drôle : « *c'est un drôle* », « *il est resté drôle après son accident* », « *il parle drôle* »
équerre : « *ne pas/ne plus être (tout à fait) d'équerre* »
étrange
excentrique : « *être excentrique* »
guingois : « *avoir le chambranle de guingois* »
insensé(e)
original(e)
paradoxal(e)
parallèle : « *se faire un monde/un univers parallèle* »
parler : « *parler aux champignons* », « *ça parle dans la/ma tête* », etc.
singulier(ère)
tarabiscoté(e) : « *avoir des idées tarabiscotées* »
tordu(e) : « *être tordu* », « *être tortibac* »
varier, dévarier

En termes de perte de l'équilibre :

aplomb : « *ne pas avoir la tête bien d'aplomb* »
bancal(e) : « *avoir un raisonnement complètement bancal* »
béquiller : « *béquiller de la pensarde* »
boquiller : « *boquiller de la pensarde* »

chanceler : « *avoir la raison qui chancelle* »
debout : « *ça ne tient pas debout* »
démâter : « *démâter complètement* », « *avoir démâté* »
déséquilibré(e) : « *être déséquilibré* », « *le déséquilibre mental* »
équilibre : « *ne plus avoir/perdre son équilibre mental* », etc.
guingois : « *avoir le chambranle de guingois* »
sens : « *être hors du sens* », etc.
singulier(ère)
spécial(e) : « *être (très) spécial* »
vaciller : « *avoir la raison qui vacille* », « *vaciller du caberlot/de la pensarde, etc.* »

EFFERVESCENCE MENTALE

bigoudi : « *travailler du bigoudi* »
bouilloire : « *siffloter de la bouilloire* »
bouillon, bouillonner, bouillonnement
bulbe : « *fermenter/travailler du bulbe* »
calbombe : « *fermenter de la calbombe* »
canotier : « *travailler du canotier* »
chapeau : « *travailler du chapeau* »
chapiteau : « *travailler du chapiteau* »
chauffer : « *ça chauffe dans sa tête/là-dessous* »
chou : « *travailler du chou* »
cocotte : « *débouler de la cocotte* »
couvercle : « *bouillonner/travailler du couvercle* », etc.
ébullition : « *avoir la cervelle en ébullition* »
échauffé(e) : « *avoir le cerveau/l'imagination échauffé(e)* »
fermenter : « *fermenter du couvercle/de la calbombe* »
frissonner : « *frissonner du couvercle* »
fromage : « *avoir le fromage trop fait* »
fromager : « *fromager du bulbe* » (→ **fromage**)
képi, kébroque : « *travailler du képi/du kébroque* »
melon : « *travailler du melon* »
siffloter : « *siffloter de la bouilloire* »
soupière : « *dreliner/chantonner de la soupière* »

surchauffé(e)
terrine : « *travailler de la terrine* »
toiture : « *travailler de la toiture* »
touffe : « *travailler de la touffe* »
travailler, travaillé
visière : « *travailler de la visière* »

ERRANCE, DÉSORIENTATION

aberration, aberrant, aberrer
affolé(e) : « *être affolé de la boussole* »
antiffe (ou antif, antiffle) : « *battre l'antiffe* »
azimuté(e) : « *être azimuté* »
baragne : « *courir les baragnes* »
boussole : « *perdre la boussole* »
calabre : « *battre/courir la calabre* »
calastrou : « *perdre le calastrou* »
campagne : « *battre la campagne* »
carte : « *perdre/tourner la carte* »
champ : « *battre/courir les champs* »
champêtre : « *fou champêtre* »
déboussolé(e) : « *être déboussolé* »
divaguer : « *divaguer complètement* »
égarer : « *avoir l'esprit/la raison... qui s'égare* », « *être un égaré* », « *l'égarement de l'esprit* »
errance : « *être en pleine errance mentale* », « *errances de l'âme, de l'esprit* »
extravagant(e), extravagance, extravaguer
flottant(e) : « *avoir une case flottante* »
nord : « *perdre le nord* »
paumé(e) : « *être paumé* » (→ **paumer**)
perdu(e) : « *être perdu dans sa tête* » (→ **perdre**)
plaine : « *battre la plaine* »
quart : « *battre un quart* »
rue : « *courir les rues* »
shooter : « *shooter dans les boîtes* »
tramontane : « *perdre la tramontane* »
trantailler : « *trantailler complètement* »

vagabond(e) : « *la folie/l'imagination vagabonde* »
vaguer : « *être toujours à vaguer* »

EXPLOSION

dégoupillé(e) : « *être dégoupillé* »
éclaté(e) : « *être éclaté* »
explosé(e) : « *être explosé* »
flingué(e) : « *être flingué* »
fusillé(e) : « *être fusillé* »
torpillé(e) : « *être torpillé* »
voler : « *avoir la raison qui vole en éclats* »

FEU

brûlé(e) : « *un cerveau/une cervelle/une tête brûlé(e)* »
calciné(e) : « *être calciné* »
caramélisé(e) : « *être caramélisé* »
carbonisé(e) : « *être carbonisé* »
chalumé(e) : « *être chalumé* »
cramé(e) : « *être cramé* »
cuit(e) : « *être cuit* »
fondu(e) : « *être fondu* » (→ fondre)
fumé(e) : « *être fumé* »
gratiné(e) : « *être gratiné* »
grillé(e) : « *être grillé* »
pin-pon : « *pin-pon ! pin-pon !* »
pyromanie
ravagé(e) : « *être ravagé* »

FOLIE PASSAGÈRE OU CYCLIQUE

accès
attaque
bouffée
coup
crise

éclipse
heure : « *avoir ses heures d'extravagance, de folie...* »
passager(ère) : « *coup de folie passagère* »
quinte : « *avoir ses quintes* », « *être sujet à la quinte* », *quinteux*
reprendre : « *ça y est, ça le/la reprend !* »
saillie : « *avoir des saillies* »
toquade
toukouk

FROID

gelé(e) : « *être gelé* »
givré(e) : « *être givré* »

FUITE DES IDÉES

aller : « *s'en aller de la coiffe/de la toiture...* »
caboche : « *partir/s'en aller de la caboche* »
cacheté(e) : « *être mal cacheté* »
coq : « *passer/sauter du coq à l'âne* »
débouler : « *débouler de la cocotte* »
décalfeutré(e) : « *être décalfeutré* »
fuite : « *fuite des idées* »
partir : « *partir du couvercle* », être parti
saut : « *n'aller que par sauts et par bonds* »

HABITATION

appartement : « *avoir un/des appartements à louer* »
beffroi : « *avoir des chauves-souris dans le beffroi* »
bois : « *ne pas (ne plus) avoir tout son bois à l'abri* »
boutique : « *déménager de la boutique* »
cabanon : « *déménager du cabanon* »
casino : « *battre du lustre dans le casino* »
chambranle : « *avoir le chambranle de guingois* »

chambre : « *avoir des chambres vides dans le cerveau/ la tête* », etc.
chapiteau : « *déménager/partir/travailler/yoyoter du chapiteau* »
chevron : « *avoir un chevron de trop dans la charpente* »
cogner : « *c'est à se cogner le derrière au lustre !* »
comble : « *déménager des combles* »
déménager : « *déménager complètement* »
déplafonné(e) : « *être déplafonné* »
désagréger : « *se désagréger du grenier* »
enseigne : « *avoir retourné l'enseigne* »
flou : « *avoir du flou dans les vasistas* »
grenier : « *déménager du grenier* »
habiter, habité, habitation
logis : « *il n'y a plus personne au logis* », « *folle du logis* » (→ **loge**)
lumière : « *ne pas avoir la lumière dans toute les pièces/ à tous les étages* »
mansarde : « *être déménagé/yoyoter de la mansarde* »
minaret : « *être lézardé du minaret* »
pensarde : « *béquiller/boquiller de la pensarde* »
plafonnier : « *avoir une lézarde au plafonnier* »
soliveau : « *avoir une hirondelle dans le soliveau* »
soupente : « *être charançonné de la soupente* »
toiture : « *onduler/travailler/yoyoter de la toiture* », « *être dévissé de la toiture* »

HANDICAP, MALADIE, FIÈVRE

affligé(e) : « *une affligée de la belle espèce* »
baisé(e) : « *avoir les nerfs baisés* »
besoin : « *avoir besoin d'un bon traitement...* »
bouffée : « *faire une bouffée (délirante)* »
boyau : « *avoir des nœuds dans les boyaux de la tête* »
calenture
craindre : « *il craint (un maximum) !* », craignos
dégénéré(e) : « *être (un) dégénéré* »
dingue

écharpe : « *avoir le cerveau/la cervelle/l'esprit en écharpe* »
encastelé(e) : « *un homme encastelé* »
estropié(e) : « *être estropié de la cervelle* »
état : « *son état mental est (particulièrement) inquiétant* », etc.
fait(e) : « *avoir la tête mal faite* »
fièvre, fiévreux
fouler : « *se fouler un/les neurone(s)* », « *avoir le cerveau foulé* »
fragile : « *c'est quelqu'un de fragile* »
handicapé(e)
hérédo : « *fou comme un hérédo* »
insane, insanie, insanité
loucher : « *loucher du cerveau* »
luxé(e) : « *avoir le cerveau/la cervelle luxé(e)* », « *être luxé(e) du cerveau/de la cervelle* »
maladie, malade, malade des nerfs
masqué(e) : « *faire une dépression masquée* »
morfler : « *avoir morflé* »
nase (ou *naze*)**, nazebroque** (ou *naz-broque*)
niqué(e) : « *il est un peu niqué* »
pégé : « *être tapé comme un pégé* »
peine : « *sa tête lui donne bien de la peine* »
péquatre : « *s'être fait réformé péquatre* »
pierre : « *la pierre de (la) folie* »
plombé(e) : « *être plombé* »
psy : « *être complètement psy* », etc.
ramasser : « *avoir ramassé* »
touché(e) : « *être très touché* »
troublé(e), trouble
sain(e) : « *ne pas être (très) sain d'esprit* »
saint-Guy : « *avoir la danse de Saint-Guy* »
soigner : « *avoir besoin de se faire soigner (!)* », etc.

IDÉE FIXE

dada
idée fixe

lubie
marotte
turlutaine

IDENTITÉ

connaître : « *ne plus se connaître* »
décalqué(e) : « *être décalqué* »
dos : « *avoir son nom écrit dans le dos* »
enseigne : « *avoir retourné l'enseigne* »
être : « *ne plus savoir qui on est* »
identité : « *avoir des troubles de l'identité* »
miroir : « *passer de l'autre côté du miroir* »
papier : « *perdre ses papiers* »
posséder : « *ne pas/ne plus se posséder* »
prendre : « *se prendre pour l'empereur d'Autriche/Jules César/Napoléon...* »

IDIOTIE

afolassi
ahuri(e) : « *être ahuri* », « *avoir l'air ahuri* »
badaud(e) ou **badau**, badarot (ou badaraud), badabé, badaou, badin
bader : « *bader du bec avec les idées ailleurs* »
badjoc (ou **badjok**)
balourien (ne)
barìat (ade), esbariat, bariacoû, bariamen, cap-barìa(ade)
barlòc (que), barloucà, barlouquerie, barluèc(èque)
berdin (→ **bredin**)
cabourd(e) : « *être cabourd* »
cacalouche : « *être cacalouche* »
calut (ou **caluc**)
Cambrai : « *avoir passé par Cambrai* »
cap de birou, cap-barìa, cap-birà, cap-biràt(de)
chabraque
Chaillot : « *celle-là, c'est une vraie folle de Chaillot !* »
champêtre : « *fou champêtre* »

con : *« quel con ! »*
débile, deb (ou **dèbe**), **débilos, débilité**
dégénéré(e)
déberdinoire
demeuré(e) (→ **demeure**)
dépareillé(e) : *« être un peu dépareillé »*
écervelé(e)
fada, fadot, fadoli, fadaise
focard, focardise
génétique : *« c'est génétique ! »*
gogol (ou **gol**)
hotu
hurel
hurluberlu, hurluberlutisme
hurlubier
inepte, ineptie
jobard(e), job, jobarderie, jobastre, job(e)ri
jobré(e)
maboul(e), maboulisme, maboulite, maboulof
maziblé(e)
mômo
neuneu (ou **neu-neu**), **nono**
handicapé(e)
pâté : *« en avoir un (sacré) pâté ! »*
pauvre : *« pauvre fou ! »*, *« pauvre d'esprit »*
pec (ou **pecque**)
pinpin (ou **pimpin**)
Pontoise : *« (avoir l'air de) revenir/venir de Pontoise »*
ramasser : *« avoir ramassé »*
ravi(e)
sot(te) : *« tourner sot »*, rassoté
tarabé
taré(e)

IMAGINAIRE

berlue : *« avoir la berlue »*, **berlure**
chimère
élucubration, élucubrer

entendre : « *entendre des voix* », **entendement**
fantaisie, fantaisiste, fantasier
fantastique, fantasque
halluciner, halluciné, hallucination
Jeanne d'Arc : « *c'est une vraie Jeanne d'Arc, elle entend des voix* »
illusion, (s')illusionner
imaginer, imaginaire, imagination, etc.
vision : « *avoir des visions* », *visionnaire*
voir : « *voir des éléphants roses* »
voix : « *entendre des voix* », « *voix intérieure* »

IMPORTANCE DE LA FOLIE

En termes de poids :

carat : « *être fol/fou à vingt-quatre carats* », « *être fol/fou à vingt-trois carats/à trente-six carats* »
grain : « *avoir un grain de folie* », « *avoir un grain/un petit grain* », etc.
léger(ère) : « *être plus léger d'un grain* »

En termes de quantité :

bien : « *être bien fou* »
bloc : « *être fou à bloc* »
brin : « *avoir un brin de folie* », « *ne plus avoir un brin de raison* »
complet(ète) : « *être un fou complet* », « *être complètement barjo/fou...* »
cramoisi : « *fol en cramoisi* »
demi(e) : « *être demi-fou* »
donf : « *être barje à donf* »
fin : « *être fin fou* »
fond : « *débloquer à fond* »
grand(e) : « *être un grand délirant/fou/malade...* »
moitié : « *être à moitié barjo/fou* », etc.
peu : « *être un peu barjo/fou/timbré* », etc.
pot : « *barjoter/délirer plein pot* »

ressort : « *fol à grand ressort* »
super- : « *être superbranque* »
total(e) : « *être un barjo/fou... total* », « *être totalement branque/fou...* »
trente-six : « *être fou comme trente-six grillons/lapins* »
tube : « *délirer (à) plein tube* »

En termes de comparaison animale

belette : « *être fou comme une belette* »
bourdon : « *être fou comme un bourdon* »
grillon : « *être fou comme un grillon* »
guêpe : « *être folle comme une guêpe* »
lapin : « *être fou comme un lapin* »
lièvre : « *être trois quarts lièvre, un quart lapin* », « *devenir lièvre* »
mule : « *il ressemble à la mule du pape, il ne boit qu'à ses heures* »
rat : « *être agité comme un rat empoisonné* » (→ **agité**)
trente-six : « *être fou comme trente-six grillons/lapins* »

En termes de gravité :

ambulance : « *appeler l'ambulance* »
atteint(e) : « *être très atteint* »
bonjour : « *bonjour les dégâts !* »
cas : « *c'est un cas !* »
demeure : « *fou à demeure* »,
désespéré(e) : « *être un cas désespéré* »
grave : « *être grave* »
grimper : « *(être branque/fou... à) grimper aux arbres/aux rideaux* »
incurable : « *être un fou incurable* »
irrécupérable : « *être irrécupérable* »
malade : « *être malade* »
pin-pon : « *pin-pon ! pin-pon !* »
raide : « *être (un) fou raide* »
secours : « *au secours !* »
séquelle : « *en avoir/en garder de sacrées séquelles* » (→ **trace**)

sérieux(se) : « *il est sérieux !* », « *être sérieusement touché* »
touché(e) : « *être touché* »

En termes de degré :

achevé(e) : « *un fou achevé* »
archifou(folle) : « *être archifou* »
craindre : « *il craint (un maximum) !* », craignos
degré : « *être fou/cinglé... au dernier degré* »
échelon : « *avoir un échelon de trop* »
extrême : « *un état de fureur extrême* », « *être extrêmement fou...* »
gamme : « *fou de (à) haute gamme* »
maximum : « *délirer un maximum* »
première : « *c'est un allumé/barjo/fou... de première* »
triple : « *un triple fou* », « *un fou à triple étage* »

En termes d'authenticité :

franc, franche : « *être franc fou* »
pur(e) : « *c'est de la folie pure !* », etc.
teint : « *être un schizophrène bon teint* »
vrai(e) : « *être un vrai fou* », « *ne pas être vrai* », vraiment

IVRESSE, DROGUE

absinthe : « *avoir forcé sur l'absinthe* »
alcoolique : « *être un vieux fou, doublé d'un alcoolique* », etc.
barré(e) : « *être complètement barré* »
bibard(e) : « *un vieux bibard* »
brindezingue : « *être brindezingue* »
casque : « *en avoir dans le casque* »
crâne : « *en avoir sous le crâne* »
défoncé(e) : « *avoir l'air défoncé* »
delirium tremens : « *faire un delirium tremens* »
dété : « *être agité comme un dété* »
éléphant : « *voir des éléphants roses* »
flipper : « *flipper comme une bête* », « *être flippé* », etc.
fumer : « *fumer la moquette/ses cheveux* », « *être fumé* »

gingin : « *être gingin* »
monter : « *monter à la tête* »
parti(e) : « *être parti* » (➙ **partir**)
pavois : « *être pavois* »
porter : « *porter à la tête/au ciboulot...* »
psychédélique : « *être psychédélique* »
redescendu(e) : « *ne pas être redescendu* »
scotché(e) : « *rester scotché au plafond* »
shooté(e) : « *avoir l'air shooté* » (➙ **shooter**)
trip : « *ne pas être redescendu de son trip* », « *avoir eu un mauvais trip* »

MANQUE D'INTÉGRITÉ CÉRÉBRALE

bardeau : « *il lui manque un bardeau* »
barreau : « *il lui manque un barreau à sa chaise (à porteur)* »
bouillon : « *il lui manque un bouillon* »
boulon : « *paumer/perdre/péter un/ses boulon(s)* », « *il lui manque un boulon* »
case : « *avoir une case en moins/de vide* », « *avoir une case flottante* », etc.
cercle : « *il lui manque un cercle (à son tonneau)* »
clou : « *il lui manque/il lui faut un clou (à son armet)* »
cosse : « *il lui manque une cosse* »
fagot : « *il lui manque un fagot* »
feuille : « *il lui manque une feuille* »
fini(e) : « *ne pas être (tout à fait) fini* »
jour : « *il lui manque un jour de la semaine* »
lumière : « *ne pas avoir la lumière à tous les étages/dans toutes les pièces* »
tiroir : « *il lui manque un tiroir (à sa commode)* »
tout : « *ne pas avoir tout* »

PARASITAGE DE LA PENSÉE

Par un insecte :

abeille : « *avoir une abeille dans le bonnet* »
araignée : « *avoir une araignée (au) dans le plafond/dans les combles/dans le grenier...* »

burgaud : « *avoir un burgaud sous la casquette* »
cacarinette : « *avoir des cacarinettes dans la tête* »
cafard : « *avoir un cafard dans la tête/le plafond/la tire-lire* »
charançon : « *avoir des charançons dans l'abat-jour* », charançonné
cigale : « *avoir des cigales plein la tête* »
fourmi : « *avoir des fourmis dans l'encéphale* »
frelon : « *avoir un frelon sous/dans le képi* »
grillon : « *avoir des grillons dans la tête* »,
hanneton : « *avoir un hanneton dans le cerveau/le crâne/le plafond* »
moucheron : « *avoir des moucherons en tête* »
moustique : « *avoir un moustique dans la boîte à sel* »
papillon : « *avoir des papillons dans le compteur* », « *avoir les papillons de nuit* », etc.
sauterelle : « *avoir une sauterelle dans la guitare/dans la vitrine* » (→ **sauter**)
taon : « *avoir un taon en tête* »

Par un autre animal :

chauve-souris : « *avoir une/des chauve(s)-souris dans le beffroi* »
dragon : « *avoir ses dragons noirs* »
écrevisse : « *avoir une écrevisse dans la tourte/dans le vol-au-vent* »
hirondelle : « *avoir une hirondelle dans le beffroi/dans le soliveau* »
moineau : « *avoir des moineaux dans la tête* »
rat : « *avoir un/des rat(s) dans la tête* », « *avoir un rat dans la contrebasse* », etc.
rate-pénate (ou **ratepenade, ratepignate**) **:** « *avoir la rate-pénate* »
trichine : « *avoir des trichines au plafond* », « *avoir une trichine dans le jambonneau* »
ver : « *avoir des vers dans la tête* », « *avoir le ver-coquin* »

Par un objet insolite :

horloge : « *avoir des horloges dans la tête* »
mie : « *avoir une mie de pain dans la timbale* »

pédalo : « *avoir un pédalo dans le ciboulot* »
pépin : « *avoir un pépin dans sa timbale* »
trapèze : « *avoir un trapèze dans le salon* »
vélo : « *avoir un petit vélo (dans la tête)* »

Par un bruit :

bzzz : « *être bzzz-bzzz* »
cling-cling : « *être cling-cling* »
drelin-drelin (ou **dreling-dreling**) : « *être drelin(g)-drelin(g)* »
toctoc (ou **toc-toc**) : « *être toctoc* »
vezon : « *avoir le petit vezon* »
zinzin : « *être zinzin* »

PASSAGE DE LA NORMALITÉ À LA FOLIE

aller
basculer : « *basculer dans la folie* »
bémol : « *passer de b dur en b mol* »
casquette : « *tourner casquette* »
devenir : « *devenir fou...* »
dixième : « *passer au dixième* »
miroir : « *passer de l'autre côté du miroir* »
tomber : « *tomber fou* », « *être tombé sur la tête* », etc.
sombrer : « *sombrer dans la folie* »
virer : « *virer à la folie (la plus totale)* », viré, virage
zapper

PERTE DE CONTRÔLE

chier : « *chier dans ses bas* »
débridé(e)
déraper : « *déraper gravement* »
dévisser : « *dévisser complètement* », « *être dévissé* »
importer : « *dire/raconter n'importe quoi* »
impulsion : « *avoir des impulsions* »
lâcher : « *lâcher les freins* »

Mathurin : « *colique saint Mathurin* », « *avoir des tranchées (de) saint Mathurin* »
pisser : « *qui chante à table, qui pisse au lit, signe de folie !* » (→ **chanter**)
posséder : « *ne pas/ne plus se posséder* »
pulsion : « *avoir des pulsions* »
riper : « *avoir ripé* »
rire : « *avoir un rire fou* »
savoir : « *ne pas/plus savoir ce qu'on dit/fait* »
sentir : « *calmez-le ! il ne se sent plus* »

PERTE FIGURÉE DE LA TÊTE OU DES FACULTÉS

babarot : « *perdre le babarot* »
bobèche : « *perdre la bobèche* », bobéchon
boule : « *perdre la boule* »
cabèche : « *perdre la cabèche* », cabesse
décalbombé(e)
décapsulé(e) : « *être décapsulé* »
déplafonné(e) : « *être déplafonné* »
dévisser : « *être dévissé de la toiture* »
entendement : « *perdre l'entendement* »
faculté : « *ne plus avoir/posséder (toutes ses facultés)* »
jouir : « *ne plus jouir de toutes ses facultés (mentales)* »
jugement : « *perdre le jugement* »
marée : « *avoir la cervelle à marée basse* »
partir : « *partir du couvercle* », être parti
raison : « *perdre la raison* »
sorbonne : « *paumer la sorbonne* »

PERTE DU FIL DE LA PENSÉE

décarocher
débigocher
décoconer
décrocher : « *décrocher les wagons* », « *il a complètement décroché* »

fil : « *perdre le fil* »
suivre : « *ne plus (rien) suivre (du tout)* »
wagon : « *décrocher les wagons* »

PIQÛRE

injection : « *avoir besoin d'une bonne injection* »
mouche : « *quelle mouche l'a piqué ?* »
piqué(e) : « *être piqué* »
piqûre : « *avoir besoin d'une bonne piqûre* » (➜ piqué)
Radjaïdjah
tarentule : « *être mordu/piqué de la tarentule* »
ver : « *quel ver lui a piqué la cervelle* »

RELIGION, MAGIE

abracadabrant(e), abracadabrantesque, abracadabrance, abracadabranter, abracadabrer
Blaise : « *avoir été mis(e) dans le berceau de saint Blaise* »
croix : « *la folie de la Croix* »
démonopathie (➜ démonomanie)
ensorceler, ensorcellement
envoûté(e), envoûtement
exalté(e), exaltation
exorciser, exorcisé, etc.
extase, extatique
fête : « *fête des fous* »
illuminé(e)
inspiré(e)
Jérusalem : « *syndrome de Jérusalem* »
lycanthrope
mal : « *mal saint Mathurin* », etc.
mystique
Nazaire : « *mal de saint Nazaire* » (➜ mal)
neuvaine : « *neuvaine des fous* »
pèlerin : « *pèlerin saint Mathurin* »
possédé(e), possession (➜ posséder)

sorcier(ère) (→ démonomanie)
sort, sortilège (→ démonomanie)
transe : *« entrer en transe »*
verrou : *« avoir baisé le verrou de saint Thibéry »*

REMÈDES

alambic
analyse : *« avoir besoin d'une bonne analyse »*
aneth : *« allez chercher de l'aneth ! »*
attaché(e)-piqué(e)
besoin : *« avoir besoin d'un bon psychiatre/traitement... »*
camisole : *« être bon pour la camisole (de force) »*
capitonné(e) : *« être bon pour la cellule capitonnée »*
choc : *« traitement de choc »*
chrysolithe (ou chrysolite)
correcteur : *« avoir besoin d'un (bon) correcteur »*
cure : *« avoir besoin d'une cure de sommeil »*
divan : *« être bon pour (s'allonger sur) le divan »*
douche : *« être bon pour la douche »*, *« à doucher ! »*, *« à la douche ! »*, etc.
drogue, drogué
électrochoc : *« être bon pour les électrochocs »*
ellébore : *« avoir besoin de deux/six/quelques grains d'ellébore »*
ensuquer, ensuqué
goutte : *« ne pas avoir pris (toutes) ses gouttes »*
herbe des fous (→ ellébore)
injection
isolement : *« être bon pour la cellule d'isolement »*
lithium : *« mettre qqn sous lithium »*
lobotomie
piqûre : *« avoir besoin d'une petite piqûre »*
pissette : *« être bon pour la pissette »*
saignée : *« avoir besoin d'une bonne saignée »*
sédatif : *« avoir besoin d'un (bon) sédatif »*
thérapie
traitement
tranquillisant

RETOURNEMENT DE LA PENSÉE

capoté(e) : « *être capoté* »
chamboulé(e), chamberlé
cogner : « *c'est à se cogner le derrière au lustre !* »
démonté(e) : « *avoir la cervelle démontée* »
enseigne : « *avoir retourné l'enseigne* »
envers : « *n'avoir ni envers ni endroit* », « *avoir la cervelle/la tête/l'esprit à l'envers* », etc.
renversé(e) : « *avoir la cervelle/le cerveau/l'esprit renversé(e)* »
tournebouler : « *tournebouler de la pensarde* », tourneboulage
tourner : « *tourner casquette* »

RUPTURE MENTALE

brèche : « *avoir une brèche dans la chambre noire* »
bulbe : « *être arraché du bulbe* »
câble : « *péter un câble* »
caboche : « *avoir la caboche ébréchée* »
carafe : « *péter la carafe* », « *avoir la carafe fêlée* »
chibré(e)
chibroque
cibroque
cloche : « *avoir la cloche fêlée* »
coco : « *avoir le coco fêlé* »
coquille : « *avoir la coquille fêlée* »
courroie : « *péter une courroie* »
craquer : « *craquer un plomb* »
crémaillère : « *péter sa crémaillère* »
déchiré(e)
désagréger : « *se désagréger du grenier* », désagrégation
disloqué(e) : « *un disloqué mental* »
durite : « *péter une durite* »
ébréché(e) : « *avoir la cabosse ébréchée* »
estrassé(e)
fêlé(e), fêlure
fiole : « *péter la fiole* »

fissure : « *avoir une fissure* », « *avoir des fissures au caberluche* », fissurer
fracturé(e)
gyrophare : « *avoir le gyrophare ébréché/cassé/chibré, etc.* »
hache : « *avoir un coup de hache* »
lézarde : « *Avoir une lézarde au plafonnier* », lézardé : « *être lézardé du minaret* »
lobe : « *péter un lobe* »
ressort : « *péter un ressort* »
rupture : « *être en rupture* »
sonner : « *sonner le fêlé* »
soudure : « *péter une soudure* »
timbre : « *avoir le timbre/la cloche fêlé(e)* »
tomahawk : « *avoir reçu un coup de tomahawk* »

SCEAU DE LA FOLIE

fadé(e) : « *être fadé dans son genre* »
oblitéré(e)
patenté(e) : « *c'est un fou patenté* »
sceau : « *être marqué du sceau de la folie* »
séquelle : « *en avoir/en garder de sacrées séquelles* » (→ trace)
signe : « *donner des signes de dérangement mental* »
signé(e) : « *être signé !* »
symptôme : « *avoir tous les symptômes du dérangement mental* »
timbré(e) : « *être timbré* »
trace : « *en garder de sacrées traces* »

TORSION DE LA PENSÉE

dévisser
giblet : « *avoir un coup de giblet* »
tarabiscoté(e) : « *avoir des idées tarabiscotées* »
tordu(e) : être tordu »
tour : « *avoir un tour en moins/un tour en trop* », etc.

twist : « *être un peu twist* », twister
vrille : « *partir en vrille totale* », vrillé(e) : « *être vrillé de la calebasse* »

VA-ET-VIENT MENTAL

dodeliner : « *dodeliner du cervelet* »
moloter : « *moloter du badoufle* »
onduler : « *onduler de la coiffe/de la toiture/de la touffe* »
yoyoter : « *yoyoter de la touffe/de la toiture/de la visière, etc.* », yoyo : « *être yoyo* »

VACUITÉ MENTALE

appartement : « *avoir un/des appartements à louer* »
caboche : « *avoir la caboche pleine de bourre* »
case : « *avoir une case de vide* », etc.
chambre : « *avoir des chambres vides dans le cerveau/la tête* », etc.
creux(se) : « *cerveau creux* », « *tête creuse* », etc.
décalfeutré(e) : « *être décalfeutré* »
échauré(e)
évaporé(e)
éventé(e), évent
fou, folle
léger(e), légèreté
pfuitt-pfuitt : « *être pfuitt-pfuitt* »
pop-corn : « *pédaler dans le pop-corn* »
ramoné(e)
révolin (ou **révollin**) : « *avoir une cervelle de révolin* »
siphonné(e)
vent : « *battre vent* », etc.
vide : « *avoir des places vides dans le cerveau/la tête* », etc.

VAPEURS

alambic
évaporé(e) : « *être évaporé* »

gazé(e) : « *être gazé* »
monter : « *ça lui monte au cerveau/ciboulot...* »
porter : « *porter à la tête (au cerveau/à la cervelle)* », etc.
transport : « *avoir (eu) un transport au cerveau* »
vapeur

VERTIGE MENTAL

envelé(e)
spirale : « *avoir la spirale (au-dessus de la tête)* »
vertigo : « *avoir/prendre son vertigo* »

VISCOSITÉ MENTALE

arpenter : « *arpenter dans le goudron* »
choucroute : « *pédaler dans la choucroute* »
potage : « *pédaler dans le potage* »
semoule : « *pédaler dans la semoule* »
yaourt : « *pédaler dans le yaourt* », etc.

MOTS NON CLASSÉS AILLEURS

avision (→ vision)
barjo(t), barje (ou barge), barjoterie
barré(e)
barzingue
bouffon
branque, branco, brancaille, brancasse
branquignol, branquignollerie, branquignolesque, branquignolade
bredouille : « *être en bredouille* »
bridou(x)
célestin : « *voilà un plaisant célestin !* »
chabraque
chibraque
chichiatre
chimiatre

choumaque (ou **schoumaque**)
cinoque (ou **sinoque**)
contrarier : « *il ne faut jamais contrarier un fou* »
coquecigrue : « *raisonner comme une coquecigrue* »
corde : « *avoir du mou dans la corde à nœuds* »
cortex
crâne
darne
déconner, déconnant, déconnage, déconnance, déconophone
dinguerie, dingo, dingologie (→ **dingue**)
doux(ce) : « *doux dingue* », « *folie douce* »
estravagé(e)
fadingue
farfadingue
farfayot
farfelu(e)
fève : « *avoir passé par un champ de fèves en fleur* », « *roi de la fève* »
fixé(e)
flou : « *avoir du flou dans les vasistas* », « *être dans le flou* », « *un délire flou* »
fol, folasse, folâtre, folâtrer (→ **fou**)
foldingue
foler (→ **affoler**)
folibus (ou **follibus**)
folie
foliga (ou **folligat**)
folingue
folio
folir
follerie
foudingue
fougnasse
fou-malin (→ **fou**)
foutraque, foutraud
gaga
gamberge : « *folle gamberge* »
haltata
histoire de fous

hô(u), hôlle
hue : « *N'entendre ni à hue ni à dia* »
jinjin (→ gingin)
jmaous(se)
jojo
juste : « *ne pas/ne plus être tout juste* »
là, là-dedans, là-dessous, là-haut
loquedu (ou locdu)
loubac (→ louf)
louf, loufdingue, louferie, louf-louf, loufocoïdal, loufoque, loufoquerie, loufoquisme, louftingue, etc.
Lunel : « *être de Lunel/avoir une chambre à Lunel* »
luré(e) : « *avoir les esprits lurés* »
net(te) : « *ne pas être tout à fait net* »
nickel : « *ne pas être tout à fait nickel* »
padeler (ou pateler)
pichiatre ou pchichiatre (→ chichiatre).
pique : « *c'est bien rentré de picques noires/vertes* »
quebran
radoter, radoteur, radotage
rendre : « *rendre fou* »
roi : « *roi de la fève/du pois* »
schnock (ou schnoque, chnoque)
sénile
synapse : « *avoir du mou dans les synapses* »
tabanar
taravelé(e) (→ tavelé).
tavelé(e)
tchalé(e)
tempe
tingo
toutfou (ou tout-fou)
traque, traquoire
tra-tra
vaticiner
zozo

TERMES DIDACTIQUES

abcès de fixation
aboulie, aboulique

absence
accès
affabulation (→ fabulation).
agitation (→ agité)
agoraphobie, agoraphobe, agoraphobique
alcoolisme ou éthylisme (→ alcoolique)
aliéner, aliéné, aliénation, aliénisme, aliéniste
allocation aux adultes handicapés, A.A.H.
alterne : « *folie alterne* » (→ alternatif, folie, manie, mélancolie)
ambivalence
amok
angoisse : « *avoir des angoisses* », névrose d'angoisse
antidépresseur
antiparkinsonien (→ correcteur)
antipsychiatrie
anxiolytique
apragmatisme
arctique : « *folie arctique* » (→ piblokto)
asilaire, asilisme (→ asile)
athymhormie, athymhormique (→ thymie)
atrabile, atrabilaire
atypique
autisme, autiste, autistique
autolyse
automatisme mental
barrage
benzodiazépine (→ tranquillisant)
bestialité (→ zoophilie)
bipolaire
bizarrerie (→ bizarre)
borderline (→ limite)
bouffée délirante aiguë/polymorphe (→ bouffée)
calmant (→ calme)
camisole
catalepsie
catatonie, catatonique
cerveau
chaotique (→ chaos)
chronique, chronicité

C.H.S. (→ hôpital)
circulaire : « *folie circulaire* » (→ folie, manie, mélancolie)
claustro-, claustrophobie, claustrophobe, claustro
clinique
clinophilie, clinophile
communiqué(e) : « *folie communiquée* » (→ paranoïa)
compulsion, obsession-compulsion, compulsif, compulsionnel
confabulation (→ fabulation)
confusion, confusionnel, confuso-onirique
contagion : « *contagion mentale* »
conversion
conviction : « *conviction délirante* »
convulsé(e), convulsion, convulsivothérapie, convulsionnaire
copro-, copromanie, coprophilie, coprophagie, coprolalie
correcteur
Cotard (→ négation)
crise
curatelle
cure
cyclothymie, cyclothymique
décompensation, décompenser
dédoublement : « *dédoublement de la personnalité* »
déficitaire
dégénérescence (→ dégénéré)
déjà-vu : « *illusion/impression de déjà-vu* »
délire, délirer, délirant
delirium tremens
démence, dément, démentiel
démonomanie, démonopathie
dépersonnalisation
dépression, dépressif, déprimé
dépsychiatrisation
déréalisation, déréalité
déréel(le), déréistique
déséquilibre
désinhiber, désinhibé, désinhibition, désinhibiteur
désintoxication (→ sevrage)

déstructuration
deux : « *folie à deux ou à plusieurs* » (➞ **paranoïa**)
diffluence
dipsomanie, dipsomane, dipsomaniaque
discordance, discordant
dissocié(e), dissociation, dissociatif
double : « *illusion des doubles* » (➞ **sosie**)
douleur : « *douleur morale* »
doute : « *folie du doute* » (➞ **obsédé**)
D.S.M. III
dysharmonie, dysharmonique
dyskinésie
dysmorphophobie
dysthymie, dysthymique
écho : « *écho de la pensée* »
écholalie
éclipse : « *folie à éclipse* »
écoute : « *avoir des attitudes d'écoute* »
électrochoc
encéphalite, encéphalopathie, encéphalopathe (➞ **encéphale**)
endogène : « *dépression/psychose endogène* »
épimane
érotique : « *folie érotique* » (➞ **érotomanie**)
érotomanie, érotomane (ou érotomaniaque)
éthylisme (➞ **alcoolique**)
étrangeté (➞ **étrange**)
exhibitionnisme (➞ **perversion**)
exogène : « *dépression/psychose exogène* »
expérience : « *expérience délirante primaire* »
expertise : « *expertise psychiatrique* »
fabuler, fabulation
fading : « *fading mental* »
fantasme (ou **phantasme**), fantasmatique, fantasmer
fantastique
faux, fausse : « *fausse reconnaissance* », faussé, fausseté
fécond(e) : « *moment fécond* »
fétichisme (➞ **perversion**)
filiation : « *délire de filiation* »
folie

forme : « *folie à double forme* » (→ **folie, manie, mélancolie**)
frénésie
frotteurisme (→ **perversion**)
fuite : « *fuite des idées* »
fureur
grandeur : « *folie des grandeurs* » (→ **grand, mégalomanie**)
halluciner, halluciné, hallucination, hallucinatoire, etc.
handicapé(e)
hébéphrénie, hébéphrène
héboïdophrénie, héboïdophrène
homicide : « *folie homicide* » (→ **amok, folie**)
hôpital, hospitaliser, hospitalisation, etc.
humeur
hydrothérapie (→ **douche**)
hygiène mentale
hyperthymie, hyperthymique (→ **thymie**)
hypocondriaque, hypocondre, hypocondrie
hypomanie, hypomane (ou hypomaniaque)
hypothymie, hypothymique (→ **thymie**)
hystérique, hystérie, hystéro, hystéroïde, hystériser
idéaliste passionné(e)
identité
illusion
imaginaire, imaginatif, imagination (→ **imaginer**)
impulsion
incapable majeur
incohérence, incohérent
inconscient (→ **inconscience**)
infantile : « *psychose infantile* »
influence : « *délire d'influence* »
insulinothérapie (→ **Sakel**)
intermittente : « *folie intermittente* » (→ **folie, manie, mélancolie**)
interner, interné, internement
interprétation : « *délire d'interprétation* »
intersecteur (→ **secteur**)
intuition : « *intuition délirante* »
irresponsable

isolement
jalousie : « *délire de jalousie* »
kleptomanie (ou cleptomanie), kleptomane
koro
Korsakov : « *psychose de Korsakov* »
Kretschmer (↪ sensitif)
-lalie
latah
lithium
lobotomie
logorrhée
lucide : « *folie lucide* » (↪ paranoïa)
lycanthrope, lycanthropie
lypémanie, lypémaniaque
machine à influencer
maladie
malariathérapie (↪ paludothérapie)
manie, maniaque, maniaco-dépressif
maniérisme
masochisme, masochiste
mégalomanie, mégalomaniaque, mégalomane
mélancolie, mélancolique
mental(e) : « *hygiène/maladie/santé mentale* »
monomanie, monomane (ou monomaniaque)
monopolaire
moral(e) : « *folie morale* », « *traitement moral* »
morcelé(e), morcellement
moria
moxa
mysticisme, mystique
mythomanie, mythomaniaque, mythomane, mytho
négation : « *délire/idées de négation* », négativisme
néologisme
neur(o)
neurasthénie, neurasthénique
neuro
neuroleptique
neurologue
neuropsychiatrie, neuropsychiatre, neuropsy
névr(o)

névropathie, névropathe
névrose, névrosé, névrotique
normothymie, normothymique (➙ **thymie**)
nymphomanie, nymphomane, nympho
obsédé(e), obsédé, obsession, obsessionnel
obsidional(e) : *« délire obsidional »*
office : *« être interné/hospitalisée d'office »*
oligophrène
onirisme, onirique, oniroïde
oreiller : *« signe de l'oreiller psychique »*
pack
palilalie
paludothérapie
panique : *« attaque de panique »*
paralysie : *« paralysie générale »*, paralytique
paranoïa, paranoïaque
paranoïde
paraphilie (➙ **perversion**)
paraphrénie, paraphrène
partielle : *« folie partielle »* (➙ **lypémanie, mélancolie, psychose**)
passion, passionné, passionnel
patho-
pathologie, pathologique, etc.
pathogène
périodique : *« folie périodique »* (➙ **folie, manie, mélancolie**)
persécuté(e), persécution
personnalité : *« troubles graves de la personnalité »*
pervers(e), perversion, perversité
-phile, -philie
-phobe, -phobie
phobie, phobique, phobogène
piblokto (ou **pibloktoq**)
pithiatisme, pithiatique
placer, placement
possession : *« délire de possession »* (➙ **posséder**)
postcure
productif(ve) : *« un délire productif »*, *« une psychose productive »*

psy
psych-, psycho
psychanalyse, psychanalytique, psychanalyser
psychasthénie, psychasthène
psychédélique
psychiatre
psychiatrie
psychique, psychisme
psychochirurgie (↛ **lobotomie**)
psychodysleptique
psychologue, psychologie
psychopathie, psychopathe
psychorigidité, psychorigide
psychose, psychosé(e), psychotique
psychosomatique
psychothérapie, psychothérapeute
psychotique (↛ **psychose**)
psychotrope
puerpéral(e) : « *psychose puerpérale* »
pulsion
pyromanie, pyromane
quérulence
raisonnante : « *folie raisonnante* (↛ **paranoïa**)
raptus
rationalisme : « *rationalisme morbide* »
réactionnel(le) : « *dépression/psychose réactionnelle* »
reconnaissance : « *fausse reconnaissance* » (↛ **faux/ fausse**)
rémittente : « *folie rémittente* » (↛ **folie, manie, mélancolie**)
réseau : « *délire en réseau* »
retard (↛ **injection, neuroleptique**)
revendication, revendicateur
rire : « *rire immotivé* » (↛ **rire**)
Rorschach
sadisme, sadique, sadique-anal, sadique-oral, sado, sado-masochisme, etc.
Sakel : « *cure de Sakel* »
satyriasis (↛ **satyre**)
sauvegarde : « *sauvegarde de justice* »

schizo-
schizophrénie, schizophrène, schizoïde, schizoïdie
secteur, sectorisation, etc.
sénile, sénilité
sensitif(ve) : *« délire de relation des sensitifs »* ou *« délire des sensitifs »*
service libre
séton
sevrage
simultané(e) : *« folie simultanée par contagion réciproque »* (→ **paranoïa**)
sismo, sismothérapie (→ **électrochoc**)
sitiophobie
sosie : *« illusion des sosies »*
spécialisé(e), spécialiste, spécialité (→ **spécial**)
spéculaire : *« hallucination spéculaire »*
stéréotypie
stupeur
suicide, se suicider, suicidé, etc.
système, systématique, systématisé(e)
tachypsychie
thérapeute, thérapie (→ **psychothérapie**)
thymie, thymique
toucher : *« folie du toucher »* (→ **obsédé**)
traitement
tranquillisant
trans-
transe : *« entrer en transe »*
tricyclique
trouble (→ **troublé**)
tutelle
unipolaire (→ **monopolaire**)
verbigération
vésanie, vésanique
voix : *« voix intérieure »*
voyage : *« faire un voyage pathologique »*
voyeurisme (→ **perversion**)
xénopathie, xénopathique
zoo-

zoopathie
zoophilie, zoophile
zoophobie
zoopsie

BIBLIOGRAPHIE

ALIBERT L., *Dictionnaire occitan-français, d'après les parlers languedociens*, Toulouse, Institut d'études occitanes, 1966, 2ᵉ éd., 1988.

ARTAUD A., *Artaud, le Mômo*, 1947, dans *Œuvres complètes*, t. XII, Paris, Gallimard, 1978.

ASSOCIATION CULTURELLE DE LARCHANT, *Larchant, 10 000 ans d'histoire*, Château-Musée de Nemours, 1988.

BAGGIONI D., *Dictionnaire créole réunionnais/français*, Paris L'Harmattan, 1990.

BAILLY R., *Dictionnaire des synonymes de la langue française*, Paris, Larousse, 1947.

BEAUDOUIN F. et coll., *Seine-et-Marne*, Paris, Éd. Christine Bonneton, 1989.

BECHTEL G., CARRIÈRE J.-C., *Dictionnaire de la bêtise et des erreurs de jugement*, Paris, Robert Laffont, 1965.

BERGERON L., *Dictionnaire de la langue québécoise*, Québec, Léandre Bergeron et VLB Éd., 1980.

BERNET C., RÉZEAU P., *Dictionnaire du français parlé. Le monde des expressions familières*, Paris, Éd. du Seuil, 1989.

BERTAUD DU CHAZAUD H., *Dictionnaire des synonymes et contraires*, Paris, Dictionnaires Le Robert, coll. « Les Usuels », 1992.

BESCHERELLE L.-N., *Dictionnaire national ou Grand Dictionnaire classique de la langue française*, 4 vol., Paris, Garnier, 1887.

BLANCHET Ph., *Dictionnaire du français régional de Provence*, Paris, Éd. Christine Bonneton, 1991.

BOISGONTIER J., *Dictionnaire du français régional du Midi toulousain et pyrénéen*, Paris, Éd. Christine Bonneton, 1992.

BOISGONTIER J., *Dictionnaire du français régional des Pays aquitains*, Paris, Éd. Christine Bonneton, 1991.

BOUVIER R., *Le Parler marseillais*, Marseille, Éd. Jeanne Laffitte, 1986.

BRENOT Ph., *Les Mots du corps. Dictionnaire des clins d'œil populaires*, Paris, Éd. Le Hameau, 1987.

BRETON A., *Anthologie de l'humour noir*, 1939, Paris, J.-J. Pauvert, 1966.

BROUSSAIS F.-J.-V., *De l'irritation et de la folie*, 2e éd. (1839), Paris, J.-B. Baillière, rééd. Librairie Arthème Fayard, 1986.

BRUANT A., *L'Argot au XXe s. Dictionnaire français-argot*, Paris, éd. par l'auteur, 1901, 1905, rééd. Chimères, 1990, Éd. Fleuve Noir, 1993.

CAMPS C., *Dictionnaire du français régional du Languedoc*, Paris, Éd. Christine Bonneton, 1991.

CAMPS C., *Dictionnaire du français régional du Roussillon*, Paris, Éd. Christine Bonneton, 1991.

CARADEC F., *N'ayons pas peur des mots. Dictionnaire du français argotique et populaire*, Paris, Larousse, coll. « Le Souffle des mots », 1988.

CARTON F., POULET D., *Dictionnaire du français régional du Nord-Pas-de-Calais*, Paris, Éd. Christine Bonneton, 1991.

CÉLINE L.-F., *Voyage au bout de la nuit*, 1932, Paris, Gallimard, 1972.

CÉLINE L.-F., *Guignol's band I et II*, Paris, Gallimard, 1989.

CELLARD J., *Ça mange pas de pain ! 400 expressions familières ou voyoutes de France et du Québec*, Paris, Hachette, 1982.

CELLARD J., REY A., *Dictionnaire du français non conventionnel*, Paris, Hachette, 1991.

CHEMAMA R., *Dictionnaire de la psychanalyse*, Paris, Larousse, coll. « Sciences de l'homme », 1993.

CHEVALIER J., GHEERBRANT A., *Dictionnaire des symboles*, Paris, Robert Laffont/Jupiter, 1982.

COLIN J.-P., MEVEL J.-P., *Dictionnaire de l'argot*, Paris, Larousse, coll. « Trésors du Français », 1992.

DECHAMBRE A., DUVAL M., LEREBOULLET L., *Dictionnaire usuel des sciences médicales*, 3e éd., Paris, Masson et Cie, 1892.

DELVAU A., *Dictionnaire de la langue verte (argots parisiens comparés). Expressions et Termes populaires du XIXe s.*, Paris, Dentu, 1866, rééd. Genève, Slatkine, 1972.

DEPECKER L., *Les Mots de la francophonie*, Paris, Belin, coll. « Le Français retrouvé », 1990.

DEPECKER L., *Les Mots des régions de France*, Paris, Belin, coll. « Le Français retrouvé », 1992.

DORON R., PAROT F., *Dictionnaire de psychologie*, Paris, P.U.F., 1991.

DOUBLET F., COLOMBIER J., « Instruction sur la manière de gouverner et de traiter les insensés », *Journal de médecine*, août 1785.

DOURNON J.-Y., *Le Dictionnaire des proverbes et dictons de France*, Paris, Hachette, 1986.

D.S.M. III- R, *Manuel diagnostique et statistique des troubles mentaux* (Diagnostic and Statistical Manual of Mental Disorders, Third Edition, Revised), trad. fr., Paris, Masson, 1992.

DUBOIS M.-M., *Harrap's. Dictionnaire moderne français-anglais/anglais-français*, Paris, Larousse, 1960.

DUCHESNE A., LEGUAY Th., *La Surprise. Dictionnaire des sens perdus*, Paris, Larousse, coll. « Le Souffle des mots », 1990.

DUCHESNE A., LEGUAY Th., *L'Obsolète. Dictionnaire des mots perdus*, Paris, Larousse, coll. « Le Souffle des mots », 1989.

DUCHET-SUCHAUX M. et G., *Dictionnaire du français régional de Franche-Comté*, Paris, Éd. Christine Bonneton, 1993.

DUCLOS J., *Dictionnaire du français d'Algérie : français colonial, pataouète, français des Pieds-Noirs*, Paris, Éd. Christine Bonneton, 1992.

DUCLOUX C., *Le Bordelais tel qu'on le parle. Lexique de Bordeluche*, Pessac, Éd. Gret Onyx, 1981.

DUNETON Cl., CLAVAL S., *Le Bouquet des expressions imagées. Encyclopédie thématique des locutions figurées de la langue française*, Paris, Éd. du Seuil, 1990.

DUNETON Cl., *La puce à l'oreille. Anthologie des expressions populaires avec leur origine*, Paris, Balland, 1985, 1991.

DUPOUY F., *Lexique populaire de la folie ou dénomination de la folie*, mémoire de Psychiatrie, Université de Bordeaux II, 1981.

DUPRÉ P., *Encyclopédie des citations*, Paris, Éd. de Trévise, 1959.

Encyclopédie médico-chirurgicale, volume « Psychiatrie », Paris, Éd. Techniques, 1993.

ESNAULT G., *Dictionnaire des argots*, (*Le Parler tel qu'il se parle*, Paris, Bossard, 1919), Larousse, 1965.

ESQUIROL E., *Des passions considérées comme causes, symptômes et moyens curatifs de l'aliénation mentale*, Paris, Didot, 1805.

ETTORI F., *Anthologie des expressions corses*, Paris, Éd. Rivages, 1984.

EY H., *Traité des hallucinations*, 2 vol., Paris, Masson, 1973.

EY H., BERNARD P. et BRISSET C., *Manuel de Psychiatrie*, 5ᵉ éd., Paris, Masson, 1978.

FOUCAULT M., *Histoire de la folie à l'âge classique*, Paris, Gallimard, coll. « Tel » 1972.

FRANCE H., *Dictionnaire de la langue verte : archaïsmes, néologismes, locutions étrangères, patois*, 1907, réed. Nigel Gauvin Éd., Étoile-sur-Rhône, 1990.

FRÉCHET C., MARTIN J.-B., *Dictionnaire du français régional du Velay*, Paris, Éd. Christine Bonneton, 1993.

FURETIÈRE A., *Dictionnaire universel*, 1690, rééd. Paris, Dictionnaires Le Robert, 1978.

GAGNY A., *Dictionnaire du français régional de Savoie*, Paris, Éd. Christine Bonneton, 1993.

GARRABÉ J., *Dictionnaire taxinomique de psychiatrie*, Paris, Masson, coll. « Médecine et Psychothérapie », 1988.

GODEFROY F., *Dictionnaire de l'ancienne langue française et de tous ses dialectes, du IXe au XVe siècle*, 9 tomes, publié sous les auspices du ministère de l'Instruction publique, Paris, 1885, 3ᵉ rééd., Allemagne, Éd. Kraus, 1969.

GODFRYD M., *Vocabulaire psychologique et psychiatrique*, 2ᵉ éd., Paris, P.U.F., coll. « Que sais-je ? », 1994.

GUILLAIN G., MATHIEU P., *La Salpêtrière*, Paris, Masson, 1925.

GUIRAUD P., *Dictionnaire des étymologies obscures. Histoire et structure du lexique français*, Paris, Payot, 1982.

HEERS J., *Fêtes des fous et Carnavals*, Paris, Fayard, 1983.

JOUET J., *Les Mots du corps dans les expressions de la langue française*, Paris, Larousse, coll. « Le Souffle des mots », 1990.

JULIA D., *Dictionnaire de la philosophie*, Paris, Larousse, coll. « Sciences de l'homme », 1993.

KESEY K., *One Flew over the cuckoo's nest*, New York, The Viking Press, 1962.

KIRKPATRICK B., *The Original Roget's. Thesaurus of English Words & Phrases*, nouv. éd., Guild Publishing London, 1988.

LAGNIET, *Recueil des plus illustres proverbes*, Paris, Bibliothèque nationale, 1657.

LAIR M., *Les bras m'en tombent ! Anthologie des expressions populaires relatives au corps*, Paris, Acropole, 1990.

LALANDE A., *Vocabulaire technique et critique de la philosophie*, 21 fasc., Armand Colin, 1902-1922, 6e éd., P.U.F., 1951.

LANHER J., LITAIZE A., *Dictionnaire du français régional de Lorraine*, Paris, Éd. Christine Bonneton, 1990.

LAPLANCHE J., PONTALIS J.-B., *Vocabulaire de la psychanalyse*, 1967, 4e éd., Paris, P.U.F., 1973.

LARCHEY L., *Dictionnaire historique d'argot*, Paris, Dentu, 1872-1889, rééd. Jean-Cyril Godefroy, 1982.

LAROUSSE P., *Grand dictionnaire universel du XIXe siècle*, réimp. de l'éd. de Paris, 1866-1879, 17 vol., Genève-Paris, Slatkine, 1982.

LASNE S., GAULTIER A.P., *Dictionnaire des superstitions*, Paris, Tchou Éd., 1980.

LE BRETON A., *Langue verte et noirs desseins*, Paris, Presses de la Cité, 1960 ; nouv. éd. : *L'Argot chez les vrais de vrais*, id. 1975 ; nouv. éd. : *Argotez, argotez*, Paris, Vertiges-Carrère, 1986.

LE DORAN S., PELLOUD F. et ROSE Ph., *Dictionnaire San-Antonio*, Paris, Éd. Fleuve Noir, 1993.

LEPELLEY R., *Dictionnaire du français régional de Normandie*, Paris, Éd. Christine Bonneton, 1993.

LERMINA J., LÉVÊQUE H., *Dictionnaire français-argot. À l'usage des gens du monde qui veulent parler correctement la langue verte*, Paris, Éd. de Paris, 1991.

LE ROUX DE LINCY, *Le Livre des proverbes français précédé des Recherches historiques sur les proverbes français et leur emploi dans la littérature du Moyen Âge et de la Renaissance*, 1859, 2e éd., rééd. Slatkine, 1968.

LITTRÉ E., *Dictionnaire de la langue française*, 7 vol., 1863-1872, Paris, Éd. J.-J. Pauvert, 1956.

MALZAC J., *Le Christ au Sépulcre et autres récits*, Bordeaux, Éd. Opales, 1993.

MARTEL Cl., *Le Parler provençal*, Paris, Éd. Rivages, 1988.

MATZEN R., *Anthologie des expressions d'Alsace*, Paris, Éd. Rivages, 1989.

MAZZELLA L., *Le Parler pied-noir. Mots et expressions de là-bas*, Paris, Éd. Rivages, 1989.

MERLE G., PERRET R., VINCE J. et JULLIARD Cl., *Les Mots nouveaux apparus depuis 1985*, Paris, Belfond, 1989.

MERLE P., *Dictionnaire du français branché*, Paris, Éd. du Seuil, 1986.

MISTRAL F., *Dictionnaire provençal-français, Lou Tresor dév Felibrige*, Champion, 1879-1886, Aix-en-Provence, Edisud, 1979.

MOLIÈRE (J.-B. Poquelin), *Le Médecin malgré lui*, Paris, Larousse, « Nouveaux Classiques Larousse », 1970.

MONTESQUIEU (C.-L. de Secondat), *Lettres persanes*, Paris, Éd. Garnier, 1960.

MONTREYNAUD F., PIERRON A. et SUZZONI F., *Dictionnaire des proverbes et dictons*, Paris, Dictionnaires Le Robert, coll. « Les Usuels », 1993.

MOREL P., QUÉTEL C., *Les Médecines de la folie*, Paris, Hachette, coll. « Pluriel », 1985.

MORFAUX L.-M., *Vocabulaire de la philosophie et des sciences humaines*, Paris, Armand Colin, 1980.

NIOBEY G., *Les Dictionnaires de la langue française. Nouveau dictionnaire analogique*, Paris, Larousse, 1979.

NOUGUIER E., *Dictionnaire d'argot*, 1899, rééd., Clichy, Nigel Gauvin Éd., 1987.

OLIÉ J.-P., SPADONE Ch., *Les Nouveaux Visages de la folie*, Paris, Odile Jacob, 1993.

OUDIN A., *Curiositez françoises*, 1640, rééd., Genève, Slatkine, 1971.

PALAY S., *Dictionnaire du Béarnais et du Gascon modernes (Bassin Aquitain)*, Paris, 3ᵉ éd., Éd. du C.N.R.S., 1991.

PARAZ A., *Le Gala des vaches, journal autobiographique*, 1948, Éd. Elan, rééd., Balland, 1974.

PARIAS L.-H., *Histoire du peuple français*, 4 t., Éd. Nouvelle Librairie de France, Paris, 1952.

PASCAL B., *Pensées*, Paris, Librairie Générale Française, 1972.

Pechoin D., *Thésaurus Larousse. Des idées aux mots, des mots aux idées*, 2ᵉ éd., Paris, Larousse, 1992.

Perret P., *Le Petit Perret illustré par l'exemple*, Paris, Jean-Claude Lattès, 1982 ; Le Livre de Poche, 1985.

Picoche J., *Dictionnaire étymologique du français*, Paris, Dictionnaires Le Robert, coll. « Les Usuels », 1992.

Porot A., *Manuel alphabétique de psychiatrie*, 1952, 6ᵉ éd. (entièrement refondue sous la dir. de M. Porot, J. Sutter et Y. Pélicier), Paris, P.U.F., 1984.

Postel J. et coll., *Dictionnaire de psychiatrie et de psychopathologie clinique*, Paris, Larousse, 1993.

Postel J., Quétel C., *Nouvelle histoire de la psychiatrie*, Paris, Dunod, 1994.

Potte J.-C., *Le Parler auvergnat. Mots et expressions du terroir*, Paris, Éd. Rivages/Payot, 1993.

Proteau L., *La Parlure québécoise*, 1928, Canada, Éd. Proteau, rééd. 1982.

Quillet, *Dictionnaire encyclopédique*, 8 tomes, Paris, Librairie Aristide Quillet, 1968.

Quitard P.-M., *Dictionnaire étymologique, historique et anecdotique des proverbes et des locutions proverbiales de la langue française, en rapport avec des proverbes et des locutions proverbiales des autres langues*, 1842, rééd., Slatkine, 1968.

Rabelais F., *Œuvres complètes*, La Pléiade, Paris, Gallimard, 1978.

Renan E., *Souvenirs d'enfance et de jeunesse*, 1883, Paris, Presses Pocket, 1992.

Rey A. et coll., *Dictionnaire historique de la langue française*, 2 vol., Paris, Dictionnaires Le Robert, 1993.

Rey A., Chantreau S. et coll., *Le Robert Langage et Culture. Dictionnaire de proverbes et expressions*, Paris, Dictionnaires Le Robert, 1990.

Rey A., Chantreau S. et coll., *Dictionnaire des expressions et locutions*, Paris, Dictionnaires Le Robert, coll. « Les Usuels », 2ᵉ éd., 1993.

Rézeau P., *Dictionnaire du français régional de Poitou-Charentes et de Vendée*, Paris, Éd. Christine Bonneton, 1990.

Rheims M., *Les Mots sauvages. Dictionnaire des mots inconnus des dictionnaires (écrivains des XIXᵉ et XXᵉ siècles)*, Paris, Larousse, coll. « Le Souffle des mots », 1989.

ROBERT, *Dictionnaire universel des noms propres*, Paris, Dictionnaires Le Robert, 1983.

ROBERT, *Le Grand Robert de la langue française, Dictionnaire alphabétique et analogique de la langue française*, 9 vol., 2e éd., Paris, Dictionnaires Le Robert, 1993.

RONSARD P., *Œuvres en prose*, dans *Œuvres complètes*, Paris, Gallimard, 1993.

ROUSSELOT J., *Les Sources de l'art. La Médecine*, Paris, Éd. Pierre Amiot, A.V.J. Martin, Ch. Testut, 1966.

SAMLONG J.-F., *La Nuit cyclone*, Paris, Grasset, 1992.

SANDRY G., CARRERE M., *Dictionnaire de l'argot moderne*, Paris, Éd. du Dauphin, 1953, rééd. 1957 et 1963.

SILLAMY N., *Dictionnaire de la psychologie*, Paris, Larousse, coll. « Sciences de l'homme », 1993.

SIMONIN A., *Le Petit Simonin illustré*, Paris, Amiot, 1957, rééd. *Le Petit Simonin illustré par l'exemple*, Paris, Gallimard, 1968.

STEVENSON R.L., *Le Cas étrange de Dr Jekyll et Mr Hyde* (*The Strange Case of Dr Jekyll and Mr Hyde*, 1886), trad. de l'anglais, Paris, Hachette, coll. « Le Livre de Poche », 1975.

STEYAERT M., *Hystérie, folie et psychose*, Paris, Les Empêcheurs de Penser en Rond, 1992.

SUIRE G., *Le Parler bordelais, mots et expressions du terroir*, Paris, Éd. Rivages, 1988.

SUZZARINI F., *Dictionnaire analogique*, Marabout, Alleur, Belgique, 1985.

TAMINE M., *Dictionnaire du français régional des Ardennes*, Paris, Éd. Christine Bonneton, 1992.

TAMINE M., *Dictionnaire du français régional de Champagne*, Paris, Éd. Christine Bonneton, 1993.

TAVERDET G., NAVETTE-TAVERDET D., *Dictionnaire du français régional de Bourgogne*, Paris, Éd. Christine Bonneton, 1991.

THÉVENIN P., *Antonin Artaud, ce désespéré qui vous parle*, Paris, Éd. du Seuil, coll. « Fiction & Cie », 1993.

TILLOT J.-B. DU, *Mémoire pour servir à l'histoire de la fête des Foux*, Genève, 1741, Lausanne, 1867.

Trésor de la langue française. Dictionnaire de la langue française du XIXe et du XXe siècle (1789-1960), 13 tomes, C.N.R.S./Institut de la langue française, Nancy. Paris, Éd. du C.N.R.S., 1980.

VIGERIE P., *La Symphonie animale. Les animaux dans les expressions de la langue française*, Paris, Larousse, coll. « Le Souffle des mots », 1992.

VOLTAIRE (F.-M. Arouet), *Dictionnaire philosophique*, t. I à VII, dans *Œuvres complètes*, Paris, P. Dupont, 1826.

VURPAS A.-M., MICHEL C., *Dictionnaire du Français régional du Beaujolais*, Paris, Éd. Christine Bonneton, 1992.

VURPAS A.-M., *Le Parler lyonnais*, Paris, Éd. Rivages, 1993.

WALTER H., *Le Français dans tous les sens*, Paris, R. Laffont, 1988.

WARTBURG W., *Französisches etymologisches Wörterlbuch* 25 tomes en fascicules, Basel, Éd. Helbing und Lichtenhahn, 1922-1978.

WEIL S., RAMEAU L., *Trésors des expressions françaises*, Paris, Belin, coll. « Le Français retrouvé », 1981.

ZOLA E., *L'Assommoir*, Paris, Gallimard, coll. « Folio », 1978.

*La composition de ce livre
a été effectuée par Nord Compo
l'impression et le brochage ont été effectués
dans les ateliers de Pollina à Luçon
pour les Éditions Albin Michel*

*Achevé d'imprimer en janvier 1995
N° d'édition : 14258. N° d'impression : 66875
Dépôt légal : février 1995*